Kenneth J. Hsü

Klima macht Geschichte

Menschheitsgeschichte als
Abbild der Klimaentwicklung

orell füssli Verlag AG

© 2000 Orell Füssli Verlag, Zürich
Alle Rechte vorbehalten

Umschlaggestaltung: cosmic BSW, Mario Moths, Zürich
Umschlagabbildung: Bruno Barbey
Druck und Bindearbeiten: Freiburger Graphische Betriebe, Freiburg i. Brsg.
Printed in Germany
ISBN 3-280-02406-4

———

Die Deutsche Bibliothek – CIP-Einheitsaufnahme
Hsü, Kenneth J.:
Klima macht Geschichte : Menschheitsgeschichte als Abbild der Klimaentwicklung /
Kenneth J. Hsü. – Zürich : Orell Füssli 2000
ISBN 3-280-02406-4

Kenneth J. Hsü

Klima macht Geschichte

Inhalt

Kapitel 5

Kapitel 6

Kapitel 7

Kapitel 8

Kapitel 9

Kapitel 10

Kapitel 11

Kapitel 12

Vorwort

Im Frühsommer 1996, als ich nach langer Abwesenheit zurück nach Zürich kam, drückte mir meine Sekretärin einen Stapel Korrespondenz in die Hand, darunter mehrere lange Briefe von einem gewissen Daniel Gish. Er hatte viele Fragen:

«Wird es einen ‹Ökozid› geben?

Werden wir gerade Zeugen eines biologischen Holocausts von unvorstellbaren Ausmaßen?

Wird Bangladesh eine Nation auf Stelzen werden?

Werden die Saudis Ende des nächsten Jahrzehnts kein Wasser mehr haben?

Müssen wir die IPCC-Vorhersagen akzeptieren, nach denen uns die globale Erwärmung katastrophale Überflutungen, Dürren und Stürme bringen wird?

Wird uns die Zeit bereits knapp?

Wird Gaia unsere Rettung sein?»

Da ich nicht zuhause gewesen war, hatte ich ihm nicht antworten können. Gish wurde ungeduldig und bot in seinen späteren Briefen an, mich für meine Auskünfte zu bezahlen. Ich dachte, der Kerl müsse ein Spinner sein, oder wollte er vielleicht eine religiöse Sekte ins Leben rufen? Da ich ein neugieriger Mensch bin, schrieb ich ihm, man könne mich als Berater engagieren. Daraufhin rief Gish mich an: «Herr Hsü, wie hoch ist Ihr Beraterhonorar?»

«Ich arbeite gewöhnlich für 1000 Dollar pro Tag.»

«Ich würde Sie gern bezahlen, aber ich bin Student. Geben Sie Rabatt?»

«Warum wollen Sie das alles wissen? Sind Sie irgendein Spinner und arbeiten für eine religiöse Sekte?»

«Oh nein! Ich setze meine Hoffnungen auf Gaia, und ich habe Ihren Artikel im *Geological Magazine* gelesen.»

Er spielte auf meine Vorstellung an, dass die Erde ein selbstregulierendes System sei: Gaia, die Erdgöttin, hat dafür gesorgt, dass unser Planet stets bewohnbar bleibt. Natürlich wird die Erde stets bewohnbar sein, aber nicht unbedingt für den Homo sapiens.

Nach einer längeren Diskussion gewann der junge Mann, der soviel wissen wollte, meine Sympathie. Ich musste etwas für ihn tun. Daher fragte ich ihn: «Warum haben Sie Ihre 37 Fragen gestellt? Was werden Sie mit meinen Antworten anfangen?»

«Ich habe Angst. Ich möchte einfach wissen, ob uns Zeit zur Rettung bleibt oder nicht. Vielleicht müssen wir alle etwas tun. Vielleicht müssen wir es jetzt tun. Vielleicht muss ich jetzt etwas tun!»

«Nun, Herr Gish, es gibt Gründe, sich Sorgen zu machen, aber Sie müssen nicht allzu ängstlich sein. Ich sehe, dass Sie gerne für eine gute Sache aktiv werden würden. Ich würde Ihnen gerne helfen; ich könnte alle Ihre 37 Fragen beantworten. Und Sie müssten mich nicht bezahlen. Ich bin emeritiert, und ich nehme kein Geld von Studenten. Ich weiß nur nicht, wann ich die nötige Zeit dazu finde. Außerdem fürchte ich, müsste ich ein ganzes Buch schreiben, um Ihre Fragen ausführlich zu beantworten.»

«Warum schreiben Sie dann nicht ein Buch?»

«Ja, warum eigentlich nicht, wenn ich die Zeit dafür finde?»

«Aber Sie müssen Zeit dafür finden. Sie müssen uns wissen lassen, ob wir vor der Auslöschung stehen.»

«Nein, wir stehen nicht vor der Auslöschung. Der Jüngste Tag mag kommen, aber er wird nicht kommen, solange ich lebe oder solange Sie leben.»

«Ist die Treibhauskatastrophe nicht ein Ökozid? Ich habe erst letzte Wochen einen Vortrag darüber gehört. Das Verbrennen fossiler Brennstoffe, so erklärte der Professor, wird den Planeten unbewohnbar machen. Er war der Ansicht, die Menschheit werde innerhalb der nächsten paar Jahrzehnte ausgelöscht werden, wenn nicht etwas sehr Einschneidendes geschieht.»

«Der Mann hat Unsinn geredet. Wir haben gerade eine kleine Eiszeit hinter uns, und die gegenwärtige Erwärmung ist ein natürlicher Trend. Außerdem ist eine globale Erwärmung in der Vergangenheit positiv für uns gewesen.»

«Ich fürchte, ich bin stärker verwirrt als je zuvor. Bitte schreiben Sie Ihr Buch.»

Daniel kam im Dezember 1995 zu Besuch, und er war beharrlich. Er wollte mich davon überzeugen, dass meine Verantwortung gegenüber der Öffentlichkeit erfordere, ein Buch zu schreiben und mich in der Ökologiebewegung zu engagieren. Ich sagte ihm, ich hätte keine Zeit und wolle kein Aktivist sein. Ich weiß um die Gefahr von Ideologien. Der Darwinismus hat zum Wachstum einer schlimmen Ideologie in Deutschland beigetragen, die uns in den I. und II. Weltkrieg geführt hat, und der Marxismus hat die totalitären Regime des Kommunismus inspiriert.

Daniel war überzeugt, ich könne einen Bestseller schreiben. Das hörte sich gut an. Aber bald darauf änderte ich meine Meinung. Ein Autor muss für einen Bestseller etwas opfern: Er muss dem Publikum um den Bart gehen. Das liegt mir nicht. Mein Ehrgeiz besteht nun darin, eine lesbare, wissenschaftlich fundierte Abhandlung für jedermann zu schreiben, der sich für unser geschichtliches Erbe interessiert.

Ich war schon immer an der Geschichte interessiert gewesen. Eigentlich hätte ich Historiker oder Archäologe werden wollen. Aber als gehorsamer Sohn folgte ich dem Rat meines Vaters, «etwas Sinnvolles» zu lernen, und wurde Geologe. Bis zu meinem Rückzug aus dem universitären Lehrbetrieb merkte ich kaum, dass meine beruflichen Erfahrungen ein Beitrag zur Lösung von Rätseln der Vergangenheit darstellten.

Wir wollen unsere Vergangenheit kennenlernen. Wo kommen wir her? Wovon stammen die SIP (separate inbreeding population) ab, die Rassen? Wie entwickelten sich die Hominiden von «Lucy» zum Homo sapiens sapiens. Ich war neugierig und fand die Antworten nach einer lebenslangen Beschäftigung mit der Klimatologie. Das Klima bestimmt die Geschichte.

Wir alle entwickelten uns aus den ersten Hominiden, die wahrscheinlich irgendwo in Afrika lebten. Nach Millionen von Jahren verteilte sich die Population des Homo erectus auf alle Kontinente der Alten Welt. Genetische Veränderungen führten im Mittleren Osten vor einigen hunderttausend Jahren zu den ersten Homo sapiens. Sie waren die ersten sprechenden Tiere, und sie brachten ihre Sprachen in alle Teile der Welt, wo sie sich mit anderen SIP des Homo erectus vermischten. Resultat ihrer Vermischung mit den Neandertalern waren die Cro-Magnon-Menschen, die sich zu den ersten Indogermanen Nordeuropas entwickelten. An anderen Orten bildeten sich gemischte Populationen von Nicht-Indogermanen, wie im Baskenland, Etrurien, Kaukasien usw. Aus den vor-arischen Populationen Indiens, Südostasiens, Ozeaniens und den nordasiatischen Stämmen entwicklten sich die ural-atalisch, sino-tibetansch und indianisch sprechenden Völker der beiden Amerikas.

Während mein ursprüngliches Ziel darin bestand, klimatische Wechsel in der Geschichte eben nicht auf den «Treibhauseffekt» zurückzuführen, enthüllte die Beobachtung der Geschichte ein anderes Muster. Demokratische Bewegungen waren sowohl in der Vorgeschichte als auch in der Geschichte immer durch Völkerwanderungen aus den schlecht zu kultivierenden marginalen Regionen hin zu fruchtbarerem Land hervorgerufen, wie man bei den Indogermanen, den Germanen, den nordasiatischen und Anasazi-Völkern beobachten kann. Zu Zeiten globaler Erwärmung waren Überbevölkerung und Gier der Grund für Eroberungen und Kolonisationen – das gilt für die Babylonier und Ägypter, die Araber, die Turkvölker und die Mongolen – und schließlich auch für die Imperialisten des ausgehenden 19. Jahrhunderts und des 20. Jahrhunderts.

Da ich nicht davon überzeugt war, der Treibhauseffekt sei die wirkliche Ursache von historischem und klimatischem Wandel, entdeckte ich eine Verbindung zur Sonne. In ruhigeren und nüchternen Augenblicken finde ich Trost in der Religion und in der potenziellen Göttlichkeit des Menschen. Wir sind die Homo Sapiens, die vernunftbegabten Menschen, und wir sollten es mit unserem Geist auch zeigen.

Auf meinen Streifzügen durch Geologie, Paläoklimatologie, Achäologie, Anthropologie, Linguistik, Genetik und Astronomie war ich auf viele Spezialisten angewiesen, die mein Verständnis über die Dinge schärften. Mein Leben lang war ich Geologe und Paläoklimatologe, und ich bin zahllosen Experten in tiefer Schuld, besonders aber Peter James (Archäologie), Robert Eckhardt (Anthropologie), William Wang und Victor Mair (Linguistik), Alfred Traverse (Genetik) und Charles Perry (Astronomie), denn sie lasen einige Teile des Manuskriptes gegen.

Ich habe mich um eine lesbare, wissenschaftlich fundierte Abhandlung bemüht, aber eigentlich ist jedes Kapitel von den anderen unabhängig. Jene, die sich nur für einige Aspekte meines Buchthemas interessieren, mögen auch jene Kapitel lesen und andere auslassen. Historiker sind möglicherweise nicht an Gaia und Helios interessiert und Naturwissenschaftler nicht an den blutrünstigen Einzelheiten der Migrationsbewegungen der Völker. Das letzte Kapitel über Wissenschaft, Politik und Religion in Zusammenhang mit der Klimatologie ist ein Essay für Jede und Jeden. Denn das ist mein Motto: Das Leben ist ein Dienst an Gott und der Tod ist eine Belohnung.

Kapitel 1

Das Geheimnis der zwei weißen Sedimentstreifen

In jenen Tagen herrschte große Not: das Volk hungerte. Das Getreide wurde für eine Million Qien je Scheffel verkauft. Außer sich vor Hunger wurden die Menschen zu Kannibalen, und sie erhoben sich gegen die Obrigkeit.

Amtliche Chronik aus der Zeit der Drei Reiche

Zwischen dem 6. und dem 16. Jahr der Ära Zhongzheng litt die ganze Nation unter der Dürre; überall verhungerten Menschen oder wurden, vom Hunger getrieben, zu Kannibalen.

Amtliche Chronik aus der Zeit der Ming-Dynastie

Zwei weiße Sedimentstreifen im schwarzen Schlick eines taiwanesischen Sees regten mich zu meinen Nachforschungen über die klimatischen Verhältnisse in der Vergangenheit an. Die obere Schicht besteht aus einer Staubdecke, die im Laufe des 16. oder 17. Jahrhunderts herangetragen wurde. Es war kalt und trocken im Fernen Osten, als sich der Staub über Taiwan legte, während in Nordeuropa die Sommer nass und die Winter sehr kalt waren – mit ähnlichen Folgen für die Landwirtschaft. In China marschierten hungernde Bauern auf Peking zu, während, Wallensteins Soldaten Mitteleuropa verwüsteten.

Die untere Sedimentschicht ist älter; sie besteht aus Staub, der im dritten Jahrhundert oder der Ära der Drei Reiche hergeweht war. Was passierte zu jener Zeit in Europa?

I. Das Epos über die Zeit der Drei Reiche

Auch nach einigen tausend Jahren vermag Homers «Ilias» die Menschen heute noch zu fesseln. Warum eigentlich? Fasziniert die Entführung der schönen Helena, der heroische Kampf der Krieger oder die Kriegslist mit dem Trojanischen Pferd? Wahrscheinlich von allem ein wenig. Das Wesentliche ist aber wohl Achilles in seinem Zorn. Wie Shakespeare packt Homer den Leser mit seiner Fähigkeit, die Abgründe menschlichen Verhaltens freizulegen: Macht korrumpiert, blinder Zorn bringt das Verderben.

In China ist das Epos über die Drei Reiche, *San-guo ian-yi*, eine vergleichbar populäre Erzählung. Fast jeder hat es gelesen, Episoden daraus werden in der Oper dargeboten oder von Geschichtenerzählern weitergegeben. Zentrales Thema ist Yi, ein – gleich wie im Okzident die Liebe – in China außerordentlich hoch bewertetes menschliches Verhalten. *Yi* ist ein Wort, das fast nicht übersetzt werden kann, man muss das Epos lesen. Yi bedeutet Freundschaft – mehr als nur Freundschaft im üblichen Sinn. Es umschreibt eine Verbundenheit, in der die Bereitschaft zu uneingeschränkter Selbstaufopferung gilt und in der unbedingte Loyalität hochgehalten wird. Im Chinesischen ist der idiomatische Ausdruck für populäre Geschichte *ian-yi* , was in etwa «Beispiel für Freundschaft» bedeutet; Chinesen schreiben historische Erzählungen, um *Yi* zu lobpreisen, so wie Shakespeare «Romeo und Julia» schrieb, um ein Lied auf die Liebe zu singen.

In den letzten Jahren der Han-Dynastie – immer wieder hatten die Menschen Hunger gelitten – kam es im ganzen Land zu Bauernaufständen. Millionen von Rebellen, nach ihren Kopfbedeckungen Gelbturbane genannt, eroberten eine Provinz nach der anderen. Der kaiserliche Hof war hilflos und musste die Durchsetzung von Gesetz und Ordnung Söldnerführern und ihren Horden überlassen. Wie Buschfeuer breiteten sich die Aufstände aus. Auf die Dauer waren aber die schlecht organisierten Gelbturbane für die ausgebildeten Soldaten kein Gegner: Der Aufstand brach zusammen. Viele der Geschlagenen wechselten die Seite und traten in den Dienst der lokalen Warlords ein, damit sie weiter plündern und brandschatzen konnten. Aus diesem Chaos bildeten sich die Drei Reiche, die von 220 bis 280 das Land beherrschten.

Am Beginn der Erzählung von *Yi* steht die fiktive Begegnung von drei Fremden auf dem Marktplatz einer kleinen Stadt. Sowohl Gelbturbane als auch Kleinadlige versuchen hier, die Macht an sich zu reißen. Aus purem Eigennutz schlagen sich die drei Herumtreiber auf die Seite des Kaisers. Sie tun sich zusammen und geloben in einem Pfirsichhain, als durch *Yi* verschworene Brüder zusammenzuhalten. In der Folge gelingt es einem der drei, sich als König zu etablieren. Allerdings beschränkte sich der durch *Yi* gebundene Eid nicht nur auf die Schwurbrüder. So bittet der sterbende König seinen ersten Minister, den völlig unfähigen Kronprinzen zu unterstützen. In einer Zeit, in der die Usurpation eines Thrones die Regel war, stellte der erste Minister eine Ausnahme dar: Er hielt sich an seinen Schwur.

Das China der Drei Reiche hat existiert; der Begründer, die zwei Generäle und der erste Minister sind historisch gesicherte Persönlichkeiten. Dem Autor der chinesischen Heldengeschichte ging es aber nicht so sehr um historische Fakten, sondern er wollte eine menschliche Tugend exemplarisch darstellen. Das Epos kreiert aus den realen Begebenheiten ein Geschehen, während die amtlichen Chronisten sie in einem etwas anderen Licht beurteilen.[1]

In der chinesischen Oper wird dargestellt, wie Wei, das stärkste der Drei Reiche, vom «weißgesichtigen Schurken Cao-Cao gegründet wird. Cao-Cao kennt man überall in China. Er ist der Inbegriff von Falschheit, Tücke und Treulosigkeit, die pointierte Antithese zu *Yi*. Die Geschichtsschreibung hingegen interpretiert die Tatsachen etwas objektiver: Wei war nicht so sehr wegen der Verruchtheit seines Begründers derart erfolgreich, sondern weil Cao ein großer Herrscher war – intelligent und visionär. Das Epos hat seinen Ursprung in einer Zeit, da die Han-Dynastie ihrem Untergang entgegenging: Eine ungebildete Kaiser-Witwe und zehn Eunuchen hatten die Herrschaft am Kaiserlichen Hof an sich gerissen. Chinesische Geschichtsschreiber haben es nie geschätzt, wenn Eunuchen oder Frauen in der Politik eine Rolle spielten und die Schuld am Niedergang einer Dynastie immer ihnen in die Schuhe geschoben.

Die Eunuchen erwarteten Bestechungsgelder. Die Zentralregierung verlor ihre Handlungsfähigkeit, als die Warlords den Tribut verweigerten. Sie benötigten das Geld für die weitere Rekrutierung von Truppen, und die wiederum waren die Basis ihrer Macht. Warum also hätten sie dem Hof etwas abgeben sollen?

Der Hof steckte in furchtbar großen Geldschwierigkeiten, und die Situation war verzweifelt: Aufeinander folgend schlechte Ernten hatten die Steuereinnahmen derart schrumpfen lassen; es fehlten die Mittel, um den Staatsapparat zu unterhalten. Die kaiserliche Verwaltung funktionierte kaum mehr, sodass die Kaiserin auf die Eunuchen angewiesen war.

Aus Mangel an finanziellen Mitteln blieb dem Kaiserlichen Hof gar nichts anderes übrig, als sich ganz auf einen der Söldner abzustützen. Cao-Cao war sich dieser Situation bewusst: Die Han-Kaiser konnten seinen Schutz haben, aber früher oder später würde der Preis dafür der Kaiserthron sein.

Cao-Cao gewann viele Schlachten und entführte den kaiserlichen Hof. Was war letztlich das Geheimnis seines Erfolgs? Ganz einfach: Cao-Cao war ein guter Administrator und ein großer General. Im ersten Kapitel der «Geschichte von Wei» findet sich folgender Kommentar: «Im letzten Jahr der Regierungszeit Guanghes (183), erhoben sich die Gelben Turbane erneut. Cao-Cao wurde als Kommandant nach Shandong berufen, um die Rebellion niederzuschlagen. Er übernahm die Macht im Bezirk Jinan. Die Beamten des Bezirks waren größtenteils dekadente und korrupte Adlige mit Verbindungen zum Hof. Cao entließ 80 Prozent von ihnen, säuberte die Verwaltung und gewann damit den Respekt und die Unterstützung der Bevölkerung. Die Aufständischen fürchteten ihn und zogen ab.

Im dritten Jahr von Zuo-ping (186) fielen mehrere Millionen Gelbturbane in die Provinz Shandong ein. Die Ältesten von Gwonzhou baten Cao-Cao, ihre Heimat zu verteidigen. Caos kleine, aber disziplinierte Armee hatte keinerlei Schwierigkeiten; der unorganisierte Haufen rannte davon. Etwa 300 000 der Aufständischen mussten schließlich kapitulieren. Einige Tausend der Stärksten rekrutierte Cao-Cao für seine Qinzhou-Armee und war von nun an immer siegreich. Daneben aber stellten sich ihm neue Probleme: Er musste mehr als eine Million Menschen ernähren – die Soldaten und deren Familien.»[2]

Was konnte Cao-Cao in dieser Situation unternehmen? Die moderne Geschichtsschreibung beschreibt die Situation folgendermaßen: «In jenen Tagen herrschte große Not; das Volk hungerte. Getreide wurde für eine halbe Million Qien je Scheffel verkauft. Außer sich vor Hunger wurden die Menschen zu Kannibalen und erhoben sich gegen die Obrigkeit.

In dieser Zeit der Hungersnot wussten auch die Warlords nicht, wie sie ihre Armeen ernähren und zusammenhalten sollten. Wenn es ums Plündern ging, hatten sie Soldaten. Wenn diese aber satt waren, desertierten sie einfach – oft noch vor dem Beginn einer Schlacht. Cao-Cao erkannte als Einziger das Problem. Er rekrutierte seine Armee aus den verarmten Massen, zog mit ihr in die Provinz Hsü und sorgte dafür, dass die Soldaten dank einer guten Verwaltung und ausgeklügelter Bewässerung jedes Jahr eine große Menge Getreide produzierten. Nun hatten sie es nicht mehr nötig zu plündern und verhielten sich so diszipliniert, dass Cao-Cao von der Bevölkerung unterstützt wurde. In der Folge besiegte er alle seine Rivalen, und sein Königreich Wei blühte auf.»[3]

Dem Reich Wei gelang es schließlich, die beiden anderen Reiche auszuschalten. Caos Nachfolger konnten sich aber nur 60 Jahre an der Macht halten: Einer ihrer Generäle raubte den Thron, ernannte sich 280 zum Kaiser und begründete die Jin-Dynastie. Kurz danach fielen Kriegshorden aus dem Norden Asiens ins Land ein. Geschwächt durch interne Machtkämpfe musste der Kaiser die zentralchinesische Ebene verlassen und seine Hauptstadt in den Osten Chinas verlegen. Sein Volk verließ die Ebene, aber die meisten wanderten gemäß der historischen Überlieferung weiter in die üppigen Tropenwaldregionen im Süden Chinas. Hier haben sie den Urwald gerodet und Reisfelder angelegt.

Auf die Zeit der Drei Reiche, welche im dritten Jahrhundert die Han-Dynastie nach 400 Jahren Herrschaft ablösten, folgte das Zeitalter des Chaos.

Die fünf Barbaren-Nationen und die Dynastien aus Nordsüd bescherten dem Land endlose Wirren. Es waren elende Zeiten! Die Chinesen fanden erst dann wieder zu Prosperität zurück, als das Land ungefähr gegen Ende des 6. Jahrhunderts wieder geeint wurde.

Wer sich zum Studium der chinesischen Geschichte durch die Chroniken arbeitet, stößt auf einen gleichförmigen Wechsel von Krieg und Frieden. Einigkeit geht ins Chaos über und Chaos mündet in Eintracht. Die Zyklen scheinen endlos zu sein. Die Geschichte, wie sie Schulkinder beim Vorbereiten auf ihre Prüfungen kennen lernen, ergibt keinen Sinn, sondern vermittelt uns nur eine gewisse Rätselhaftigkeit geschichtlicher Ereignisse. Trotzdem lehrt sie uns etwas, indem sie das scheinbar unvermeidliche und regelmäßige Wechselspiel von Krieg und Frieden manifestiert.

Worin begründet sich diese Unvermeidlichkeit? Was ist der Grund der Gründe in der Geschichte?

II. Die Ablagerungen im Daguisee

Ich war ein begeisterter Leser des Epos über die Drei Reiche und in der Schule der Liebling meiner Geschichtslehrer. Gerne hätte ich an der Universität Geschichte studiert. Mein Vater verlangte jedoch, dass ich «etwas Nützliches» lerne. Also wurde ich Student der Naturwissenschaften. Geschichte verlor aber für mich nichts von ihrer Faszination.

Als ich dann später aus beruflichen Gründen sehr viel reisen musste, kaufte ich mir immer ein oder zwei Bücher zur Geschichte des Landes, in dem ich gerade weilte und ich hörte nie auf, in meiner Freizeit historische Romane zu lesen. Die Hoffnung aber, irgendwann einmal doch noch als Historiker arbeiten zu können, hatte ich aufgegeben – bis sich durch eine der Unwägbarkeiten des Schicksals alles änderte. Es war im Jahr meiner Pensionierung. Ich fuhr nach Taiwan, und dort stieß ich ganz zufällig auf das Bindeglied zwischen meinem Beruf und meiner Berufung.

1948 war ich von Shanghai aus in die Vereinigten Staaten gekommen. In Taiwan hatte ich mich nie aufgehalten; wir Studenten waren entweder Kommunisten oder zumindest deren Sympathisanten. Nachdem der Vorsitzende Mao die Volksrepublik China gegründet hatte, war unser ganzes Denken darauf ausgerichtet, unserem Volk zu dienen. Als ich 1953 meine Studien in den USA beendet hatte, konnte ich aber nicht zurückkehren; der Korea-Krieg tobte, und Amerika durchlebte die Zeit der McCarthy-Aera. Da wir «feindlichen Ausländer» China hätten helfen können, Atombomben zu bauen, war es uns nicht erlaubt, das Land zu verlassen. Es gab ein Gesetz, das den chinesischen Wissenschaftlern und Ingenieuren die Ausreise aus den USA verwehrte.

Später, nachdem es in Korea zum Waffenstillstand gekommen war, hätte ich nach China zurückkehren können. Ich tat es aber nicht. Es war zu spät. Ich hatte eine Schweizerin geheiratet und wir hatten eine Familie gegründet.

1977, nach der Kulturrevolution, ergab sich für mich zum ersten Mal wieder die Gelegenheit, China zu besuchen. Von da an reiste ich jeden Sommer hin. Auch meine Bekannten in Taiwan wollten mich treffen, aber ich lehnte höflich ab: Chiang Kaisheks Anhängern wollte ich mich nicht anschließen. Dann änderte sich etwas Grundlegendes: In der Folge des Massakers auf dem Platz des Himmlischen Friedens von 1989 verlor ich meine Illusionen und damit die Motivation, die korrupte Regierung in Peking zu unterstützen. Dafür wurde ich Mitglied einer Gruppierung gleich gesinnter Chinesen aus aller Welt und lebe nun meinen Patriotismus, indem ich mich für das chinesische Volk auf Taiwan engagiere.

Viele von uns sind voll Enthusiasmus und überzeugt davon, dass Taiwan im 21. Jahrhundert in der Wissenschaft eine Führungsposition einnehmen wird. Die Republik hat alle Voraussetzungen, die zum Erfolg nötig sind, sowohl Begabung als auch die Unterstützung der Wirtschaft. Als besonders förderlich erwies sich eine in Konfuzius' Lehre begründete Tradition: die Hochachtung gegenüber Wissenschaft und Wissenschaftler. Alles, was Taiwan jetzt braucht, sind das Wissen und die Erfahrung von wissenschaftlichen Spitzenkräften, und die können wir Übersee-Chinesen dem Land zur Verfügung stellen.

Kurz vor meiner Pensionierung schrieb ich einem meiner Freunde an der Akademie und bot an, nach Taiwan zu kommen. Er war hoch erfreut. Und als er erfuhr, dass ich Erfahrung mit Abalgerungen in Seen hatte, arrangierte er, dass man mich als technischen Berater für Taiwans *Global Change*-Programm vorsah. Und nachdem ich 1994 an der Eidgenössischen Technischen Hochschule (ETH) in Zürich meine Abschiedsvorlesung gehalten hatte, flog ich hin. Ich sollte dem Lehrkörper der Universität von Taiwan angehören, dort aber weder eine Lehr- noch eine Forschungsverpflichtung haben. Vielmehr sollte ich die Leute zu Diskussionen animieren, ihnen Denkanstöße geben und ihnen mit meinem Rat zur Seite stehen.

Meine «Gastgeberin» an der Universität war eine Paläobiologin. Mittels der Untersuchung von Pollen in Sedimentformationen entschlüsselte sie die Wechsel in Taiwans Klima. Bedingt durch die Natur der Methode war jedoch die Präzision der Resultate beschränkt: Pollen führende Schichten kann man nur in Einheiten unterteilen, die keine kürzeren Zeiträume als 100 000 oder 10 000 Jahre repräsentieren. Paläobiologen können daher lediglich die markanteren Klimawechsel bestimmen. Als sie nun erfuhr, dass wir die jährlichen Sedimentablagerungen in Seen als Klima-Chroniken nutzen, bat sie um Hilfe; einer ihrer Studenten hatte Ablagerungen in Seen untersucht, aber nicht viel Brauchbares herausgefunden.

Der Student brachte Photos von Sedimentkernen mit, welche aus dem Daguisee stammen: «Professor Chen von der Universität in Kaohsiung hat uns die Sedimentkerne zur Verfügung gestellt. Er analysierte die Geochemie, und ich soll die Sedimente untersuchen.»

Ich sah mir die Bilder an; die Sedimentkerne sahen nicht ungewöhnlich aus. Der See liegt in einem Wald auf der Höhe von mehr als 2000 Metern. Die Sedimente bestehen aus schwarzem Schlick, der sich aus Gesteinsschutt und pflanzlichen Rückständen aus dem Wald zusammensetzt. Etwas ließ mich aber aufmerken: zwei ganz dünn geschichtete Sedimente, die hervorstachen, weil sie nicht schwarz, sondern weiß, beinahe schneeweiß waren!

«Was ist das?» wollte ich wissen.

«Ich weiß nicht. Professor Cheng nennt sie ‹die zwei weißen Bänder›.»

«Warum sind sie weiß?»

«Das weiß ich nicht. Professor Liu studierte die Pollen im schwarzen Schlick. Der Schlick entstand aus Biomaterial vom Wald, aber die weißen Bänder enthalten keinen Pollen.»

«Wenn sie nicht vom Wald herrühren, woher dann?»

«Keine Ahnung. Professor Chen sagte, sie seien exotisch.»

«Was hat er damit gemeint?»

«Dass sie ihren Ursprung nicht in Taiwan haben; sie kamen vom Festland herüber!»

«Wie gelangten sie dann zum See hinauf? Sind sie gewandert?»

«Oh nein, sie mussten erst die Straße von Taiwan überqueren.»

«Sie sind also herübergeschwommen?»

«Natürlich nicht! Und selbst wenn, hätten sie nicht vom Strand aus hinaufmarschieren können.»

«Also haben sie die Meeresstraße überflogen?»

Der junge Mann zögerte einen Augenblick, bevor er antwortete: «Ja, vermutlich.»

«Und wie sind sie geflogen?»

«Sie wurden vom Wind herübergeweht»

«Was für Sedimente werden hergeweht? »

«Sind es vielleicht *äolische* (durch den Wind hergewehte) Ablagerungen?», nahm der Student schließlich den Faden auf.

«Sagt Ihnen der Begriff Löß etwas?»

«Natürlich. Löß ist das äolische Sediment in der nordchinesischen Hochebene.»

«Nun, vielleicht bestehen die beiden weißen Sedimente aus Löß. Machen Sie eine Analyse und besprechen Sie dann das Ergebnis mit mir. Lößpartikel, müssen Sie wissen, bestehen aus sehr gut sortierten eckigen Teilchen aus Quarz und Feldspat, deren Durchmesser im Schnitt 10 Mikron misst.»

Der junge Mann machte sich an die Arbeit. Er fand heraus, dass die weißen Sedimente aus dem Daguisee tatsächlich aus gut sortierten eckigen Partikeln aus Quarz und Feldspat bestehen und dass ihr durchschnittlicher Durchmesser etwa 10 Mikron beträgt. Dennoch widersprach er meiner Interpretation: «Sie bestehen nicht aus Löß!»

«Und warum nicht?»

«Professor Cheng riet mir, ein Lehrbuch über die mineralische Zusammensetzung von Löß zu lesen: Löß besteht nicht nur aus Quarz und Feldspat, sondern zu 30 Prozent auch aus Kalkspat.»

Kalkspat ist ein Mineral mit der chemischen Beschaffenheit von Kalziumkarbonat und sieht aus wie der Rückstand am Topfboden, der entsteht, wenn Wasser verdampft. Löß ist äolischer Sandstaub, der von Kalkspat zusammengehalten wird. Kalkspat wiederum ist der Rückstand, der sich im freien Raum zwischen den Poren der Sedimentteilchen festsetzt, nachdem das Wasser im Sediment verdunstet ist. Das äolische Feinmaterial, das in den Daguisee geweht wurde, ist aber nicht verfestigt, weil das Wasser zwischen den Staubteilchen nicht verdunsten kann; in einem See-Sediment kann natürlich kein Kalkspat durch Verdunstung als Bindemittel entstehen.

Ich erklärte dem irritierten Studenten den Unterschied zwischen den verfestigten äolischen Staubablagerungen in China und den nicht verfestigten im Daguisee. Er ließ sich nur halbwegs überzeugen. Schliesslich ist Professor Chen in Taiwan ein höchst angesehener Wissenschaftler. Wie hätte er sich da irren sollen?[4]

Als der deutsche Geograph Ferdinand von Richthofen im ausgehenden 19. Jahrhundert China bereiste, wunderte er sich sehr darüber, dass der ganze Norden Chinas mit einer unglaublich dicken Lößschicht bedeckt war. Kalkspat hatte sie verfestigt, so dass die Erosion im Laufe der Zeit vertikal verlaufende Klippen hineingeschnitten hat. In Nordwest-China gruben sich die Menschen Wohnhöhlen in die Klippen; auch der Vorsitzende Mao hatte im chinesischen Bürgerkrieg eine Höhle zu seinem Wohnsitz gemacht.

Wie war denn diese Lößschicht herantransportiert worden? Ich habe einmal solch eine Löß-Sedimentation beobachten können. Es war Frühling, ich hielt mich in Peking auf. Während ein gewaltiger Staubsturm über die Stadt fegte, herrschte stundenlang vollkommene Dunkelheit: das Gesteinsmaterial im Löß besteht aus Partikeln, die im Laufe von Sandstürmen abgelagert werden. Sie wurden aus dem Nordwesten, aus der Wüste Gobi hergeweht. Gobi ist der Name einer Steinwüste in der südlichen Mongolei. Gobi ist aber auch ein mongolisches Wort, das «Wüste aus Steinen» bedeutet. Gobis erstrecken sich von der Mongolei bis nach Sinkiang in Nordwestchina. Ihr Steinmaterial wurde vom Wind zu Kieseln geschliffen, die sich im Laufe der Zeit mit einer Art schwarzem «Wüstenlack» überzogen.

In der Wüste Gobi wächst nichts. Nicht einmal Tamarisken gedeihen, die doch selbst im Sand von Takla Makan Wurzeln schlagen können. Es gibt weder Erde noch Staub noch Sand. Die Nordwestwinde aus Zentralasien sind derart stark, dass alle feineren Sediment-Partikel fortgeblasen wurden und als steiniges Pflaster der Gobis nur Geröll zurückblieb.

Südlich und südöstlich der Gobis erstrecken sich die Sandwüsten. Der Unterschied zwischen Wüsten und Sandwüsten besteht ganz einfach darin, dass in letzteren die Monotonie der Ebene von Sanddünen aufgelockert wird. Und Dünensand ist nichts anderes als ein Sediment, das durch den Wind transportiert wurde. Sandpartikel lagern sich dort ab, wo die Winde an Geschwindigkeit verlieren. Die Sanddünen Nordwestchinas haben ihren Ursprung in den Gobis.

Im Süden und Südosten der ausgedehnten Sandwüsten breitet sich die Löß-Ebene aus. Auch Lößablagerungen sind windtransportiertes Material. In Nordchina stammt der Löß sowohl von den Gobis als auch von den Sandwüsten, denn wo Winde noch mehr an Geschwindigkeit verlieren, lagern sich die Staubpartikel ab.

Eine große Menge des windtransportierten Feinmaterials blieb in Nordchina in Form von Löß liegen, als die Winde sich legten. Konnte es möglich sein, dass ein Rest noch weiter südlich transportiert wurde? War es möglich, dass Löß Taiwan erreicht hat? Weder in Südchina noch in Taiwan findet man Lößebenen. Südlich der Lößebene im Norden des Festlandes liegt die Gegend der roten Erde von Südchina. Diese Tonsedimente sind das Derivat einer lang andauernden Verwitterung. Ein kleiner Teil der sehr feinen Staubpartikel in der roten Erde dürfte aber auch von Gobis herrühren. Man weiß, dass von den Nordwestwinden lehmige Partikel aus den Gobis in die Stratosphäre getragen und dadurch zum Pazifik, nach Nordamerika und in die Arktis transportiert werden; in Eisproben aus Grönland hat man windtransportiertes Feinmaterial aus Zentralasien gefunden.

Aber in den heutigen Sedimenten Taiwans kann man kaum Staubteilchen nachweisen, weil andere Sedimentteilchen dominieren. Wissenschaftler haben jedoch in ihren «Sediment-trap» an der Küste Taiwans Aerosole identifiziert, die neben Substanzen aus dem Meer und industrieller Verunreinigung auch Sandstaub aus der Gobi enthalten. Er ist nur in winzigsten Mengen vorhanden und auch das nur im Frühling, wenn ein starker Wind aus Nordwest weht. Das Vorhandensein von Staub in Ablagerungen impliziert, dass unter außergewöhnlichen klimatischen Bedingungen sehr viel mehr Staub herbeigetragen wurde. Nur außergewöhnlich kräftige Winde konnten Staubmengen aus der Gobi bis in Regionen im Süden Chinas und weiter über die Straße von Taiwan tragen und im Great Ghost Lake ablagern. Warum eigentlich gab es Zeiten mit sehr heftigen Winden aus Nordwest? Und in welchem Zeitraum traf dies zu?

Professor Cheng und ich trafen uns im Oktober 1994, als die taiwanischen Wissenschaftler des *National Globe Change*-Programms ihr jährliches Treffen abhielten. Ich gratulierte ihm zur Entdeckung der zwei weißen Sedimentstreifen und wollte wissen, ob sie datiert worden waren.

«Ja, wir haben die C-14-Methode angewandt und sind zu ersten Resultaten gekommen. Außer den besagten zwei weißen Sedimentbändern gibt es übrigens noch weitere weiße Ablagerungen.»

Er zeigte mir die Daten. Neben einigen Widersprüchlichkeiten fanden sich deutliche Hinweise: Die zwei weißen Bänder sind aus Sand und entstanden zwischen 420 und 520 n. Chr beziehungsweise zwischen 1350 und 1800.

Das zweite der beiden Zeitintervalle ließ bei mir sofort ein Licht aufleuchten. In Europa hatte die Kleine Eiszeit um 1300 eingesetzt und war irgendwann im Laufe des 19. Jahrhunderts zu Ende gegangen. Die durchschnittliche Temperatur war zu jener Zeit um ein Grad oder noch mehr niedriger gewesen als wir es uns heute gewohnt sind. Wer in China aufgewachsen ist, der weiß, dass starke Nordwestwinde immer mit kaltem Wetter einhergehen. Hatte es in China zur gleichen Zeit vielleicht auch eine kleine Eiszeit gegeben? War der Löß im oberen weißen Band in dieser Epoche über die Straße von Taiwan geweht worden? Herrschte damals vielleicht eine globale Kältephase? Ich hatte keine schnellen Antworten auf diese Fragen. Aber ich wusste, dass der Niedergang der Ming-Dynastie im frühen 17. Jahrhundert seinen Anfang genommen hatte.

Als ich noch reihenweise historische Romane verschlang, zählte Li Zicheng zu meinen Lieblingsprotagonisten. Über ihn wurde in China vor allem während der Kulturrevolution veröffentlicht, denn es entsprach ganz dem Sinn und Geist der Kommunistischen Partei, wenn revolutionäre Erhebungen gegen den korrupten kaiserlichen Hof verherrlicht wurden.[5] Li Zicheng war ein Intellektueller, der in den letzten Jahren der Ming-Dynastie wirkte. Er hatte sich zum Anführer einer Rebellionsbewegung von Bauern gemacht. Nachdem er an der Spitze der Rebellen eine kaiserliche Armee nach der andern geschlagen hatte, machte er einen verwegenen Vorstoß nach Peking. Dem Kaiser, überrascht und wehrlos wie er war, blieb nichts anderes übrig, als sich zu erhängen. Das war das Ende der Ming-Dynastie.

Li bestieg den Thron, konnte die Früchte seines Kampfes aber nicht genießen. Denn von Nordosten her fielen die Mandschus ein. Sie jagten Li vom Thron und und rissen ihrerseits die Herrschaft über China an sich. Ihre Qing-Dynastie war etwa 300 Jahre an der Macht – bis 1912, als die Revolution den Kaiser vom Thron fegte. Die politischen Umstände, die zu Li Zichengs Zeiten zur Revolution führten, sind bekannt und historisch abgesichert. Es gab überall Korruption. Aber Korruption war während mehr als einem Jahrhundert unter vielen unfähigen Machthabern der Dynastie gang und gäbe gewesen. Und gerade der letzte Ming-Kaiser war eine positive Ausnahme. Er war ungewöhnlich intelligent und sorgfältig und tat sein Bestes, um Gesetz und Ordnung aufrechtzuerhalten. Der unmittelbare Grund für den Fall der Ming-Dynastie war also nicht so sehr eine unfähige Regierung, als vielmehr die Auswirkung einer acht Jahre dauernden großen Trockenheit. Eine Chronik aus jener Zeit berichtet: «Zwischen dem 6. und dem 16. Jahr der Ära Zhongzheng litt die ganze Nation unter der Dürre; überall verhungerten Menschen oder wurden, vom Hunger getrieben, zu Kannibalen.»[6]

Nordchina war, bedingt durch das trockene Klima, ein Zentrum der Weizenproduktion. In der Regel fielen nur etwa 800 mm oder noch weniger Niederschläge pro Jahr; nicht genug, um Reis zu anzubauen. Die landwirtschaftliche Produktion muss am Ende der Ming-Dynastie richtiggehend zusammengebrochen sein. Die Katastrophe erreichte ihren Höhepunkt, als in der Zentralebene Nordchinas im Laufe dreier Jahre nicht ein einziger Tropfen Regen fiel. Was der Autor von Li Zicheng erzählt, mag eine literarische Übertreibung sein, die Tatsache aber bleibt bestehen, dass in dieser Zeit unzählige Menschen, die am Verhungern waren, durch das Land zogen. Wenn es nicht regnete, gab es keine Ernte, und gab es keine Ernte, dann hungerten die Menschen. Anders als die Revolution der *Citoyens* in Paris, die für Freiheit, Gleichheit und Brüderlichkeit kämpften, revoltierten die Chinesen, wenn sie hungerten.

In den acht Jahren der großen Dürre rottete sich ein Teil der darbenden Bevölkerung zusammen. Aufständische Bauern stürmten eine Stadt nach der andern und raubten die staatlichen Getreidekammern aus. Ziellos zogen sie umher, kamen und gingen, plünderten und brandschatzten. Diese kaum organisierten Bauernaufstände niederzuschlagen wäre eigentlich ein Leichtes gewesen, so, wie das damals zur Zeit der Drei Reiche mit den Aufständen der Gelbturbane geschehen war. Jetzt gab es aber einen Li Zicheng, einen Mann, der für soldatische Disziplin sorgte und die Bauern nach Peking führte.

Lis Siegeszug führte aber nicht zum endgültigen Sieg, sondern er brachte Lis Ende. Als die Mandschus einfielen, hatten seine satten und zufriedenen Soldaten keinerlei Ambition, ihr Leben für den Usurpator und zur Verteidigung seines Thrones zu opfern. Sie verließen Lis mächtige Armee, die sich damit auflöste, noch bevor eine entscheidende Schlacht geschlagen worden war.

Rebellierende Bauern gab es in den letzten Jahren der Ming-Kaiser nicht nur in Zentralchina. Es gab noch weitere «Banditen». Historiker machen diese für die Entvölkerung Szetschuans verantwortlich, das in klimatisch normalen Zeiten auch eine der Kornkammern Chinas war. Als die eindringenden Mandschus auch diese Unruheherde beseitigt hatten, fanden sie eine nahezu menschenleere Provinz vor, nur wenige Einwohner waren übrig geblieben. In ihrer Autobiographie beschreibt die berühmte chinesische Schriftstellerin Han Suyin ihre Vorfahren, Hakas aus dem Süden Chinas. Sie seien gezwungen worden, nach den von den «Banditen» verübten Massakern als Fremdarbeiter nach Szetschuan zu ziehen. In der Tat war die Bevölkerung nicht durch Kriegswissen, sondern durch Hungersnöte dezimiert. Freiweillige Einwanderer aus dem überbevölkerten Süden folgten nach, als das Klima wieder feuchter wurde und das Land wieder bebaut werden konnte.

Wenden wir uns wieder dem Geheimnis der weißen Seedimentbänder zu. Die zeitliche Uebereinstimmung legt nahe, dass der Staub zum See in Taiwan geblasen worden war, als in einer Zeit lang andauernder Trockenheit die chinesische Zentralebene eine «Dust bowl» gewesen war. Warum aber hatte solch eine Trockenheit geherrscht? War sie vielleicht die Folge einer globalen Abkühlung?

III. Die Kleine Eiszeit in Europa

Die Dürre während den letzten Jahren der Ming-Dynastie fiel zeitlich mit einer Kälte-periode in Europa zusammen, der so genannten Kleinen Eiszeit, einer Phase, in der alle Gletscher anwuchsen.

Ist ein Gletscher am Zunehmen, schiebt er mit seiner Vorwärtsbewegung alles, was ihm im Weg steht, zur Seite. Zieht er sich zurück, bewegt er sich zwar weiterhin vorwärts, aber langsamer, als die Gletscherzunge wegschmilzt. Das Geschiebe, das diese mit sich führt, bleibt an der Stirnseite des Gletschers liegen. Aus diesen Trümmern bildet sich das, was wir eine Endmoräne nennen. Hat ein Gletscher aufeinander folgende End-moränen aufgeschichtet, kann daraus geschlossen werden, dass er sich im Laufe einer Klimaänderung in verschiedenen Schüben zurückgezogen hat.

Die alpinen Gletscher ziehen sich seit dem 19. Jahrhundert zurück. Touristen, die das Morteratschtal im Engadin durchwandern, finden am Weg verschiedene Markierungen, welche die Änderungen in der Position der Endmoräne bezeichnen. Seit 1840 hat der Gletscher fast zwei Kilometer seiner früheren Ausdehnung verloren, was beweist, dass seit der Mitte des 19. Jahrhunderts eine bemerkenswerte globale Erwärmung stattfin-det. Studiert man die Endmoränen in den Alpen, wird klar, dass die Berggletscher vor noch nicht allzu langer Zeit überall weit ins Tal hinabreichten. Und die Resultate der Al-tersbestimmung von Moränen führten zum Schluss, dass das Klima Zentraleuropas während dem 16. und/oder dem 17. Jahrhundert besonders kalt war. Natürlich sind die Gletscher nie genug gewachsen, als dass sie die ganze Schweiz hätten mit Eis bedecken können, wie das während der Eiszeit der Fall gewesen war. Wissenschaftler verwenden deshalb den passenderen Begriff «Kleine Eiszeit», um diese gar noch nicht lange zurückliegende Epoche einer «kleinen Vereisung» zu umschreiben.

Europäische Wissenschaftler fanden den Beweis, dass sich mehrere alpine Gletscher zwischen 1280 und 1850[7] ausgedehnt hatten. Wichtige Informationen brachte die Un-tersuchung des Gorner-, Grindelwald-, Rhone- und Großen Aletschgletschers in der Schweiz sowie der Gletscher des Montblanc-Massivs in Frankreich. Mit verschiedenen wissenschaftlichen Methoden wurde eine Zeittafel über das Vorrücken der Gletscher er-stellt. Der Rhonegletscher zum Beispiel war um 1350 weiter vorgerückt als zu irgendei-ner Zeit danach. Es gibt auch ganz klare Beweise dafür, dass die Gletscher zwischen 1600 und 1820, im Zenit der Kleinen Eiszeit, sowohl in den Schweizer Alpen als auch in den Französischen Alpen anwuchsen. Im Zentralkaukasus dehnte sich der «ewige Schnee» zwischen 1640 und 1780 weiter aus. In Zentraleuropa nahmen die Gletscher während der Dekade 1770–1780 zu und noch einmal zwischen 1815 und 1820; in diesen Jahren erreichten die Alpengletscher in Italien ihre größte Ausdehnung. Das letzte größere Vorrücken der Gletscher in der Kleinen Eiszeit war vor noch gar nicht langer Zeit zu beobachten, nämlich um 1850. Seither haben die Gletscherregionen in den östlichen Alpen annähernd 185 km^2 oder 40 Prozent ihrer Gesamtfläche verloren.

Die Annahmen der Naturwissenschaftler werden von der Geschichtsforschung bestätigt. Das außerordentliche Vorrücken des Grindelwaldgletschers ist beispielsweise in den lokalen Chroniken protokolliert. Und noch heute sprechen die Einheimischen über die gar nicht so ferne Zeit, als die blühenden Alpweiden vom Gletschereis bedeckt wurden.[8]

Auch die Gletscher in Skandinavien sind während des 15., 16. und 17. Jahrhunderts gewachsen. Weite Ackerbaugebiete und unzählige Bauernhäuser wurden durch die vorrückenden Eismassen zerstört oder beschädigt. In einigen Gegenden erreichten sie ihre maximale Ausdehnung in der Zeitspanne von 1680 bis 1750, in anderen erst in der Dekade von 1880 bis 1890.

Mein Nachbar ist ein pensionierter Lehrer. Als er hörte, dass ich mich mit Klimaveränderungen beschäftige, brachte er mir Auszüge aus alten Chroniken; die Liste einer ganzen Anzahl ungewöhnlicher Wetterereignisse in Europa, die im Laufe des Mittelalters aktenkundig geworden waren:

1186	Blühende Obstbäume im Januar, nussgroße Äpfel im Februar, Weizenernte im Mai, Weinlese im August;
1232	Eier können im Sand unter der Juli- und Augustsonne gekocht werden;
1288	Bäume blühen an Weihnachten und die Menschen gehen in den Flüssen schwimmen;
1289	Erdbeerblüte am 14. Januar;
1322	Die Ostsee und das Adriatische Meer frieren zu;
1342	Große Nässe; ausgedehnte Überflutungen bringen es mit sich, dass die Menschen im Boot über die Stadtmauer von Köln hinwegfahren können;
1387	Heiß und trocken, bei Köln waten die Menschen durch den Rhein;
1473	Trockenes Jahr: vom späten Juni bis zum Ende des Septembers fällt kein Regen; zweite Baumblüte im Oktober;
1529	Kirschblüte am 11. Dezember;
1530	Fruchtbäume blühen im Februar, im März Feldfrüchte;
1539	Veilchen blühen am 6. Januar;
1607/08	Der Wein gefriert in den Fässern, im Hafen von Danzig kann man am 15. Mai Eis laufen;

1665   Am 15. Juni lässt in Frankreich ein Nachtfrost die Trauben erfrieren;

1739/40 Die Zuidersee in Holland bleibt zwischen dem 24. Oktober 39 und dem 13. Juni
       40 zugefroren.

Diese Ereignisse bestätigen die These, dass im 12. und 13. Jahrhundert eine ungewöhnliche Wärmeperiode herrschte und am Ende des 13. Jahrhunderts die globale Abkühlung ziemlich plötzlich eintrat: die ersten Dekaden des 14. Jahrhunderts waren extrem kalt.

Wissenschaftler, welche die Berichte über das Wachsen der Gletscher studierten, ordneten der Kleinen Eiszeit die Zeitspanne von 1300 bis 1850 zu. Die Auflistung meines Nachbarn hält einige der extrem kalten und nassen Jahre dieser Jahrhunderte fest, aber gleichzeitig lassen die Angaben darauf schließen, dass das Klima im Europa des 15. und frühen 16. Jahrhunderts, während einiger Dekaden jedenfalls, relativ warm und angenehm gewesen sein muss. Es waren also nicht einfach sechs Jahrhunderte eisiger Kälte, sondern es waren Temeperaturschwankungen zu verzeichnen.

Hochgebirgsseen in Europa frieren jedes Jahr zu, Seen in nicht so gebirgigen Gegenden hingegen selten. Der Zürichsee zum Beispiel war nur etwa alle 30 Jahre zugefroren, das letzte Mal 1963. In diesem Kältejahr war auch der Bodensee ganz mit Eis bedeckt, und das war ein sehr seltenes Ereignis. Der Bodensee war während der ersten Jahrhunderte der Kleinen Eiszeit mehrmals zugefroren. Im bitterkalten Winter 1573 beispielsweise konnte eine Statue des Apostels Johannes gefahrlos bei einer Prozession über das Eis des Sees vom einen Ufer zum anderen getragen werden. Während der Kleinen Eiszeit durchlebte Nordwesteuropa viele kalte, windreiche Jahre. Nachdem Engländer und Franzosen im Weinbau über lange Jahre Konkurrenten gewesen waren, setzte diese globale Abkühlung ihrem Wettbewerb ein Ende. 1321 zerstörte der lang andauernde Frost sogar die Weinberge in Frankreich. Welch eisige Winter in Holland im frühen 17. Jahrhundert geherrscht haben müssen, zeigen einige der Meisterwerke Pieter Brueghels: Die Menschen vergnügen sich auf dem Eis der Grachten, die heutzutage kaum mehr zufrieren. Breughel hat nicht übertrieben; zeitgenössische Chroniken dokumentieren das häufige Gefrieren bekannter Wasserwege in Nordeuropa. Im Winter 1683/84 zum Beispiel konnten Charles II. und sein Hofstaat ganz London auf dem Eis der Themse durchqueren.[9] Historische Quellen belegen, dass die Kleine Eiszeit bis zur Mitte des 19. Jahrhunderts andauerte; noch zwischen 1800 und 1850 gab es einige sehr kalte Phasen, so etwa den denkwürdigen Winter von 1812, als Napoleon in Russland seine vernichtende Niederlage erlitt. Vermutlich überstieg die durchschnittliche Temperaturverminderung während der Kleinen Eiszeit ein Grad Celsius. In England zum Beispiel lag die Durchschnittstemperatur zwischen 1550 und 1650 um etwa 1,5 Grad Celsius tiefer als heute; ein scheinbar unwesentlicher Temperaturabfall. Er hatte aber einen verheerenden Einfluss auf die Sozialstruktur Europas.[10]

Sowohl in Nordeuropa als auch in China fielen Kälte und Hunger zusammen: Eine dicke Wolkendecke bringt kälteres Wetter – ein nasser Sommer ist immer ein kalter Sommer. Gab es viele Regentage, konnten die Bauern nicht heuen, das nasse Gras verfaulte; nach kalten Sommern hatte das Vieh im Winter kein Futter. Viehzüchter hatten es schwer während der Kleinen Eiszeit!

Kalte und nasse Jahre in Nordeuropa führten zu geringeren Ernteerträgen. In der kältesten Spanne der Kleinen Eiszeit bedeckte der Schnee in den hügeligen Tälern der Schweiz den Boden bis in den Mai hinein, im Herbst setzte der Frost viel zu früh ein. Damit war die Wachstumsperiode schlicht nicht lang genug, als dass man eine gute Ernte hätte einbringen können. In den neunziger Jahren des 17. Jahrhunderts zerstörte im Norden Schottlands die Kälte in acht aufeinander folgenden Jahren die Ernte.[11] Dass der Temperaturabfall in Europa mit einem Anstieg der Lebensmittelpreise einherging, erstaunt also nicht. In England etwa erhöhte sich der Preis für Vieh im Laufe des kalten und nassen Jahrhunderts nach 1550 um das Sechsfache, Weizen war im Zenit der Kleinen Eiszeit sieben- bis achtmal teurer als zuvor.

Nicht nur der Wohlstand, auch die Gesundheit der Menschen einer Agrargesellschaft hängt von der Ernte ab. Zwar verhungern nicht alle Menschen im Laufe einer Hungersnot, aber ihre Widerstandskraft gegen Seuchen wird geschwächt. Der Einfluss, den das Klima auf eine Gesellschaft ausübt, lässt sich folglich auch an den Bevölkerungsstatistiken ablesen. In den Jahren zwischen 1000 und 1300 stieg die Bevölkerung in Europa an. In Mitteleuropa verdoppelte oder verdreifachte sich zum Beispiel die Einwohnerschaft der Städte im Laufe des 13. Jahrhunderts. Mit dem Beginn der Kleinen Eiszeit wurde dann die Bevölkerungszahl in der ersten Hälfte des 14. Jahrhunderts drastisch reduziert: Die große Pest von 1347 bis 1350 raffte mehr als einen Viertel der Bevölkerung Europas dahin. Schwere Hungerjahre waren dieser Zeit vorausgegangen; 1315 bis 1317 wegen schlechten Erntewetters, 1342 bis 1347 wegen der trockensten und kältesten Sommer des Jahrtausends. Es brauchte viel Zeit, um die Folgen der Seuche zu überwinden, sodass die Bevölkerung nur zaghaft wuchs. Im Zenit der Kleinen Eiszeit schließlich stagnierte sie wieder oder nahm im Laufe des 16. und des 17. Jahrhunderts sogar weiter ab. Lohnschwankungen, wie sich am Beispiel englischer Taglöhner zeigen lässt, widerspiegeln die Wechselwirkung von Klima und Bevölkerungszahl.[12] Im 12. und 13. Jahrhundert verzeichnete man gute Ernten und niedrige Preise, wegen des Überschusses an Arbeitskräften als Folge des starken Bevölkerungswachstums blieben die Reallöhne aber tief. Im 14. Jahrhundert, insbesondere nach dem Wüten des Schwarzen Todes, zogen die Preise an. Die Ernten waren schlecht, die Nachfrage nach Arbeitskräften entsprechend – trotz der massiv gesunkenen Bevölkerungszahl. Im 15. und frühen 16. Jahrhundert stagnierten die Preise dank besserer Ernten oder sanken sogar. Da die Bevölkerung nicht schnell genug zunahm, herrschte jetzt Arbeitskräftemangel, so dass die Löhne anstiegen. Dann kam die schlimmste Phase der Kleinen Eiszeit: Die Preise schnellten in die Höhe, die Bevölkerungszahl stagnierte praktisch. Zwar waren die Löhne hoch, aber die Kaufkraft war relativ gering. Und in der ersten Hälfte des 17. Jahrhunderts fielen die Löhne geradezu in den Keller. Seit 1800 sind die Reallöhne wieder ununterbrochen angestiegen, was sowohl mit dem Bevölkerungswachstum als auch mit dem Ansteigen der Produktivität zusammenhängt.

Bewohnern der europäischen Seefahrernationen stand während der Kleinen Eiszeit die Option Übersee offen. Die meisten Siedlungen in Nordamerika sind denn auch im 17. Jahrhundert gegründet worden: 1604 Neuschottland; 1607 Neu England; 1622 Maine und New Hampshire; 1629 Massachusetts; 1613 New York; 1632 Maryland; 1635 Connecticut und Delaware; 1636 Rhode Island; 1663 Carolina; 1664 New Jersey; 1670 Rupert's Island; 1681 Pennsylvania.

Angeblich standen religiöse Motive für die britische Emigration nach Nordamerika Pate, in Tat und Wahrheit gaben aber eher ökonomische Gründe den Ausschlag.[13] England war überbevölkert, selbst zu Zeiten, als das Bevölkerungswachstum sehr bescheiden war. Massenarbeitslosigkeit herrschte. In einer Petition an das Parlament, die zugunsten der Kolonisation Amerikas votierte, wurde festgehalten: «Erst dann wird Englands Potenzial und Kraft wirksam werden können, wenn wir uns der Einsicht nicht verschließen, dass die verelendeten Massen im Übermaß zunehmen und wir das Prinzip anerkennen, dass Länder dann einen Bevölkerungsüberschuß haben, wenn mehr Menschen da sind, als richtig ernährt und beschäftigt werden können …»[14]

«Überschuss» ist ein relativer Begriff. Nicht weil die Bevölkerung ungewöhnlich stark zugenommen hätte, entstnad der Druck, England zu verlassen, sondern weil es an Nahrungsmitteln fehlte.

Die Menschen, die sich in Amerika niederließen, waren in erster Linie daran interessiert, ein – im besten Fall kümmerliches – Auskommen zu finden, während es den Handelsgesellschaften hauptsächlich darum ging, auf ihrem Kapital einen guten Ertrag zu realisieren. Spanien, Portugal, Frankreich, Holland und auch Skandinavien erwarben aus finanziellen Interessen Kolonien in Nord- und Südamerika, in Asien und Australien.

Menschen für die Ansiedlung in Nordamerika zu gewinnen, war nicht so einfach. So begann man, systematisch mit allerlei Hilfeversprechen zur Auswanderung zu verlocken. Die Stadt London beispielsweise ließ es sich eine beachtliche Menge Geld kosten, einen Teil ihrer armen Bevölkerung in Virginia anzusiedeln. Nicht nur die Reisekosten wurden bezahlt, auch mit anderen Mitteln wurde die Bereitschaft zur Auswanderung gefördert; Vaganten erhielten Lehrlingsverträge für den Staatsdienst in den Kolonien und kleine Missetäter und Kriminelle lockte man mit der Aussicht auf Begnadigung.

Die Kolonisten trafen auf schier unüberwindliche Schwierigkeiten. Viele überlebten den ersten harten Winter in Nordamerika nicht. Virginia Dare, das erste weiße Kind, das 1587 der «Verlorenen Kolonie» von Nord Carolina geboren wurde, starb wie viele der ersten Siedler an Hunger und Krankheit. Vermutlich hätten die Pioniere von Nordamerika ihre alte Heimat nicht verlassen, wenn ihnen bewusst gewesen wäre, dass sie während den schlimmsten Jahren der Kleinen Eiszeit eine neue Heimat suchen mussten.

Die Menschen in Mitteleuropa zogen nicht nach Übersee, auf sie wartete ein noch schlimmeres Los. Während des Dreißigjährigen Krieges wurden sie von Soldaten ausgeraubt und unzählige starben den Hungertod. Im Laufe dieses Krieges wurde die Bevölkerung des Deutschen Reiches um mehr als die Hälfte reduziert. Nachdem der Westfälische Friede zustande gekommen war, nahm die Bevölkerung wieder etwas zu. Wirklich erholt und rasant vermehrt hat sie sich aber erst nach dem Beginn der industriellen Revolution.

Das Jahr 1648 stellt einen Meilenstein in der Geschichte Europas dar; der Westfälische Friede beendete den seit dreißig Jahren tobenden Krieg. Die Erfahrung dieser traumatischen Epoche lernt man mit Schillers Drama *Wallenstein* kennen. Da war zum einen der protestantische «Winterkönig», der pfälzische Kurfürst Friedrich V., den die Böhmen zum König haben wollten; er konnte sich ganze hundert Tage an der Macht halten. Ihm stand die katholische Armee des Habsburger-Kaisers Ferdinand II. gegenüber, die die Protestanten massakrierte. Im Norden des Reiches griff der dänische König ein und verbündete sich mit der Union der protestantischen Stände am Rhein. Und dann kam Wallenstein – und gewann den Krieg. Als er seine Arbeit getan hatte, wurde er von Kaiser und Kurfürsten in die Wüste geschickt. Doch der Krieg war noch nicht ausgekämpft. Gustav Adolf aus Schweden kam und rettete die Sache der Protestanten, sodass Wallenstein wieder aus der Versenkung geholt wurde. Bei Lützen stellte er sich der schwedischen Armee zwar erfolglos entgegen, aber der große Gegner Gustav Adolf kam im Gefecht zu Tode. Schillers Drama endet mit Wallensteins Ermordung. Der Krieg jedoch dauerte noch weitere 15 Jahre an. Ironie der Geschichte: Im Verlauf des Krieges verbündete sich der katholische König Frankreichs mit den protestantischen Schweden, während die schwedische Königin Christina nach Rom pilgerte, um zum Katholizismus zu konvertieren.

Das Drama von Schiller hat Gemeinsamkeiten mit dem Epos über die Drei Reiche. Seine Handlung ist ebenso faszinierend und genauso verwirrend wie jene im klassischen Werk aus China.

Die Bedeutung des Dreißigjährigen Krieges wurde mir erst richtig bewusst, als ich Berthold Brechts Stück *Mutter Courage* im Zürcher Schauspielhaus gesehen hatte: ein pazifistisches Klagelied gegen die Tyrannei des Krieges. Es gibt darin keine Gewinner, nur Verlierer, und die Verlierer sind die einfachen Leute.

Der wirkliche Krieg brachte sehr wohl Gewinner hervor, und das waren die Soldaten Wallensteins.

Im mittelalterlichen Europa wurden Schlachten von ausgebildeten Söldnertruppen ausgefochten. Um eine Armee aufstellen zu können, mussten Kaiser und Könige deshalb Geld leihen. Die Geldgeber von Karl V., aus dem Hause Habsburg (1500–1558) dem allmächtigen Kaiser des Heiligen Römischen Reiches Deutscher Nation, waren die Fugger, eine Kaufmannsfamilie aus Augsburg. Als der Dreißigjährige Krieg begann, war aber das Haus Habsburg nicht mehr kreditwürdig; es hatte seinen Verbindlichkeiten aus früheren Tagen nicht nachkommen können.

Warum hatten die Habsburger-Kaiser kein Geld? Die Steuereinnahmen waren zu niedrig ausgefallen; nach Jahren schlechter Ernten gab es nicht viel zu versteuern.

Die schlechten Zeiten dauerten schon lange. In Europa gab es zwar keinen Li Zicheng, dafür gab es den Bauernaufstand im England Richards II., in Luthers Landen und bei den Eidgenossen jene Revolten, die später als Bauernkriege in die Geschichte eingegangen sind.

Die Bauern durchlebten harte Zeiten, aber auch die Herrscher blieben nicht ganz ungeschoren. Keine Ernte bedeutete: keine Steuern, und kein Geld hieß: keine Soldaten. 1624 war der Habsburger Kaiser Ferdinand II. nahe dran, den Krieg zu verlieren. Da erschien Albrecht Wenzel Eusebius von Wallenstein auf der Bildfläche, ein Soldat und Abenteurer, der sich selbst vom Kleinadligen in den Rang eines Herzogs von Friedland und Mecklenburg katapultierte. Wallenstein hatte Erfolg, weil er bestechende Ideen hatte: der Generalissimo brauchte kein Geld, es reichte, dass er einen Freibrief zum Erobern und Plündern erhielt.

Unter normalen Bedingungen kann eine Armee von Plünderern nur aus Haufen herumstreunender Banditen rekrutiert werden. Es war die Kleine Eiszeit, die Wallenstein zu seiner Chance verhalf. Unzähligen hungernden Bauern und Habenichtsen standen nur ein paar wenige rechtschaffene Bauern gegenüber, denen es gelang, einen kümmerlichen Lebensunterhalt zu erwirtschaften. Als es um Sein oder Nichtsein ging, bedeutete die Lizenz zum Rauben und Plündern für die Habenichtse die Chance zum Überleben.

Wallenstein begann mit einer Armee von 24 000 Mann, ohne auch nur einen Taler aus der kaiserlichen Schatztruhe erhalten zu haben. Und seine Erfolge führten zu einem Schneeballeffekt: Mehr und mehr hungernde Bauern traten als Freiwillige in seine Armee ein und nutzten den Freipass zum Plündern und Brandschatzen: Die Soldaten kamen, rafften zusammen, was die hilflosen Bauern hatten, und verschwanden.

Auf seinem Weg in den Norden des Reiches errang der General Sieg um Sieg und unterwarf die Protestanten, bis kein Landstrich mehr übrig blieb, der hätte erobert und geplündert werden können. Als die Waffen ruhten, fehlte den marodierenden Soldaten der Grund, in Wallensteins Armee zu verbleiben. Er konnte ihnen ja schließlich keinen Sold mehr bezahlen und ebenso wenig der Kaiser. Also fiel Wallensteins Armee nach ihrem Siegeszug auseinander wie jene seines Zeitgenossen Li Zicheng in China. Vielleicht war Wallensteins Entlassung weniger die Folge politischer Intrigen gewesen als eine Frage der ökonomischen Notwendigkeiten.

Geschichte wiederholt sich. In China braucht man nur das Nationale Museum für Geschichte zu besuchen, um die Unausweichlichkeit der Bauernaufstände einzusehen. Die hungrigen Bauern entflohen ihrem Schicksal, Hungers zu sterben, wenn sie zu Soldaten der *warlords* wurden. Im wahrsten Sinn des Wortes kämpften sie ums Leben. Es gibt hier keinen Unterschied zwischen Mitteleuropa und China. Brecht hat das verstanden und Wallensteins Soldaten nicht verurteilt. Sie brauchtes schließlich etwas zu essen, sie kämpften um das nackte Überleben.

IV. In China war es kalt in den Zeiten der Dürre

Im Laufe der ersten Hälfte des 17. Jahrhunderts durchlebte Europa den Höhepunkt der Kleinen Eiszeit. War die Klimaabkühlung etwa ein globales Phänomen? War China vielleicht einem besonders mörderischen Klima ausgesetzt gewesen? Sind im Laufe einer Kleinen Eiszeit Dürrezeiten für China die Norm?

Man braucht kein Experte in Meteorologie zu sein, um antworten zu können: Es wird in China sehr kalt, wenn die Hochdruckmassen aus Sibirien ins Land eindringen. So lange der Barometerstand hoch ist, bleibt das Wetter «gut». Für Nordeuropa bedeutet sonniges Wetter «gutes Wetter». Aber «gutes Wetter» bedeutet in China schlechtes Wetter. Das habe ich auf dem Bauernhof in Südwestchina bereits als Kind gelernt.

In Zentralchina und an der chinesischen Küste bringen Südostwinde oder ein Orkan Niederschläge. Liegt aber eine Hochdruckmasse über der Zentralebene, wird die Wetterfront aus den Tropengegenden des Pazifiks entweder nordwärts nach Japan und Korea abgelenkt oder westwärts zur Südchinesischen See und nach Vietnam.

Als ich in Taiwan Freunden meine These vorlegte, dass das Klima während der Dürre in den letzten Jahren unter den Ming-Kaisern sehr kalt gewesen sein dürfte, meinten sie, ich solle nicht spekulieren – «es gibt Fakten» – und übergaben mir den anschaulich dargestellten Überblick eines taiwanesischen Geographen über Klima und Geschichte Chinas.[15]

Die Zusammenstellung lässt eindeutige Schlüsse zu. Die Kleine Eiszeit war in der Tat ein globales Ereignis. Die letzten vier Dekaden der Ming-Zeit, die Jahre von 1600 bis 1643, waren eine der kältesten Epochen in der Geschichte Chinas. Yunnan in Südwestchina zum Beispiel ist bekannt für sein mildes Klima. Im September 1601 aber tobte dort ein veritabler Schneesturm. Guangdong hat subtropisches Klima, dennoch schneite es im Dezember 1618 während acht Tagen. Die chinesischen Chroniken von 1620, 1623, 1624, 1629, 1631, 1632 und 1649 berichten alle von Schneestürmen in mehreren Gegenden Südchinas, etwas absolut Außergewöhnliches für diese Regionen. Wissenschaftler analysierten in alten Sedimenten eingeschlossene Pollen und errechneten dann den Unterschied zwischen den durchschnittlichen Jahrestemperaturen von damals und heute. In jenen Jahren war es um 1,5 bis 2° C kälter!

Die Kleine Eiszeit begann in China wie in Europa gegen das Ende des 13. Jahrhunderts. In den Chroniken aus den letzten Jahren der Mongolen-Dynastie finden sich zahlreiche Einträge unüblich kalter Wetter:

1280   Frost im Mai (Nordchina);

1290   Frost ruiniert im Juni und August Getreideähren (Nordchina);

1301   Frost im Juni verdirbt Ähren (Zentralchina); Schnee im August; Kühe und Pferde erfrieren (Nordchina);

3102   Im frühen September ruiniert Frost die Ähren (Nordchina);

1303   Frost ruiniert die Ähren des Getreides im Mai und Juni (Nord-Zentralchina);

1306   Heftiger Schneesturm im März (Nordchina);

1311   Frost im August;

1317   Frost im Juli ruiniert die Ähren (Nord-Zentralchina);

1328   Schneestürme im Juli; Kühe und Soldaten erfrieren (Nordchina);

1329   Orangen-Ernte zerstört (Hunan); auf dem Taihu (Ostchina) liegt meterdickes Eis;

1331	Schneesturm im Mai; Kühe erfrieren (Nord-Zentralchina);
1335	Zwei Meter hoher Schnee im April; 90 Prozent des Viehs erfriert; Hungersnot (Nordchina);
1339	Der Fluss Huai friert zu (Ostchina);
1346	Schnee und Eis im frühen Oktober (Nordchina);
1350	Meterdicker Schnee im April; Menschen erfrieren (Nordchina);
1363	Zwei Meter hoher Schnee im März (Kunming, Südchina);
1367	Frost im Juni ruiniert die Getreideähren (Nordchina);
1368	Frost im Mai verdirbt die Getreideähren (Nordchina).

Man schätzt, dass die durchschnittliche Jahrestemperatur mindestens um 1°C tiefer war als im China von heute. Dieses kalte Klima hielt bis in die frühen Jahre der Ming-Ära an:

1382	Schnee in Südchina;
1443	Frost im April (Südchina);
1450	Drei Meter hoher Schnee im Februar (Ostchina);
1453	An 40 Tagen Schnee im Frühling (Südchina);
1454	Weiterum ein oder zwei Meter Schnee im Winter (Ostchina), Treibeis im Ostchinesischen Meer; die Menschen erfrieren oder verhungern;
1474	Frost im Mai (Südchina);
1477	Frost im August (Nord-Zentralchina);
1493	Frost im Mai ruiniert die Getreideähren (Nordchina);
1498	Harter Winter in Südchina, Flüsse frieren zu;
1502	Harter Winter in Südchina, Flüsse frieren zu;
1506	Schnee auf der Suptropeninsel Hainan;
1509	Schnee in Südchina;
1513	Der Taihu-See friert zu (Ostchina).

Der Jahresdurchschnitt der Temperaturen lag um etwa 1 bis 1,5°C tiefer als heute, obwohl es 1458 und 1469 warme, schneefreie Winter gab, welche die zwei Jahrhunderte andauernde Kältewelle unterbrachen. Ein etwas längeres warmes Intervall folgte in der zweiten Hälfte des 16. Jahrhunderts:

1557	Schneefreier Winter;
1560	Schneefreier Winter;
1561	Schneefreier Winter (Nordchina); das Getreide verdorrt;
1562	Schnee im Mai (Südchina); schlechte Ernte;

1572	Teile Nordchinas bleiben eisfrei;
1578	Frost im August ruiniert die Kulturen (Zentralchina);
1585	Schneefreier Winter.

Die Klimaverbesserung hielt jedoch nicht sehr lange an; als das 16. Jahrhundert seinem Ende entgegenging, kamen wieder Jahre mit harten klimatischen Bedingungen:

1587	Frost im August;
1588	Frost im Juli, Schneefall im September (Nordchina);
1595	Schnee an 40 Tagen in den Monaten Mai und Juni (Ostchina);
1596	Schnee im Mai (Nordchina);
1598	Schneestürme im Sommer; Frost im August verdirbt die Ähren (Südchina).

Ein bitterkaltes Jahr folgte dem anderen, bis zum Ende der Ming-Dynastie im Jahre 1643.

Zu gleichen Zeiten wie in Europa herrschte auch in China im Laufe der Kleinen Eiszeit kaltes Klima. Und dennoch gab es einen Unterschied: In Nordeuropa war es feucht, als es kalt war, während ein großer Teil Chinas unter extremer Trockenheit litt. Doch in seinen Konsequenzen kam es aufs Gleiche heraus, beides wirkte sich auf die Landwirtschaft verheerend aus und damit auch auf das Wohlergehen der bäuerlichen Gesellschaften. Denn unzeitige Fröste ruinieren die Getreideähren; Dürrezeiten können sich sogar noch zerstörerischer auswirken. So führten die Hungersnöte der besonders kalten und trockenen Jahre von 1288, 1325, 1328, 1331, 1333 und 1352 in China zu weitflächig lodernden Bauernaufständen. Dass der letzte Mongolen-Kaiser 1368 in die Mongolei zurückgejagt wurde und an seiner Statt ein Führer der rebellierenden Bauern den kaiserlichen Thron bestieg, ist somit leicht zu verstehen.

Die Kleine Eiszeit dauerte an. Für China gab es unter den Ming-Kaisern, anders als zu Zeiten der Han und der Tan, weder Frieden noch Wohlstand. Vielfach gab es Dürrezeiten und damit Ernteausfälle. In den Chroniken aus den Hungerjahren von 1458, 1465, 1476, 1478, 1479, 1483 bis 1504 und 1506 bis 1521 wird von Kannibalismus und von endlosen Fluchtzügen hungriger Massen berichtet.

Besonders prekär wurde die Situation 1509, als die Bauern überall in China revoltierten und chaotische Zustände in der Folge während fast zwei Jahrzehnten anhielten. Es scheint im Laufe des 16. Jahrhunderts während einem wärmeren Intervall eine Atempause gegeben zu haben, bis dann die kälteste Dekade der Kleinen Eiszeit anbrach. Es waren mörderische Hungersnöte, die China 1618, von 1622 bis 1629 und von 1633 bis 1643 heimsuchten. Hungernde Menschen flohen in Massen ziellos irgendwohin, fielen zu Tode erschöpft zu Boden und blieben an den Straßenrändern liegen. Kannibalismus war gängige Praxis. Die verzweifelten Bauern unter Li Zicheng konnten nicht mehr länger in Schach gehalten werden, und 1643 brach die Ming-Dynastie zusammen.

Wenn im oberen weißen Sedimentstreifen des Daguisee äolischer Staub stecken sollte, der während den Dürrejahren, als die Bauern sich erhoben und die Ming-Dynastie stürzten, herübergeweht wurde, könnte es dann sein, dass das untere weiße Band aus Staub besteht, der aus einer früheren Kleinen Eiszeit herrührt und während den Dürrejahren einer früheren Epoche von Bauernrevolten herübergeweht worden ist?

Zeitlich scheint die Rechnung nicht aufzugehen: Die Gelbturbane rebellierten gegen Ende des zweiten Jahrhunderts, wohingegen das untere weiße Band in der Zeit zwischen 420 und 520 abgelagert worden ist. Aber möglicherweise hat es eine Kleine Eiszeit gegeben, die ihren Anfang ein paar Jahrhunderte zuvor während der Ära der Drei Reiche hatte, bevor die Zentralebene zu einer «Dust bowl» wurde.

Es ist die Erklärung für die historische Bemerkung: «In jenen Tagen herrschte große Not: Das Volk hungerte.»

Kapitel 2

Die Hunnen trifft keine Schuld

Die Lemminge Norwegens haben keine Überlieferung, wie ihre Vorfahren ohne nachzudenken die übervölkerten Wohnhöhlen im Schnee aufgaben, wenn die Nachkommenschaft zu groß wurde, in die Ebene ausschwärmten und sich, Felder und Gehöfte verwüstend, unbeirrt ihren Weg zur Küste bahnten; wie sie sich dort von den Felsen ins Meer hinabstürzten und dann, wild um sich schlagend, im salzigen Wasser in den Tod schwammen (…).
Es gab aber viele Berichterstatter und Kriegschroniken, als Frankreich und das Deutsche Reich in den Sog des Zweiten Kreuzzuges hineingezogen wurden. Und diese Überlieferung ist amtlich beurkundet.

Robert Bridges, The Testament of Beauty

In China verließen die Bewohner der Zentralebene ihre Heimat, im Westen überrollten die Germanen ganz Europa. Die Schuld daran hat man den Hunnen in die Schuhe geschoben: ihre Überfälle hätten den Exodus bewirkt. Hält man sich aber an die historischen Quellen, kommt man zum Schluss, dass die Völker wegen der Hungersnot weggewandert sind, genau wie die Lemminge. Die Hunnen trifft keine Schuld!

I. Warum sind sie nicht zurückgekehrt?

Als ich 1948 China verließ, gab mir mein Vater zwei alte Bücher mit auf den Weg: die Familienchronik der Gaoyang Hsü. Es scheint fast, als hätte er vorausgesehen, dass es eine Große Proletarische Kulturrevolution geben würde, dass herumstreunende Banden von Rotgardisten das ganze Erbe einer alten Kultur zusammenraffen und zerstören würden. Das kostbare geschichtliche Dokument wurde so gerettet, während Millionen chinesischer Familien ihre Ahnenbücher an die Roten Garden des Vorsitzenden Mao verloren.

Meine amerikanischen Freunde fahren nach England, wenn sie mehr über ihre Herkunft wissen wollen. In den Kirchenbüchern finden sie Antwort auf ihre Fragen. China kannte keine Geburtsregister; die Chinesen hatten ihre Ahnenbücher, in denen jeder männliche Nachkomme seit dem Bestehen einer Familie aufgelistet wurde.

Ich stamme aus Yangzhou; die Yangzhou Hsüs sind Nachkommen eines Mannes, der in das Dorf Hsü in Anhui gezogen war. In Anhuis hügeligem Land gab es nicht genug Ackerland, sodass die jüngeren Söhne wegziehen mussten. Der erste Hsü, der sich im Laufe des 18. Jahrhunderts in Yangzhou niederließ, war ein bescheidener Straßenhändler. Sein Enkel baute das kleine Geschäft aus und wurde Salzhändler.

Damals war der Salzhandel so wichtig wie heutzutage der Handel mit Öl. Jeder brauchte Salz. Der Salzhandel war damit ein einträgliches Geschäft – ganz besonders dann, wenn sich alle Geschäftszweige in einer Hand konzentrierten: der Besitz der Saline wie auch die Produktion, der Transport sowie der Groß- und der Detailhandel. Dank solch einem Monopol gelangten die Salzleute in Yangzhou zu ihrem Wohlstand. Das Salz hatte dem Salzhändler-Sohn – meinem Urgroßvater – seine Erziehung und Ausbildung ermöglicht, worauf er unsere akademische Familientradition begründete: Mittlerweile sind es fünf Generationen, die ihr gefolgt sind: nach meinem Großvater mein Vater, darauf ich und jetzt auch meine Kinder.

Wie andere erfolgreiche Unternehmer auch, frönte der Salzhändler Hsü dem Hobby, die Wurzeln seiner Herkunft zu erforschen: Er ließ im Dorf Hsü Nachforschungen anstellen, erwarb ein Ahnenbuch und hielt es auf dem neuesten Stand. Er baute keinen

Tempel, aber er stellte in der Empfangshalle seines prächtigen Hauses Ahnentafeln auf. Und von Generation zu Generation wurde das Buch der Ahnen an den ältesten Sohn weitergegeben, damit er es sicher aufbewahre. Als ältester Sohn des ältesten Sohnes vom ältesten Sohn bin nun ich der Hüter dieses Dokuments geworden.

Dem Ahnenbuch ist zu entnehmen, dass ich in der 39. Generation ein Nachkomme des Dorfgründers von Hsü bin. Im zehnten Jahrhundert hatte er es mit nach Anhui gebracht. Seine frühesten Ahnen waren die Barone von Hsü gewesen, Feudalherren in Zentralchina. Der allererste Ahn dieser Familie – zweiter Sohn des dienstältesten und ranghöchsten Offiziers der siegreichen Armee, welche die Shang-Dynastie entmachtete – war zuvor ein General gewesen. Er war einer der Dutzend Männer, welche in den Stand des Barons erhoben wurden und einen Familiennamen erhielten. Das geschah in weit zurückliegenden Zeiten, im Jahre 1130 vor Chr. Laut unserem Ahnenbuch bin ich ein Nachkomme in der 97. Generation. Der ehemalige Sitz des Barons, Hsücang, ist jetzt der Hauptort eines Verwaltungsbezirks in der Provinz Henan; im 6. Jahrhundert v. Chr. war die Baronie dem Herzogtum von Zhu einverleibt worden, worauf der letzte Baron von Hsü in den Norden floh. Ein Zweig der Familie ließ sich in Gaoyang in der Provinz Hebei nieder. Meine Familie gehört zu den Gaoyang Hsüs.

Ich habe nicht so lange aus unserem Ahnenbuch erzählt, um mit der Glorie einer familiären Vergangenheit zu prahlen – die Hsüs sind ohnedies eine Art von Verlierern. Ich beziehe mich auf dieses Dokument, weil es verlässliche Informationen zur Demographie des chinesischen Volkes in vergangenen Zeiten liefert. Der Name Hsü[1] ist in Nordchina, anders als Zhang oder Wang oder Li oder Zhao, nicht sehr verbreitet. In Südchina hingegen gibt es viele Hsüs, und ganz besonders in Taiwan. Ein Präsidentschaftskandidat der Republik China in Taiwan ist ein Hsü, der Präsident der Bank von China in Taiwan ebenfalls, und auch ein in Taiwan äußerst populärer Schriftsteller heißt Hsü. Im Friedhof auf einer kleinen Insel in der Straße von Taiwan steht gar auf der Hälfte aller Grabsteine der Name Hsü, und zwar sind es Hsüs aus Gaoyang. Die Hsüs sind alle vom Norden gekommen, und alle sind Nachkommen des ersten Barons von Hsü.

In der Schule lernten wir, dass in den Zeiten des Chaos viele Chinesen die Zentralebene verließen und nach Süden zogen. Das Chaos nahm seinen Anfang, nachdem China 280 unter Jin wieder vereint worden war. In Nordchina kämpften damals sechzehn Nationen aus fünf Stämmen von «Barbaren» gegeneinander, im Süden lösten sich nacheinander sechs Dynastien auf dem Thron ab, die allesamt durch Thronräuberei an die Macht gekommen waren. Bis zum Ende des sechsten Jahrhunderts gab es keinen Frieden und keine Einheit mehr. Unser Ahnenbuch verifiziert die Daten. Ein Gaoyang Hsü der 43. Generation war Minister von Jin. Seine Familie zog um 300 nach Hangzhou;

die Nachkommen dienten ohne Unterschied am Hof der sechs aufeinander folgenden Dynastien. Als China wieder geeint war, ging unser Zweig der Gaoyang-Hsüs in den Norden zurück; ein Hsü der 51. Generation war Premierminister der Tang. Als gegen Ende des neunten Jahrhunderts wieder die «Barbaren» kamen, siedelte sich der Nachkomme in der 59. Generation in Anhui an und begründete das Dorf Hsü; er hatte zum Gefolge am Hof in Loyang gehört und war in den Süden gezogen, weil er dem «Barbaren», der den Tang-Thron gestohlen hatte, nicht dienen wollte.

Historiker machen die Kriege dafür verantwortlich, dass in der Epoche des Chaos die Menschen ihre angestammten Wohngebiete verlassen haben, oder sie geben den Hunnen die Schuld. Man lehrte uns, dass die Chinesen in den Süden wanderten, weil die «Fünf Barbaren» gekommen waren, und wir akzeptierten dies, ohne auch nur einen einzigen eigenen Gedanken darauf zu verschwenden. Als ich vieles mit anderen Augen zu sehen lernte, begann ich auch, die althergebrachte Bewertung geschichtlicher Ereignisse zu hinterfragen: Ist es wirklich richtig, den Barbaren die Schuld zuzuschieben?

Die Invasion von Barbaren habe ich am eigenen Leib erfahren; 1937 fiel Japan in China ein und okkupierte das halbe Land. Meine Familie verließ Yangzhou und ging nach Chongqing im Südwesten. Aber nach Kriegsende kehrte sie zurück. Auch in den Zeiten des Chaos waren die Gaoyang-Hsüs weggezogen: Sie wanderten in den Süden. Nachdem die Ordnung in China wieder hergestellt war, kehrte unser Zweig in den Norden zurück. Viele der andern aber blieben im Süden.

Warum haben sich die Gaoyang-Hsüs von Guangdong, Fujien und Taiwan entschieden, im Süden zu bleiben? Warum sind sie nicht zurückgekehrt, nachdem die «Barbaren» befriedet und nicht mehr fremde Eindringlinge waren?

Menschen wandern aus, um ihr Überleben zu sichern, und sie kehren zurück, wenn es dem Erwerb des Lebensunterhalts dienlich ist. Gibt es nichts, zu dem sie zurückkehren könnten, so bleiben sie fort. Das ist nur gesunder Menschenverstand und lässt sich an der jüngsten Vergangenheit illustrieren: Wenige der «Boat-People» wollen nach Hause zurückkehren, obwohl der Vietnamkrieg vor mehr als 20 Jahren zu Ende ging. Warum sollten sie auch? Schließlich geht es ihnen in ihrer Ersatz-Heimat sehr gut, während zu Hause das Nichts auf sie wartet.

Auch im letzten Weltkrieg wählte nicht jeder das Exil, und nicht jeder wählte die Rückkehr. Ja, unsere Familie zog nach Sichuan; mein Vater arbeitete für die Regierung. Und auch andere Familien, deren Familienoberhaupt für die Regierung arbeitete, zogen weg; wenn der Sitz einer Regierung vom Feind besetzt wird, zieht sie sich in den freien Landesteil zurück, und Menschen, die ihren Lebensunterhalt als Mitarbeiter der Regierung verdienen, müssen mit ihr ziehen.

Aber nicht alle Leute arbeiten für die Regierung. Viele meiner Schulfreunde waren aus freien Stücken, wegen ihrer Ausbildung, nach Chongqing gekommen. Ihre Eltern aber hatten ihre Geschäfte in Shanghai, Nanjing oder in einer anderen Küstenstadt, und die konnten nicht weg: Im Exil hätten sie sich ihren Lebensunterhalt nicht verdienen können.

Man darf nicht vergessen, dass die meisten Chinesen Bauern sind. Auch die ländlich-bäuerliche Bevölkerung blieb an ihrem angestammten Platz. Denn auch die Bauern und Landarbeiter im Südwesten, im freien China, lebten vom Ertrag, den ihr Boden abwarf. Es gab kein überzähliges Land; für alle wäre nicht genug da gewesen.

Im vierten oder fünften Jahrhundert hatte es in Südchina allderdings ausreichend Land gegeben: Die Region war bewaldet und nur sehr schwach bewohnt, durch Rodungen konnte zusätzlicher Ackerboden gewonnen werden. Zwar kann die Möglichkeit, dass die Bauern damals wegen des Krieges aus der Zentralebene geflohen sind, nicht ganz von der Hand gewiesen werden. Aber die Frage drängt sich auf, ob sie wirklich Kriegsflüchtlinge waren, ob sie tatsächlich dazu gezwungen worden waren, Heim und Herd zu verlassen.

Gesunder Menschenverstand liefert eine Antwort auf unsere Frage: Menschen, und Landleute ganz besonders, ziehen nicht einfach von einem Ort zum anderen, es sei denn, es bleibt ihnen keine andere Wahl. Sollten die Eindringlinge tatsächlich blutrünstige Barbaren gewesen sein, wäre es möglich, dass die Bauern es vorgezogen haben, vorübergehend ihre Heimat zu verlassen, statt das Risiko einzugehen, Opfer marodierender Krieger zu werden. Mit Sicherheit wären sie aber zurückgekehrt, sobald sich die Eindringlinge zur regierenden Schicht gemausert hatten und wieder Frieden brachten.

In Wirklichkeit waren die so genannten Barbaren der Dynastien im Norden gar keine Barbaren; die Kaiser der nördlichen Wei gehörten im Gegenteil zu den kultiviertesten Chinesen ihrer Zeit. Die Epoche des Chaos in China kann nicht mit dem «Dunklen Mittelalter» in Europa verglichen werden: Im China der Wei entwickelte sich der Buddhismus zu höchster Blüte, und die großartigen Skulpturen von Datong und Lungmen, die Höhlenmalereien von Dunghuang sind ungemein beeindruckende Zeugnisse «barbarischen» Schaffens im fünften und sechsten Jahrhundert.

Die Herrscher aus Nordasien waren zivilisiert; ihre Reiterei bestand aus disziplinierten, gut ausgebildeten Kriegsleuten, und kann nicht mit den Räuberhorden der hungrigen Bauern verglichen werden. Außerdem konnten die Kaiser der nördlichen Reiche kein Interesse daran haben, die Menschen zu vertreiben; sie brauchten Landarbeiter und Bauern zum Bestellen der Felder, sie brauchten Steuerzahler und Anwärter auf den Dienst im Heer. Trotzdem blieben die Bauern nicht im Land. Sie gingen fort und kehrten nicht wieder zurück.

Ein großer Teil Zentralchinas war im späten vierten Jahrhundert völlig entvölkert. Chronisten berichten, dass ein «barbarischer» König nach seiner Niederlage gegen die Chinesen tage- und nächtelang durch eine Einöde ritt, wo früher einmal eine Kornkammer Chinas gewesen war, und dabei fast verhungerte: nirgends gab es einen Bauern, der ihm hätte etwas zu essen geben können. Alle waren fortgegangen und nach dem Sieg der Chinesen nicht wieder zurückgekehrt.

Antwort auf dieses rätselhafte Verhalten gibt die Klimageschichte: Im vierten Jahrhundert gab es einen globalen Temperatursturz. Dies war der Beginn einer Kleinen Eiszeit. Damit war es nicht mehr länger möglich, in der Zentralebene Ackerbau zu betreiben, und die Landbevölkerung musste in den Süden auswandern: Die Bauern gingen fort, weil ihnen nichts anderes übrig blieb.

Ein siegreicher Heerführer der Jin-Herrscher schlug 363 vor, die kaiserliche Hauptstadt nach Loyang zu versetzen und die Menschen zurück in den Norden zu holen.[2] Er wusste zwar, dass die Zentralebene zu Ödland geworden war, denn die Nahrungsmittel für seine Truppen musste er auf dem Wasserweg aus dem Süden heranschaffen lassen;[3] in der Gegend, die zur «Dust bowl» geworden war, gedieh nichts mehr. Aber er ignorierte diese Tatsache oder wollte es einfach nicht wahrhaben, dass die Gegend nicht mehr bewohnbar war.

Die Menschen, die weggezogen waren, wollten nicht zurück. Bereits mehrere Generationen hatten die fruchtbaren Felder im Süden bewirtschaftet, und zudem waren im Laufe der weiteren Klimaverschlechterung, während einer erneuten umfassenden Dürrezeit 376 n.Chr., auch noch die wenigen Bauern nachgekommen, die es bisher im Norden ausgehalten hatten. Auch die im Süden Chinas wohnhaften Gaoyang-Hsüs hatten ihr Land im Norden verlassen. Zurückgekehrt waren sie nie, weil sie im Süden ein Land vorgefunden hatten, wo die Reisfelder reichen Ertrag brachten.

Es stellt sich die Frage, wie das Klima in den Jahrhunderten vor den «Barbaren» ausgesehen haben mag: Jahrhundertelang vor unserer Zeit hatte China von einer globalen Erwärmung profitiert. Von einem ersten Vorboten der kommenden Kälteperiode berichten die Chroniken im Jahr 29 v.Chr.: Es schneite im Mai. Auch die Jahre zwischen 18 und 28 waren ungewöhnlich kalt; Dürre und Hungersnöte suchten das Land heim. Es war die Zeit, da die Bauern den Usurpator Wang Mang vom Throne stürzten.[4]

Wirklich ernst wurde es dann in der zweiten Hälfte des zweiten Jahrunderts. Die Winter von 164 und 183 waren sehr kalt, und im Sommer 193 bestimmten die kalten

Winde aus Nordwesten das Wetter in ganz China. Mit der Kälte kam auch die Dürre; der Ernteausfall in den Jahren 176, 182 und 194 war besonders gravierend. Das war die Zeit der Gelbturbane.

In der Epoche der Drei Reiche hielt die Klimaverschlechterung an: Im Epos aus jener Zeit wird berichtet, dass die königliche Marine im Jahr 225 den Yangtse nicht als Wasserstraße nutzen konnte: Der große Fluss war wegen der klirrenden Kälte zugefroren.

Kalte Jahre waren auch sehr trockene Jahre. Von 220 bis 260, in den ersten 40 Jahren der Wei-Dynastie, gab es insgesamt 30 Hungerjahre. Wenn es doch einmal Niederschläge gab, fielen sie meistens in Form von Schnee, wie etwa im Juni 271. Das Jahr 277 war extrem kalt; nicht nur, dass es bereits im August Schnee gab, in fünf Bezirken froren im Winter sogar die Flüsse zu!

Das feindliche Klima hielt bis zum Ende des dritten Jahrhunderts an. Zwischen 280 und 290, in der ersten Dekade der Regierung Jin, war jedes Jahr kalt und trocken. Unzeitige Fröste ruinierten das Getreide, so dass der Preis für Nahrungsmittel überall in Schwindel erregende Höhen schnellte. Am Schlimmsten sollte es im vierten und fünften Jahrhundert werden. Das ist jene Zeit, in der sich in Taiwan der windtransportierte Staub ablagerte und danach zum unteren weißen Band im Great Ghost Lake wurde.

Damals muss sich die Hochdruckströmung aus Sibirien genau über der Mitte Chinas festgesetzt haben. Es war kalt, bitterkalt und knochentrocken. Wie hart die Bedingungen waren, zeigen beispielhaft die folgenden Einträge in den Annalen:

306	In Zentralchina Schnee im September;
331	In Südwestchina Schnee im September;
343	In Südostchina Schnee im September;
347	Schnee im September in Hebei; Menschen erfrieren;
354	Schnee im Juni in Gansu;
355	Schnee im Mai in Südostchina;
398	Sehr kalter, trockener Winter;
403	Extrem kalter Januar;
426	Extrem kalter November;
447	Schnee im Mai; Menschen erfrieren, politische Krise;
465	Schnee im Mai;
480	In Nordchina drei Meter hoher Schnee im Oktober;
485	In Nordchina Frost im Sommer;
496	Kalter Juni; Dutzende von Menschen erfrieren;
500	In Nordchina Frost im Mai;

501   In Nordchina Schnee im Juni; Dutzende von Menschen erfrieren;
504–509 In Nordchina Frühlings- und/oder Sommerfröste;
521   In Nordchina Schnee im Mai;
540   In Nordchina Schnee im Juni.

War es sehr kalt, so regnete es auch nicht. Im Jahre 309 trockneten sowohl der Gelbe Fluss als auch der Yangtse aus, sodass die Menschen trockenen Fußes ans andere Ufer gelangen konnten. Die Trockenheit hielt einige Zeit an; zwischen 336 bis 420 gab es erneut 30 Dürrejahre. Auch im fünften Jahrhundert wurde das Klima nicht viel freundlicher; das Jahr 473 war eines der schlimmsten Hungerjahre in der chinesischen Geschichte: Tausende von Menschen erfroren. Auch im sechsten Jahrhundert berichten die Chroniken von Dürren und Hunger, wenn auch weniger häufig. Nach 600 endete diese Kleine Eiszeit endlich; in den 150 Jahren vom ausgehenden siebten bis zum Ende des achten Jahrhunderts gab es in China 19 schneefreie Winter.

Dass der Yangtse 309 vollkommen austrocknete, ist fast nicht zu glauben. Um das Ausmaß der Katastrophe richtig einschätzen zu können, muss man sich die Größe des Yangtse vor Augen halten: Seinen Ursprung hat er in der tibetanischen Hochebene. Darauf fließt er durch die Regenwälder Südwestchinas und wächst zur gigantischen Wasserstraße an. Schlängelnd bahnt er sich seinen Weg weiter durch steile, enge Schluchten, schwillt mehr und mehr an, bis sein Bett die ungeheuer große Menge Wasser nicht mehr fassen kann. Bevor er schließlich breit und mächtig in sein Delta fließt, speist er noch den Dongting- und den Boyansee.

Wenn ich als Kind jeweils in Yangzhou am Yangtse auf die Fähre wartete, konnte ich das gegenüberliegende Ufer nicht ausmachen. Und der Fluss ist tief. Als chinesische Ingenieure die Brücke von Nanjing über den Yangtse bauten, mussten sie ihr ein 60m tiefes Fundament geben. Geographen könnten präzisere Zahlen liefern, hier muss die Tatsache genügen, dass das Wasservolumen des Flusses enorm ist. Was musste geschehen, dass ein solcher Fluss austrocknete?

Dass Flüsse versanden, ist nicht ungewöhnlich. Mein Vater war ein Hydraulik-Spezialist; er arbeitete 1925 am Fluss Yunding in der Nähe von Peking. Eines Tages fiel er aus dem Boot in den Fluss und ertrank beinahe. Heute aber gibt es keinen Yunding mehr, nur ein Bachbett voller Kiesel unter der Marco-Polo-Brücke. Der Fluss ist ausgetrocknet, weil der Grundwasserspiegel gesunken ist. Im Jahr 309, als der mächtige Yangtse austrocknete, muss der Grundwasserspiegel in Zentralchina tief unter der Oberfläche gelegen haben, sodass man nicht bewässern konnte und folglich auch nichts gedieh; die Zentralebene verkam zu einer «Dust bowl». Von den starken Nordwestwinden fortgetragen, wurde der Staub dann im Daguisee in Taiwans Zentralgebirge abgelagert und als weißes Band konserviert.

In einer «Dust bowl» kann kein Getreide wachsen. Darum verließen die Menschen die Zentralebene, so wie es die Okies in Steinbecks Stück «Die Früchte des Zorns» unter ähnlichen Bedingungen auch machen müssen. Es blieb ihnen nichts anderes übrig. Wie hätten sie denn Ackerbau betreiben sollen während diesen zwei langen, je 30 Jahre dauernden Trockenzeiten der Kleinen Eiszeit?

Zu Anfang des siebten Jahrhunderts war das Klima wieder besser. Höflinge und Regierungsbeamte, so auch meine Vorfahren, gingen in den Norden zurück. Die «Barbaren» jagte man nicht alle fort, viele hatten sich assimiliert. Und sie wurden die bäuerliche Bevölkerung der Zentralebene. Darum kamen manche der Emigranten – auch viele der Gaoyang-Hsüs – nicht zu den Äckern ihrer Vorfahren zurück; sie waren im Süden glücklich.

So gesehen, kann man den Hunnen nicht mehr die Schuld am Exodus in die Schuhe schieben. Nicht sie haben die Menschen aus der Zentralebene fortgejagt. Die Schuld liegt beim Klimawechsel.

II. Auf der Suche nach einem Platz an der Sonne

Auch westliche Historiker gaben die Schuld den Hunnen: 375 hatten sie Europa erreicht. Sie jagten die Alanen, einen kaukasischen Stamm, in den Westen, drängten die Ost- und die Westgoten in den Westen, zogen dann selbst weiter westwärts nach Italien und brachten das Römische Reich zu Fall. So will es die «Domino-Theorie».

Die Hunnen kamen erneut; sie drängten unter der Führung Attilas jeden, der ihnen im Weg war, westwärts. Der Held, der jetzt aufstand, war ein römischer General, und er hieß Flavius Aetius; mit Hilfe von Auxiliareinheiten, also barbarischen Hilfstruppen, hielt er 451 stand und gewann die Schlacht auf den Katalaunischen Feldern. Westeuropa war gerettet.

Die Geschichtsschreibung berichtet, die echten Schwierigkeiten hätten erst angefangen, nachdem Alarich 395 zum König der Westgoten[5] gewählt worden war. Der junge Anführer erlitt Niederlage auf Niederlage und im Jahr 400 bei Konstantinopel ein rechtes Desaster. Dennoch zog Alarich mit seinen Westgoten unbeirrt weiter westwärts und fiel ein Jahr später in Italien ein. Bei Pollentia und bei Verona wurden sie zwar von den Römern geschlagen und erlitten große Verluste, aber Alarich war nicht zu stoppen. Er führte seine Leute weiter Richtung Rom, und die Westgoten verwüsteten auf ihrem Weg in insgesamt fünf Jahren Dalmatien, Pannonien und Illyrien. Im Frühjahr 408 trafen sich Alarich und der römische Kaiser Honorius zu Friedensverhandlungen. Alarich forderte von ihm 4000 Pfund soliden Goldes, um Weizen für seinen 100 000 Mann starken Stamm kaufen zu können. Als Honorius Alarichs Ansinnen zurückwies, machte sich dieser sofort daran, seine Drohung, er werde in das Reich einmarschieren, in die Tat umzusetzen. «Wie eine festliche Prozession» überquerten seine Truppen auf dem Weg nordwärts den Po, zogen dann auf der Via Aemilia weiter durch Bologna nach Rimini, an Ravenna vorbei und nach Ancona. Ein Schwenk nach West, und schon stand Alarichs Armee vor den Toren Roms. Jetzt wurden die Friedensgespräche wieder aufgenommen, in deren Folge sich die Goten 408 in die Toscana zurückzogen.

Alarich belagerte Rom ein weiteres Mal um 409, 410 nahm er die Stadt ein, entführte die Schwester des Kaisers und verwüstete ganz Italien. Aber eigentlich, so sagte er, wollte er all das gar nicht tun. Was er wollte, war ein Platz an der Sonne, ein dauerhaftes Königreich der Goten auf römischem Boden. Honorius, der sich hinter den Mauern Ravennas versteckt hielt, blieb aber stur und kam den Goten in keiner Weise entgegen. Verärgert zog Alarich darauf nach Südfrankreich und weiter nach Spanien. Vor allem aber zog es ihn nach Afrika, zu Roms Kornkammer. Es fehlte ihm jedoch eine Flotte, mit der er seine Leute hätte übers Meer bringen können.

410 war der König der Westgoten tot, ein Jahr darauf bestieg in Rom ein neuer Kaiser den Thron. Dieser hatte schnell begriffen: Den Burgundern erlaubte er, ein Königreich am Rhein zu gründen, den Westgoten gab er im Süden Frankreichs eine Heimstatt. Damit bekamen die Anhänger Alarichs in Gallien, was ihr König in Italien mit Gewalt vergeblich versucht hatte zu erringen. Das Königreich Aquitanien, das Reich der Westgoten, wurde 418 etabliert; es war mit Rom verbündet und half ihm im Kampf gegen die Sweben, Vandalen und die sächsischen Piraten. In der Schlacht auf den Katalaunischen Feldern, wo Rom gegen Attila und seine Hunnen siegte, waren die Westgoten die wichtigsten Verbündeten; man hatte ihnen eine neue Heimat und Felder zum Bebauen gegeben, und damit waren sie gebändigt.

Nun gab es immer noch die Ostgoten. Nachdem sie 376 von den Hunnen geschlagen worden waren, hatten sie Byzanz unterworfen und waren nach Mazedonien gezogen. Später begleiteten sie Attila auf einem seiner Kriegszüge und kämpften 453 bei der Schlacht auf den Katalaunischen Feldern an seiner Seite gegen das römische Heer und damit auch gegen ihre Vettern. Nach dieser Niederlage kehrten sie in den Osten Europas zurück.

474 wurde Theoderich König der Ostgoten. Er gab Mazedonien auf und ging zurück nach Moesien. Ein Jahrzehnt lang gingen sie von hier aus ihren Raub- und Plünde-

rungszügen nach, bis Theoderich 484 als Konsul des oströmischen Reiches nach Konstantinopel berufen wurde. Doch dieses friedliche Leben hielt nicht lange an. Nach einem Jahr schon ging Theoderich nach Moesien zurück. Von hier aus plünderte der ehemalige Konsul mit seinen Männern Thrakien aus. Es gab für die Ostgoten keine Perspektive auf ein besseres Leben. Deshalb startete Theoderich 487 einen Großangriff auf Konstantinopel, den der Kaiser aber erfolgreich abwehrte. Eingezwängt zwischen den Hunnen im Norden, dem Schwarzen Meer im Osten und den Oströmern im Süden, hatten die Ostgoten keine andere Möglichkeit als westwärts zu ziehen. Theoderichs Leute packten ihre Sachen und machten sich 488 nach Italien auf. Von den 100 000 Stammesangehörigen waren 20 000 Krieger. Ehe sie Richtung danubische Provinz zogen, warteten sie noch die Ernte ab. In Slowenien überwinterten sie. Auch hier warteten die Eindringlinge erst auf die Ernte, bevor sie weiterzogen und dann im September 489 in Italien einbrachen. Der weströmische Kaiser wurde geschlagen und musste nach Rom fliehen. Während den nächsten Jahren befand sich das Reich im Krieg, bis Theoderich 493 als Flavius Theodoricus Rex Herrscher der Goten und der Römer wurde. Unter Theoderich (493–526) und seinen Nachfolgern genoss das Reich fast ein halbes Jahrhundert des Friedens – Theoderich nannte man aus Dankbarkeit später «den Großen».

Sind nun also die Hunnen Schuld an der Wanderung der beiden gotischen Völker? Im gewissen Sinne schon; es waren die Hunnen gewesen, welche die Ostgoten aus der Ukraine und aus Südrussland weggedrängt hatten, und die Hunnen hatten die Westgoten in den Süden der Donau verjagt. Die Bemerkung «Die Hunnen benahmen sich immer wie Wölfe; sie haben nie ein Feld bebaut, sondern immer von den Ernten der Goten gelebt» ist nicht grundlos überliefert worden.

Trotzdem sind die Hunnen nicht die erste Ursache der Unrast in Europa. Die Goten rührten sich, lange bevor die Hunnen auf der Bühne der Geschichte erschienen. Sie haben die Grenzen des römischen Reiches von 238 an immer wieder überfallen, das Land geplündert und zerstört. Die Römer führten manche Strafexpedition erfolgreich durch, und meldeten jeweils beeindruckende Zahlen getöteter Barbaren. Doch wie andere Barbaren-Stämme auch konnten die Goten weder entscheidend geschlagen noch verjagt werden; sie kamen immer wieder zurück.

Aus dem Jahrzehnt von 238 bis 248 ist eine große Anzahl ihrer Übergriffe bekannt. Das Land wurde verwüstet, die Bewohner getötet oder fortgeschleppt, und die Überlebenden starben an den Seuchen, die ausbrachen, oder sie verhungerten. Die Römer schlugen zurück; 248 konnte der Kaiser einen Triumph feiern. Aber als er und seine glorreiche Armee ein Jahr später nach Rom zurückmarschierte, blieb die Grenzregion wieder unbewacht zurück, was geradezu zu neuen Einfällen einlud.

Um 250 überquerten die Westgoten die Donau, marschierten durch Dakien, Moesien und Thrakien, und überwältigten und töteten in der Schlacht den römischen Kaiser Decius. Der neue Kaiser auf dem Römischen Thron war zwar in der Barbarenabwehr recht erfolgreich, aber die Goten kamen fast jedes Jahr der folgenden Dekade zurück, auf dem Landweg und vom Meer her. Schließlich landeten sie in Griechenland, sodass die Römer mit geballter Kraft zurückschlagen mussten. Claudius II. nannte sich selber Gothicus, nachdem er die Goten 269 in einer vermeintlich vernichtenden Schlacht geschlagen hatte.

Aber die Goten waren nicht vernichtet, sie waren geschwächt vom Hunger, von Krankheit und wegen schlimmer Wetter. Einige gaben ihren Kampf auf oder sie ließen sich als Kolonisten südlich der Donau nieder. Andere traten Splittergruppen von Untergrundkämpfern bei, die sich in den Bergen versteckt hielten, nur um im Frühling 270 wieder aufzutauchen. Kaiser Claudius starb an der Pest. Sein Nachfolger war Aurelian. Der neue Kaiser machte Etwas besser als sein Vorgänger: Er nannte sich Gothicus Maximus. Römische Staatsschreiber protzten in ihren Berichten, die Goten wären vollkommen unterworfen worden: «Sie werden nun manches Jahrhundert lang Frieden halten müssen.»

In Wirklichkeit war der Friede – er dauerte nicht jahrhundertelang, aber wenigstens Jahrzehnte – nicht errungen, sondern gekauft worden. Die Römer gaben Dakien auf, und die Goten waren damit beschäftigt, die Region nördlich der Donau auf beiden Seiten der Karpaten in Besitz zu nehmen. Sie drangen sogar weiter ins Römische Reich vor; eine Vorhut ließ sich 280 in Mazedonien nieder, der Rest der Nation folgte 295 nach. Diesen neuen Siedlern folgten neue Eindringlinge nach; die Vandalen kamen und verlangten von den Goten Land, weil ihre eigenen Siedlungen in einer waldreichen Bergregion sie nicht mehr länger ernähren konnten.[6]

Im Laufe der Zeit entwickelten die Goten eine ganz besondere Beziehung zum Kaiserreich. Sie waren Krieger, dienten als Hilfstruppen in der römischen Armee und waren der Schutzschild an der Grenze des Reiches. Einige mögen noch immer dann und wann auf Raubzüge gegangen sein, aber entlang der unteren Donau herrschte ein oder zwei Jahrzehnte Frieden. 315 dann trat ein anderer Gothicus auf, Konstantin der Große. Er trieb die Goten hinter die Donau zurück, von wo aus sie gegen Westen nach Transsylvanien zogen. Erneut bereitete Konstantin ihnen eine Niederlage und feierte seine große Tat mit einer Siegessäule. Doch ausgerottet waren die Goten damit nicht, sie kamen immer wieder über die Grenzen, raubten und plünderten. Dann wurde ein weiterer Friedensvertrag unterzeichnet, mit dem der kaiserliche Hof einigen Goten erlaubte, südlich der Donau in Teilen von Thrakien zu siedeln. Sie sollten dort friedlich von der

Landwirtschaft leben und zu Kriegszeiten in der römischen Armee dienen. Im extrem kalten Winter von 348 setzten noch mehr Goten über die zugefrorene Donau. Die einen ließen sich in Moesien nieder, die anderen machten die Provinzen Thrakiens unsicher.

376 kamen die Hunnen und durchbrachen die ganze Front der ost- und westgotischen Siedlungsgebiete, worauf die Besiegten südwärts zogen und von Kaiser Valerius ganz Thrakien – Getreide- und Lebensmittelvorräte inklusive – als Grenzschutz-Territorium verlangten. Kaiser Valerius lehnte ab; es kam 378 zur Schlacht bei Adrianopel, wo der Kaiser ums Leben kam. Trotzdem verkündeten die Römer einen Sieg, und zwar über die Goten, Alanen und Hunnen. Den «besiegten» Goten wurde erlaubt, sich in Pannonien niederzulassen, die Westgoten erhielten Dakien und Thrakien. Das Land, das ihnen überlassen worden war, sollte ihren Lebensunterhalt sichern.

Die Geschichte der Goten macht den Eindruck einer monotonen Abfolge von Kriegs- und Friedenszeiten. Wenn das Wetter es erlaubte, blieben sie brav zuhause, bebauten ihre Äcker und brachten die Ernte ein. Aber immer, wenn sie eine Missernte hatten, gingen sie nach Süden, um zu plündern. Und viele gingen zugrunde: manche starben in der Schlacht, aber viel mehr starben an Epidemien und an Hunger. In ihren Berichten behaupten römische Staatsschreiber, dass fast 100 000 Goten im Winter 332 – nach der Niederlage, die ihnen Konstantin der Große verpasst hatte – an Hunger und Kälte gestorben seien.

Bestimmt hätten die Goten gute Bauern und tapfere römische Hilfssoldaten abgegeben, wenn nur ihre Ernten reich genug gewesen wären. Man wird also dem Klima die Schuld am kriegerischen Verhalten der Goten geben müssen, zu einer Zeit, als die Hunnen noch nicht einmal in der Ferne aufgetaucht waren. Tatsächlich haben die Römer die Rolle erkannt, welche das Klima spielte. Sie machten aktenkundig, dass die Goten nur dann plünderten, wenn die Ernte schlecht ausfiel, und in guten Jahren, wenn sie für sich und ihre Kriegsherren genügend zu essen hatten, friedlich blieben.

Die Goten waren keine Osteuropäer. Diese wilden Barbaren kamen ursprünglich aus Nordeuropa. Den Römern waren sie seit 150 bekannt. Als Nachfahren der Gutone des ersten vorchristlichen Jahrhunderts haben sie an den südlichen Ufern der Ostsee Vieh gezüchtet und Getreide angebaut.[7] Vorher besiedelten sie den Süden Schwedens. Wie unzählige andere skandinavische Stämme waren sie zu Zeiten einer Kleinen Eiszeit südwärts nach Norddeutschland gewandert.

Dann, in der zweiten Hälfte des zweiten oder zu Anfang des dritten Jahrhunderts wanderten die Goten weiter nach Süden. In alten Liedern wird die Geschichte ihrer Wanderung zum Land der Skyten am Schwarzen Meer überliefert. Mit Frauen und Kindern verließen die Krieger ihr Zuhause, durchquerten die Sumpfgebiete Polens und Belorusslands, gingen über die Ukraine, überquerten den Dnjepr und unterjochten die ansässige iranisch-sarmatische Bevölkerung. Zuerst ließen sie sich an den Ufern des Asowschen Meeres nieder, einige Generationen später dann expandierten sie nach Westen. Ihr erster massiver Angriff auf das Römische Reich erfolgte 238. Noch gibt es keine historisch verbindliche Quelle über den Exodus der gotischen Nation. Es gibt nur archäologische Fundstücke, die die Ausbreitung einer polnischen Kultur in jener Zeit belegen. Die Massenauswanderung eines anderen indogermanischen Volkes, die etwa zweihundert Jahre früher stattfand, wurde von Julius Cäsar in seinem *De Bello Gallicum* lebendig beschrieben: «*Die Helvetier bestanden darauf, dass es ihnen bestimmt sei, wegzuziehen. Als sie ihre Vorbereitungen als beendet betrachteten, legten sie Feuer an all ihre Verteidigungsanlagen, es waren etwa 12, an etwa 40 Dörfer und an andere private Gebäude und verbrannten – außer dem Mundvorrat für drei Monate, den jeder von zuhause mitzunehmen geheißen worden war – die ganze Ernte.*» [8]

Es war der 28. März 58. Ein Zug von etwa 350 000 Kriegern, Frauen und Kindern überquerte den Jura und bewegte sich in Richtung Frankreich. Cäsar verweigerte ihnen die Erlaubnis, die römische Provinz zu betreten. Trotzdem kamen sie ins Land, nur um erleben zu müssen, wie ihre Armee in der Nähe von Bibracte eine vernichtende Niederlage erlitt. Cäsar behauptete, «alle 130 000 Überlebenden» seien in die Schweiz zurückgewiesen worden. In Tat und Wahrheit aber gab es viel mehr Überlebende, und nicht alle von ihnen kehrten in die alte Heimat zurück. Ein Teil von ihnen gründete im Herzen Frankreichs eine Kolonie.

Der von Zeit zu Zeit stattfindende Massenexodus von Menschen ist mit der immer wiederkehrenden unkontrollierten Wanderung der Lemminge vergleichbar. Die Nagetiere wandern, wenn das Futterangebot sich ändert, wenn Stresssituationen zu einem Durcheinander in ihrem Hormonhaushalt führen und anscheinend auch aus nicht einsehbaren Gründen. [9]

Sind vielleicht auch die Indoeuropäer in Zeiten von Nahrungsknappheit oder bei Situationen, die als ausweglos galten, weggewandert?

Während der letzten paar Jahrhunderte vor der Zeitenwende hat ein mildes Klima geherrscht, und im Norden Deutschlands blühte die Agrarwirtschaft. Spätestens im ersten nachchristlichen Jahrhundert – nachgewiesen von Tacitus – lebten hier folgende Stämme: die Sweben in der Elberegion und in Holstein, die Langobarden an der unteren Elbe, die Sachsen in Schleswig, die Varinier in Mecklenburg, die Rugier in Pommern, die Burgunder an der Küste des Baltikums, die Vandalen und die Goten in der Weichsel-Region. Östlich der Weichsel lebten die slawischen Stämme.

Gegen die Zeitenwende hin verschlechterte sich das globale Klima. Während in China Kälte und Dürre gegen Ende der Regierungszeit der westlichen Han-Dynastie weiträumig Rebellionen verursachten, gab es im Norden Europas kalte und feuchte Jahre. Die Vegetationsperiode im Norden war zu kurz, der Ertrag in der Folge viel zu gering. In den vielen regenreichen Sommern war es absolut unmöglich, Heu einzubringen.[10] Der wirtschaftliche Druck brachte viele Leute der germanischen Stämme dazu, als Soldaten zu dienen, aber auch mit Geld konnte man kein Essen kaufen, wenn kein Essen zu verkaufen war. So blieb den Bauern und Viehzüchtern gar nichts anderes übrig, als ihre Heimstätten zu verlassen. Die Goten gingen während des zweiten Jahrhunderts fort, die Vandalen, die Sweben und die Burgunder danach. Die Langobarden schienen zurückbleiben zu wollen, bis im vierten Jahrhundert die klimatische Kältephase ihren Höhepunkt erreichte.

Die Geschichte der Goten ist durch die Berichte der römischen Staatsschreiber überliefert, die Geschichte der Vandalen, der Sweben, der Burgunder und der Langobarden ist ihr ähnlich. All diese Nationen kamen aus dem Norden Europas, vorwiegend aus den Regionen zwischen Rhein und Oder, und wanderten in Richtung Mitteleuropa. Nachdem die Hunnen gekommen waren, mussten sie ein weiteres Mal wegziehen. Wie die Goten, so fanden auch diese Stämme – früher oder auch später – ihre Endstation; die Burgunder im französischen Burgund und in der Westschweiz, die Sweben im Süden Deutschlands und in Spanien, die Vandalen in Nordafrika und die Lombarden in Norditalien. Alle diese Nationen bestanden aus verschiedenen Stämmen. Die Menschen wanderten als Nation weg, als ein Ganzes unter einem König, führten unterwegs Krieg oder ließen sich friedlich nieder. Wie Lemminge haben sie ihre Heimat im Norden Europas auf der Suche nach einem Platz an der Sonne verlassen. Und wie bei den Lemmingen kehrte keiner der Emigranten nach Hause zurück.

III. Die Kolonisten im Lande des Zehnten

Nicht alle Germanen zogen in einer Massenwanderung nach Süden. Die Alemannen (auch Alamannen genannt) und die Franken kamen als Kolonisten an den Rhein.

Wer waren die Alemannen? In Tacitus' *Germania* findet man keinen solchen Stamm. Einige Historiker sind der Ansicht, es handle sich um einen semnonischen Stamm. Andere halten die Alemannen für einen lockeren Verbund von Stämmen. Als «Alemannia» bezeichneten die Römer im vierten Jahrhundert das Land zwischen Rhein und Donau oder zwischen den römischen Provinzen Germania I und Raeria II, und die Bewohner von Alemannia waren die Alemannen.[11]

Im ersten Jahrhundert n. Chr. hießen der Schwarzwald und die benachbarten Regionen im Südwesten Deutschlands nicht Alemannia, sondern wurden *Agri Decumates*, die Felder der Zehnten, genannt. Tacitus schrieb 98 n. Chr., einst hätten die Helvetier dieses Land besessen, doch dann seien einige «rücksichtslose Vagabunden» aus Gallien gekommen und hätten das Land übernommen. Diese Neuankömmlinge kümmerten sich nicht um Landrechte oder juristische Spitzfindigkeiten, sondern begannen einfach, den Wald zu roden und Felder anzulegen, um Vieh zu züchten und Feldfrüchte anzubauen.

Die siegreichen römischen Kaiser des 3. Jahrhunderts, Caracalla, Maximinus Thrax, Gallienus, Claudius II und Probus, bezeichneten sich alle als *Germanicus* oder *Germanicus maximus*. Offenbar wurden die Bewohner dieser Region bis zur Regierungszeit von Konstantin des Großen als Germanen bezeichnet. Die Bezeichnung Alemannia findet sich erstmals auf seinen Goldmünzen.

Der Begriff *alemanni* bezieht sich Historikern zufolge auf eine Gruppe vermischter Völker. Mit anderen Worten, sie gehörten nicht zu einem bestimmten Stamm wie die Chatten in Hessen, die Goten im Süden Russlands oder die Langobarden in Italien. Sie waren keine Eroberer, geführt von einem heroischen König. Sie kamen nicht als Nation nach Alemannia. Statt dessen kolonialisierten sie das Land schon vor Tacitus' Zeiten in kleinen Gruppen. Sie wurden zu dem Volk auf den *Agri Decumates*.

Archäologische Funde aus dem ersten Jahrhundert n. Chr. sind sehr selten. Siedlungen gab es vermutlich nur wenige, und sie lagen weit verstreut, meist an Flussufern. Eine Siedlung am Fluss Tauber wurde im zweiten Jahrhundert gegründet. Die Töpfereien und bescheidenen Haushaltsgeräte ihrer Bewohner ähneln denjenigen vom Niederrhein und in der Weserregion. Die Menschen lebten nicht weit von den römischen Befestigungsanlagen am Limes entfernt und müssen friedlich mit den Römern koexistiert haben.

Wer waren diese Leute, und woher kamen sie?

Der Schlüssel zur Lösung dieser Frage findet sich möglicherweise in der Bedeutung des Ausdrucks *Agri Decumates*. Tacitus erläutert diesen Namen nicht. Einige Historiker haben vermutet, daß der Terminus die Besetzung eines Landes durch einen Stamm mit zehn Feldern (im Sinne von Abteilungen) bezeichnen könnte. *Decumantes* ist jedoch nicht der Genetiv von Zehn, sondern von einem Zehntel. Und *Agri Decumantes* heißt nicht «das Land der zehn Felder», sondern «die Felder eines jeden Zehnten».

Warum eines jeden Zehnten? Eines jeden Zehnten wovon?

Vielleicht zahlten sie den Zehnt, spekulierte ein anderer Historiker, und ihre Steuer betrug ein Zehntel ihres Ertrags. Wenn sie ein Zehnt zahlten, wie unterscheidet sich das vom dem, was andere Leute zahlten? Was ist so seltsam am diesem Zehnt, dass es die Leute dieses Landes der Zehnten charakterisiert?

Das werden wir vielleicht niemals wissen, doch eine sehr einfache Antwort könnte diejenige sein, die Schiller in seinem *Wilhelm Tell* gibt. Stauffacher, der legendäre Gründer der Schweizer Republik, erzählt uns darin vom Ursprung der Schweiz und der Alemannen:

> Hört, was die alten Hirten sich erzählen!
> Es war ein großes Volk hinten im Lande
> Nach Mitternacht, das litt von schwerer Teurung.
> In dieser Not beschloß die Landsgemeinde,
> Daß jeder zehnte Bürger nach dem Los
> Der Väter Land verlasse. – Das geschah!
> Und zogen aus, wehklagend, Männer und Weiber,
> Ein großer Heerzug, nach der Mittagssonne,
> Mit dem Schwert sich schlagend durch das deutsche Land,
> Bis an das Hochland dieser Waldgebirge.

Schiller hat sich dabei vielleicht auf alte Überlieferungen gestützt, doch von dem Brauch, dass jeder Zehnte in schlechten Zeiten fortziehen muss, haben römische Schriftsteller berichtet. Der Schluss erscheint logisch, dass das «Land eines jeden Zehnten» das Land derjenigen Zehnten war, die das traurige Los ereilte, ihr Heimatland verlassen zu müssen; sie mussten gehen, damit für diejenigen, die zurückblieben, mehr blieb.

Anders als die Goten kamen diese Einwanderer nicht *en masse*, sondern in kleinen Gruppen. Wie die Siedler in Nordamerika – Engländer, Schotten, Iren, Franzosen, Schweden, Niederländer, Dänen etc. – stammten die Pioniere der *Agri Decumantes* aus verschiedenen germanischen Nationen. Die Kolonisten wurden «das Volk der Zehnten» genannt; sie vermischten sich und erhielten den neuen Namen *Alemannen*.

Archäologische Befunde sprechen für einen bemerkenswerten Zustrom von Einwanderern in die Region des Limes in der Zeit um 260 n. Chr. Nichts weist dabei auf eine organisierte Invasion hin, wie die der Westgoten unter Alarich oder der Ostgoten unter Theoderich. Es gab Raubzüge und Infiltrationen. Die neuen Einwanderer kamen aus dem Osten oder Nordosten, darunter viele Sweben aus dem Elbtal, das sich bis Hamburg erstreckt. Andere kamen aus dem Thüringer Becken westlich der Flüsse Elster und Saale. Wiederum andere stammten aus dem Osten Deutschlands: Schleswig, Holstein oder Mecklenburg.

Die Goten, Vandalen und Burgunder verließen ihr Zuhause in Massen, so dass ihre

Heimat nach ihrem Abzug entvölkert war. Das Volk der Zehnten ließ hingegen neun Zehntel der ursprünglichen Bevölkerung zurück. Die Einwanderer haben offenbar Kontakte zu ihrer ursprünglichen Heimat aufrechterhalten. Viele der Sweben kehrten beispielsweise zum Sterben nach Hause.

Die Alemannen waren Bauern und Handwerker. Sie dienten in der römischen Armee, zogen aber vor, nicht in römischen Städten zu leben. Ein römischer Schriftsteller des späten vierten Jahrhunderts nannte die Völker Brigavi, Lentiensis, Bucinoabantes und Raetovarii als zu den Alemannen gehörig. Die Namen beziehen sich jedoch auf die geographische Lage der Kolonien und nicht etwa auf den ethnischen Ursprung der Kolonisten.

Unter der Herrschaft von Konstantin I. (306–337 n. Chr,) waren die Alemannen römische Alliierte, und viele bekleideten hohe Ränge in der römischen Armee. Im Jahre 351 n. Chr. nahmen die Alemannen und Franken die günstige Gelegenheit wahr, als die römischen Legionen abgezogen wurden, um im Osten zu kämpfen, und fielen plündernd in der Pfalz, im Elsass und in der Schweiz ein. Die Römer kehrten jedoch zurück und schlugen sie vernichtend, woraufhin Konstantin II. sich entschied, sich *Alemannicus maximus* zu nennen. Doch sein Nachfolger musste ein paar Jahre darauf erneut gegen sie in den Kampf ziehen. Mit Unterstützung der Franken hielten die Römer die Alemannen weiterhin einigermaßen erfolgreich in Schach. Bei der Schlacht von Straßburg im Jahre 357 wurden Berichten zufolge Tausende von alemannischen Kriegern erschlagen.

Der Friede nach diesen Siegen erwies sich als Illusion. Als der Rhein 365 zufror, überquerten die Alemannen den Strom, um sich am Westufer niederzulassen, doch 368 kehrten sie zurück, um erneut zu rauben und zu plündern. Die Römer führten einen Gegenangriff durch und erzielten weitere Siege. Valentinian I. (364–375 n. Chr.) nahm daraufhin ebenfalls den Titel *Alemannicus* an. Er errichtete eine neue Verteidigungslinie längs des Rheins und erklärte die Alemannen zu Feinden des Reiches. Östlich des Rheins, im Alemannenland, wurden die Burgunder angesiedelt und die Franken westlich des Rheins als Hilfstruppen angeworben, um gegen die Alemannen zu kämpfen.

Nichtsdestotrotz blieben die Alemannen auch weiterhin eine Quelle der Unruhe. Auf die Nachricht hin, die Römer seien durch den Einfall der Hunnen geschwächt, erhoben sich die Lentienses im Osten und rebellierten. Daraufhin kehrte der Kaiser mit seinen fränkischen Söldnern zurück und gewann die Schlacht von Argentovaria; dabei besiegte er eine Armee von 40 000 oder gar 70 000 Alemannen. Zeitgenössischen Berichten zufolge sollen nicht mehr als 5000 Alemannen die Schlacht überlebt haben, und sie alle flüchteten in den Schwarzwald. Und so gab es einen weiteren *Alemannicus maximus*.

Die Schreiber haben vielleicht übertrieben, doch offenbar waren die Alemannen für einige Zeit gezähmt. Berichten zufolge waren sie das folgende halbe Jahrhundert Alliierte der Römer. Als der Hunnenkönig Attila nach Westen zog, erhoben sich einige Alemannen aufs Neue und reihten sich in den Zug der Plünderer ein, doch andere fochten 451 unter einem römischen General.

In der zweiten Hälfte des fünften Jahrhunderts zerfiel das Römische Reich; in Nordfrankreich kam es zum Aufstieg der Franken, in Aquitanien der Westgoten, in Spanien der Sweben, in Afrika der Vandalen und in Pannonien der Hunnen. Die Alemannen versuchten erneut, auf die Westseite des Rheins vorzudringen. Sie wurden vom Frankenkönig Clovis gestoppt. Trotzdem gaben die Alemannen ihre Unabhängigkeit nicht auf. Sie suchten Zuflucht in der Schweiz südlich des Rheins und fanden Schutz bei Theoderich dem Großen.

Wie die Amerikaner kamen die Alemannen als Siedler in ihre neue Heimat im Südwesten Deutschlands und in der Schweiz. Sie kamen nicht als Nation, und sie hatten nie einen heroischen König wie die Westgoten mit Alarich, die Ostgoten mit Theoderich oder die Franken mit Clovis. Während des sechsten und siebten Jahrhunderts rodeten diese Pioniere die Wälder im Mittelland der heutigen Schweiz, und sie wurden freie Bauern, die an Klöster oder den Statthalter des Königs Steuern zahlten. Es ist vielleicht nicht überraschend, dass die Schweizer die ersten Demokraten der modernen Geschichte werden sollten.

Die Alemannen machten nicht die Hunnen für ihr hartes Schicksal verantwortlich, sie selbst hatten ein schlechtes Los gezogen. Es gab Hungersnöte, es gab die globale Abkühlung.

Tatsächlich wurden auch die Hunnen durch dieselbe Klimaveränderung zur ihrer aggressiven Haltung gezwungen. Sie waren ein zufriedenes Nomadenvolk gewesen, das seine Herden rund ums Kaspische Meer weiden liess. Dann wurde es in Mittelasien kälter und trockener, wie Ellsworth Huntington 1945 spekulierte.[12] Die Nomaden mussten ihre Heimat verlassen, sie mussten wie die Lemminge auf der Suche nach Nahrung für sich und Weidegründen für ihre Herden nach Westen ziehen.

Kapitel 3

Heuschreckenschwärme

Jedes acridoide Insekt hat zwei Stadien: Das eine, Solitaria, kommt nur in kleiner Anzahl vor, das andere, Gregaria, in einer Vielzahl und gewöhnlich in großen Mengen. Grashüpfer sind Solitaria, sie versammeln sich nicht. Nachwuchs dieses Stadiums mutiert, wenn er in Massen in die Welt gesetzt wird, in Richtung Gregaria und wird zur Heuschrecke. Typisch für sie ist, dass sie in großen Schwärmen weiterzieht. Die Wanderheuschrecke Westafrikas wandert im Verband etwa 5000 km weit bis in den Westen der indischen Halbinsel und frisst täglich das Äquivalent ihres eigenen Körpergewichtes, während sie wächst und sich vorwärts bewegt.

Encyclopaedia Britannica, «Heuschrecke»

Die Armee plünderte hier und plünderte dort, hinterliess überall nur Blut und Leid und zerstörte mit Feuer und Schwert Kirchen und Klöster weitherum. Zog sie sich von einem Ort zurück, stand nichts mehr da als leere Mauern.

Simon von Durham, «Geschichte der Angelsachsen»

In Zeiten der Not wurden Kriege durch die hungrige Landbevölkerung hervorgerufen, in Zeiten des Überflusses durch die Eroberer. Gier wird zur überwältigenden Passion der Einzelnen, wenn sie sich in Gruppen zusammengeschlossen haben. Die Klimaverbesserung anfangs des siebten Jahrhunderts bereitete den Boden für ein weiteres Zeitalter der Eroberungen: Aus der Wüste heraus stürmten die Araber, Türken und Mongolen, und von Norden her starteten die Wikinger ihre Raubzüge.

I. Das Aufblühen der Arabischen Wüste

Edmund Spieker war Vorsitzender der Geologischen Fakultät der Universität von Ohio, als 1946 ein distinguierter Herr aus China sein Büro betrat. Sein Sohn, der junge Hsü, studiere Geologie, erklärte er. Er sei gerade 17 Jahre alt und würde sein Studium in einem Jahr abschließen.

Der Professor war beeindruckt, mehr noch, als er die Zeugnisse sah. «Er erhielt ein Sehr Gut im Differenzialrechnen», sagte er später seinen Kollegen, als er sie zu überzeugen suchte, dass Hsü ein Stipendium verdiene.

Im September 1948 kam ich in Columbus an und wurde von Spieker empfangen. Ich war scheu, sprach kaum Englisch.

«Was wollen Sie hier tun?»

«Ich interessiere mich für Orogenese, die Lehre vom Ursprung der Berge.»

«Das ist aber ein großes Vorhaben, ein Fach, das gewöhnlich für die Akadmie-Mitglieder reserviert ist.»

«Mein Lehrer in China sagte mir, ich solle meine Dissertation darüber schreiben.»

«Sagte er das?»

«Ja, ich könne in der Bibliothek lesen, sagte er.»

Spieker war nicht gerade glücklich; nach einigen Minuten peinlicher Stille platzte er heraus: «Haben Sie je G.K. Gilbert's ‹Lake Bonneville› gelesen?»

«Nein.»

«Nicht? Es ist die erste Monographie, welche der Geologische Dienst der Vereinigten Staaten herausgegeben hat.»

Ich hatte noch nie von einem G.K. Gilbert gehört, und ich wusste auch nicht, wo dieser See lag. – Es hat einige Zeit gebraucht, bis ich herausgefunden hatte, dass Gilbert eine Koriphäe der amerikanischen Geologieforschung war, aber den Bonneville-See konnte ich nirgends finden, weder auf einer Karte noch auf einem Atlas. Das war auch nicht möglich, denn der See existierte nicht mehr.

Vor Zeiten einmal lag das Gebiet des heutigen US-Staates Utah unter den Wassern eines großen Sees. Gilbert fand dies heraus, als er in den Abhängen der Wasatch Berge im Gestein eingravierte Strandlinien entdeckt hatte. Am Ende der Eiszeit war das Seebecken mehr als 300 m tief mit Schmelzwasser angefüllt gewesen, bis dann ein Abfluss herausgewaschen war und das Wasser abgeleitet wurde. Der See trocknete aus. Später wurde er wieder überflutet und es entstand schließlich der Große Salzsee.

Ich verbrachte ein Jahr in der Bibliothek beim Lesen von G.K. Gilbert. Eines Tages, kurz bevor 1949 der Sommer zu Ende ging, ließ mich Spieker rufen:

«Sie werden nach Utah gehen. Sie müssen einen Kursus in Feldgeologie machen.»

«Ich habe kein Geld»

«Sie müssen ein paar Felsen sehen, Geld werden wir schon für Sie finden. – Ach übrigens, wie sind Sie mit Ihrer Dissertation vorangekommen?

«Ich habe viel gelesen und bin jetzt ein wenig durcheinander. Die Leute sagen alle etwas anderes, aber jeder tönt sehr überzeugend.»

Spieker lächelte etwas über den unerfahrenen jungen Mann mit dem ambitiösen Projekt. Dann fragte er beiläufig, ohne jeglichen Sarkasmus: «Haben Sie schon einmal einen Berg gesehen?»

«Nein. Ich bin in Südwestchina, im Roten Becken aufgewachsen, und dort gibt es nur sanfte Hügel. Und danach ging ich zum Jangtse-Delta bei Shanghai.»

«Dann ist es Zeit, dass Sie die Berge sehen, bevor Sie darüber schreiben.»

Es gab keine weiteren Diskussionen. Spieker besorgte mir ein Stipendium, und wir gingen westwärts. Ich sah Berge, und ich sah Wüsten.

Über Wüsten wusste ich nur so viel, wie im Kino darüber zu erfahren war. Wüsten, das war Land mit Sanddünen. Nun lehrte mich Spieker, dass Wüsten etwas mit dem Klima zu tun hatten: Eine Wüste ist ein Ort, wo mehr Flüssigkeit verdunstet als Niederschläge fallen. Wegen dieses Feuchtigkeitsdefizits wachsen nur spärlich Pflanzen. Spiekers Einführung war für mich der Beginn einer lebenslangen Leidenschaft. In der Wüste von Utah habe ich mein Feldtraining absolviert, meine Dissertation schrieb ich in einer kalifornischen Wüste, und in einer arabischen Wüste machte ich meine ersten wissenschaftlichen Feldforschungen.

Die Wüste an der Küste von Abu Dhabi war der richtige Ort, um den Ursprung von Dolomit zu erforschen, dem Gestein, aus dem die Bergketten der Dolomiten bestehen. Mein Student Jean Schneider machte dort eine hydrologische Untersuchung, und ich fuhr hin, um seine Arbeit zu überwachen. Es war heiß und wir hatten oft Durst. Am Nachmittag unseres letzten Tages hörten wir früh auf. Wir baten unseren Beduinen-Fahrer, uns noch etwas herumzuführen. Auf dem Weg zu den Sanddünen hielt er an und zeige uns ein faszinierendes Megalith-Gebilde. Er sei einmal der Chauffeur einer dänischen Archäologie-Expedition gewesen, ließ er uns wissen.

Ich hatte Stonehenge im Süden Englands gesehen, die Steingrabmale in Wales, die Menhire in der Bretagne, die Megalithgräber in Spanien, die Hünengräber in Norddeutschland, die Stein-Tempel in Malta und vieles mehr, aber ich hatte nicht gewusst, dass es auch hier eine Steinzeitkultur gegeben hat.

Die Strukturen in Abu Dhabi sind Ringe, kreisförmig angeordnete mächtige Steine. Über Stonehenge gibt es eine Unmenge an Literatur: «Warum ist es angelegt worden?», «Was stellt es dar?», «Von wem und wann ist es erbaut worden?» Ein Bericht der Dänen oder Sachsen ist mir aber nie in die Hände gekommen. Leider konnte auch unser Fahrer nicht weiterhelfen, er wusste nichts. Aber eine Frage konnte er uns beantworten. Er wusste, wo die Archäologen ihr Trinkwasser herhatten.

Es gab hier Quellen, und er führte uns zu einer, die ganz in der Nähe lag. Wasser tröpfelte aus Felsspalten heraus und sammelte sich in einer Pfütze unter einem Felsvorsprung. Ich nahm einen kleinen Schluck und musste mich beinahe übergeben: Das Wasser schmeckte, als käme es aus dem Waschraum eines Frachtdampfers. Es war kein Trinkwasser.

Das Wasser in der Pfütze war brackig. Es muss aber zu jener Zeit Trinkwasser gewesen sein, als die Kultstätte erbaut worden war. Daraus lässt sich schließen, dass das Klima damals anders war.

Die Niederschlagsmenge auf der Arabischen Halbinsel wird bestimmt von deren Lage innerhalb der zwischentropischen Konvergenzzone. Die Sommermonsune, welche Feuchtigkeit vom Indischen Ozean her bringen, sind Südwinde und treffen in der arabischen Konvergenzzone auf Nordwestwinde. Diese Zone befindet sich heute genau südlich der Arabischen Halbinsel. Die Halbinsel erhält praktisch keinen Niederschlag, da die Monsune nach Nordost abgelenkt werden und die Feuchtigkeit nach Indien bringen. Zu Zeiten, als das Klima wärmer war, etwa in der Zwischeneiszeit und am Anfang des Jahrtausends nach der Eiszeit, konnten diese Monsune weiter nach Norden dringen. Damals waren die Niederschläge so reichlich und der Grundwasserstand so hoch, dass sich in den Kalksteinhöhlen von Oman zahlreiche Stalaktiten formten.[1]

In weit zurückliegenden Zeiten, als die Monsunregen auch über Abu Dhabi niedergingen, muss das Wasser in der Nähe der Steinkreise trinkbar und in ausreichender Menge vorhanden gewesen sein, sodass eine große Kulturgemeinschaft versorgt werden konnte. Das war in der Tat so. In Abu Dhabi haben Wissenschaftler nachgewiesen, dass das Klima um 2500 v. Chr.[2] tatsächlich weniger trocken war.

Steinzeitkulturen erstreckten sich von Nordwesteuropa über den Mittelmeerraum und den Persischen Golf bis nach Indien. Der «Stonehenge» von Abu Dhabi war von Händlern aus dem Persischen Golf erbaut worden. In der Tat gab es eine antike Handelsstraße zwischen Indien und Ägypten und mehrere Perioden kultureller Blüte in den Arabischen Wüsten.

Steinzeitmenschen bauten Steinkreise wie jene von Abu Dhabi als Grabmal für ihre Toten. Die Menschen der Bronzezeit kamen in die Wüste, bauten ihre Siedlungen und verließen sie wieder, noch bevor die Eisenzeit begann.

Die Handelsleute aus den Hafenstädten der Piratenküste waren so reich, dass sie ihre toten Pferde zusammen mit goldenen Sätteln begraben ließen. Die Handelsstraßen führten ins Innere der Arabischen Halbinsel. Erathostenes, der griechische Geograph, beschrieb vier Wüsten-Königreiche inklusive jenes der Königin von Saba.

Weiter im Norden, in Jordanien, profitierte in den letzten Jahrhunderten vor der Zeitenwende das reiche Königreich der Nabatäer vom Monopol auf den florierenden Karawanenhandel. Die Nabatäer machten große Fortschritte im Bewässern der Wüste. Sie lernten, die Verdunstung zu minimieren, indem sie Wadis als Leitungen für den Wassertransport einsetzten. Als die Niederschlagsmenge im Laufe der globalen Abkühlung während des ersten Jahrhunderts n. Chr. auf ein Minimum absank, waren die vorislamischen Königreiche in Arabien dem Untergang geweiht. Dies war die Zeit der ersten Völkerwanderung in Europa.

Die Arabische Halbinsel war damals ein Land von vielen kleinen, auf ihre Eigenständigkeit peinlichst bedachten Gemeinschaften. Die sesshafte Bevölkerung der Wüste lebte in Oasen, entweder von der Landwirtschaft – sie kultivierten Gärten oder Dattelpalmen –, oder sie waren Händler, Beduinen, die dafür berüchtigt waren, dass sie die am Wüstenrand in festen Siedlungen lebenden Gruppen andauernd überfielen und ausplünderten.

Als sich die Erde um 600 global erwärmte, fielen wieder mehr Niederschläge. So wie die Nahrungsmittelproduktion zunahm, wuchs auch die Bevölkerung an, und die Araber drängten letztendlich aus der Wüste heraus.

Im Jahre 628, zu Beginn der Islamischen Ära, initiierten Mohammed und seine Anhänger im Bestreben, den Islam zu verbreiten, eine Völkerwanderung. Abu Bakr (632–634), dem ersten Kalifen, gelang es – wie ein halbes Jahrtausend später Dschingis Khan –, die internen Feindseligkeiten zu schlichten und die überbordende Energie der Bevölkerung in neue Bahnen zu lenken. Er schickte drei Regimente mit je 3000 Soldaten gegen Syrien los. Nach seinem Tod führten seine Nachfolger diese Expansionspolitik weiter.

Die arabischen Heere erstritten sich Ägypten, Libyen und Syrien vom byzantinischen Kaiser, annektierten den Irak und vernichteten das Reich der Sassaniden in der gleichen Zeit, wie sie einen Teil von Persien besetzten.

Diese Kriegszüge genügten offensichtlich nicht, um die Energien der verschiedenen Stämme zu absorbieren: Der Kalif wurde ermordet und auf der Halbinsel brachen Streitigkeiten untereinander aus.

Ali (656–661) bestieg den Thron im Irak und annektierte sowohl Armenien als auch den übrig gebliebenen Rest von Persien. Einer seiner Rivalen regierte von Damaskus aus, und dessen omajadischer Nachfolger Tarik attackierte um 711 n. Chr die Indische und die Iberische Halbinsel.

In weniger als einem Jahrhundert nach Mohammeds Tod war das Arabische Reich zum größten Reich westlich von China geworden: Die islamischen Armeen brachten ihre Religion weit östlich bis nach Indien, im Norden bis zum Balkan und westlich bis nach Spanien.

Für die Armee war Arabien kein unerschöpfliches Reservoir an Menschen, also gab es nicht genug Soldaten. Deshalb erlaubte man nach 700 auch Nicht-Arabern, islamische Krieger zu werden, und als diese dann gar zum Kommandanten oder Administrator ernannt werden konnten, nahm das Reich den Charakter einer «Muslimischen Konföderation» an. In der Wüstenheimat nahm der Wohlstand der blühenden islamischen Gemeinden weiter zu, aber das Reich, geschwächt durch seine Bürgerkriege, fiel auseinander.

Eine Region nach der anderen kam unter fremde Herrschaft. Weite Gebiete, vor allem solche in den östlichen Provinzen, wurden erfolgreich von den Persern, den Seldschuken, den Mongolen und den Mameluken regiert, bis im Laufe des 15. Jahrhunderts die Osmanen kamen und sich zur Herrschaft der Arabischen Welt aufschwangen.

Die Eroberungen der arabischen Armeen waren ebenso kurzzeitige Erfolge wie jene der Goten; aber es gibt doch Unterschiede. Die Goten verließen ihre Heimstätten im Baltikum und danach an der Ostseeküste mit Kind und Kegel; alle gingen weg, Männer, Frauen und Kinder. Und wie die Lemminge sind sie nie zurückgekehrt. Die arabischen Kämpfer jedoch waren nur Wegbereiter: Sie ließen sich nicht auf dem eroberten Land nieder, ihre Aufgabe war es lediglich zu kämpfen. Und dafür sind sie bezahlt worden. Danach gingen sie nach Hause oder zogen sich auf eine Militärbasis oder in ein Militärlager zurück. Wenige wurden schließlich Siedler: Nur wenige Araber blieben zum Beispiel in Spanien wo man ins Landesinnere vorgedrungen war.

Es gibt noch einen anderrn Unterschied: Die Goten verließen ihre Heimat während einer Kleinen Eiszeit, als ihre Äcker zu Hause nichts mehr hergaben. Sie verließen ihr Heim zu einer Zeit, als das Klima rauer wurde und die Lebensmittelproduktion zurückging. Die Araber hingegen kamen zu Beginn einer Phase der Klimaerwärmung, in einer Zeit, als das Land bei ihnen zu Hause grüner denn je war. Sie verließen ihr Land, weil es überbevölkert war. Deshalb waren sie daran interessiert, neue Gebiete zu erobern. Ihr kollektives Verhalten kann man nicht mit dem verzweifelten Wegrennen der Lemminge vergleichen, hingegen schon mit dem Verhalten von Heuschrecken.

T. Keppen, ein russischer Insekten-Spezialist, war 1870 zum Schluss gekommen, dass die zwei morphologisch verschiedenen Arten der Heuschrecken nur zwei Varianten der gleichen Spezies oder zwei Phasen desselben Insekts sein konnten: einzelgängerisch die einen (Solitaria), die andern gerne in der Masse (Gregaria).

Grashüpfer sind Einzelgänger, ihre frisch geschlüpften Nachkommen haben eine grüne Färbung.

Sie bleiben grün, und sie sammeln sich nicht in einem Schwarm. Die an Gewicht schwereren Abkömmlinge der Gregaria sind meist von dunklerer Farbe oder sogar schwarz. Die größere Nährstoffreserve im Körper trägt dazu bei, dass sie Hungerzeiten besser überleben.[3]

Grashüpfer finden sich höchstens in kleinen Gruppen, während die Heuschrecken sich in großer Anzahl in Schwärmen zusammentun. Überraschend ist die Tendenz, dass einer sich in den anderen verwandelt.

Die Nachkommen der Solitaria – falls sie sich in Massen fortgepflanzt haben – können sich in Heuschrecken verwandeln. Sie können in großen Schwärmen lange Distanzen zurücklegen.

Die westafrikanische Wüstenheuschrecke zum Beispiel kann weite Distanzen überwinden; auf der etwa 5000 km langen Strecke von Afrika nach dem Westen der Indischen Halbinsel frisst sie täglich das Äquivalent ihres eigenes Körpergewichts, während sie wächst und sich vorwärts bewegt.

Heuschrecken sind eine Metapher für die ausschwärmenden Banden der Eroberer. Die globale Erwärmung zu Beginn des siebten Jahrhunderts verstärkte die Fruchtbarkeit, und das Aufblühen der Wüste förderte ein exzessives Bevölkerungswachstum. Als Folge der Überbevölkerung scheint der Hormonhaushalt bei den Menschen durcheinander geraten zu sein, wie das bei den Heuschrecken der Fall ist. Beduinen, die sich zu größeren Verbänden zusammengeschlossen hatten, wurden aggressiv, und bis anhin allein umherziehende Nomaden wurden zu Horden islamischer Krieger. Trunken von Gier wurden die Wüstenbewohner, die bis anhin friedlich im Familienverband gelebt hatten, zu den Eroberern eines Viertels der Welt.

Und in andern Gegenden, was spielte sich dort ab? Auch dort gab es «Heu-schrecken»; das Zeitalter der globalen Klimaerwärmung war eine Epoche der Erobe-rungen!

II. Zentralasien grünt

Die Wüstenvölker an der Peripherie Chinas breiteten sich in den Jahrhunderten des Kli-maoptimums von 600–1300 wie Heuschreckenschwärme aus. Viele davon waren Mus-lime, wie zum Beispiel die Hui. Heute leben sie hauptsächlich in der autonomen Region Ningxia Hui der Volksrepublik. Aber man findet sie überall in China, so wie die Juden in Europa. Sie tragen eine weiße Kappe, und ihre Erscheinung ist sehr chinesisch, abgese-hen von der «Adlernase». Ich besuchte Ningxia, die Heimat der Hui, als mich 1991 meine Arbeit in die Region führte. Ningxia ist etwa gleich groß wie die Schweiz, auch die Ein-wohnerzahl ist nur leicht kleiner. Aber die materielle Situation beider Länder kann man nicht vergleichen. Ich war Gast des Landesamtes für Geologie. Beim Begrüßungsbankett wurde ich von meinen Gastgebern gefragt: «Wie viele Geologen beschäftigt die Schweiz an ihrem Landesamt?»

«Keine; wir haben kein Landesamt.»

«Wie, ihr habe keine solche Station?»

«Nein, das haben wir nicht. Warum interessiert Sie das?»

«Oh, ich wollte nur wissen, wie viele Geologen Ihre Regierung unterhält. Ningxia hat eine Bevölkerung von vier Millionen, und wir haben mehr als 4000 Geologen. Das macht ungefähr einen pro Tausend Einwohner.»

«Die Schweizerische Geologische Kommission bezahlt drei Vollzeit-Stellen für Geo-logie und eine Halbtagsstelle für das Sekretariat. Das macht etwa eine Stelle auf zwei Millionen Einwohner. Aber bei uns arbeiten Geologen in Privatfirmen, denn wir brau-chen kein staatliches Amt; die Schweiz hat praktisch keine Ressourcen außer Wasser.»

«Auch wir haben keine Ressourcen, nicht einmal genug Wasser. Das Amt für Geolo-gie wurde kurz nach der Revolution gegründet, um nach Bodenschätzen zu suchen. Aber wir fanden nichts. Doch noch immer schicken sie uns 40 bis 50 Geologen pro Jahr.»

«Was arbeiten die denn? Ich traf Geologen im Feld; sie sagten, sie kämen von Xian.»

«Ja, das sind Universitätsleute. Die bekommen ihr Geld von Peking, um Feldvermes-sungen zu machen. Eigentlich müssten wir das tun, aber wir haben kein Geld dazu. Wir haben nicht einmal das Geld, um normale Löhne zu bezahlen. Schulabgänger erhalten ein Pensionierten-Gehalt, das sind 70 Prozent eines ohnehin schon geringen Lohnes. Sie haben gar nichts zu tun; das Drama ist: in Wirklichkeit sind sie bereits mit 20 Jahren pensioniert.»

«Weshalb also schickt man Ihnen noch mehr Geologen?»

«Das ist der Weg, in einer Planwirtschaft das Problem der Arbeitslosigkeit zu lösen. Wenn die jungen Leute keinen Platz an einem College haben, gehen sie zum Tian-An-Men-Platz und machen nichts als Schwierigkeiten. Heute schickt man sie an eine geologische Fakultät und nach ihrer Ausbildung hierher. Man gibt ihnen ein minimales Auskommen, dafür versammeln sie sich wenigstens nicht und machen keinen Krach.»

«Was für ein Einkommen hat Ihre Provinz?»

«Die autonome Region wurde für die Hui eingerichtet; sie waren Nomaden, kommen heute aber alle in die Stadt. In der Wüste gibt es kein Wasser.»

«Ach so! Wir haben nämlich während unserer Feldstudien niemanden gesehen. Oh doch, wir sahen einen einsamen Esel. – In der Mongolei und in Tibet gibt es Felder und Schaf- oder Yak-Herden, und man trifft auch Leute. Das einzige, was man hier findet, sind nackte Felsen.»

«Abgesehen von der Bewässerung der Felder durch den Gelben Fluss haben wir kein Wasser.»

«Aber Ningxia gehörte doch zu West-Xia. Wovon haben denn die Leute damals gelebt?»

West-Xia war vom 11. bis zum 13. Jahrhundert ein Königreich der Tangut. Geschichtsschreiber haben überliefert, dass «das Reich entstand, als die Sonne der chinesischen Sung-Dynastie unterging». In Tat und Wahrheit ist diese Aussage aber nicht ganz korrekt. West-Xia blühte bereits bevor die Sung-Dynastie unterging: Der erste Sung-Kaiser wurde von den Xia zu einem Vertrag gezwungen, mit dem er den König von Xia als großen Bruder anerkannte und sich verpflichtete, ihm jährlich einen Tribut von vielen Kilogramm Gold zu zahlen. Die Leute von Xia waren die Qiangs der chinesischen Geschichte. Ihre Sprache gehörte zur sino-tibetanischen Sprachfamilie. Ihre Schrift war eine modifizierte Version der chinesischen Zeichenschrift. Wie die Türken haben auch diese «Barbaren» aus dem chinesischen Nordwesten die körperlichen Merkmale eines Mischvolkes. Das Zentrum des Xia-Reiches befand sich erst in Qinghai am Nordrand der tibetanischen Hochebene. Auf der Höhe seiner Macht expandierte Xia südwärts nach Tibet und ostwärts bis zum Knie des Gelben Flusses im Osten von Ningxia. Im Laufe des 11. Jahrhunderts zog der königliche Hof nach Yinchuan, der heutigen Hauptstadt der autonomen Region. Die Sun-Herrscher waren den Xia tributpflichtig, die zu mächtigen Rivalen der Mongolen wurden; Dschingis Khan musste sechsmal in den Krieg gegen Xia ziehen, und dennoch wurde das Reich erst nach seinem Tod, 1227, unterworfen.

Ich besuchte die Ruinenstadt im Süden von Yinchung; in einer Wüste, wo nichts wächst, erstreckt sie sich über ein Gebiet von etwa vierzig Kilometer.[4] Wer vor den gigantischen Pyramiden steht, kann über die Leistungen und die Pracht dieses verlassenen Königreichs nur staunen.

Xia war kein Ödland-Reich, die Menschen lebten von der Landwirtschaft. Sie bewässerten Felder, bauten Getreide an, und auf ihren Wiesen weidete Vieh.

Die Zeiten haben sich geändert, die Weiden sind verschwunden. Gegenwärtig befinden wir uns am Ende einer Kleinen Eiszeit, Ningxia ist eine Wüste. Früher einmal, als die Xia-Herrscher hier lebten, befand sich die Region in den besten Jahren einer klimatischen Wärmephase. Der Boden gab immer mehr her, und mit dem zunehmenden wirtschaftlichen Wohlergehen und dem entsprechend explosionsartigen Anwachsen der Bevölkerung fanden sich im Reich der Hirten genügend Männer, Pferde für die Reiterei und Kamele als Lasttiere, um Krieg führen zu können. Die Xias waren hervorragende Soldaten, aber nicht unersättlich. Sie hatten ihr Königreich in der Wüste und die Sung-Chinesen zahlten ihnen Tribut. Sie waren gerne zu Hause und nicht nur begierig darauf, Eroberungen zu machen wie die Tibetaner vor ihnen oder die Türken und Mongolen nach ihnen.

Über die ursprünglichen Tibetaner ist sehr wenig bekannt; im frühen siebten Jahrhundert drangen die Qiang York in Tibet ein und begründeten das Königreich Turfan. Damit kamen der Buddhismus und die chinesische Kultur nach Tibet, und das Königreich wurde zu einer Militärmacht, die in den folgenden zwei Jahrhunderten eine Rolle spielte; den Tang-Herrschern blieb nichts anderes übrig, als die «Barbaren» durch eine geschickte Heiratspolitik zu befrieden. Nachdem die Tang durch einen Bürgerkrieg geschwächt waren, drangen die Tibeter in China ein; 763 stürmten sie die Hauptstadt des Tang-Reiches und der Kaiser musste schmählich fliehen. Nach dem neunten Jahrhundert aber verließ das Glück die Tibeter; das Königreich brach auseinander und es entstanden mehrere kleine Agrarstaaten. Später, im Laufe des zehnten Jahrhunderts, vereinigten sich die Stämme der Qiang im Norden Tibets erneut, drangen dann nach Ningxia vor und begründeten dort das Reich von West-Xia. In der Epoche der Eroberungen gehörten die Qiang immer zu den Siegern.

Weiter im Norden, an der Peripherie von Asien, verwandelten sich die Wüsten und Steppen im Laufe der Klimaerwärmung in üppige Fluren. Es gab mehr Futter für das Vieh und auch mehr Nahrung für die Menschen, die sich rapide vermehrten, und die Mongolei wurde zu einem schier unerschöpflichen Menschenreservoir.

Im achten Jahrhundert erschienen zum ersten Mal die Turkvölker auf der Weltbühne. Zu ihnen gehören die Aserbejdschanen, Kasachen, Kirgisen, Tadschiken, Turkmenen und Usbeken, die Türken der Türkei, die Uiguren aus dem Nordwesten Chinas und die türkischsprachigen Minderheiten im Iran, Afghanistan und in anderen Ländern. Obwohl sie alle dieselbe Sprache sprechen, sind die Turkvölker keine homogene Menschengruppe. Ihr anthropologischer Typus ist außerordentlich verschieden, angefangen vom ausgesprochen charakteristischen Mongolen über den Kasachen und Kirgisen mit rundem Schädel bis zum schmalgesichtigen Turkmenen.

Als Schüler in China habe ich viel über diese «Barbaren», die immer nur Schwierigkeiten machten, gehört. Sie hätten irgendwo im Norden auf der Lauer gelegen, um dann von Zeit zu Zeit wie die Heuschrecken über die Regionen weiter südlich herzufallen. Einige von ihnen nannten die Han-Geschichtsschreiber Xiung-Nu. Das waren die Hunnen. Die Türken tauchen in den Annalen der Tang als Tur-kü auf. Die Mongolen regierten in China als Yüan-Kaiser und schließlich waren da noch die Mandschu, die späteren Qing-Kaiser. Sie alle seien nordasiatische Völker gewesen, die eine Sprache der Ural-Altai-Gruppe sprachen, wurden wir gelehrt. Wir haben aber nicht gelernt, wann und wie die Hunnen zu den Türken geworden sind.

Ein türkisches Volk, das heute im Nordwesten Chinas lebt, sind die Uiguren.[5] In der Zeit vom zehnten bis zum zwölften Jahrhundert gab es in Sinkiang ein uigurisches Königreich. Die Uiguren waren aber nicht die Ureinwohner, sondern Eindringlinge aus der Nordmongolei; die Denkmäler dort in Orkhon, die zwischen 732 und 735 erbaut worden sind, erinnern an die Befreiung der türkischen Uiguren von der Unterjochung durch die Tang-Chinesen und verweisen auf ihre Herkunft als ein Volk, das am Fluss Selenga in Sibirien siedelte; 745 n.Chr. waren die Uiguren zu den Herrschern der Mongolei geworden, bis sie ein Jahrhundert später von den Kirgisen aus der Jenissei-Region verjagt wurden, worauf sie nach Südwesten zogen und ein Königreich in Kansu und ein anderes in Sinkiang begründeten. In Sinkiang aber gab es Menschen schon lange bevor die Uiguren kamen. Chinesische Geschichtsschreiber berichten von blauäugigen, großwüchsigen und rothaarigen Menschen, die in den westlichen Regionen Chinas gesiedelt hätten. Das waren die Yuezhi und die Wusun. Diese beiden Völker sprachen eine sehr ungewöhnliche Sprache, die in China außer dem großen Lyriker Li Bei niemand kannte.

In der Schule haben wir nie erfahren, was für eine fremde Sprache das war, denn auch die Lehrer wussten es nicht. Die Sprache der blauäugigen, rothaarigen «Barbaren» aus dem Nordwesten nennt man Tocharisch. Das ist eine indogermanische Sprache, die mehr Ähnlichkeiten mit Germanisch und Keltisch hat als mit den indoiranischen Sprachen des nahe gelegenen Persien und Indien. Kürzlich fand man in der Tarimwüste Mumien. Die Resultate der Skelettstudien sowie die DNA-Tests lassen kaum einen Zweifel übrig, dass es sich in der Tat um Indoeuropäer handelte. Sie waren um 2000 v. Chr. vom Westen Europas in den Norden Chinas gekommen, hier geblieben und hatten sich vermehrt, bis sie in den letzten Jahrhunderten vor der Zeitenwende annähernd eine halbe Million zählten.[6]

Was mag wohl dann mit diesen weißhäutigen, hellhaarigen Menschen aus den westlichen Gebieten passiert sein? Dieses Volk von Bauern lebte auch 2500 Jahre nach seiner Ankunft noch in derselben Region. Die Loulan-Menschen aus der Wüste von Takla Makan zum Beispiel hatten immer an der Seite des Lop-Nor-Sees gelebt. Andere Tocharier hausten in Städten entlang der Seidenstraße. Tocharische Manuskripte aus der Zeit von 500 bis 700 haben sich in Wüstenhöhlen erhalten und wurden im 19. Jahrhundert von europäischen Forschungsreisenden wieder entdeckt. Die Texte waren in zwei Dialekten verfasst. Die Manuskripte der östlichen Tocharier sind ohne Ausnahme buddhistische Literatur indischen Ursprungs, während jene der westlichen Tocharier sowohl kaufmännische Texte als auch religiöse Literatur beinhalten. Es scheint, dass der östliche Dialekt bereits eine tote Sprache war, die man nur in den Klöstern der Region weiter pflegte, wo Türkisch gesprochen wurde. Das Vorhandensein von Dokumenten profanen Inhalts im Dialekt des Westens lässt vermuten, dass Tocharisch in Kucha an der Seidenstraße noch bis zum Beginn des achten Jahrhunderts gesprochen wurde.

Der Ursprung der Uiguren wurde durch DNA-Analysen geklärt. Gentechniker benutzen die so genannten Gen-Codes, um rassische Gruppierungen zu bestimmen. Der Diego-Faktor zum Beispiel ist typisch für Mongolen und lässt sich mit einer Häufigkeit von 50 Prozent im Erbmaterial der Han-Chinesen, von 35 Prozent in jenem der Mongolen und von weniger als einem Prozent bei der europäischen Bevölkerung finden. Die Blutgruppe L andererseits ist typisch für Europa und findet sich hier mit einer Häufigkeit von 26 Prozent, bei den Chinesen mit etwa einem Prozent, und bei den Mongolen ist sie überhaupt nicht vorhanden. Die Uiguren haben sowohl mongolische wie auch kaukasische Gen-Codes; die Häufigkeit des Diego-Faktors beträgt bei ihnen 40 Prozent und jene der Blutgruppe L 28 Prozent. Dass sowohl der mongolische als auch der kaukasische Gen-Code in einem so hohen Prozentanteil vorhanden ist, beweist eindeutig: Die Uiguren von Xinijang wie auch die Türken der Türkei stammen von der Vermischung einer indogermanischen Urbevölkerung und eines Stammes von Eindringlingen aus der Mongolei ab. Die Hauptstadt des Königreichs, Loulan, lag an der Kreuzung zweier Routen der Seidenstraße. Die dort ansässigen Indogermanen waren Vieh- Pferde- und Kamelzüchter. Sie fischten im Lop-Nor-See und im Tarim-Fluss und pflanzten Weizen und Gerste an. Dass es eine sehr kleine mongolische Minderheit gab, beweisen die Skelette aus den Gräbern des zweiten Jahrhunderts. Die chinesischen und/oder uigurischen Königinnen von Loulan waren vermutlich Frauen aus der Mongolei. In den letzten Jahrhunderten vor der Zeitenwende wurde Loulan von den Hunnen beherrscht; es war eines der 36 Länder im westlichen Territorium, die Xiung-Nu als Lehensherr anerkannten. Auf dem Zenit einer globalen Klimaerwärmung begann China, sich eines bis anhin nicht gekannten Wohlstandes zu erfreuen. Und damit begann eine Zeit der chinesischen Expansionspolitik: der König von Loulan, der den mongolischen Lehensherr anerkannte, wurde im Jahre 77 v. Chr. ermordet und durch ein pro-chinesisches Regime ersetzt. Um die Handelsstraße, die Seidenstraße, zu sichern wurden in Loulan und andern Königreichen des westlichen Territoriums Kommissare eingesetzt. Die Herrschaft der Han brachte Loulan eine Zeit des Wohlstands.

Während sich die Könige von Loulan mit dem Hof der Han verbanden, wurden sie andauernd von Xiung-Nu unter Druck gesetzt. Es gab eine pro-chinesische und eine pro-mongolische Partei, die sich gegenseitig bekämpften. Die Chinesen konnten sich bis zum Ende des zweiten nachchristlichen Jahrhunderts halten, bis ein nordasiatischer Stamm den chinesischen Nordwesten unterwarf:

Der Verkehr auf der Seidenstraße war blockiert. Mit dem Beginn der Kleinen Eiszeit im ersten Jahrhundert trocknete der Lop-Nor-See aus, und die Bevölkerung von Loulan zog weg.[7] Archäologen haben eine Menge Artefakte gefunden, die alle aus Zeiten vor 330 stammen.

Als das Klima sich im 7. Jahrhundert wieder erwärmte, kehrten die Indogermanen von Loulan aber nicht zurück. Sie wohnten in Kucha und anderen Städten der Seidenstraße. Unter den Tang-Herrschern durchlebten die Städte an der Seidenstraße erneut eine Blütezeit. Auch die Hunnen kamen wieder, zwar nicht weiter als nach Xiung-Nu, und nun als Uiguren. Die Tocharier hingegen waren mittlerweile von der Bildfläche verschwunden. Ihre Schrift wurde im achten Jahrhundert in den Klöstern zwar noch weitergepflegt, aber kaum jemand sprach ihre Sprache.

Die genetischen Merkmale von Indogermanen, welche man bei den Uiguren aus Sinkiang feststellte, zeigen, dass die Tocharier nicht aufgrund einer biologischen Auswahl verschwunden sind. Sie haben nur aufgehört, als eigenständige Rasse zu existieren, weil sie sich mit den Eindringlingen aus der Mongolei vermischten, und das entstehende Mischvolk begründete eine neue Ethnie: die Tur-kü, von welchen die Geschichtsschreiber der Tang erzählen, und sie seien die Uiguren von Sinkiang.

Geschichtsschreiber aus der Zeit der Tang-Dynastie haben von einem östlichen und einem westlichen Tur-Kü-Reich geschrieben. Die Seldschuken bewohnten das westliche Tur-Kü und erscheinen im Osten laut den Chroniken im zehnten Jahrhundert. Nachdem die Ur-Uiguren ihre Heimat in der Mongolei verlassen hatten, zog ein Stamm des Turkvolkes aus Oghuz aus dem mongolischen Norden in den Westen und nahm den islamischen Glauben an. In Kasachstan, in den Niederungen des Syrdarja-Flusses, siedelten sie sich an; sie wurden die Seldschuken. Als Söldner – zuerst für die Samaniden, dann für die Indogermanen im Iran – entschieden die Seldschuken zahlreiche Gefechte zu ihren Gunsten. Im Laufe der Zeit machte sich bei ihnen der Gedanke breit, sie könnten sich ein eigenes Reich erobern, und sie erreichten dieses Ziel auch: Unter ihrem Anführer Togrul Beg eroberten sie Mesopotamien und den Iran, wo ein sunnitischer Kalif Togrul Beg 1055 in Bagdad zum Sultan machte.

Die Sultane waren nun mit der Aufgabe betraut, die muslimische Welt wieder zu einen. Das gelang ihnen auch für ein paar Jahrzehnte, in denen das Seldschukenreich weiter expandierte. Im Jahre 1092 gehörte zum Staaatswesen der Seldschuken der ganze Iran, alle Regionen Mesopotamiens, ganz Syrien und Palästina. Am Sieg über Häretiker hatten die seldschukischen Stammesgenossen nur geringes Interesse. Ihnen lag daran, Land für die Viehzuscht zu erobern; für sie war die Erlaubnis zum Verwüsten und Plündern wichtig und sie wussten gute Entschuldigungen, wenn sie ihren Gelüsten nachgaben. Im Namen eines Heiligen Krieges marschierten die Seldschuken 1071 in Anatolien ein; sie besiegten eine riesige byzantinische Armee, nahmen den römischen Kaiser gefangen und erwarben sich damit den Freipass, in Kleinasien zu siedeln. Nachdem sie das Land für ihre Viehzucht erhalten hatten, zeigten die seldschukischen Soldaten wenig Lust an weiteren Eroberungen. Und im Jahre 1243, geschwächt durch Bürgerkriege, war der seldschukische Sultan nicht einmal mehr in der Lage, seinen Thron gegen die Mongolen zu verteidigen.

Das Seldschuken-Reich zerfiel. Die Stammesgenossen in den kleineren Emiraten scherte das aber wenig; sie setzten ihre Geplänkel gegen die christlichen Nachbarn fort, und unternahmen, gestützt auf das Ideal von *Ghaza*, als »Dschihad« (Heiliger Krieg) bemäntelte Plünderungszüge. Zu Beginn der nächsten globalen Abkühlung im Laufe einer anderen Kleinen Eiszeit trieb diese Dynamik schließlich eine neue Welle der Expansion an, diesmal die Expansion der Osmanen.

III. Das ist die letzte Sommerrose …

Die Seldschuken waren die Wegbereiter für Timujin alias Dschingis Khan. Er war 1161 geboren worden und acht Jahre alt, als sein Vater starb. Als Halbwaise hatte er einen harten Überlebenskampf zu bestehen. Schon mit fünfzehn war er ein Krieger, aber erst nach 30 Jahre Krieg war er der siegreiche Herrscher und wurde im Jahre 1206 zum Dschingis Khan erkoren, zum obersten Führer der Vereinigung aller Stämme an den Ufern des Flusses Onon. Er einigte nicht nur die mongolischsprachigen, sondern auch die türkischsprachigen Völker der Mongolei. Für die Epoche der Eroberungen bedeutete sein Erscheinen etwas mit der letzten Blüte eines langen Sommers Vergleichbares.

Die Mongolen bilden den Hauptstamm der Altai-Völker. Ihre Ahnen kamen aus der Region Tungus, wo sie in den subarktischen Wäldern Sibiriens jagten, fischten und Rentiere züchteten. Ein Zweig zog dann um das dritte Jahrhundert n.Chr. in die bewaldeten Hügel der Mandschurei; diese Menschen wurden zu den Vorfahren der Mandschus. Andere Stämme begannen als nomadisierende Hirten zu leben, die ihre Herden hüteten und in Fellzelten lebten – die Vorfahren der Mongolen.

Von Zeit zu Zeit fielen nordasiatische Stämme wie Heuschreckenschwärme südwärts in China ein. Die frühesten waren, wie bereits gesagt, die Xiung-Nu. Dann kamen im Zeitalter des Chaos die fünf barbarischen Stämme, die sich aber zivilisierten und – in einer Zeit, da im Norden und im Süden Chinas verschiedene Dynastien an der Macht waren – den Norden weise regierten. Noch später tauchen in den Annalen der Tang- und der Sung-Dynastie die Namen der Tur-kü (Türken), der Meng-ku (Mongolen) und der Jin (Mandschus) auf.

Die ersten Mongolen, die in China eindrangen, waren die Liao oder Khitan. Gegen Ende des zehnten Jahrhunderts, nach einem zwanzigjährigen Krieg, war es soweit, dass den Chinesen nichts anderes übrig blieb, als dem Sieger alljährlich einen respektablen Tribut zu zahlen. Am Hof der Sung war man alles andere als glücklich über die Situation und froh, in den Jin Verbündete zu finden. Die Mandschus halfen auch wirklich, die Liao 1123 loszuwerden, danach aber fielen sie selber über die Hauptstadt des Sung-Reiches her und nahmen den Kaiser sowie seinen Vater, der abgedankt hatte, gefangen. Der Hof musste sich in den Süden hinter den Yangtse zurückziehen. Klimatisch befand man sich in einer globalen Wärmephase, dank der das Reich der Sun nun zu Frieden und Wohlstand fand. Und mit der Renaissance der Künste und Wissenschaften, die im Südreich der Sung wieder aufblühten, wurde ein glanzvolles Kapitel der Geschichte der chinesischen Zivilisation geschrieben.

In der gleichen Zeit ließen sich im Norden Chinas die Mandschus nieder und blieben dort, bis Dschingis Khan aus dem Land nördlich der steinigen Wüste Gobi auftauchte.

Immer schon, wenn jemand die Mongolei erwähnte, dachte ich an die Gobi. Als ich dann wirklich dorthin kam, war mein Erstaunen groß: Von Ulan Bator bis zum Altaigebirge waren wir etwa 2000 km durch grünes Grasland gefahren, 2000 km durch die Mongolei. Die steinige Wüste aber befindet sich südlich, auf einem Breitengrad, der außerhalb der Reichweite arktischer Regenstürme liegt.

Die Mongolei ist etwa vierzigmal so groß wie die Schweiz, ihre Bevölkerungszahl aber nur ein Drittel so groß. Als wir durch die einsame Gegend fuhren, konnte ich nicht verstehen, dass in diesem schönen Land nicht mehr Menschen wohnen. Früher einmal müssen es mehr gewesen sein. Wie sonst hätte Dschingis Khan all die vielen Menschen und Pferde zusammenbringen können, als er sich daran machte, die Welt zu erobern?

Karakorum, die Hauptstadt von Dschingis Khan, war eine gigantisch große Zeltstadt gewesen, während das heutige Harhorin nur eine Kleinstadt inmitten von Grasland ist. Und im 15. Jahrhundert, als das weitläufige Kloster begründet wurde, lebten dort viele Menschen. Zur Blütezeit des Klosters gab es 100 Tempel, und 1000 Mönche hatten sich niedergelassen. Heute aber steht das Kloster fast leer.

Im großen Stil Ackerbau zu betreiben ist in der Mongolei heute offenbar nicht möglich. Weniger als ein Prozent des Landes wird kultiviert, etwas Getreide und Kartoffeln werden angebaut. Es ist zu trocken, die Vegetationsperiode ist zu kurz. Zu Zeiten des Höhepunktes einer klimatischen Wärmephase müssen die Bedingen allerdings günstiger gewesen sein.

In Bezug auf die Bevölkerungszahl muss man auch die Kindersterblichkeitsrate berücksichtigen, ein Faktor, der die Bevölkerungsexplosion in der neuesten Zeit maßgeblich beeinflusst. Auf tausend Lebendgeburten bewegte sie sich im 16. und 17. Jahrhundert in Frankreich zwischen 200 und 400, 1870 lag sie in England bei 150, gleich hoch etwa wie um 1900 in den Vereinigten Staaten. Gegen die Mitte des 20. Jahrhunderts reduzierte sie sich im Mittel auf 25 bis 27. Diese Reduktion hat zweifellos einen Zusammenhang mit den im Laufe der Jahre verbesserten hygienischen Verhältnissen. Gleichwohl hat eine Studie der Uno auch einen erstaunlichen Zusammenhang zwischen der Kindersterblichkeitsrate und dem globalen Klima festgestellt. Das erstaunt nicht, wenn man bedenkt, wie empfindlich Neugeborene auf Kälte reagieren. Ich werde wohl nie das Lamento meiner Mutter darüber vergessen, dass ihr Erstgeborener am Abend des chinesischen Neujahrsfestes in Peking in einem Haus ohne Zentralheizung zur Welt kam und starb. Ein weiterer Faktor, den es zu berücksichtigen gilt, ist die Fruchtbarkeit: Die Statistiken dokumentieren eine Abnahme der Fruchtbarkeit während Hungersnöten, den regelmäßigen Begleitern globaler Kältephasen.[8]

Eine Bevölkerungsstatistik der Mongolei für die Zeit von Dschingis Khan haben wir nicht. Heute fällt auf einen Quadratkilometer etwas mehr als eine Person; es bleibt also viel offener Raum und viel Weideland. Auch Kriminalität kennt man in der Mongolei praktisch nicht. Graham, einer meiner Studenten, verbrachte zwei Sommer in der Mongolei. Im zweiten Jahr kam er einmal an einem Dorf vorbei, wo er sich das Jahr zuvor aufgehalten hatte. Er fuhr heran, um nach einem Freund zu sehen.

«Nein, Macha Todan ist nicht zuhause.», wurde ihm gesagt.

«Wo ist er hingegangen?»

«Das weiß ich nicht. Er ging weg um nach seinen Pferden zu sehen.»

«Wo sind denn seine Pferde?»

«Das weiß ich nicht. Und er wußte es auch nicht.»

«Kann ich ihn finden?»

«Vielleicht, er ist irgendwo da draußen.»

Graham gab auf und fuhr weiter Richtung Westen, um mit seinen Messungen weiterzukommen. Zwei Tage später sah er an einem Hügel eine Herde, und ein Hund bellte. Er wanderte hinauf und traf dort seinen Freund Macha Todan. Todan hatte seine frei umherschweifende Herde gefunden.

«Du lässt deine Pferde einfach so umherwandern?»

«Aber natürlich.»

«Hast du nicht Angst, sie könnten gestohlen werden?»

«Gestohlen werden? Aber nein, das tun Menschen nicht.»

Zur Dschingis Khans Zeit waren die Verhältnisse jedenfalls ganz anders. Die Gegend war dichter bevölkert, und es gab viel mehr Zusammenstöße zwischen Menschen.

Dazu eine Geschichte. Sie beginnt an einem Nachmittag im Jahre 1161:[9]

Jessugei Baghatur und seine zwei Brüder waren jagen gegangen. Während sie den Spuren der weißen Kaninchen folgten, kamen sie zu einem Platz, wo gerade eine Frau von einem Packwagen stieg. Da sagte Jessugei zu seinen Brüdern: «Diese Frau wird ein Kind gebären, das einmal ein ritterlicher junger Mann sein wird.» Der schwer beladene Wagen gehörte einem Tataren, der mit seiner Braut auf dem Weg nach Hause war. Kurzerhand raubten sie die Brüder und Jessugei nahm sie zur Frau. Ein Jahr später wurde Temudjin geboren.

Als Temudjin acht Jahre alt war, nahm ihn sein Vater mit auf Brautschau. Sie gingen zur Familie Bordschigen. Ausser einem neun Jahre alten Mädchen waren alle ihre Töchter bereits verlobt. Als er nach Hause ging, liess Jessugei seinen Sohn bei der Familie zurück. Auf dem Weg traf er auf eine Gruppe Tataren; sie feierten gerade ein Fest, und Jessugei wurde dazu eingeladen. Er hatte vergessen, dass die Tataren mit ihm noch eine Rechnung zu begleichen hatten – sie vergifteten ihn.

Temudjin kehrte nach Hause zurück, wo ihn seine verwitwete Mutter groß zog. Eines Tages kamen er und sein Bruder zur Mutter und sagten: «Bekter und Belgetei haben den Fisch gestohlen, den wir gefangen haben, und sie haben den Fisch gegessen. Wir werden sie töten!» Damit gingen die Brüder fort und töteten die Fischdiebe.

Eine Schar Taidschigod-Leute kam, um Temudjins Kopf zu verlangen. Er floh und versteckte sich in einer Höhle am Fluss Onon. Doch er wurde gefunden und gefangen genommen. Während die Sieger ihren Erfolg feierten und sich betranken, flüchtete er in ein Dorf. Als die Taidschigod tags darauf kamen und alles durchsuchten, war der Knabe verschwunden: Ein paar gutherzige Menschen hatten ihn sicher unter einem Haufen Wolle versteckt.

Im Jahr 1178, Temudjin war 17, wurde er verheiratet. Und wieder kamen die Taidschigod. Sie stahlen acht Pferde, Temudjin setzte ihnen nach. Unterwegs traf er auf Verwandte aus der Familie seiner Frau, und sie schlossen sich ihm an. Mit Temudjins Vendetta gegen die Taidschigod begann ein weltweiter Eroberungsfeldzug.

Ich erzähle die Geschichte in dieser Länge, um zu illustrieren, was für ein Geist in der Mongolei zur Zeit von Dschingis Khan herrschte – jedenfalls ein ganz anderer als diese idyllische Stimmung von heute. Es gab Menschenräuber, Diebe, Totschläger, all die Arten von Verbrechen und auch Blutrache, wie heute in einem Getto üblich. Natürlich war die Mongolei nie Harlem. Aber es gab dort soziale Spannungen und Auseinandersetzungen, wie sie typisch sind für ein Gebiet mit Überbevölkerung.

Dschingis Khans Eroberungszüge sind weltweit bekannte Geschichte. Mongolen wie auch Türken standen unter seinem Oberbefehl, verbreiteten sich überall und vermehrten sich.

Da sind die Usbeken, heute ein Volk von etwa sechs oder sieben Millionen. Ihre Vorfahren stammen von einer kleinen Bande Mongolen ab, die unter dem Kommando von Usbek, einem Anführer der Goldenen Horde, stand. Sie wurden islamisiert und bald einmal von den verschiedenen türkischen Völkern absorbiert, welche die Hauptgruppe der mongolischen Armee bildeten.

Weiter haben wir die Kasachen, Abkömmlinge der Kiptschak-Stämme aus der Goldenen Horde. Sie waren nomadisierende Türken aus dem Süden Russlands, die dort etwa zweihundert Jahre vor Dschingis Khan angekommen waren.

Es gibt die Tataren, Nachkommen einer mongolischen Besatzungsarmee auf der Krim, die mit der eingeborenen Bevölkerung verschmolz.

Und dann die Torguten und die Dsungaren, zwei Stämme von West-Mongolen, die erbarmungslos ihre Expansions- und Eroberungspolitik verfolgten. Die Torguten waren 1616 in die Steppen nördlich des Kaspischen Meeres eingewandert, bis sie 1770 nach China zurückgingen und sich im Distrikt Ili in Sinkiang niederließen. Die Dsungaren zogen im 17. Jahrhundert nach Tibet und West-Sinkiang. Von dort aus versuchten sie, ins Land ihrer Väter am Fluss Onon zurückzukehren. Sie wurden aber verjagt und in den Norden von Sinkiang getrieben, wo man heute die letzten Angehörigen ihres Stammes findet.

Kublai Khan, der Enkel von Dschingis, eroberte China. Die immer siegreichen Mongolen ließen überall ihre Besatzungstruppen zurück. Die meisten dieser Soldaten wurden assimiliert und vergaßen ihre eigentliche ethnische Identität. Unter der tibetisch-burmesischen Minorität im Südwesten wurde vor kurzem ein mongolischer Stamm entdeckt; hier war die mongolische Armee in den letzten Jahren des 13. Jahrhunderts auf ihrem Eroberungszug nach Burma vorbeigekommen.

Ja, die «Barbaren» aus Zentral- und Nordasien waren überall: die Tibetaner, die Qiangs von Xia, die Seldschuken, die Uiguren, die Mongolen von Liao, die Mandschus von Jin und schlussendlich die Goldene Horde von Dschingis Khan und die Besatzungsarmee von Kublai Khan. Die einzelnen Hirten hatten sich zu größeren Horden zusammengeschlossen, und die Horden hatten nur noch ein Ziel: zu erobern. So schnell, wie sie sich zusammengetan hatten, so schnell fielen sie allerdings auch wieder auseinander, und die Viehzüchter fanden wieder ihren Frieden in der endlosen Weite, welche ihre Heimat gewesen war.

IV. Pioniere in jungfräulichem Land

Bevor unser Ältester von der Mittelschule ging, machte unsere Familie viel Camping-Urlaub. Europa ist nicht Amerika, wir zelteten also nicht am Nordhang des Grand Canyons, sondern am Stadtrand von Madrid, in den Feldern der Toskana, in der Nähe von Florenz oder bei einem Grandhotel in Bukarest. Es waren nicht einfach Ferienreisen, sondern Bildungsreisen. Um den Lerneffekt zu vergrößern, passten wir jeweils unseren Tagesablauf den nationalen Gewohnheiten an. In Spanien servieren die Restaurants nicht vor 21 Uhr ein Abendessen, also fuhren wir bei Sonnenuntergang aus der Stadt hinaus aufs Land, um Megalithe zu bewundern. In Italien sind die Museen wegen der Siesta bis 16 Uhr geschlossen, also konnten wir in Florenz oder Rom während der langen Mittagszeit in den Kirchen sitzen.

1995 nahm ich eine Einladung an, dem Wissenschaftskolleg in Berlin beizutreten. Die Kinder waren nun erwachsen, aber meine Frau und ich behielten unsere Gewohnheit der Bildungsreise bei. Mit dem Audi fuhren wir jedes Wochenende aufs brandenburgische Land, und wir machten Ausflüge nach Pommern, Mecklenburg, Schleswig-Holstein, Sachsen-Anhalt, Thüringen, Sachsen und Schlesien. Wir waren entschlossen, Deutschland kennen zu lernen.

Kirchen und Schlösser sind in Norddeutschland die wichtigsten Touristenattraktion. Wir lieben den romanischen Stil und hielten immer nach den ältesten Bauwerken

Ausschau. Berlin war 1237 gegründet worden, die Kirche St. Niklaus wurde im 13. Jahrhundert geweiht. In Richtung Westen besuchten wir die Kirchen aus dem 12. Jahrhundert, bevor wir die Elbe überquerten: St. Gotthardt von Brandenburg, das Kloster bei Jerichow und die Kathedrale der Maria vom Havelberg. St. Nikolaus im Westen der Elbe ist auch eine Kirche aus dem 12. Jahrhundert, während Schloss Tangermünde auf das Jahr 1009 datiert wird. Etwa 50 km im Süden liegt Magdeburg, und hier wurde die erste Kathedrale 955 n. Chr. von Otto dem Großen erbaut. Noch älter ist die Stiftskirche von Quedlinburg im Harzgebirge, wo Ottos Vater Heinrich gekrönt wurde: zum Kaiser des Heiligen Römischen Reiches – dem ersten der so genannt Tausendjährigen Reiche. Die ältesten Kirchen findet man weiter im Westen; St. Peter in Metz wurde um 400 von den Römern errichtet, noch bevor die Frankenkönige zum Christentum konvertiert waren. Anstelle des Kölner Doms gab es zuvor eine Kirche aus dem Jahr 313, und St. Cassius und Florentin von Bonn wurde genau über einer Kapelle aus dem Jahre 260 gebaut.[10]

Die Kirchen im Osten von Berlin sind dagegen jünger. St. Maria von Rostock zeigt voller Stolz ein Taufbecken aus dem Jahr 1290, und St. Jakob von Stettin sowie die Kirche der Heiligen Maria von Danzig sind Bauten aus dem 14. Jahrhundert. Weiter östlich, in Marienburg und Elbing, sind die Kirchen meist während des 13. und 14. Jahrhunderts erbaut worden.

Als ich einer deutschen Berufskollegin von meiner «Entdeckung» erzählte, lächelte sie etwas über die Naivität von uns Amerikanern.

«Natürlich sind die Kirchen im Osten jünger. Die Kirchen wurden in der Zeit der etwas später erfolgten Christianisierung des Ostens erbaut.»

«Wer wurde da christianisiert?»

«Ostdeutsche.»

«Ostdeutschland existierte damals gar nicht.»

«Ich meine nicht die ‹Ossis›; Ostdeutsche waren die Deutschen im Osten der deutschsprachigen Regionen.»

«Ich dachte, dass die Deutschen im Osten nach Italien wegwanderten. Die Goten, die Vandalen, die Langobarden, die Burgunder, die Sweben, sie wanderten doch während der Völkerwanderung fort.»

«Ja, das stimmt, sie gingen fort. Aber es gab im 8. und 9. Jahrhundert andere Menschen im Osten Deutschlands.»

Ja natürlich, es gab noch immer Menschen im Osten Deutschlands. Aber sprachen sie Deutsch? Meine Kollegin irrte sich. Dort lebten keine Ostgermanen, sondern slawische Völker. Und diese waren nach Osteuropa gekommen, bevor der Osten christianisiert worden war.

In seiner Beschreibung der Skythen bezieht sich Herodot auf Slawen. Tacitus beschrieb die Wenden, die eine Region an der baltischen Küste sowie östlich der Weichsel bewohnten. Ihre westlichen Nachbarn waren die Teutonen, Kelten und Illyrer. Zu dieser Zeit wurden die germanischen Stämme (Goten, Gepiden, Rugier, Vandalen und Burgunder) an der unteren Weichsel und an der unteren Oder angesiedelt. Die keltischen Stämme siedelten entlang der oberen Oder. Die Illyrer besetzten den Balkan. Im Norden und Nordosten lebten die Balten und die Stämme der finnisch-ugrischen Sprachgruppe.

Das Ursprungsland der Slawen lag in den baumbewachsenen und wasserreichen Ebenen im Norden des Schwarzen Meers. Man wusste wenig über sie, bis sie eine Gefahr für das Byzantinische Reich wurden. Ihre große Wanderung begann nach der Völkerwanderung der Germanen. Die Slawen begannen ihren Zug im Laufe des sechsten Jahrhunderts, als sie an der Donau auftauchten. Der Einmarsch war ein langsames Vordringen einer zahllosen, nicht aufhaltbaren Menge. Sie kamen nicht als Nation mit einer organisierten Armee unter ambitiösen oder zielbewussten Führern. Es war zuerst kein militärisches Eindringen, sondern ein allgemeines, langsames Vorwärtsdrängen unter dem Druck von Überbevölkerung oder Landhunger.

Die Südslawen zogen vor Mitte des sechsten Jahrhunderts nach Illyrien und Griechenland. Viele Illyrer waren der römischen Armee beigetreten. Einige, darunter Diokletian und Konstantin der Große, dienten sich im Heer hoch und wurden von ihren Truppen zum Kaiser gewählt.

Die Slawen betraten nach dem Zusammenbruch des Römischen Reichs die entvölkerten illyrischsprachigen Regionen. Ihre Stämme waren zahlreich und lebten weit zerstreut. Nicht als eine Nation disziplinierter Krieger wanderten sie ein, sondern sie kamen «wie ein Heuschreckenschwarm, in überwältigender Anzahl und großen Haufen». Einzelne Menschen und auch Gruppen von ihnen wurden im Laufe der Einwanderung getötet, aber weder die Illyrer noch die Römer vermochten ihr unbeirrtes Vorwärtsdringen zu stoppen.[11] Schließlich waren sowohl Kroatien, Dalmatien, Bosnien, Montenegro, Serbien und Teile von Mazedonien slawisiert; nur die Albaner im Süden behielten ihre Identität als Abkömmlinge der alten Illyrer.

Die Stämme der westlichen Slawen, Polen, Schlesier, Pommern und Masowier zogen westwärts in das Land zwischen Elbe und Weichsel, das die Germanen verlassen hatten. Im neunten Jahrhundert besetzten sie das Gebiet östlich der Linie Kiel–Braunschweig–Magdeburg–Bamberg in Richtung Passau und Triest. Die Slawen lösten eine friedliche Infiltration aus, ein Eindringen, das weder von heroischen Schlachten begleitet war noch ein Echo in Legenden oder Sagen fand.

Zu Beginn des siebten Jahrhunderts hatte das Klima gewechselt, so dass das Land wieder fruchtbarer war. Die slawischen Völker kamen nach Deutschland, nachdem die Germanen das Land verlassen hatten und bevölkerten es zu Beginn einer globalen Klimaerwärmung. Zu spät realisierten die Germanen, dass das Land, das sie zurückgelassen hatten, von den Slawen besetzt worden war. In gewisser Weise war die Christianisierung also eine versteckte Rückeroberung. Heinrich und Otto von Sachsen initiierten im zehnten Jahrhundert ihre Raubzüge von Magdeburg aus. Die Slawen wehrten sich in lokalen Aufständen im elften Jahrhundert, aber Albert der Bär und Heinrich der Löwe kamen im zwölften Jahrhundert zurück. Sie terrorisierten Brandenburg und Mecklenburg, töteten die Führer der Slawen oder ersetzten sie gleichzeitig wie sie Klöster und Kirchen erbauen ließen, um für ihre Sünden zu büßen. Die deutschen Siedler aus dem Westen gingen in die ländlichen Gegenden, die Händler in die Städte. Die Markgrafen von Brandenburg setzten ihre Expansionspolitik fort und etablierten die neue Ostgrenze an der Oder vor Ende des dreizehnten Jahrhunderts. Die Dänen und Norweger trugen während des zehnten und elften Jahrhunderts von Norden aus das ihre zur Kolonisation bei; sie siedelten sich an der baltischen Küste und am unteren Lauf der Oder an. Die Ritter des Deutschordens, beschäftigungslose Soldaten, die vom Heiligen Land zurückgekehrt waren, wurden von einem polnischen König nach Pommern und Preußen gerufen. Sie kamen und blieben, erbauten die Stadt Elbing und machten Marienburg zu ihrem Hauptquartier für die Eroberung von Ostpreußen. Die Gewohnheit, den slawischen Völkern Lebensraum wegzunehmen, setzte sich fort. Die Gegend zwischen der Elbe und der Weichsel war nach dem Siebenjährigen Krieg preußisch, Polen wurde geteilt. Die «Drang-nach-Osten-Politik» sollte eine feste Größe deutscher Politik werden, bis Adolf Hitler vor den Toren Moskaus gestoppt wurde.

Nicht alle Germanen fanden ihren «Lebensraum» durch Aggression. Die Alemannen in der Schweiz waren friedliche Siedler. Sie gewannen ihre Weiden und Felder durch Roden der Wälder. Die Ausdehnung ihres Siedlungsraumes dokumentieren die Endungen der geographischen Namen.[12] Während die Namen aus dem fünften und sechsten Jahrhundert meist auf «-ingen» und «-heim» enden, haben jene der Siedlungen aus dem siebten und achten Jahrhundert das Beiwort «-hausen», «-hofen», «-stetten», «-weiler», «-wil», «-kirchen» etc.

Meine Frau Christine ist eine Eugster (Schäfer) aus Appenzell, dem östlichsten Kanton der Schweiz. Die alemannischen Pioniere von Appenzell kamen erstmals im siebten Jahrhundert. Frühere geographische Namen mit der Endung «-ingen» findet man im Kanton nicht.

Die ältesten Namen in Appenzell sind jene mit der Endung «-wil» wie Ädelschwil, Baldenwil, Dietelschwil, Engelschwil etc. Zum Roden benutzten die Siedler die Brand-

und Schlagtechnik. Aus dem Westen und Norden kommend, erreichten Siedler den Saum der Alpweiden während der zweiten Hälfte des neunten Jahrhunderts.

Die Menschen in Appenzell wurden christianisiert, nachdem der Mönch Gallus, ein Kelte aus Irland, 612 in die Gegend gekommen war. 720 wurde die Benediktinerabtei St. Gallen gegründet. Die freien Bauern waren mit der Landsgemeinde demokratisch organisiert. Steuern zahlten sie dem Abt von St. Gallen und brachten als Abgaben Käse und Wein in den Keller der Abtei. Die ländliche Bevölkerung lebte zufrieden während einer kleinen klimatischen Wärmephase, bis 1401 eine Erhebung gegen das äbtische Fürstentum St. Gallen ausbrach. Vielleicht ist es mehr als ein Zufall, dass die Revolution kurz nach Beginn Kleinen Eiszeit begann.

V. Der Heuschreckenschwarm aus dem Norden

Anders als die friedliche Besiedlung Osteuropas durch die Slawen und der Schweiz durch die Allemannen waren die gewalttätigen Eroberungen der Wikinger. Die Normannen, Siedler in der Normandie, Eroberer von England und Kolonisatoren von Sizilien, wurden beschrieben als «außerordentlich ruhelose und tollkühne Leute, mit einer unstillbaren Gier nach Reichtum und Macht». Sie begannen als wilde Zerstörer, beinahe süchtig nach «sinnlosem Plündern und Schlachten».

Sinnlos? Vielleicht hatte es doch einen Sinn, zumindest zu Beginn. Da war der Bevölkerungsdruck, als sich in Skandinavien die Klimaerwärmung auswirkte. Die Vegetationsphase und die Weidezeiten wurden verlängert, die Produktion stieg an. In der gleichen Zeit nahm die Bevölkerung exponenziell zu. Die Menschen mussten mehr Lebensraum finden.

Die Norweger etablierten sich zuerst in der spärlich besiedelten Gegend von Nordschottland, den Shetland-Inseln, auf Orkney und auf den Hebriden. Von hier aus fielen die norwegischen Marodeure im achten und neunten Jahrhundert nach Irland, England und Frankreich ein. Ihre Raubzüge wurden immer gewalttätiger und maßloser. Kleine Banden segelten an die Küste und griffen an. Die Verteidiger wurden zurückgeschlagen, Häuser und Klöster geplündert, die Gebäude in Brand gesteckt. Dann kehrte die Kriegerbande zu ihrem Schiff zurück, im Schlepptau die Haustiere und Gefangene, welche als Sklaven verkauft wurden. Nicht alle Norweger waren Piraten. Friedliche Einwanderer begannen 874 in Island zu siedeln, als Ingolfur Arnason mit Familie und Gesinde dorthin zog. Andere folgten in den darauf folgenden Dekaden. Die Neueinwanderer mischten sich friedlich mit der ansässigen keltischen Bevölkerung. Bis zum Ende des zehnten Jahrhunderts legten viele Schiffe an; jede neue Heimstatt hatte eine große Anzahl Bewohner und bildete praktisch eine eigenständige Wirtschaft von Selbstversorgern. Zu Beginn lebten die Menschen hauptsächlich vom Fischen, bald aber wurde das Aufziehen von Schafen zum zweitwichtigsten Erwerbszweig. Im Jahre 1096 war die Bevölkerung auf mehr als 70 000 Bewohner angewachsen, reduzierte sich dann aber während der Kleinen Eiszeit auf 50 338 (um 1703) und 1801 auf 47 240, bis sie nach 1950 wieder dramatisch anstieg.

Grönland wurde 986 von Erich dem Roten besiedelt. Zuerst wurde an der Südwestküste eine kleine Kolonie errichtet. In ihrer Blütezeit bestand die Siedlung aus 280 Bauernhöfen, in denen 3000 Menschen lebten und arbeiteten. Im vierzehnten Jahrhundert verschlechterte sich das Klima, und die Kolonisten verloren ihren bedeutendsten Unterhaltszweig: Sie konnten keine Viehzucht mehr betreiben. Die Bevölkerung nahm ab und starb im 15. Jahrhundert aus; das letzte Schiff kehrte 1410 von Grönland nach Norwegen zurück. Erst im 18. Jahrhundert begann man mit der Wiederbesiedlung, als die Kleine Eiszeit durch eine globale Klimaerwärmung beendet wurde.

Während die Norweger den Westen kolonisierten, wandten sich die Schweden nach Osten. Die Marodeure drangen in die weite russische Ebene ein, welche von Wald oder Grasland bedeckt war. Rurik wurde Regierungsstatthalter von Kiev. Jetzt konnten die schwedischen Händler den Dnjepr hinunter zum Schwarzen Meer oder auf der Wolga zum Kaspischen Meer segeln, wo sie auf die Karawanen der Seidenstraße treffen konnten. Die Schweden verkauften Felle und Sklaven und kauften Seide aus China.[13] Vergeblich versuchten sie, Byzanz zu erobern und verstrickten sich in Konflikte mit den muslimischen Nationen. Ingvar, «der große Reisende» führte eine gewaltige Invasionsflotte gegen Syrien, wurde aber geschlagen. Sein Tod im Jahre 1040 markiert das Ende der schwedischen Expansionspolitik.

Die Dänen wurden von den Schweden und den Norwegern daran gehindert, nach Norden zu expandieren, die Karolinger und die Slawen standen ihnen im Süden im Weg. Also fuhren sie mit Elitetruppen nach Westen.

Sie starteten gegen das Ende des achten Jahrhunderts ihre Beutezüge an der Küste Englands und plünderten erst Winchester, dann Canterbury und sogar London. 865 dann fiel die «Große Armee» ein. Jetzt waren die Eindringlinge keine Barbaren mehr, sondern eine gut organisierte Armee, geführt von Männern, die im Kriegshandwerk erfahren waren. Ivar der Knochenlose plante die großen Fahrten, in deren Verlauf East Anglia, Deirain, Northumbria und Mercia erobert wurden. Und er belagerte York. Die Northumbrier, die sich untereinander befehdet hatten, einten sich, als es galt, Widerstand zu leisten, aber die Wikinger besiegten sie trotzdem in einem schrecklichen Blutbad. 150 Jahre später beschrieb Simeon von Durham die verheerende Schlacht:

«Die Armee machte hier einen Überfall und dort einen Angriff und ließ an jedem Ort Blut und großes Leid zurück. Weit und breit zerstörte sie die Kirchen und Klöster mit Feuer und Schwert. Wenn sie sich von einem Ort zurückzog, stand nichts mehr außer leere Mauern.»[14]

Die dänischen Angreifer blieben von Jahr zu Jahr länger. Zu guter Letzt, als die Krieger ihre Familien mitbrachten, war die Situation reif: Die dänischen Niederlassungen wurden zuerst durch Militärlager gesichert, aus denen sich eine Anzahl befestigter Städte bildete: Stamford, Nottingham, Lincoln, Derby, Leicester etc. Hinter ihren Grenzlinien sollten die Soldaten der einen Dekade zu den Kolonisten der nächsten werden.

871 drang eine dänische Armee weiter nach Süden vor. London wurde besetzt, Reading befestigt, aber diese Invasion wurde von Alfred dem Großen zurückgeschlagen. Es kamen weitere dänische Piraten, ließen sich in Northumbria und East Anglia nieder, wo sie begannen, zum Lebensunterhalt Ackerbau zu betreiben. Aus den Seeleuten waren Soldaten geworden, und die Soldaten hatten sich zu freien Bauern gewandelt.

Der Kontinent wurde von den Dänen aber nicht in Frieden gelassen; ihre Flotte erreichte die Elbe und plünderte Hamburg in der ersten Hälfte des neunten Jahrhunderts. Abwechslungsweise wurden Rouen, Chartres und Tours angegriffen, bevor im Jahre 885 über 30 000 dänische Wikinger Paris attackierten, das sie bis auf die Mauern niederbrannten. Karl IV schaffte Frieden; er gab Herzog Rollo die Normandie, und dieser schwor als Gegenleistung den Eid als Lehensherr von Frankreich.

Währenddessen folgten sich in England abwechslungsweise Krieg und Frieden im Laufe mehrerer Jahrzente, bevor die Wikinger nicht mehr kamen. Einige ließen sich in Danelaw nieder, andere gingen in die Heimat zurück. Schließlich konnten die Sachsen an die Rückeroberung der von den Wikingern eroberten englischen Gebiete denken. Nach einer Serie von Siegen brach im letzten Bollwerk der Wikinger, in East-Anglia, der Widerstand zusammen. Die Dänen wurden besiegt, durften aber ihren Besitz behalten und nach ihren Sitten weiterleben. Fast das ganze zehnte Jahrhundert hindurch hielt der Triumph der Engländer an, aber 980 begannen die Dänen erneut mit zielgerichteten Überfällen. Jetzt folgte die «Zeit des Dänengolds»: König Ethelbrand versuchte, Frieden zu kaufen. 991, 994, 1002, 1006 und 1012 zahlte er ihnen große Geldsummen aus. Aber die Dänen waren unersättlich; sie kamen zurück, zuerst Sweyn im Jahre 1013, 1015 dann sein Sohn Canut.

1017 schloss Canut die Eroberung von England ab. Vermutlich haben ihn die Menschen sogar willkommen geheißen, unabhängig davon, ob sie Angelsachsen oder Dänen waren. Nach dem Tode seines Bruders wurde er König von Dänemark. Aber noch immer war Canut nicht befriedigt. Er machte sich daran, Norwegen zu erobern. Nachdem Olaf, der König von Norwegen, in der Schlacht von Stiklarstadir 1030 gefallen war, konnte Canut sich selber zum König, dem «Rex totius Angliae et Dennemarchiae et Norvegiae et partis Suavorum» ausrufen.[15]

Winston Churchill stellte die Invasion der Dänen ein Jahrtausend später recht leidenschaftslos als sinnlose Operation dar. Die Motive der ersten Siedler kann man vielleicht nachvollziehen: Sie kamen, weil sie sich niederlassen wollten. Aber auch wenn dem so ist, so können sie doch nicht entschuldigt werden. Skandinavien ist und war eines der am wenigsten dicht bevölkerten Länder Europas, und das Klima war damals so mild, dass die Bauern dort unterhalb des arktischen Breitengrades Ackerbau betreiben konnten. Warum konnten die Dänen es denn nicht – wenn ihnen das eigene Land nicht genügte – den Alemannen gleich tun und als Pioniere ihren nördlichen Verwandten beim Entwalden der Arktis helfen?

Die späteren Invasionen im elften Jahrhundert sind zum Teil unentschuldbar. Sweyn und seine Soldaten hätten gut zu Hause bleiben können; sie hätten sich um Bewässerungsanlagen kümmern sollen, die Flut zu kontrollieren und versuchen, gute Bauern zu werden. Nein, es gab keine Notwendigkeit für die Dänen, in England einzudringen. Sie wollten lediglich Lösegeld erpressen, und es gelüstete sie nach Macht. Sie waren tatsächlich ein «extrem ruheloses Volk».

Wir haben jetzt aus den vergangenen zwei Jahrtausenden drei Zeitabschnitte großer demographischer Bewegungen betrachtet. Die Auswanderer verhielten sich während den Zeiten globaler Kälte wie verzweifelte Lemminge, aber die gewalttätigen Wanderungen in den Jahren des klimatischen Optimums im Mittelalter waren anders. Die Goldenen Horden von Dschingis Khan und die Wikinger, die England überfielen, kämpften nicht um ihre Existenzgrundlage. Es waren der Wohlstand und das Bevölkerungswachstum während einer Epoche globaler Erwärmung, die das Habitat für die Heuschrecken-Phase des Homo sapiens schafften. Die Krieger im Zeitalter der Eroberungen wurden durch ihre Gier nach Reichtum und Macht angetrieben. Wenn sie heute das getan hätten, was sie damals taten, so wären sie von einer großen, geeinten Opposition bekämpft worden, und ihre Anführer wären vor den Gerichtshof in Den Hag geschleppt und als Kriegsverbrecher abgeurteilt worden.

Kapitel 4

Der Mythos vom Ariertum in Wissenschaft und Politik

Die Verherrlichung der nordischen Rasse ist eng verknüpft mit einer imperialistischen, auf die Weltherrschaft abzielenden Politik; das Wort «Arier» ist zum Synonym für gefährliche Ideologien und vor allem für den ungeheuerlichsten, brutalsten Antisemitismus geworden. Freilich, dass in England das Studium der indogermanischen Kulturgeschichte derart diskreditiert ist und gering geschätzt wird, hat auch mit der berechtigten Reaktion auf gewisse Merkwürdigkeiten von Houston Stewart Chamberlain zu tun.

Gordon Childe, «Die Arier»

Ich muss schon sagen, wenn es um die Arier und deren vermeintliche Überlegenheit geht, dann haben nichtjüdische Westler furchtbar Angst, sie könnten, und sei es nur ein ganz klein wenig, «political uncorrect» sein.

Anonymus, im Laufe eines Gesprächs

Wer waren die Arier? Wer waren die ursprünglichen Indogermanen? Wo war das Land ihrer Herkunft? Wann und warum haben sie ihre Heimstätten verlassen? Wie kam es, dass sie sich in so weit entfernten Ländern niederließen? Die Antworten, welche der widerwärtige Mythos vom Ariertum darauf lieferte, werden weltweit verabscheut und als falsche Ideologie abgelehnt. Soll man aber deshalb die überwältigend deutlichen Beweise, dass Nordeuropa ein Ursprungsland der Indogermanen war, ignorieren? Sollte es wirklich nicht möglich sein, trotz unseres Widerwillens einer abscheulichen politischen Ideologie gegenüber ein wissenschaftlich objektives Urteil abzugeben?

I. Der Mythos

Indien war ein exotisches Land, die Inder fremdartige Menschen. Als Sir William Jones, ein englischer Richter, in Indien anfing, alte Sprachen zu studieren, war Sanskrit eine tote Sprache, nicht mehr gesprochen, aber immer noch als Sprache der Gelehrsamkeit benutzt. Er war recht überrascht, als er dann 1786 herausfand, dass der Wortschatz und die grammatikalische Struktur von Sanskrit eine starke Verwandschaft mit Griechisch und Latein aufweist, eine so ausgeprägte Verwandschaft, dass kein Philologe «alle drei untersuchen kann, ohne zur Überzeugung zu gelangen, dass sie alle denselben Ursprung haben».

Den herausragenden Beobachtungen von Sir William folgte ein halbes Jahrhundert linguistischer Forschung, die ihren Höhepunkt in Franz Bopps sechsbändiger Veröffentlichung über den Vergleich der Grammatiken indogermanischer Sprachen fand: Vor 2000 v. Chr. hatte es eine gemeinsame Ursprache gegeben. Es wurde erkannt, dass sich unterschiedliche Gruppen von einer gemeinsamen Herkunftssprache ableiten, so Keltisch, Teutonisch (Deutsch), Italisch (Latein), Illyrisch (Albanisch), Griechisch, Balto-Slavisch, Armenisch und Indoiranisch wie auch Tocharisch, Hettitisch, Phrygisch und andere erloschene Sprachen der indogermanischen Sprachfamilie.

Der Mythos vom Ariertum beruht auf der Annahme, dass die indogermanischen Sprachen von einer überlegenen Volksrasse gesprochen wurden, und dass diese Sprachen via militärische Eroberungen verbreitet wurden. Die Anfänge dieses Mythos gehen ins frühe 19. Jahrhundert zurück. Es war die Weltanschauung seiner Zeit, die Wilhelm von Humboldt, einen großen Humanisten, verleitete, den Rassismus zu fördern. In seiner klassischen Monographie über vergleichende Sprachwissenschaften[1] behauptet er gebieterisch, Sanskrit sei die perfekteste Sprache der Menschheit und Deutsch die zweitperfekteste und weiter, dass die Dialekte der amerikanischen Indianer zur primitivsten Sprache der Menschheit gehörten und Chinesisch die zweitprimitivste Sprache sei. Das Kriterium, aufgrund dessen er urteilte, war seine Voreingenommenheit in Bezug auf die Logik der grammatischen Konstruktionen. Humboldt mag ja ein Experte für indogermanische Sprachen gewesen sein, aber was das Chinesische anbetrifft, so war er vollkommen ignorant. Er hat nicht begriffen, dass Sprache gesprochen und nicht geschrieben wird, und dass das gesprochene Chinesisch sehr wohl eine grammatikalische Struktur hat, die ebenso logisch ist wie jene von Sanskrit oder Deutsch.[2] Ein Mythos von den Ariern als Herrenrasse wurde begründet, und zwar aufgrund einer völlig falschen Beurteilung der Überlegenheit der Sprache.

Wer waren die Arier, und wo kamen sie her? Als erste lieferten die Sprachwissenschaftler des 19. Jahrhunderts Antworten auf diese Fragen. 1877 begründete Adolf Pictet die Sprachpaläontologie.[3] Wie ein Zweig der Naturwissenschaften Analogien zu Hilfe nimmt, wenn es darum geht, Familien mit gemeinsamer Abstammung zu definieren, so setzte Pictet das Bild der Urheimat zusammen aufgrund gemeinsamer indogermanischer Wörter für Pflanzen, Tiere und Kulturaktivitäten. Er fand gemeinsame Ausdrücke für Schaf, Ziege, Ochs, Kuh und Pferd und schloss daraus, dass die wirtschaftliche Basis im Ursprungsland eher auf dem Hirtentum denn auf dem Ackerbau beruht hatte.

Otto Schrader[4] nahm an, dass es am Ursprungsort nur drei Jahreszeiten gegeben hatte, nämlich Winter, Frühling und Sommer, denn das Wort für Herbst schien ihm in der indogermanischen Originalsprache zu fehlen. Für ein Agrarvolk müsste die Erntezeit die wichtigste Jahreszeit sein. Wenn nun also ein Name für den Herbst fehlte, dann musste es sich, schloss Schrader, bei den Indogermanen um ein Hirtenvolk gehandelt haben, das Vieh züchtete, jedoch keinen Ackerbau betrieb. Folglich stellte er sich die Indogermanen als nomadisch oder halbnomadisch lebende Menschen der Jungsteinzeit und der frühen Bronzezeit vor. Weiter stellte er die These auf, dass deren ursprüngliche Heimat sich in den Steppen Russlands befunden habe.

Gegen Ende des 19. Jahrhunderts wurden Studien gemacht, die den offenen Fragen zur indogermanischen Sprache noch weiter auf den Grund gingen. Ihre Resultate führten zu einem neuen Denkansatz: Man hatte ein gemeinsames indogermanisches Wort für «Herbst» identifiziert und damit war die Basis von Schraders Theorie hinfällig geworden.

Hermann Hirt war einer der Ersten gewesen, die Nordeuropa für den Ursprungsort der Arier hielten.[5] Mit Schrader stimmte er darin überein, dass es in der ursprünglichen Sprache keine Wörter für tropische oder halbtropische Pflanzen und Tiere gegeben hatte. Gleichzeitig fand er aber keinen augenscheinlichen Hinweis darauf, dass die Ur-Indogermanen ein Nomadenvolk der Steppe gewesen waren.

Er war der Begründer der so genannten «Buche-Birke-Lachs»-Theorie: 1892 hatte er festgestellt, dass diese drei Namen auch in der Sprache vorkommen, die von den Ur-Indogermanen gesprochen wurde. Der Wortschatz wies dem Ursprungsland damit einen Platz in einer Heide-Wald-Region zu, wo Birken, Buchen, Espen und Eichen wuchsen, Wölfe im Wald lauerten, am Waldrand sich Wild und Elche verborgen hielten und in den Bächen Biber und Enten ihre vergnügten Spiele trieben. Die Menschen domestizierten Hunde, züchteten Vieh sowie Schweine und rodeten den Wald für den Anbau von Hirse und Gerste. Ihre Häuser lagen am Saum des Waldes und hatten Türen. Die Frauen webten und nähten, die Männer fischten Lachs, jagten das Wild in den Wäldern und stellten im Meer den Robben nach.[6] Sie konnten reiten und benutzten von Ochsen gezogene Wagen. Im Frühjahr und zur Wintersonnenwende wurden große Feste gefeiert. Damit waren für Hermann Hirt die Arier steinzeitliche Viehbauern Nordeuropas.

Die Hypothese der Linguisten, dass das Ursprungsland der Indogermanen im Norden Europas lag, wird von deutschen Archäologen bestätigt.[7] Gustav Kossinnas monumentales Werk liefert Beweise für eine späte steinzeitliche Kulturtradition im Norden Europas: Die Menschen bevölkerten die Region, die jetzt von den Skandinaviern bewohnt wird, und sie stellten so genannte Schnurkeramiken her, Töpferwaren, die sie mit Schnurabdrücken verzierten. Diese Kulturtradition breitete sich südwärts aus, nach Zentraleuropa, dem Balkan und Südrussland, und von hier aus wanderten die Indogermanen in den Iran und nach Indien weiter.

Das ist die wissenschaftliche Untermauerung der Theorie von der nordeuropäischen Herkunft der Arier. Doch leider fand im frühen 20. Jahrhundert die Ideologie von der angeblichen Überlegenheit der nordischen Rasse mehr und mehr Gehör. Gordon Childe war ein großer Erforscher der Indogermanen, seine Monographie zum Thema schloss er mit folgender Bemerkung: «Die Tatsache, dass die ersten Arier Nordländer waren, war nicht ohne Bedeutung. Die physischen Vorteile einer solchen Herkunft, die simple Tatsache einer körperlich überlegenen Stärke also, befähigte sie, selbst höher entwickelte Völker zu erobern und so ihre Sprache in Gegenden zu verbreiten, von wo ihre physische Präsenz längst fast ganz verschwunden ist. Das ist das Körnchen Wahrheit, auf dem die Verherrlichung des Germanentums beruht: Ihre körperliche Überlegenheit versetzte sie in die Lage, eine überlegene Sprache zu verbreiten.»[8] In der Tat, die Indogermanen waren eine kriegerische Rasse. Sie wanderten aus, sie wanderten ein und sie waren zeitweise auch Eroberer. Viele haben ihre Sprache der ansässigen Bevölkerung aufgedrängt. Es gibt aber keinerlei historisch begründete Basis, aufgrund derer man schließen müsste, dass die blonden, blauäugigen Nordländer zu einer «immer siegreichen Herrenrasse» gehörten.

Nichtsdestotrotz, Childe stand zu seiner Überzeugung, dass den indogermanischen Sprachen ein überlegener Gehalt abstrakten Denkens eigen sei. Diese angebliche Überlegenheit haben europäische Gelehrte in den frühen Jahren des 20. Jahrhunderts als gegeben betrachtet, und dieser Überlegenheit haben sie den Antrieb zur Entwicklung des Menschen vom Wilden zum zivilisierten Wesen zugeschrieben. Die indogermanischen Menschen seien auserlesen worden, in den schönen Künsten, der industriellen Entwicklung, dem Handel, den Wissenschaften und in der Literatur eine Vorreiterrolle zu spielen und wären allein dank ihrer überlegenen Sprache die grossen Promotoren des Fortschritts gewesen.

Childe hatte nicht die Absicht, dem Rassismus Vorschub zu leisten, er war nur ein Spiegel der Vorurteile seiner Zeit. In Wirklichkeit war der Australier in Cambridge ein grosser Kämpfer gegen den deutschen Nationalsozialismus. So klagte er: «Die Verherrlichung der nordischen Rasse ist eng verknüpft mit einer imperialistischen, auf die Weltherrschaft abzielenden Politik; das Wort ‹Arier› ist zum Synonym für gefährliche Ideologien und vor allem für den ungeheuerlichsten, brutalsten Antisemitismus geworden. Freilich, dass in England das Studium der indogermanischen Kulturgeschichte derart diskreditiert ist und gering geschätzt wird, hat auch mit der berechtigten Reaktion auf gewisse Merkwürdigkeiten von Houston Stewart Chamberlain zu tun.»[9]

Childe zweifelte nicht daran, dass die Arier einer überlegenen Rasse angehörten. Im verzweifelten Bemühen, gegen den aggressiven deutschen Nationalsozialismus anzukämpfen, erweckte er daher eine längst vergessene Idee wieder zum Leben und propagierte die selten dumme Vorstellung, dass die ersten Arier Reiter aus der russischen Steppe gewesen seien. Während meiner Kindheit in den dreißiger Jahren dominierte die Russophilie das Denken der Intellektuellen. Als Schulkind war ich gelehrt worden, alles Große komme aus der Sowjetunion. Vielleicht war Childes Ansicht ein Auswuchs des intellektuellen Klimas seiner Zeit?

II. Der Anti-Mythos

Die Eltern meiner Frau waren gestorben und hatten ihr das Haus hinterlassen. Wir mussten nach Trogen fahren, um es zu putzen, bevor es vermietet wurde. Wir reisten an einem Mittwoch. Als wir ankamen und den Wagen abstellten, kam unsere Nachbarin, um uns zu begrüßen. Ihr war aufgefallen, dass wir an einem Wochentag gekommen waren, und sie meinte lächelnd: «Ich habe eine Theorie, warum Sie heute kommen; Sie wollten dem Wochenendverkehr ausweichen.»

«Nein», widersprach ich. «Das ist keine Theorie. Sie nehmen eine ad-hoc-Erklärung als Tatsache an, aber Sie liegen falsch. Wir sind heute gekommen, weil meine Frau die Abfallsäcke herausstellen will, bevor die öffentliche Abfallentsorgung, die morgen kommt, den Müll einsammelt.»

Christine war nicht erbaut über meine Pedanterie; ich war wenig liebenswürdig gewesen, dabei hatte unsere Nachbarin doch nur freundlich sein wollen. Christine vergaß, dass ich mein Leben lang Lehrer gewesen und es gewohnt war, meine Studenten zu korrigieren. Außerdem war es mir einfach so herausgerutscht; ich war immer ziemlich verärgert gewesen über meine Kollegen, die «Vermutung» und «Theorie» durcheinander gebracht und eine ad-hoc-Erklärung für wissenschaftlich genommen hatten.

Am 60. Jahrestag der Gründung der chinesischen geologischen Gesellschaft hatte ihr Präsident voller Stolz den Geist der Toleranz chinesischer Wissenschaftler verkündet. In China gibt es fünf Geologie-Schulen, und er erklärte sich dazu bereit, als sechste Schule jene aus dem Westen zu tolerieren, welche die Plattentektonik lehrt. Er war mein Lehrer am College gewesen, und es war ziemlich schwierig für mich, ihm sagen zu müssen, dass in der Wissenschaft, die diesen Namen verdient, kein Platz für Toleranz ist. Wenn es sechs verschiedene Theorien gibt, sind zumindest fünf davon, wenn nicht alle sechs unrichtig und sollten aufgegeben werden. Die Vereinigung der Ur-Geschichtsforscher scheint ebenso tolerant zu sein wie mein Geologielehrer; alle Theorien über den Ursprung der Indogermanen werden toleriert, solange sie nur gegen eine durch den Mythos vom Ariertum besudelte Theorie ankämpfen.

Ein Weg, gegen diesen Mythos anzukämpfen, ist es, eine extreme Position einzunehmen und zu sagen, dass die Arier als Rasse nie existiert haben. Der bekannte russische Linguist N.S. Trubetskoy machte genau das.[10] Er leugnete ab, dass es je eine Ursprache gegeben hat, die von einem Urvolk in seiner Urheimat gesprochen wurde. Er behauptet, dass sich die Analogien der indogermanischen Sprachen nicht als Resultat einer Annäherung entwickelt haben, also die Konsequenz eines zunehmenden Kontakts, einer zunehmenden Beeinflussung zwischen benachbarten Völkern sind.

Forschern, welche den nazistischen Rassismus verabscheuen, bietet Trubetskoy eine «wunderbar logische Theorie» an. Aber unglücklicherweise lieferte er als beweisführender Forscher kein Jota eines Beweises, der seine phantastische Logik gestützt hätte. Er dachte offenbar, einer erfinderischen Person könne es gelingen – selber war er nicht kreativ genug –, aufgrund seiner Behauptung etwas über die Herkunft und Entwicklung der indogermanischen Sprachen herauszufinden. Gelungen ist es niemandem. Es konnte niemandem gelingen, denn um den großen Reichtum an linguistischer, archäologischer und historischer Information interpretieren zu können, ist die Existenz einer Urheimat die unabdingbare Voraussetzung. Darum sind sich alle Fachleute – außer Trubetskoy – einig, dass es eine Ursprache, ein Urvolk und eine Urheimat gegeben hat, eine ursprüngliche Sprache, die von einem ursprünglichen Volk gesprochen wurde, das in seiner ursprünglichen Heimat lebte.

Wer waren denn diese Menschen gewesen, wenn nicht Arier? Wo hatte denn ihr ursprüngliches Heimatland gelegen, wenn nicht im nördlichen Europa? Und wie waren sie nach Nordeuropa gelangt, wo heute indogermanische Sprachen gesprochen werden?

Ein Weg, sich dem Problem anzunähern ist es, davon auszugehen, dass Ur-Indogermanisch-Sprachige aufgrund ihres kulturellen Erbes identifiziert werden können. Die Aufgabe, die Verbreitung der Sprachen zu rekonstruieren, reduziert sich damit auf das Problem, die Verbreitung der einander zugehörigen Kulturen nachzuzeichnen.

Menschen können einzeln oder in Gruppen wandern. Colin Renfrew ist ein «Diffusionist», das heißt, er geht davon aus, dass die Sprache «tröpfchenweise», langsam und graduell im Laufe der Ausbreitung der Kultur Boden gewann. Weil die älteste Ackerbaukultur sich in Anatolien entwickelte, bevorzugt Renfrew die Vorstellung, dass das Ur-Indogermanische vor 9000 Jahren von den Menschen in Anatolien gesprochen wurde und mit den auswandernden neolithischen Bauern nach Europa kam.[11]

Renfrew hat keine Theorie vertreten. Seine Idee erklärt weder linguistische noch archäologische Daten zur Verbreitung der indogermanischen Sprachen. Seine Schlussfolgerung war die Annahme, dass Ur-Indogermanisch von den ersten steinzeitlichen Bauern in Anatolien gesprochen wurde, und dass es sich mit der Ausbreitung des Ackerbaus weiter ausbreitete. Er übersah die Möglichkeit, dass Sprache nicht notwendigerweise immer im Zuge der Ausbreitung einer Kultur weiterverbreitet wird. Die amerikanische Kino-, Auto- und Coca-Cola-Kultur beispielsweise hat sich weltweit ausgedehnt, aber die Menschen in den Importländern sprechen weiterhin ihre eigenen Sprachen.

Die Begründung der Grundannahme ist die wirklich relevante Aufgabe. Renfrew behauptete, die Anatolier vor 9000 v. Chr. hätten Ur-Indogermanisch gesprochen. Aber seine Annahme hat sich als falsch erwiesen: Sie wird durch den historisch gesicherten Beweis entkräftet, dass in Anatolien die Menschen keine indogermanische Sprache gesprochen haben, als um etwa 2000 v. Chr. die Indoeuropäer zum ersten Mal dort eintrafen.

Renfrews Theorie führt nirgendwohin. Sie wird auch nur diskutiert, um entschieden beiseite gelegt werden zu können. Andere haben mehr Glück mit ihren falschen Theorien, oder sie haben mehr Freunde. Gordon Childe und Marija Gimbutus wurden beide von ihren Kollegen respektiert und hoch geschätzt, und ihre «Kurgan»-Theorie (Hügelgrab-Theorie) ist von manchen Sachbuchautoren übernommen worden.

Ganz unschuldig hatte Childe 1926 im Bestreben, den Mythos vom Ariertum zu entkräften, eine Aussage gemacht: Die ur-indogermanischen Sprachen wären von den Kurgan-Leuten gesprochen worden, welche in der pontisch-kaspischen Region lebten und zum Begraben ihrer Toten Grabhügel aufhäuften. Mit Sprachpaläontologie machte er sich daran, den Beweis dafür anzutreten und listete einige der Wörter auf, die allen indogermanischen Sprachen gemeinsam sind: «Gott, Vater, Mutter, Sohn, Tochter, Bruder, Schwester, Onkel, Enkel oder Neffe, Schwiegersohn, Schwiegertochter, Schwiegervater, Schwiegermutter, Schwager, Schwägerin, Frau, Witwe, Hausvater, Sippe, Dorfältester, Stamm, König, Hund, Ochse, Schaf, Ziege, Pferd, Schwein, Stier, Kuh, Wallach, (Rind)Vieh, Käse, Fett, Butter, Korn, Brot, Furche, Pflug, Küfer, Gold, Silber, Rasiermesser, Ahle, Schlingstein, Bogensehne, Wurfspieß, Speer, Schwert, Axt, Zimmermann, Streitwagen oder Rad, Achse, Schiff (Kirchenschiff), Schiff, Ruder, Haus, Türrahmen, Tor, Säule, Erdwall.»[12]

Als er merkte, dass es darunter mehr Namen von Tieren als von Pflanzen gibt, war ihm das Rechtfertigung genug für die Vorstellung, die Ökonomie der ursprünglichen Indoeuropäer habe auf der Hirtentätigkeit beruht. 1926 formulierte er seine Schlussfolgerung folgendermaßen: «Nachdem wir alle andern Regionen Europas überprüft haben, wenden wir uns dem Süden von Russlands Steppen zu. Klima und Topographie hier stimmen, wie Otto Schrader so überzeugend darstellte, ganz erstaunlich mit der Situation in jener Region überein, welche die Sprachpaläontologen als Wiege der Arier herausgearbeitet haben.

Und desgleichen verraten die frühesten dort ausgegrabenen Fundstücke nacheiszeitlicher Menschen eine Kultur, die in bemerkenswertem Ausmaß mit der von den Philologen beschriebenen ur-arischen Kultur übereinstimmt. Die in Frage stehenden Fundstücke wurden fast ausnahmslos aus Gräbern gehoben, welche Skelette in Kauerstellung bargen, die mit rotem Ocker bedeckt (Ocker-Gräber) und mit einem Erdhügel (Kurgan) zugedeckt waren. Die Menschen, die hier begraben lagen, waren alle groß, langschädelig, hatten einen schmalen Körperbau und gerade gestellte Kiefer, kurz gesagt, sie waren Nordländer.

Das Fundmaterial (...) aus der ganzen Region vom Kaspischen Meer bis zum Dnjeper ist relativ uniform (...). Diese nordischen Menschen der Steppe waren Hirten, denn in den Grabhügeln sind Tierknochen gefunden worden. Darunter nicht nur solche von Schafen und Rindern, sondern auch die Knochen von Pferden, die ausgesprochen den Ariern zugeordnet werden. Das Ocker-Gräber-Volk besaß auch Beförderungsmittel mit Rädern, denn in einem der Gräber wurde die aus Ton geformte Nachbildung eines Wagens gefunden (...).»[13]

Damit sei nun das Problem, die Ausbreitung der indogermanischen Sprachen nachzuzeichnen, einfach zu lösen geworden, meinte Childe. Die Grabhügelkultur könne leicht identifiziert und die Zeit ihrer Verbreitung aufgrund der Epoche bestimmt werden, die der Kulturtradition der Hügelgräber zugewiesen wird.

Es gibt aber ein Problem. Es existieren keinerlei wie auch immer geartete Anzeichen, dass die Kurgan-Leute des dritten Jahrtausends vor Chr. eine indogermanische Sprache gesprochen hätten!

Die frühesten Menschen der pontisch-kaspischen Region, die als Indogermanisch-Sprachige identifiziert werden konnten, waren Indo-Iraner. Sie haben einigen Flüssen in der Ukraine Namen gegeben, bevor sie weiter in den Mittleren Osten wanderten. Später kamen die Skythen von Osten her ins Land und noch später die Goten aus dem Norden. Schließlich folgten die Slawen – Russen und Ukrainer – und dann die Wikinger. Sie alle waren indogermanische Eindringlinge. Dass sie die Nachkommen der Kurgan-Leute gewesen wären, dafür gibt es keinen Beweis.

Die Indoeuropäer unterscheiden sich angeblich durch ihre Streitäxte, ihre Schnurkeramiken und durch den Brauch, die Toten in Einzel-Hügelgräbern zu bestatten von anderen Völkern. Childe schrieb die gefundenen Streitäxte der späteren Grabhügel-Kultur Südrusslands zu. Ebenso gut hätten sie aber auch von eindringenden Indoeuropäern ins Kurgan-Land gebracht worden sein können. Abgesehen davon, charakteristisch für die Töpferwaren der Kurgan-Leute sind Schnurkeramiken jedenfalls nicht. Sogar ihr Brauch, die Toten in Einzelgräbern zu bestatten, unterscheidet sich von jenem der nördlichen Europäer.[14]

Wie dem auch sei, Childe übersah den Unterschied und schloss daraus, dass die Schnurkeramik-Tradition der Nordeuropäer und die Hügelgrab-Tradition aus der pontisch-kaspischen Region die Kultur des einen und selben Ur-Indoeuropäers repräsentierten.

Childe fügte als weitere Charakterisierung der ur-indogermanischen Menschen hinzu, dass sie Pferdereiter gewesen sein mussten, um ihre Eroberungen machen zu können. Das war eine bloße Behauptung, die durch keinen einzigen dokumentierten Beweis abgesichert wurde!

Um ja «political correct» zu sein, bevorzugte Childe also eine Hypothese, nach der die Verbreitung der Indoeuropäer aus dem Osten in Richtung Westen erfolgte, anstatt das beweiskräftige Modell der Ausbreitung von Westen her zu akzeptieren. Die nordeuropäische Kultur ist älter als die russische, doch 1926 war man sich darüber nicht eindeutig klar. Damit, dass Childe die Richtung der Wanderungsbewegung umkehrte, entzog er sich einem politischen Dilemma: Jetzt waren die Arier keine Deutschen mehr, sondern sie waren Russen, die aus den Steppen in der Nähe des Donez herkamen. Childe wählte eine fragwürdige Wissenschaft, weil er nach einem Argument gesucht hatte, das der deutschen Ideologie von der arischen Herrenrasse entgegenzuwirken vermochte. Anti-nazistische politische Strömungen ließen es politisch klüger erscheinen, die Supermenschen-Rasse russisch und nicht deutsch sein zu lassen. Das war sicher eine wirkungsvolle Propaganda während des Zweiten Weltkriegs. Aber diese pro-russische Tradition hat auch während der Zeit des Kalten Krieges angehalten. Dass sich heute weiterhin Forscher für den Süden Russlands als Ursprungsregion des Ur-Indogermanen stark machen, obwohl es nicht einmal einen politischen Grund mehr dafür gibt, kann ich nicht verstehen.

III. Der neue Mythos

Einflussreichster Exponent der so genannten Kurgan-Theorie war Marija Gimbutas.[15] Von 1952 bis 1997 publizierte sie eine Serie von Artikeln, um ihre Idee einer Indogermanisierung Europas durch die Kurgan-Leute weiterzuverbreiten.

Gimbutas war eine Archäologin und keine Linguistin. Trotzdem behauptete sie, dass Cro-Magnon-Menschen Euroasiens die Vorfahren der indogermanisch-sprachigen Völker gewesen waren.

Sie stellte sich vor, dass sich aus einer einzigen mesolithischen Sprache die neolithischen Sprachfamilien des Indogermanischen, Finno-Ugrischen, Rhätischen und Baskischen herausgebildet haben. Weiter behauptete sie, ohne einen Beweis dafür zu liefern, dass die ersten Menschen, die Indogermanisch sprachen, die Kurgan-Leute des fünften Jahrtausends v. Chr. gewesen seien.

Im Gegensatz zu den fortschrittlichen Interpretationen der neuesten Zeit erweckte sie Schraders Idee zu neuem Leben, wonach die Steppen im Pontischen Gebirge und an der Wolga die Ursprungsheimat der Indogermanen gewesen seien. Sie behauptete, trotz überwältigender gegenteiliger Belege, diese «russischen Pferdereiter» hätten Nordeuropa durch Eroberung europäisiert. Ohne die archäologischen Funde anderer zu berücksichtigen, setzte sie als gegeben voraus, dass die Schnurkeramik-Tradition von den Kurgan-Leuten aus der pontisch-kaspischen Region nach Nordeuropa gebracht worden sei. Und entgegen den Erkenntnissen der Genetik war sie überzeugt, dass der nordische Menschentyp ein Hybrid ist, der sich aus der Vermischung der Kurgan-Eindringlinge mit der in Skandinavien ursprünglich ansässigen Bevölkerung herausgebildet habe.

Nachdem Cavalli-Sforza bei Nordeuropäern und Südrussen identische genetische Merkmale gefunden hatte, wollte sie ihn davon überzeugen, dass damit ihre Idee von der Expansion der Kurgan bewiesen sei, obwohl die gleiche Tatsache ebenso gut als Beweis für Kossinnas Theorie von der Immigration der nordeuropäischen Arier nach Südrussland genommen werden kann.

Marija Gimbutas zitierte zahlreiche Ausgrabungsberichte, die Fakten die sie daraus zog, sind für die Schlussfolgerungen aber wenig relevant. Ich musste ihr gesamtes Werk durchkämmen, bis ich eine Stelle fand, wo sie ihre Verknüpfung der Kurgan-Kultur mit den indogermanischen Völkern mit vernünftigen Argumenten zu begründen versucht. 1973 schrieb sie: «Das ganze System der ‹Kurgan-Kultur› basiert nicht auf einem einzigen gemeinsamen (isomorphen) Merkmal, dem Hügelgrab (Kurgan). Kurgan ist ein Name für eine Tradition und bezieht sich nicht auf ein einzelnes Element, sondern auf die Summe davon. Darunter sind zu erwähnen: eine patriarchalische Gesellschaft, ein Klassensystem, die Existenz kleiner Stammeseinheiten unter der Führung eines mächtigen Häuptlings, das Vorherrschen einer Hirten-Ökonomie mit dem Einschluss von Pferdezucht und Landbau, als architektonische Kennzeichen schmale unter- oder oberirdische, rechteckige Hütten aus Holzbalken, kleine Dörfer und massive Hügelfestungen, rohe, ungefärbte Keramik, die mit willkürlichen Verzierungen und Stabornamenten dekoriert ist, religiöse Elemente, die einen Himmel- oder Sonnengott und einen Donnergott nahe legen, Pferdeopfer und Feuerkult.»[16]

Der Abschnitt liest sich wie die Seite aus einer Dissertation eines Anthropologie-Studenten, der einen primitiven Stamm aus Neu Guinea erforscht. Unterscheidet sich ihre Charakterisierung der Kurgan-Kultur merklich von der Beschreibung anderer neolitschischer Kulturen Europas? Was ließ sie denken, dass die Kurgan-Leute eine indogermanische Sprache gesprochen haben?

Gimbutas und ihre Schüler machen geltend, dass die ersten Indogermanen berittene Eroberer aus dem Süden Russlands gewesen sein müssen, die vermutlich aus der Steppe ausgebrochen waren, um die halbe Welt zu erobern. Diese russischen Eroberer hätten sich dann mit der ansässigen Bevölkerung Nordeuropas vermischt und so die nordische Rasse hervorgebracht; sie hätten ihre indogermanische Sprache den Ansässigen aufgedrängt.

Ich weiß nicht, ob ich die phantasievolle Vorstellung der guten Frau Professorin bewundern oder verachten soll. Ich kann mir vorstellen, dass sie von der nazistischen Propaganda von der Überlegenheit der arischen Rasse ebenso angewidert war wie alle von uns. Dennoch ist es so, dass sie sich in die Nähe rassistischer Propaganda begibt, wenn sie Arier durch Kurgan ersetzt und schreibt: «Dass es den Kurgan-Leuten gelang, fast zwei Drittel des europäischen Kontinents zu erobern, hing vielleicht größtenteils mit ihrer sozialen Organisationsform zusammen.»[17]

In der Tat dachte sie, dass die Kurgan dank ihrer patriarchalen Gesellschaft, dem Klassensystem und der Befehlsgewalt mächtiger Stammeshäuptlinge eine überlegene Rasse gewesen waren. Fast hätte sie schreiben können, dass die Kurgan es dank ihres «Führer-Kults» vermocht hatten, zwei Drittel Europas zu erobern.

Gordon Childe hatte 1926 die Alternative eines östlichen Ursprungsorts der Arier gewählt, weil er bestrebt war, «political correct» zu sein. Marija Gimbutas übernahm 1952 Childes Schlussfolgerung, obwohl sie dazu keine Veranlassung gehabt hätte. Vielleicht wurde sie durch das Vorurteil fehlgeleitet, dass die Indogermanen Eroberer gewesen waren, und nur die Kurgan als die ersten Reiter die Eroberer hatten sein können. Vielleicht wurde sie von der der Vorstellung fehlgeleitet, «arische Eroberer» hätten einem Hurra-Patriotismus huldigen, einen Führer und eine Klassenordnung haben müssen wie das nazistische Deutschland. Ihre Antipathie gegen den deutschen Rassismus hat sie blind gemacht.

Auf der anderen Seite scheint sie gedacht zu haben, dass eine nazistische Mentalität toleriert werden kann, wenn es sich bei den Ariern nur nicht um Deutsche, sondern um Russen handelt.

Gimbutas hat eine große Anhängerschaft unter Archäologen, aber Wissenschaftler, welche mit Feldmaterial arbeiten, haben Schwierigkeiten, eine Beziehung zwischen Tatsachen und ihren grandiosen Ideen herzustellen. Zahlreiche ihr freundlich gesinnte Autoren haben die Kurgan-Theorie kritisiert.[18] Eine sorgfältige Bewertung versuchte Alasdair Whittle, als er darlegte: «Die Kurgan-Hypothese baut auf einer groben Charakterisierung auf: auf der einen Seite ausschließlich mobiler, auf der anderen Seite völlig sesshafter Lebensstil. Die Suche nach Weideland scheint ein schwaches Argument für die mutmaßliche Ausbreitung zu sein; geschwind einmal kann es sich endlos um sich selber drehen.

Die Kurgan-Hypothese ignoriert die Chronologie der Wechsel in Südost-Europa. Wo sie mehr überzeugt, müsste man die frühesten Zeichen einer radikalen Umformung (in der pontischen Region) sehen (...), die wellenförmig in den Westen ausstrahlt. Tatsächlich aber dürfte das Gegenteil der Fall sein: Die Änderungen bahnten sich (von Europa aus) ostwärts ihren Weg.»[19]

J.P. Mallory, der keinerlei Sympathien für den Mythos vom Ariertum hegt, war nicht blind für die Ignoranz, die der fixen Idee der Kurgan-Hypothese zugrunde liegt. Vor kurzem schrieb er: «Fast alle Argumente für Einwanderung und kulturelle Umformung werden ohne Einbezug der Kurgan weit besser erklärt; zudem wird dem meisten bis heute vorgelegten Beweismaterial durch anderes Material entweder vollkommen widersprochen, oder es ist das Resultat einer schreienden Fehlinterpretation der Kulturgeschichte von Ost-, Zentral- und Nordeuropa.» [20]

Mallory sagte es nicht, aber er ließ durchblicken, dass es nicht die Spur eines Beweises dafür gibt, dass die Menschen, die um 3000–4000 v. Chr. in den Grabhügeln bestattet wurden, Ur-Indogermanisch sprachen.

Gimbutas identifizierte ein paar Skelette als in der Erscheinung den nordischen Menschen ähnliche Ur-Cro-Magnon-Menschen. Statt anzuerkennen, was auf der Hand liegt, dass es nämlich genauso gut Einwanderer aus dem Norden hätten gewesen sein können, die nach ihrer Ankunft im Süden Russlands in den Hügelgräbern begraben wurden, hielt sie sich lieber an das Märchen, dass nordisch aussehende Russen nach Nordeuropa gingen und die ansässige, nicht-indogermanische Bevölkerung unterwarfen oder gar ausrotteten.

Gimbutas scheint heute eine außerordentlich respektierte und geschätzte Forscherin zu sein, sonst hätte ich die gute Frau Professorin einfach nicht beachtet. Doch das Institut für Menscheitsgeschichte in Washington DC widmete ihr drei Monographien; ihre Hypothese ist zu einem Axiom geworden, zum Paradigma sowohl für archäologische, linguistische als auch für anthropologische Interpretationen. Ihre Hypothese ist der neue Mythos.

Ich kann nicht glauben, dass Frau Professorin eine Rassistin war. Aber ihre Theorie hat einen russischen Rassismus inspiriert. In einem populären Sachbuch schreibt Gerhard Herm: «‹Ich fragte Vadim Mason, den sowjetischen Archälogen, unter welchen Aspekten er seine Arbeit betrachte.

‹Wissen Sie,› sagte er nüchtern, ‹wir wagen es kaum, aus unseren Funden weitreichende Schlüsse zu ziehen oder gar von einer oder drei bei uns aufgefundenen Kulturen her die Weltgeschichte neu zu ordnen.›

Ich musste lächeln, denn Masons Assistent hatte kurz zuvor erzählt, sein Chef sei gerade im Begriff, ein neue ‹Kultur› zu entdecken, die möglicherweise die Herkuft der Parther erklären könne. Statt nach ihr fragte ich jedoch:

‹Darin stimmen Sie den Linguisten aber zu, dass die Leute, die aus dem kaspischen Raum kamen, tatsächlich Vorfahren der Griechen, Römer, Germanen, and Kelten waren?›

‹Ja,› erwiderte er, ‹den Punkt haven wir ja bereits geklärt.›

‹Dann sind wir, ihre Nachfahren, also alle Russen?›

Nun lächelte er.

‹Man könnte es so formulieren.›» [21]

Die Russen sind nicht die Einzigen, welche diese rassistische Theorie propagieren. Gimbutas Behauptung wird in einem einführenden Lehrbuch als etablierte historische Tatsache dargestellt.

«Um 3000 bis 4000 v. Chr. umfassten die Indogermanen nur ein paar Tausend Hirten-Nomaden, welche in den Steppen im Süden Russlands, im Norden des Kaukasus und im Westen des Urals umherzogen. Die in ein paar wenigen Tausend Jahren erfolgte Ausbreitung der Indogermanen über ganz Europa, Kleinasien und den indischen Subkontinent ist nichts weniger als erstaunlich. Die indogermanische Expansion begründete eine veritable Bevölkerungsexplosion. Solch ein in der Menschheitsgeschichte einzigartiges Phänomen schreit nach einer Erklärung, doch weiterum schweigen sich die Sozialwissenschaften darüber aus. Noch hat niemand begonnen, ein Modell aufzustellen, mit dem sich solch eine rapide Bevölkerungsexplosion erklären ließe.»[22]

Der Autor scheint nicht zu realisieren, dass ein arischer Rassismus ein arischer Rassismus bleibt, auch wenn der Ursprungsort der Indogermanen nicht mehr Deutschland, sondern Russland ist. Ist es arrogant oder ignorant, wenn ein Archäologie-Professor seinen Studenten erzählt, ein paar wenige Tausend Hirten-Nomaden hätten in ein paar wenigen Tausend Jahren ganz Europa sowie West- und Südasien erobert und eine veritable Bevölkerungsexplosion verursacht?

Wäre es so geschehen, dann stellte es in der Tat ein einzigartiges Phänomen in der Geschichte der Menschheit dar.

Der gute Professor scheint die Möglichkeit nicht in Betracht gezogen zu haben, dass es ein «solch einzigartiges Phänomen in der Geschichte der Menschheit» gar nicht gegeben hat. Er scheint nicht realisiert zu haben, dass die «Sozialwissenschaften sich über das Thema ausschweigen», weil es gar kein solch einzigartiges Phänomen gegeben hat. Er hat nicht erkannt, dass «noch niemand begonnen hat, ein Erklärungsmodell für eine solch rapide Bevölkerungszunahme zu formulieren», weil es nicht nötig ist, etwas zu erklären, das gar nie stattgefunden hat.

Die Kopfübung von Childe, Gimbutas und ihren Anhängern hat nur im lobenswerten Bemühen bestanden, sich der nazistischen Propaganda von der Überlegenheit der Arier entgegenzustellen. Es gab in den 1930er und 1940er Jahren die Tendenz, eine wissenschaftlich gesicherte Wahrheit einfach abzuleugnen. Hitler hatte propagiert, ein «arisches Gesicht» sei besser als «ein jüdisches Gesicht». Stalin nahm die Vererbungslehre von Lyssenko an und sandte Vavilov und andere Genetiker nach Sibirien. Auch die Archäologie scheint unter einer Dichotomie gelitten zu haben: Es gab zwei Schulen, die «Arische Schule» wie auch die «Kurgan-Schule». Der Sieg der Alliierten bewirkte dann, dass die «Arische Archäologie» in Vergessenheit geriet. Die Pendelbewegungen als Folge der Politisierung der Wissenschaft schwang vom einen Extrem – dem Mythos vom Ariertum Nazideutschlands – zum andern Extrem aus. Dieser Trend zum anderen Extrem hat die zweite Hälfte des zwanzigsten Jahrhunderts über angedauert. Es gab ein paar wenige Proteste aus Vernunftgründen. Mit der linguistischen Paläonthologie vertraute Deutsche wussten die Wahrheit, aber den meisten widerstrebte es, darüber zu sprechen. Jüngere, in der Nachkriegsära aufgewachsene Deutsche finden es nun zeitgemäß, den Begriff «Rasse» überhaupt zu leugnen: Es gab nicht nur nie einen Arier, sie wollen auch die Tatsache nicht wahrhaben, dass das germanische Volk als eine relativ isolierte, sich untereinander fortpflanzende Bevölkerung existiert hat. Aufgrund der Politisierung der Wissenschaft haben viele nicht gesehen, dass «political correctness» nicht unbedingt zu wahrheitsgetreuer Wissenschaft führt.

IV. Die Realität

Während des Zweiten Weltkriegs gab es einen couragierten britischen Wissenschaftler, der in einem britischen Wissenschaftsjournal publizierte. Er getraute sich zu schreiben, dass es Unsinn ist anzunehmen, der Nationalsozialismus habe das arische Volk erdacht, um dadurch die nordische Rasse zu verherrlichen. Das arische Volk hat existiert – seine Ahnen waren die Bewohner Nordeuropas – und die nordische Rasse hat existiert. Es gibt aber keinen Grund, diese zu verherrlichen:[23] Die Goten, die Wikinger und die Nazis waren alle ziemlich gräßliche Leute.

Stuart Mann bedauerte die Arroganz von Archäologen und Anthropologen, welche 150 Jahre Forschungsarbeit der vergleichenden Sprachwissenschaft einfach ignorierten. Er bedauerte jene, welche aus Angst davor, für «political uncorrect» gehalten zu werden, handfeste Resultate wissenschaftlicher Forschung missachteten. Wäre er noch am Leben, würden ihn auch die Ignoranz (nicht etwa Arroganz!) und Dummheit (nicht etwa Ängstlichkeit!) der heutigen Generation von Pseudo-Wissenschaftlern irritieren.

Es stimmt, «Rasse» ist ein schmutziges Wort. Vielleicht sollte es in wissenschaftlicher Literatur überhaupt nie mehr auftauchen. Dennoch ist es eine Tatsache, dass es verschiedene Menschentypen gibt, die verschiedene Sprachen sprechen, andersartige Bräuche kennen und unterschiedliche Wertsysteme haben. Meine Frau Christine und ich haben das auf die harte Tour gelernt.

Ich bin ein Hsü. Die Hsü sprechen Sino-Tibetisch. Keiner in unserem Buch der Ahnen war ein Fremder. Christine war eine Allemannin. Sie kam aus dem Appenzell; ihre Familie, die Eugsters, taucht in den frühesten Chroniken Appenzells auf. Auch unter ihnen gab es keine Fremdlinge. Wir beide hingegen führen miteinander eine «interkulturelle» Ehe. Unsere Kinder sind Eurasier; als sie China bereisten, konnten sie mit Leichtigkeit darauf bestehen, Uiguren zu sein. Ihre Ähnlichkeit mit diesen überrascht nicht, denn die Uiguren sind halb kaukasisch und halb mongolisch.

Wie wir unsere Großkinder einordnen sollen, darüber sind wir uns nicht sicher. Unter den Rassengesetzen Nazideutschlands galt eine Person mit einem jüdischen Großelternteil als Jude. Nimmt man diese Art von Kriterium, sind unsere blauäugigen, blondhaarigen Enkel Chinesen. Ein Gesetz in Israel bestimmt, dass jemand nur dann jüdisch ist, wenn die Mutter eine Jüdin ist. Nimmt man dieses Kriterium, dann sind alle meine Großkinder, auch Paula mit ihrer mongolischen Augenstellung, germanisch wie ihre Mütter und die Großmutter. Christine und ich tolerierten keinerlei rassistisches Denken. Dennoch waren wir uns der historischen Tatsache bewusst, dass keiner meiner Ahnen ein Europäer war und keiner der ihren ein Chinese. Sie waren für Tausende von Jahren Glieder zweier separater, sich nur untereinander fortpflanzender Bevölkerungen. Natürlich lebten sie nicht in einer vollkommen «geschlossenen» Gesellschaft. Der erste Hsü mag ein Han-Chinese gewesen sein, aber seine Vorfahren waren Sino-Tibetanisch-sprechende Leute aus Nordasien, und seine Nachkommen verheirateten sich mit Asiaten verschiedener ethnischer Herkunft. Wie auch die Eugster in Appenzell nicht behaupten können, sie gehörten zu einer «reinen» Rasse. Sie waren allemannische Einwanderer, aber meine Schwägerin Anna hat flammendrotes Haar wie eine keltische Irin. Vermutlich haben sich in römischen Zeiten viele Eugster mit Helvetiern verheiratet, Gliedern einer ursprünglich keltischen Bevölkerung. Rein oder nicht rein, trotzdem hat es über Hunderte oder Tausende von Jahren im Großen und Ganzen unbeeinflusst bleibende Bevölkerungen gegeben. Weder können die radikalsten Antirassisten abstreiten, dass es abgesondert lebende und sich nur untereinander fortpflanzende Bevölkerungen gibt, noch kann der radikalste Rassist auf einer hunderprozentigen Reinheit der arischen Rasse bestehen.

Colin Renfrew zog den radikalen Schluss, dass «Rasse» kein brauchbares Konzept abgibt, weil keine präzise Definition möglich ist.[24] Weiter hob er hervor, es sei ein tiefgreifender Fehler, Rasse und Sprache gleichzusetzen. Genau genommen hat er Recht. Meine in Amerika geborene Nichte mit chinesischen Eltern spricht nur Englisch, gehört aber natürlich nicht der englischen Rasse an. Sicher, nachdem das Wort «Rasse» durch politische Nebenbedeutungen verdorben und damit fast unbrauchbar geworden ist, sollte man versuchen, es zu vermeiden. Man kann aber nicht abstreiten, dass in der amerikanischen Bevölkerung spezifische kulturelle oder sprachliche Eigenheiten vorhanden sind. Meine Nichte ist Amerikanerin. In Amerika sprechen Kinder mit verschiedenem ethnischem Background alle Englisch. Wenn sie erwachsen sind, heiraten sie vielleicht eine Person der gleichen oder vielleicht jemanden aus einer anderen Ethnie. Sie sprechen aber dieselbe Sprache, und ihre Kinder werden mit einer einheitlichen amerikanischen Kultur aufwachsen und viele allen gemeinsame, amerikanische Bräuche pflegen, unabhängig von der ethnischen Herkunft ihrer Eltern. Die Amerikaner begründen auf diese Weise eine Bevölkerung, die sich immer mehr von Briten, Chinesen oder Afrikanern unterscheidet und zu einer kulturellen Homogenität hin entwickelt, auch wenn diese kulturelle Homogenität sich durch verschiedene Hautfarben und nationale Herkunftsländer auszeichnet. Die Bürger der Vereinigten Staaten sind alle Amerikaner, seien sie nun weiß, schwarz oder orientalisch. Sie alle gehören der amerikanischen Rasse an.

Das schmutzige Wort «Rasse» wollen wir ja vermeiden. Wachstums-Genetiker sprechen von den Eigenschaften einer homogenen, sich nur mit Gliedern aus den eigenen Reihen fortpflanzenden Population. Diese Umschreibung wollen wir durch das Akronym SIP für «separate inbreeding population» ersetzen. Das Kürzel erinnert mich an das deutsche Wort Sippe für «Verwandte», «Klan» etc. Denn auch wenn wir das Wort «Rasse» ablehnen, so müssen wir doch anerkennen, dass Verwandtschaft und Klans existieren. SIP bedeutet «Klan» im weitesten Sinn und schließt die Vorfahren von vielen Generationen ein.

Man hat die Juden für eine Rasse gehalten, aber in Israel definieren sie sich anhand der religiösen Richtung, der sie angehören. Juden sind keine SIP; die genetische Zusammensetzung europäischer Juden unterscheidet sich von jener der Juden aus dem Jemen so stark wie diejenige der Europäer von den Arabern. Es hat also verschiedene jüdische SIPs in verschiedenen Teilen der Welt gegeben. Es stellt sich selbst die Frage, ob die Han-Chinesen eine reine SIP bilden oder nicht. – Die Chinesen teilen zwar eine gemeinsame Sprache und ein gemeinsames kulturelles Erbe, aber genau genommen waren sie keine sich nur untereinander fortpflanzende Gruppe. Die Sprache der Ur-Chinesen aus der Steinzeit war Miao-Yao, die Sino-Tibetanisch sprechenden Chinesen waren Einwanderer. Von den sino-tibetanischen Vorfahren haben die Han-Chinesen aus dem Norden mehr Gene geerbt als von ihren Vorfahren aus dem Süden. Folglich ähnelt das Erscheinungsbild der Nordchinesen – die Physiognomie meines Vaters manifestiert das sehr schön – stark jenem der Mongolischsprachigen, während die Südchinesen eher den Miao-Yao-Sprechenden ähneln, wie die Physiognomie meiner Mutter zeigt: Die chinesische SIP ist genauso das Resultat einer Vermischung wie jene der Amerikaner.

Keine Population kann sich ausschließlich und für immer nur untereinander fortpflanzen. Es gibt immer irgendwelche Bewegungen und Kontakte zwischen verschiedenen Bevölkerungen. Sind sie auf ein Minimum beschränkt, ist die Möglichkeit annähernd gegeben, dass sie sich nur unter sich fortpflanzen. Heutzutage mag der Begriff SIP noch eine gewisse praktische Bedeutung haben, denn noch heiraten die meisten Amerikanerinnen Amerikaner, wie auch die meisten Chinesinnen sich mit Chinesen vermählen, und die meisten Schweizerinnen mit Schweizern eine Familie gründen. Dass man sich ausschließlich untereinander fortpflanzt, wird aber im Zeitalter der Mobilität und Globalisierung mehr und mehr unmöglich werden. Damit wird der Begriff SIP schließlich – außer in einem historischen Kontext – bedeutungslos werden.

«Arier» ist einer der verpöntesten Begriffe. Manche prominente Wissenschaftler – sie wollten sich als lilienweiße Antirassisten erweisen – haben kategorisch verneint, dass es die Arier je gegeben hat; Rassen, so vertreten sie, hätten gar nie existiert. Doch daran, dass eine arische SIP existiert hat, gibt es nichts zu rütteln. Die Arier waren die ersten Indogermanen in Indien und haben über Generationen ihre Identität als eigene, sich nur untereinander fortpflanzende Population aufrechterhalten. Der große Gelehrte Gordon Childe – ein überzeugter Anti-Rassist – hatte denn auch keine Angst vor dem inkriminierten Wort; seinem Buch über den Ursprung der Indogermanen gab er mutig den Titel «Die Arier».[25]

Wie auch immer man sich zum Mythos vom Ariertum stellen mag, die Tatsache, dass die verschiedenen Familien der indoeuropäischen Sprachen untereinander verwandt sind, kann man nicht leugnen. Nehmen wir zum Beispiel das Wort für die Zahl 100; auf Englisch heißt es «hundred», auf Deutsch «hundert». Die Ähnlichkeit ist offensichtlich – und auch nicht überraschend, denn Englisch hat sich in Teilen aus dem von den angelsächsischen Eindringlingen gesprochenen Deutsch entwickelt; das entsprechende gotische Wort lautet «hund». In den ersten Jahrhunderten der christlichen Ära gab es natürlich manchen Unterschied in den Dialekten, die von den verschiedenen Indogermanen gesprochen wurden.

Deshalb entwickelte sich das Wort für die Zahl 100 etwa im Lateinischen zu «centum», auf Irisch zu «cet», auf Litauisch zu «szintas», in Sanskrit zu «satam» und zu «kante» auf Tocharisch; in den letzteren drei Beispielen ist auch die Ähnlichkeit untereinander nicht mehr so augenscheinlich.

Helle Schweizer Schüler erkennen möglicherweise die Verbindung zwischen *centum* und *hundred*; das italienische *c* ist ein harter Laut, und centum wird wie chentum ausgesprochen. Ein Wort, das mit einem *ch* beginnt, könnte verwandt sein mit einem Wort, das mit *k* anfängt. Der germanische Laut *k* nun ist in den Schweizer Dialekten für gewöhnlich zu einem *kh* geworden, sodass Schweizer sich vorstellen können, dass in einem weiteren Schritt aus dem *kh* ein *h* wurde. So weit so gut. Was aber hat es mit dem ersten *Vokal* im Wort für die Zahl 100 auf sich – in Englisch und Deutsch ist es ein *un*, im Lateinischen ein *en*; weist vielleicht auch er auf einen gemeinsamen Ursprung hin?

Nach dem Wechsel auf die Mittelschule lernen Schweizer Schüler einiges über den Lautwechsel im Laufe der Sprachentwicklung, auch, dass diese Änderungen nach exakten und allgemein gültigen Gesetzen abgelaufen sind. Sollte jemand später an der Universität vergleichende Sprachwissenschaften studieren, wird er diese Gesetze genau kennen lernen. Dann wird er verstehen, dass sich aus einem gemeinsamen Ursprung durchaus der Laut *un* im Englischen und Deutschen, im Lateinischen aber der Laut *en* hat bilden können.

Englischsprachigen Menschen fällt es leicht nachzuvollziehen, dass «hundred» oder «century» einen jeweils gemeinsamen Ursprung haben, den einen mit dem germanischen «hundert», den anderen mit dem französischen «cent» (oder letztendlich mit dem lateinischen «centum»). So weit kann auch ein Laie dem Experten folgen. Schwierig wird es dann nachzuvollziehen, dass eine Ähnlichkeit zwischen dem englischen Wort «hundred» und dem Sanskrit-Wort «satam» bestehen soll. Für Linguisten allerdings ist das kein Problem; sie wissen, dass es ganz natürlich ist, wenn sich ein primitiver Guttural-Laut *k* zum Zischlaut *s* ändert. Gleicherweise lehren sie auch, dass im Wort für die Zahl 100 die Vokale *un* (im Englischen) und *a* (in Sanskrit) eine gemeinsame Abstammung haben. Weil sie die Experten sind und die Lautverschiebung in wissenschaftlichen Studien untersucht haben, verlassen wir uns auf ihr Wissen.

Der Wechsel von *k* über *kh* und dann zu *c* kann ohne Anstrengung nachvollzogen werden und bedeutete wohl auch keine große Veränderung, weil alle drei Laute gutturale Laute sind. Einen großen Schritt bedeutete es aber, als aus dem *k* ein *s* wurde. In anderen Worten: jene Menschen, welche ihr Wort für die Zahl 100 mit einem gutturalen Laut beginnen, sind untereinander nah verwandt, näher als mit jenen, deren Wort für 100 mit einem Zischlaut beginnt. Die indogermanischen Sprachen teilten sich demzufolge in zwei Gruppen auf, in die Kentum-Sprachen einerseits und die Satem-Sprachen andererseits. Die Unterschiede wurden natürlich anhand vieler Wörter und mittels Analyse der Grammatik ergründet. Die Eigenheiten der beiden Sprachgruppen sind ganz konkret. Die Menschen, welche eine Satem-Sprache sprechen oder sprachen, sind West-Asiaten oder Ost-Europäer und schließen die Arier, die Perser, und die Balto-Slawen ein. Die Kentum-Sprachigen beschränken sich im Großen und Ganzen auf den Westen, etwa auf die Kelten, die Germanen und die Italiker. Es gibt aber eine beachtenswerte Ausnahme: Das Tocharische, das von der ausgestorbenen Population in Nordwestchina gesprochen wurde, war eine Kentum-Sprache. Das Tocharische Wort für 100 zum Beispiel ist «kante». Demzufolge ist das Tocharische dem Germanischen näher verwandt als dem Indoiranischen, eine Tatsache, die den Linguisten bis vor kurzem große Rätsel aufgab.

Analog der Evolution der indogermanischen Sprachen verlief die weniger weit zurückliegende Entwicklung der romanischen Sprachen. Es ist allgemein bekannt, dass sich Französisch, Spanisch, Portugiesisch, Katalanisch, Italienisch, Rumänisch und Rätoromanisch (in der Schweiz gesprochen) aus lateinischen Dialekten abgeleitet haben. Nun haben offenbar auch alle indogermanischen Sprachen einen gemeinsamen Vorfahr: In einer weit zurückliegenden Vergangenheit gab es einen urtümlichen Stamm Indogermanen, der eine wenig differenzierte Sprache sprach. Die Linguisten haben herausgefunden, dass diese urtümliche Sprache erstaunlich homogen war. Daher propagieren sie, dass die Menschen, welche sie sprachen, in einer geographisch eingegrenzten Region lebten. Und diese Region war die Urheimat der Indogermanen. Sprache ist der Weg zur Kommunikation. In Deutschland, Österreich und in der Schweiz spricht eine Bevölkerung, die einen teutonischen Ursprung hat, Deutsch. Japanisch sprechen die aus Nordasien auf die japanische Insel eingewanderten Japaner. Französisch ist die Sprache der Franzosen in Frankreich und der Welschen in der Schweiz, die beide ihre Ahnen auf die Kelten, die Romanen und die Germanen zurückführen. Auch in Quebec wird Französisch gesprochen, und zwar von den Kanadiern, deren Vorfahren aus Frankreich stammen. Chinesisch – mit all seinen verschiedenartigen Dialekten – ist die Sprache Chinas und wird überall dort in der Welt gesprochen, wo sich Menschen aus China angesiedelt haben. Englisch wird von den Briten, den Schotten und den Iren gesprochen, einer Mischbevölkerung also, die sich aus der Durchmischung der vor Zeiten hier ansässigen Bevölkerung mit den Angelsachsen, den Dänen und den Normannen herausgebildet hat. Englisch wird zudem von den Menschen vieler verschiedener Nationen gesprochen. Eine Variante des Englischen, das Pidgin, ist Umgangssprache in vielen Regionen der Dritten Welt wie auch die offizielle Landessprache von Neu Guinea.

Zwar tendieren die Menschen innerhalb einer SIP dazu, die gleiche Sprache zu sprechen. Das bedeutet nun aber nicht, dass Menschen, die – wie etwa die Amerikaner – in demselben Sprachraum leben, auch die gleiche ethnische Herkunft haben.

Einige Gruppen innerhalb einer SIP sprechen nicht mehr die gleiche Sprache wie ihre Vorfahren, welche einer andern SIP angehörten. Die Uiguren sprechen Türkisch und waren teilweise Indogermanen. Die Finnen sehen aus wie Schweden, sprechen aber nicht Schwedisch, sondern Finno-Ugrisch, eine Sprache, die sehr nahe mit jenen Sprachen verwandt ist, die im Norden Eurasiens gesprochen werden. Und die Schwarzen in Amerika sprechen Ebon, einen englischen Dialekt, der völlig anders ist als die Sprachen ihrer afrikanischen Vorfahren.

Versessen darauf, gegen den Mythos vom Ariertum anzukämpfen, ist oft ein logischer Fehler im Ideologiegebäude der nazistischen Propaganda übersehen worden: Es wurde behauptet, die Indogermanen gehörten einer Herrenrasse an, weil sie «immer erobert haben und nie erobert worden sind». Das ist gar nicht wahr. Die Völker aus dem nördlichen Asien hatten einen weit kriegerischeren Ruf. Sind nicht etwa die Hunnen in Europas Osten eingefallen und haben die Ostgoten aus Südrussland, die Westgoten aus dem Balkan gejagt? War es nicht die Invasion der Hunnen unter Attila, welche die Völkerwanderung der germanischen Nationen ausgelöst hat? Hat nicht ein Volk aus der Region des Jennisej die indogermanischen Tocharier unterworfen und assimiliert? Waren nicht die Seldschuken Sieger über das Oströmische Reich, und führten nicht die Osmanen ihre Armee bis vor die Tore Wiens? Waren es nicht die Mongolen, welche den Süden Russlands erobert und die Vereinigte Europäische Armee in Polen geschlagen haben? Eroberten nicht die Soldaten von Tamerlan Indien und installierten dort ein Mogul-Reich? Waren es nicht die Mandschu unter Kaiser Kangxi, welche die Russen besiegt haben? Und haben nicht die Japaner 1905 diese kriegerische Großtat wiederholt? Waren es bis zum Zweiten Weltkrieg nicht immer die Nordasiaten gewesen, welche sich in den Schlachten gegen die Indogermanen behauptet haben, in den Kriegen gegen sie den Sieg davontrugen?

Wie haben im Übrigen chinesische Historiker über diese Menschen gedacht? Haben sie die Völker, die «immer triumphierten», für eine «immer siegreiche und nie geschlagene» Herrenrasse gehalten?

Im Gegenteil, man hielt sie für «unzivilisierte Wilde». Die Hunnen nannten sie Xiung-Nu, hunnische Knechte, und das sogar dann noch, als sie die Herren über Nordchina geworden waren. Auch die Mongolen waren für die Chinesen «Barbaren», auch noch, nachdem Kublai Khan den letzten chinesischen Kaiser in die südchinesische See gejagt hatte. Für ihre «Herren aus der Mandschurei» empfanden die Chinesen kaum etwas anderes als Verachtung. Und nach drei Jahrhunderten der Assimilation ist ihnen dann auch der de-facto-Genozid gelungen: Heute spricht kaum jemand mehr Mandschu, und die «Papier-Mandschus» lassen sich von den Chinesen nicht mehr unterscheiden.

In Wirklichkeit sind die Indogermanen nicht die «immer siegreichen Eroberer» gewesen. Und selbst wenn dem so gewesen wäre – wie das bei den Nordasiaten zutrifft – man müsste sie noch immer «Barbaren» nennen; sich als Herrenrasse zu fühlen, haben sie jedenfalls keinen Grund. Im Übrigen hat das Verhalten der Nazi-Deutschen die Meinung der Chinesen über so genannte «immer siegreiche Eroberer» nur bestätigt.

Eine andere falsche Vorstellung der alten wie der neuen Verteidiger des Mythos vom Ariertum ist die Annahme, dass Sprache zwingend durch Eroberung verbreitet werden muss. Insofern bin ich damit einverstanden, als eine kulturelle Durchdringung allein kein effektiver Mechanismus für den Sprachentransfer darstellt, aber die Wanderung einer Bevölkerung ist nicht mit Eroberung gleichzusetzen; es ist eine andere Form von Sprachverbreitung.

Eine Sprache kann von Einwanderern mitgebracht werden. Als die polynesischsprachigen Völker nach Hawaii gekommen waren, behielten sie ihre polynesische Sprache bei, weil vor ihnen niemand auf der Insel gelebt hatte. Die alemannischen Pioniere im Osten der Schweiz fuhren fort, ihren Dialekt zu sprechen, weil in den Urwäldern, die sie rodeten, niemand vor ihnen gelebt hatte. Diese Art der Sprachverbreitung könnte man als Sprachimport bezeichnen.

Häufiger aber trafen Einwanderer auf eine bereits ansässige Bevölkerung und vermischten sich mit ihr. Sie waren als Eroberer oder als Kolonisten gekommen und zwangen in der Folge den Unterlegenen ihre Sprache auf. Die Amerikaner sprechen Englisch, seit die Kolonisten die Eingeborenen weggejagt und ihr Land in Besitz genommen haben. Ähnlich ließe sich die Situation zwischen weißen Australiern und Neuseeländern auf der einen Seite und Aborigines und Maori auf der anderen beschreiben. Dies alles sind Fälle von Sprachsubstitution.

Daneben gibt es auch andere Beispiele für die Adoption einer Sprache. War eine eingeborene Bevölkerung zu zahlreich, als dass sie hätte weggejagt oder ausgerottet werden können, übernahm sie die fremde Sprache der Eindringlinge, was für sie manchmal durchaus von Vorteil sein konnte: Wurden bis anhin vielleicht mehrere Sprachen gesprochen, stand nun mit der Sprache der Fremden ein gemeinsames Mittel für die Kommunikation zur Verfügung.

Die Sprache der Einwanderer hat jedoch nicht in jedem Fall die Oberhand gewonnen; manchmal haben auch die Fremdlinge die Sprache der Einheimischen adoptiert. Frankreich ist von den Franken erobert worden, aber das Französische ist nicht eine Ableitung aus dem Germanischen, sondern eine aus dem Lateinischen. Die Langobarden, die sich im Norden Italiens angesiedelt haben, gaben ihren angestammten germanischen Dialekt zugunsten der dort gesprochenen lateinischen Sprachvariante auf. Das Gleiche gilt für die Normannen, die sich an der Küste der Normandie ansiedelten: Sie lernten Französisch. Auch die Mandschu, die China für beinahe 300 Jahre regierten, übernahmen die Sprache der Eroberten.

Aber auch Fälle von Sprachvermischung sind bekannt. Englisch ist ein typisches Beispiel dafür, basiert es doch auf dem Germanischen. Das moderne Englisch hat eine nahe Verwandtschaft zum Friesischen, das heute von den Holländern gesprochen wird und von den Menschen auf den ostfriesischen Inseln und der davor gelagerten Küste.

Später, mit dem Einfall der Dänen kam noch Dänisch hinzu, die Normannen brachten Französisch ins Land und die lateinischen Worte verdankt Englisch der Sprache der Gelehrten.

Die Verbreitung des Indogermanischen ist somit nicht unbedingt ein Beweis für eine erfolgreiche Eroberung. Das Industal zum Beispiel haben die Arier erst erreicht, lange nachdem die Erbauer der Städte weggegangen waren. Die Tocharier kamen nach Takla Makan, als es dort nur wenige Einwohner gab, und die Erbauer der Hügel-Burgen auf dem Balkan waren möglicherweise sehr mit ihrer eigenen Verteidigung beschäftigt. Möglich ist auch, dass die Immigranten ein Land langsam infiltriert, sich den Weg zu den neuen Heimen also nicht erkämpft haben. Ein Beispiel dafür wäre das Eindringen der Alemannen oder der Franken entlang des Rheins; der slawischen Völker in Europas Osten. Die Adoption einer indogermanischen Sprache durch nicht-indogermanische Ansässige konnte auch eine Konsequenz davon sein, dass in einer Region, in der verschiedene Dialekte gesprochen wurden, die Sprache fremder Händler eine ideale Lingua Franca war.

In den Fällen von Sprachverdrängung, Sprachadoption und Sprachvermischung gilt es ein Phänomen zu beachten, das man Substrat nennt und sich durch Sprachreste der verdrängten, aufgegebenen oder verschmolzenen Sprache manifestiert. Linguisten haben der Tatsache eine große Bedeutung beigemessen, dass es im Deutschen kein Substratum, keinen Überrest einer verdrängten, adoptierten oder vermischten Sprache gibt, weder in den gesprochenen germanischen Sprachen noch in den geographischen Namen Zentraleuropas nördlich der Alpen. Dieses linguistische Phänomen hat viele davon überzeugt, dass die Nordeuropäer die Nachkommen jener Menschen sind, die schon seit je in Nordeuropa gelebt haben.

Was hat uns diesbezüglich die Sprachwissenschaft gelehrt? Und was die Archäologie?

V. Die Geschichte zweier Völker

Als ich eben mein Studium abgeschlossen hatte – ich war noch keine 30 Jahre alt – arbeitete ich für eine Ölgesellschaft. Das tägliche Arbeitspensum war leicht zu erfüllen, sodass mir viel Zeit für die Bibliothek blieb. 1957 stach mir eines Tages in der Zeitschrift «Scientific Amerika» der Artikel eines gewissen P. Thieme in die Augen,[26] mit dem er Hirts «Birken-Buchen-Lachs»-Theorie neu belebte.

Das Wort Birke ist wichtig, denn Birkenbäume wachsen nur im Norden Europas. Die

Indogermanen, welche in den Süden zogen, benutzten das gleiche Wort, um Eschenbäume zu bezeichnen, welche den Birken ja ziemlich ähnlich sehen. Im Sanskrit kennt man das Wort nicht – man konnte es nicht mehr benutzen, und so ist es vergessen gegangen.

Ebenso wichtig ist das Wort «Buche». Ursprünglich war östlich der Linie Königsberg-Krim kein Lebensraum für diesen Baum. «Buche» gehört nun aber zum Wortschatz der ersten Indogermanen. Folglich kann das ganze Baltikum, ein großer Teil Russlands sowie Weißrusslands und der Ukraine als Teil der ursprünglichen Heimat der Indoeuropäer ausgeschlossen werden. Hirt hob diese Tatsache hervor, weil sie Schraders These entkräftet, aufgrund der er den Indoeuropäern die Steppen des südlichen Russland als Ur-Heimat zuweist.

Mit seiner Deutung des indogermanischen Wortes «Lachs», die seiner Meinung nach beweist, dass das Gebiet im Norden Deutschlands – die Ebenen zwischen Weichsel und Rhein – die Heimat der ur-indogermanischen SIP gewesen sein muss, versetzte Hirt der These von Schrader dann den Todesstoß. In den Flüssen der Steppen, die sich im Norden des Schwarzen Meeres ausbreiten, war der Lachs nie heimisch, folglich konnte dort auch nicht die Wiege der Indogermanen gewesen sein.

Die Rekonstruktion des ur-indogermanischen Wortes für Lachs ergab *Loksos* oder *Laksos*. Noch heute benennt es als deutsches «Lachs», litauisch «Laszisza» oder russisch «lox» diesen Fisch. Die Tocharier kannten «laks», ein mit dem alt-Hochgermanischen identisches Wort. Bei ihnen war der Lachs unbekannt, das Wort «laks» der Begriff für Fische im Allgemeinen. Auch das Sanskrit-Wort *mrdupaksa* ist ein Abkömmling von *Loksos* oder *Laksos*, hat aber eine völlig andere Bedeutung, nämlich «Wetteinsatz». Thieme hat ein farbiges, anschauliches Bild der in ihrem Heimatland umherziehenden indogermanischen Fischer gezeichnet. Ein Detail: Ihren Fang benutzten sie jeweils als Wett-Einsatz. Auch die arischen Einwanderer in Indien frönten dem Wettspiel; sie setzten ihren Einsatz mit *mrdupaksa*. Damit ist selbst für eine Zeit und eine Gegend, wo die Arier keine getrockneten Lachse als Wetteinsatz benutzten, der Bezug zu Lachs nachgewiesen.

Ironischerweise leitet sich das englische «salmon» nicht von *Laksos* oder *Lachs* her, sondern vom Lateinischen *salmo* (salmonis), einem nicht-indogermanischen Wort, das ursprünglich irgendeinen Fisch bezeichnete, der in Italien heimisch war. Als die Italiker in die Mittelmeerregion eingewandert waren, hatten sie dort keinen Lachs vorgefunden. Das heute in Italien verwendete Wort «laccia» bedeutet darum auch nicht Lachs, sondern Aal, das sardische «laccia» ist der Name für einen andern nahe verwandten Fisch.

Zwei Jahrtausende, nachdem die Italiker ihre nordeuropäischen Heimstätten verlassen hatten, trafen dann ihre Nachkömmlinge, die Römer, im Rheintal wieder auf den Lachs; die Beschreibung des Ausonius lässt kaum einen Zweifel daran, dass es sich beim «Fisch im Nebenfluss der Mosel» um atlantischen Lachs handeln musste. Da die Römer sich aber nicht mehr daran erinnern konnten, dass «laccia» der richtige Name für diesen Fisch war, wählten sie ein anderes Wort, eines mit nicht-indogermanischem Ursprung.

Mit einer Behauptung, die er nie bewiesen hat und niemals wird aufrecht erhalten können, wollte Richard Diebold die Kurgan-These der Vergessenheit entreißen.[27] Er erkannte zwar an, dass der atlantische Lachs (Almo salar) in der pontischen Region tatsächlich nicht heimisch ist, hielt dieser Tatsache aber entgegen, dass es dort eine andere Lachsspezies gibt, die Lachsforelle oder Salmo trutta; sie tummelt sich in den Flüssen, die ins Schwarze Meer und ins Kaspische Meer münden. Diebold vertrat nun die Ansicht, dass das Ur-Indogermanische *Laksos* oder *Loksas* die Lachsforelle meint und nicht den atlantischen Lachs. Natürlich, nichts ist unmöglich, aber ein Beweis, der seine ad-hoc-These stützen könnte, hat Diebold nicht erbracht. Er hat nur willkürlich die Spielregeln geändert und damit seine linguistische Paläontologie ihrer logischen Grundlage beraubt.

Natürlich hat auch die «Birke-Buche-Lachs»-Theorie ihre Grenzen. Die Ursprungsheimat der Indogermanen beispielsweise dürfte sich kontinuierlich ausgeweitet haben. Stuart Mann wollte daher seine Schlussfolgerung lieber noch anhand Tausender von Wörtern aus dem Wortschatz der Ur-Indogermanen überprüfen. 1943 stellte er eine Liste besonders wichtiger Wörter zusammen.[28] Dazu gehören etwa: Wolf, Rotwild, Elch, Lachs, Ente, Schildkröte, Biber, Robbe, Maus, Eichhörnchen, Wespe, Hund, Schaf, Ziege, Ochse, Pferd, Birke, Buche, Espe, Eiche, Ulme, Apfel, Bergwald, Heide, Hirse, Roggen, Korn, Tor, Karre, Räder, Achse, Joch, Sattel, Schale, Nadel, spinnen, pflügen, säen, ernten, Ostern (Frühlingssonnenwende), Julfest (Wintersonnenwende).

Auch dass er einige wichtige Gebrauchswörter nicht finden konnte, bewertete Stuart Mann als wichtig. Anhand des Wortschatzes konnte er nun eine Anzahl Regionen als in Frage kommende Teile einer Ursprungsregion ausschließen. Die britischen Inseln, Nordskandinavien, Nordrussland, den Kaukasus und einen großen Teil der Mittelmeerregion Europas beispielsweise schied er aus, weil hier Biber und Eichhörnchen unbekannt waren. Nordskandinavien und Nordrussland fielen weg, weil sie zu weit im Norden liegen, als dass Apfelbäume, Eichen und Getreide hätten gedeihen können. Die russischen Steppen kamen nicht in Frage, weil es dort weder Wälder noch Heiden noch Lachse in den Flüssen gibt. Und weil Walnussbäume und Weinberge den Ur-Indogermanen offenbar nicht bekannt gewesen waren – sie kannten dafür keine Namen –

schied er Südeuropa, einen großen Teil von Frankreich sowie Süd- und Mitteldeutschland ebenfalls aus. Als mögliches Heimatland der Indogermanen blieben damit die Länder an der Baltischen See übrig, also Norddeutschland, Polen, die Baltischen Länder, Südschweden, Norwegen und Dänemark.

Alastair Whittle[29] erstellte eine Karte, auf der er die Verbreitung der Schnurkeramiker-Kultur zur Zeit um 2000 v. Chr. aufzeichnete. Eine weitläufige Kernzone ergab sich von der mittleren Rheinregion über Mitteldeutschland, den Süden Skandinaviens und Nord- sowie Südostpolen. Whittles anhand archäologischer Erkenntnisse bestimmte Kernzone deckt sich fast genau mit jener, welche man aufgrund von Thiemes und Manns linguistischer Paläontologie bestimmt hat. Die Archäologie bestätigt damit die Linguisten: In ihrer Ur-Heimat im Norden Europas züchteten die Ur-Indoeuropäer in der Zeit um etwa 2500–2000 v. Chr. Vieh und bauten Getreide an. Sie kannten sowohl Einzel- als auch Gemeinschaftsgräber. In diesen sind – neben Skeletten – Schnurkeramik-Waren und perforierte Streitäxte als Grabbeigaben gefunden worden.

Tausende von Jahren waren die Indogermanen im Norden ansässig. Schnurkeramik-Waren gehörten bereits zu ihrem Kulturgut, bevor sie wegwanderten. Um den Zeitrahmen herauszufinden, innerhalb dessen ein vielen gemeinsames Indogermanisch gesprochen wurde, benutzte Morris Swadesh die Technik der Gluttochronologie.[30] Seine 1960 erarbeitete Analyse führte zum Schluss, dass die frühesten Unterschiede innerhalb der Sprachfamilie sich etwa um 4500–3500 v. Chr. herauszubilden begannen. William Wang, der 38 Jahre später eine modernere Methode anwandte, nannte einen weit früheren Zeitpunkt, 7000 oder 5000 v. Chr.[31] Daraus schließen wir, dass das Ur-Indogermanische eine Sprache der Steinzeit war.

Heute sprechen die Menschen Nordeuropas germanische und baltoslawische Sprachen. Und archäologische wie auch anthropologische Forschungsresultate legen nahe, dass dasselbe Volk bereits vor 4000 Jahren hier ansässig war; es waren die Schnurkeramiker an der Südgrenze des Baltikum.[32]

Die Sümpfe Dänemarks haben mumifizierte Leichen hergegeben – die ältesten stammen aus neolithischer Zeit, etwa aus dem vierten Jahrtausend v. Chr. –, welche die gleichen typischen Gesichtszüge aufweisen wie die heutige Bevölkerung. Und in Skandinavien hat man Skelette aus einer noch weiter zurückliegenden Zeit im Neolithikum gefunden; auch sie weisen auf einen typisch nordischen Menschenschlag hin: Diese langschädeligen Menschen unterschieden sich physisch und kulturell von den rundköpfigen neolithischen Menschen in Zentral- und in Osteuropa.[33]

Vom Nordwesten Deutschlands aus breitet sich eine periphere Zone der Schnurkeramiker-Tradition aus: über die Niederlande, die Schweiz, Süddeutschland, Böhmen,

Mähren, die ostbaltischen Staaten und Finnland hinunter zur mittleren Dnjepr-Region im südlichen Russland. Die Verbreitung der Schnurkeramik-Töpfereien in dieser peripheren Zone hält man für das Resultat einer indogermanischen Wanderung. Die Getreide-Bauern der Donau-Region im Südosten Europas zum Beispiel hatten eine ganz andere Kultur. Diese vermutlich nicht indogermanischen Bauern lebten in fruchtbaren Tälern, bauten Getreide an und züchteten Vieh; ihre Töpferwaren verzierten sie mit Mäandern und Spiralen. Die ersten Eindringlinge nach Ungarn und Mähren kamen kurz nach der Mitte des 3. Jahrtausends v. Chr. Es waren große, langschädlige Nordländer, wie sich an Skeletten, die man in Einzelgräbern gefunden hat, ablesen lässt. Die Masseninvasion erfolgte dann später, um 2000 v. Chr. Sie brachten ihre Schnurkeramiken und Streitäxte mit. Sie siedelten sich auf Hügelkuppen an und begruben ihre Toten in Einzelgräbern, die sie mit einem Erdhügel bedeckten. Andere Haufen aus dem Norden zogen nach Thrakien, nach Thessalien und auf den Peloponnes, wo sie etwas vor 2000 v. Chr. eintrafen. In den Gräbern dieser Einwanderer fand man wohl Streitäxte, aber keine Schnurkeramiken.[34]

Im Südosten der Region mit der Schnurkeramik-Tradition lagen die Gebiete anderer Völker, unter ihnen die Kurgan. Sie unterschieden sich durch eine andere kulturelle Tradition, und sie hatten eine andere Geschichte.

Im Mesolithikum und frühen Neolithikum jagten und fischten sie und weideten in den Flusstälern der pontisch-kaspischen Region ihre Pferde. Die Kurgan-Leute sind im Laufe des fünften Jahrtausends v. Chr. aufgetaucht. Sie lebten in besfestigten Hügelkamm-Dörfern, hielten domestizierte Pferde und verstanden die Kunst des Wagenlenkens; ihre Einspänner rollten auf zwei soliden Rädern aus Holz. Ihre Toten bestatteten sie in Einzelgräbern. Über die Gräber legten sie Steine, darüber wurde ein Erdhügel aufgehäuft. Grabbeigaben waren Muscheln, Elchzähne, Schafsknochen etc. Ähnliche Gebräuche beim Begraben der Toten haben zwischen 4400 und 4200 v. Chr. die Völker der westlichen Ukraine und auf dem Balkan gekannt. Der Brauch, die Toten in Einzelgräbern zu bestatten, ähnelt oberflächlich jenem der Schnurkeramik-Völker. Schaut man aber genauer hin, so springt der Unterschied sofort ins Auge: Die Schnurkeramiker begruben ihre Toten in seitlicher Lage, die Männer lagen auf ihrer linken Seite, die Frauen auf ihrer rechten, und bei beiden zeigte das Gesicht nach Osten. Die Kurgan hingegen machten keinen Geschlechterunterschied, und ihre Toten wurden mit dem Gesicht in Richtung Süden begraben.[35] – Waren vielleicht die frühen Kurgan Indoeuropäer gewesen? Wohl schwerlich.

Die Königsgräber von Maikop in Kuban, welche aus der Zeit von 2900 bis 2600 v. Chr. datieren, waren reich ausgestattet mit Grabbeigaben, unter anderem mit Gold, Silber und kupfernen Streitäxten. Die Gräber zeigen eine nahe Verwandtschaft zu den im gleichen Zeitraum errichteten Königsgräbern im Iran und in Anatolien. Die Yamnaya-Kultur aus dem Tal an der Wolga zeichnet sich ebenso durch Einzel-Hügelgräber aus. Sie datieren aus der Zeit um mehr oder weniger 3000 v. Chr. In diesen Gräbern gab es wenige Grabbeigaben. Man hat nur ein paar Streitäxte und Töpferwaren gefunden.[36] Es sind nicht die typischen Schnurkeramiken aus dem Norden Europas, einige ähneln Fundstücken aus Anatolien und Mazedonien. All dies spricht gegen die Kurgan-Theorie. Die nahe Verwandtschaft der frühen Kurgan-Kulturen zu den Kulturen im Iran oder in Anatolien zum Beispiel ist kein Argument, das für die indogermanische Herkunft dieses Volkes spricht. Die Menschen, welche im Iran und in Anatolien während der ersten Hälfte des dritten Jahrtausends v. Chr. lebten, waren nämlich keine Indogermanen; die Kassiten und Hethiter waren noch nicht aufgetaucht. Und die Hurrian in Anatolien zum Beispiel sprachen eine Sprache, die jener sehr nahe liegt, die heute noch von den Nicht-Indogermanen im Kaukasus gesprochen wird.[37] Die Letzteren sind möglicherweise die letzten Nachkommen der Kurgan.

Dass der pontischen Kultur gegen das Ende des dritten Jahrtausends v. Chr. ein fremdes Element hinzugefügt wurde, ist augenscheinlich: Die Fremdlinge, die eindrangen, brachten Schnurkeramiken und Streitäxte mit. Diese fremden Kurgan-Elemente hatten eine indogermanische Herkunft?

In der Tat, die Fremdlinge, die bis in die Region im Norden des Schwarzen Meeres vordrangen, waren Indoeuropäer. Aber sie verdrängten weder die ursprünglich dort Ansässigen völlig, noch deren Kultur. Während die Streitäxte und die Gräber auch weiter im Osten und im Süden gefunden wurden, scheinen sich die Schnurkeramiken in Zentral- und Osteuropa nicht ausgebreitet zu haben. Ernst Mexer[38] hob hervor, dass die archaischen Griechen, die Hethiter, die Indoiraner und die Tocharier alle einander ähnliche Töpferwaren hatten, die anders waren als die ältere, bemalte Keramik – einige der eingeritzten Muster ähneln solchen, die an Keramiken aus Einzelgräbern in Jütland gefunden worden sind. Die Dekors, Spiralen und Mäander, sind aber dennoch definitiv nicht nordisch – Der Herkunftsort dieser Keramik lag im Südosten Europas, wo sie bereits hergestellt wurden, noch bevor die fremden Eindringlinge auf der Bildfläche erschienen.

VI. Die Fragen

Einzelne Teilchen haben ihren zugehörigen Platz im Mosaik gefunden, das ein nordeuropäisches Ursprungsland nahe legt: Die Ur-Indogermanen waren die steinzeitlichen

Bewohner des Nordens; in den letzten Jahrhunderten des dritten Jahrtausends v. Chr. sind sie in Richtung Süden und Osten ausgewandert. Noch gibt es keine Theorie, die alles erklären würde, und der Widerstand, das in Teilen vorhandene, auf logischen Schlüssen basierende Wissen zu akzeptieren, kann nicht nur mit der Abneigung gegenüber dem Mythos vom Ariertum begründet werden.

Es müssen noch zwei weitere offene Fragen beantwortet werden: Wer waren die Ahnen der ersten Indogermanen; wann und wie sind sie in deren Ur-Heimat gelangt? Warum sind die Indoeuropäer weggezogen; wie haben sie im Laufe ihrer Zerstreuung ihre verschiedenen Destinationen erreicht?

Kapitel 5

Von den Neandertalern zu den Ariern

Die Glieder verschiedener Sprachgruppen unterscheiden sich genetisch, und diese Verschiedenartigkeit ist selbst nach der geographischen Zerstreuung noch vorhanden.

Robert Sokal, «Genetic, geographic and linguistic distances»

Dieses vereinfachte Modell stelle ich den genetisch unmöglichen Szenarien gegenüber, welche in der Literatur über Indogermanen vertreten werden, wie beispielsweise: «(...) noch immer gilt, dass die blauäugigen, blondhaarigen Nordländer das Produkt sind aus der Verschmelzung indogermanischer Einwanderer mit einer vor ihnen in Europa ansässigen Bevölkerung.

Raymond V. Sidrys, The Light Eye and Hair Cline

I. Eine SIP (Separate Inbreeding Population)

Alfred Traverse ist ein Botaniker; er kam zu uns nach Shell Reseach als Superstar der amerikanischen Eliteuniversitäten. Er war der personifizierte Yankee-Eierkopf und fand unter den Texanern nicht viele Freunde. Mich störte er nicht. Als Nachkomme in der 97. Generation des Barons von Hsü war ich nicht sonderlich beeindruckt vom «Stammbaum» Harvard-Cambridge-Harvard.

Al hatte mit Betty vier Kinder, die Familie war trotz seines guten Gehaltes immer knapp bei Kasse. Mir ging es ähnlich, auch ich musste sparen, um für meine Familie das Geld für die Flugtickets in die Schweiz auf die Seite legen zu können. Weil wir uns das Mittagessen beim Schnellimbiss nicht leisten konnten, futterten wir jeweils in seinem Büro unsere mitgebrachten belegten Brote. Hier hielten wir täglich unsere inoffiziellen Seminare ab, eines unserer Lieblingsthemen war «Genetik und Menschenrassen». Das war damals auch der Titel eines Bestsellers.

Als ich Al eines Tages erzählte, dass ich Ruth, eine junge Frau aus der Schweiz heiraten werde, wurde er sehr nachdenklich. «Was ist los, Al. Bist du ein Rassist?»

«Nein, Ken. Aber ich überlege mir die Folgen für die Kinder.»

Al hatte Recht. Kinder haben keine Wahl; sie kommen auf die Welt, ohne gefragt zu werden. Meine Kinder würden vielleicht einmal mehr oder weniger unter ihren Schulkameraden zu leiden haben. Ich wollte aber versuchen, sie dadurch zu entschädigen, dass ich ihnen ein liebevollerer Vater war als der Durchschnitt.

Nachdem Ruth und ich verheiratet waren, wurde Al der beste Freund der Familie und Pate unseres Sohnes Martin. Als Pflanzengenetiker sprach er immer wieder von der überragenden Lebenskraft der Hybriden, den Abkömmlingen zweier reiner Sorten, wie etwa des Hybrid-Mais, der in den Vereinigten Staaten angebaut wird. So hatte er auch gemischtrassige Ehen immer schon befürwortet, außerdem fand er, sie seien der beste Weg, um die Rassenprobleme in den Vereinigten Staaten zu lösen.

Von reinen Sorten kann man reden, aber «reine Rassen» tönt anstößig wegen der nazistischen Vergangenheit des damit assoziierten Konzepts. Goebbels konnte Tacitus zitieren, der im 1. Jahrhundert geschrieben hatte, die Germanen seien «eine autochthone, reine Rasse, nur geringfügig verändert durch eingedrungene Merkmale anderer Völker.» Aber Tacitus war kein Rassist; er kam aus Rom, dem Schmelztiegel verschiedener Völker Asiens, Afrikas und allen Teilen Europas. Tacitus schrieb nur nieder, was den Tatsachen entsprach und ihn beeindruckt hatte: dass die Germanen abgesondert lebten und dass ihr körperliches Erscheinungsbild erstaunlich homogen war.

Rassismus ist widerlich, sprechen wir also nicht von reinen Rassen. Dennoch muss man akzeptieren, dass es mehr oder weniger homogene Populationen gibt, auch wenn diese Homogenität das Resultat der Vermischung heterogener Elemente sein kann. Dieses Wissen ist das Resultat genetischer Forschung. Auch Al und ich haben uns während unseren «Mittags-Seminaren» damit beschäftigt. Während weltweit in den verschiedenen Bevölkerungen Vertreter mit dem Blutgruppenfaktor A, B oder 0 anzutreffen sind, gibt es bei den Indianern Amerikas, von wenigen Ausnahmen abgesehen, nur Träger des 0-Faktors, Menschen mit der Blutgruppe A oder B fehlen. Anscheinend hatte die Originalgruppe aus Sibirien nicht viele Mitglieder. Sollte es darunter solche mit der Blutgruppe A oder B gegeben haben, hatten diese entweder keine Nachkommen, oder es überlebten nur Geburten mit dem Blutgruppen-Faktor 0. Man kann daraus schließen, dass die Vorfahren der Indianer Amerikas aus nur einer kleinen Gruppe bestand, welche über die Bering-Straße gekommen war. Von der übrigen Welt abgschlossen, hatten sie sich dann nur untereinander fortgepflanzt. Sie sind also eine «reine Rasse» im gleichen Sinne, wie eine Getreideart eine reine Sorte sein kann: Sie haben eine homogene genetische Struktur. Rassische Reinheit ist kein Verdienst, auf das man stolz sein könnte; die Indianer prahlten denn auch nicht damit. In gewisser Weise könnte man sogar die Armut ihrer «reinrassigen» genetischen Ausstattung beklagen.

Ein Kind besteht je zur Hälfte aus seinen Eltern. Wenn die zwei Gene, die ein Körpermerkmal bestimmen – je eines von jedem Elternteil – identisch sind, ist dieses körperliche Merkmal homozygot. Meine Enkelin Nina zum Beispiel hat ein Genpaar für blaue Augen; ein Gen stammt von ihrer Mutter, das andere von meinem Sohn Andrew. Ein heterozyogtes Merkmal wird von einem Paar Gene bestimmt, die unterschiedlich sind. Andrew ist heterozygot braunäugig; von seiner Mutter hat er ein Gen für blaue Augen mitbekommen – dieses hat er an Nina weitergegeben – und eines für braune Augen von mir. Andrew ist braunäugig, weil das Gen für braune Augen dominant ist, während das von seiner Mutter ererbte Gen für blaue Augen rezessiv ist und sich erst bei seiner homozygoten Tochter auswirkte. Dieses Vererbungsgesetz ist als Mendel'sches Gesetz bekannt.

Nina ist nicht blond wie ihre Mutter, sie hat hellbraunes Haar. Mein Enkel Lawrence hingegen hat ausgesprochen helles Haar. Die Vererbung der Haarfarbe ist ein komplexer Vorgang, an dem vermutlich mehr als ein Genpaar beteiligt ist. Wenn mehrere Faktoren eine Rolle spielen, kann eine Kombination entstehen, die bewirkt, dass bei einem heterozygoten Nachkommen die Ausformung des Merkmals irgendwo dazwischen liegt. Amerikanische Neger zum Beispiel sind selten rein schwarz, sondern sie haben eine Hautfarbe in den verschiedensten Schattierungen von hell bis dunkel. Wirklich, eine simple Angelegenheit ist Vererbung nicht, nicht einmal die Vererbung der Augenfarbe. Von meinen vier Kindern haben nicht alle braune Augen, wie es gemäß Mendel sein sollte; Martin und Peter haben grünlichgraue Augen. Trotzdem ist die Analyse der Spielarten, die bei der Vererbung auftreten, eine nützliche Methode, um sich von den Vorfahren des Menschen ein Bild zu machen.

Über ganz Eurasien zieht sich ein Gradient hell pigmentierter Augen- und Haar-Phänotypen (LEH). Dass der LEH in Schweden und Norwegen nahezu homozygot ist, legt nahe, dass er einen Gründer-Effekt hat – ähnlich dem homozygoten Blutgruppenfaktor 0 der Indianer Amerikas. Der LEH wurde von einer kleinen Gruppe blauäugiger, blondhaariger Menschen weitervererbt, während sie eine ursprünglich unbewohnte Gegend kolonisierten.

DNA-Studien legen nahe, dass wir alle von einem afrikanischen Ursprung abstammen. Die ersten Hominiden waren in ihrer Gesamtheit dunkeläugig und dunkelhaarig. Die LEH-Gene rühren von genetischen Mutationen – einer Art Albinismus – her. Weiter gilt, dass mutante Gene einen Selektionsvorteil haben müssen, so dass sie in einer Population weitergegeben werden konnten. Von der Forschung wissen wir, dass eine helle Hautpigmentierung ein angenommenes Merkmal des Nordens[1] ist. Der Mensch benötigt zum Überleben Vitamin D, und dieses Vitamin wird produziert, wenn wir uns dem Sonnenlicht aussetzen. Weil Menschen, die im kalten Norden leben, nie genug Sonne haben, haben hier hellhäutige Menschen dank ihrer Möglichkeit, die Produktion von Vitamin D zu maximieren, einen Selektionsvorteil. Es ist gut möglich, dass die LEH-Gene mit den Genen für eine helle Haut verknüpft sind und daher durch natürliche Selektion favorisiert wurden. Im Jargon der Genetiker gesprochen, kann man sagen, dass die LEH-Gene «neutrale Elemente eines pleiotropischen Komplexes sind, welche durch Selektion angenommen werden».

Es wurde vermutet, dass die LEH-Gene ihren eigenen Wert für eine Anpassung haben; vielleicht haben die helläugigen Jäger im trüben Nebel des Nordens besser gesehen.[2] Es könnte aber auch sein, dass blauäugige Blonde aufgrund einer entsprechenden Vorliebe der Menschen durch ein sexuelles Auswahlverfahren begünstigt worden sind.

Damit sich eine Population mit seltenen LEH-Genen zu einer LEH-homozygoten Bevölkerung entwickelt, braucht es nicht nur Selektion sondern auch eine über Generationen anhaltende Isolation. Die dominanten Gene für dunkle Haare und braune Augen mussten aus der SIP verschwinden, und es musste dafür gesorgt sein, dass sie nicht durch häufige Intrusion wieder eingeschleust wurden. Hunderte Generationen von Eskimos, die in der arktischen Isolation leben, haben keine blauäugige, blondhaarige Bevölkerung hervorgebracht; Tausende von Jahren der Isolation haben nicht genügt. Das gleiche Ergebnis kann man bei Tausenden Generationen von Nordasiaten, die in der Isolation der Arktis lebten, feststellen. Man muss deshalb den Ursprung der LEH in

Nordeuropa ins Mittlere Paläolithikum zurückführen oder sogar in eine noch frühere Zeitepoche.[3]

Zeit gab es genug; der Ursprung der Hominiden wird heute fünf Millionen Jahre zurückdatiert. Aber die geographische Isolation von genügend langer Dauer stellt ein Problem dar. Die Indianer Amerikas, ganz besonders jene in Südamerika, waren für wenigstens 12 000 oder 13 000 wenn nicht gar 25 000 Jahre eine isolierte SIP. Und dennoch dauerte die Isolation nicht lange genug; sie sind genetisch noch immer sehr nahe mit ihren Vettern in Sibirien verwandt. Die australischen Aborigines mögen zwar lange genug isoliert gewesen sein, aber sie leben nicht auf einer geographischen Breite, welche die Selektion von LEH begünstigen würde. Die einzige auf einer genügend hohen geographischen Breite gelegene und lange genug unbeeinflusste Region ist Nordwesteuropa – eingeschlossen die Britischen Inseln und Frankreich nördlich der Pyrenäen – sowie Mitteleuropa.

Während des Eiszeitalters wirkten die Alpengletscher und das Mittelmeer als natürliche Immigrationssperren. Nordwesteuropa dürfte für zwei Millionen Jahre teilweise isoliert gewesen sein und damit ein geeigneter Ort für die Entstehung und Ausdehnung einer LEH-Population. Und wer lebte in Nordwesteuropa während der Eiszeit? Es waren die Cromagnons, und vor ihnen die Neandertaler.

1868 wurden im Südwesten Frankreichs in der Nähe von Eyzies bei Cromagnon in einer Felshöhle menschliche Skelette entdeckt. Die Steinwerkzeuge, die dabeilagen, ähneln jenen, die man in Aurignac fand. Den Ausdruck «Cromagnon» benutzt man heute als Bezeichnung für das Volk aus dem Oberen Paläolithikum, «aurignacien» als Bezeichnung für deren Kultur. Die Cromagnon-Menschen waren ein urzeitlicher europäischer Stamm. Viele waren langschädlig wie heutige Nordeuropäer. Durch dieses Merkmal unterschieden sie sich von den vielen andern Menschen in Zentral- und Südeuropa.

Die ältesten europäischen Cromagnon-Skelette und Artefakte aus dem Aurignacien sind 45 000 Jahre alt. Gefunden wurden sie in Bulgarien. Aufgrund der Ausbreitung von Gerätschaften aus dem Aurignacien wurde die Spur einer westwärts gerichteten Wanderbewegung der Menschen verfolgt; Süddeutschland erreichten die Cromagnons vor 36 000 Jahren, den Südwesten Frankreichs vor 34 000 Jahren.[4]

Der Fund von Homo-sapiens-Skeletten in einer Höhle im Berg Karmel zeigt, dass Menschen in Israel vor 100 000 Jahren, im Mittleren Paläolithikum also, ansässig waren.[5] Im Rahmen ihrer Forschungen stellten die Geologen fest, dass es seither verschiedene drastische Klimawechsel gegeben hat. Am Ende der letzten Zwischeneiszeit, die man als Periode V bezeichnet, liegen die Anfänge der ersten Sapiens.

Während der Periode IV, vor 70 000 bis 45 000 Jahren, wuchsen die Alpengletscher wieder an, bis die ganze Schweiz unter Eis begraben lag. Die Sapiens kamen also auf ihrer Wanderung nicht sehr weit, bis dann vor 45 000 Jahren ein wärmeres Zwischenstadium begann, die Periode III, die vor 30 000 Jahren wieder endete. In der Periode II nahmen die Gletscher wieder zu, bis der Zenit dieser Eiszeit vor etwa 18 000 Jahren erreicht war. Fossilienfunde legen den Schluss nahe, dass die ersten *homo sapiens* sich zuerst nach Osten wandten, nach Asien und Australien. Als dann in Europa die Migrationsschranken, also das Eis, im Laufe der wärmeren Intervalle von Periode III teilweise wegschmolzen, wanderten viele auch in den Südosten Europas. Diese Einwanderer – oder Eindringlinge – brachten eine höhere paläolithische Tradition, die Aurignacien-Technik mit sich. Am Weiterwandern in den Nordwesten Europas wurden sie jedoch von den Berggletschern gehindert, die sich von den Karpaten über die Alpen bis zum Mittelmeer erstreckten. Die Neandertaler lebten daher in den kältesten Jahren des Eiszeitalters in «splendid isolation», bis sich die Gletscher während der wärmsten Zeit der Periode III weit zurückzogen.

Als die Homo sapiens auf ihrer Wanderung dann den Nordwesten Europas erreichten, trafen sie keine unbewohnte Gegend an. Schon seit langem lebten hier die Neandertaler; sie waren die einheimischen Europäer zur Zeit der Periode IV. In zwischeneiszeitlichen Ablagerungen der Periode V und in eiszeitlichen Ablagerungen der Periode IV fand man noch ältere Schädel mit den typischen Merkmalen der Neandertaler; die ältesten stammen aus der Gegend von Weimar und aus Wales. Sie werden der Periode VII zugeordnet, einer Zeitspanne von vor ungefähr 230 000 Jahren. Skelettfunde aus Europa von Hominiden, die noch älter sind, kann man nicht den Neandertalern zuordnen; sie weisen die gleichen Charakteristiken auf wie Homo-erectus-Funde überall sonst auf der Welt. Die Quellenlage lässt damit den Schluss zu, dass die Neandertaler in Nordwesteuropa für mehr als 10 000 Generationen eine SIP gewesen waren. Es scheint, dass sie damit genügend lange isoliert gelebt haben, um homozygote LEH-Gene auszubilden.

Die Neandertaler waren an ein Leben in großer Kälte angepasst:[6] Sie waren stark gebaut, hatten kraftvolle Muskeln und einen sehr breiten Brustkasten, einen langen Rücken und relativ kurze Beine; die Proportionen ihrer Gliedmassen kann man etwa mit jenen der arktischen Samen und der Lappen vergleichen. Die männlichen Neandertaler waren etwa 170 cm groß, die Frauen um 160 cm. Sie waren etwa gleich schwer wie ein durchschnittlicher Europäer, um die 65 kg die Männer, etwa 50 kg die Frauen. Es gibt nichts, was auf die Haut- oder auf die Augen- und Haarfarbe der Neandertaler schließen ließe. Da sie aber, wie jedes vorhandene Indiz attestiert, dem Klima angepasst waren, kann man davon ausgehen, dass auch sie eine helle Hautfarbe hatten.

Ob die Neandertaler sprechen konnten? Beim Untersuchen ihres Stimmtraktes haben Wissenschaftler Beweise gefunden, dass sie zumindest über eine rudimentäre Form der Sprache verfügen könnten.[7]

Früher hielt man die Neandertaler für die Glieder eines Seitenzweigs der menschlichen Spezies. Heute ist man der Auffassung, dass sie ein mittelpaläolithisches Volk repräsentieren, eine SIP. Sie lebten hauptsächlich im Nordwesten Europas, obwohl man auch anderswo Skelette von Neandertalern gefunden hat. Einige scheinen im Laufe der zwischeneiszeitlichen Periode V, etwa vor 100 000 Jahren, aus ihrer Heimat weggewandert zu sein, die Migrationsbarrieren überwunden und sich im Mittleren Osten, ganz in der Nähe der Sapiens sapiens, niedergelassen zu haben.

Die Hominiden in Afrika und Asien weisen einige charakteristische Erscheinungsmerkmale der Neandertaler auf, obwohl sie sich ausreichend von diesen unterschieden; man ordnet sie den Neandertaloiden zu oder bezeichnet sie als Homo erectus; diese Hominiden repräsentieren eine parallel verlaufende Linie der Evolution.

Der *Homo sapiens neanderthalensis* benutzte Gerätschaften aus Stein. Man bezeichnet sie als mousterienisch (Moustérien, Mittelphase des Paläolithikums). Aber nicht alle mousterienischen Werkzeuge gehörten zu den Neandertalern. Die damalige Kultur war, abgesehen von den anthropologischen Unterschieden ihrer Träger, relativ homogen. Das Zeitalter des Moustérien wird auf die Zeit von 85 000–35 000 Jahre vor unserer Zeitrechnung datiert und gilt als eine 50 000 Jahre dauernde Zeitspanne der Stabilität.[8] In Ablagerungen, die jünger als 30 000 Jahre sind, hat man keine Gerätschaften dieser Kultur oder Skelette von Neandertalern gefunden; an ihrer Stelle fand man Gerätschaften aus dem Aurignacien und Skelette des modernen Menschen.

II. Ausrottung oder Vermischung

Was geschah mit den Neandertalern? Sind sie ausgerottet worden?

Die Evolution der Neandertaler kann man nicht verstehen, ohne ein Grundverständnis davon zu haben, wie die primitiven Hominiden sich zum Homo sapiens sapiens entwickelt haben. Man ist sich heute darin einig, dass die Heimat der frühesten Hominiden (etwa von Lucy) im Osten oder Süden Afrikas lag. Untersuchungen der gemeinsamen Merkmale im Blutserum haben gezeigt, dass die ersten Hominiden sich vor etwa fünf oder sechs Millionen Jahren entwickelt haben – es war eine Epoche, da ein Klimawechsel stattfand, in dessen Folge die Mittelmeerregion zu einer Wüste wurde –, auch wenn die ersten hominidischen Fossilien jünger als vier Millionen Jahre sind.

Als Hominide des Eiszeitalters gilt der Homo erectus; ihm werden neben den Skelettfunden in Afrika auch jene in Java und jene des Peking-Menschen zugeordnet. Der Homo erectus hatte sich dann so stark weiterentwickelt, dass seine Nachkommen, die während der letzten Eiszeit vor etwa 50 000 Jahren lebten, sich vom Homo sapiens nicht mehr stark unterschieden. Der Homo erectus Nordwesteuropas waren die Neandertaler – einige Wissenschaftler bezeichnen sie heute als Homo sapiens neanderthalensis – während es in Nordchina die so genannten «Oberen-Höhlen-Menschen» waren.[9]

Die Schlüsselfrage gilt der Definition des Begriffs «biologische Spezies». Es geht darum, ob der Homo erectus zur selben Gattung gehört wie der Homo sapiens. Biologen definieren den Begriff Spezies oder Gattung aufgrund der Fähigkeit zur sexuellen Fortpflanzung:

Nur Individuen der selben Gattung können miteinander lebensfähige Nachkommen reproduzieren, die selber auch wieder Nachkommen zeugen können. Diese Definition hilft aber bei unserer Suche nach einer Antwort nicht viel weiter, weil die beiden Hominidenarten nicht zur gleichen Zeit gelebt haben; folglich hatten sie auch keine Gelegenheit zu sexuellem Kontakt. Aus dem gleichen Grund also, wie Marilyn Monroe kein Kind von Julius Cäsar hätte austragen können, konnte der Sapiens des Holozäns keinen sexuellen Kontakt mit dem Erectus des Pleiozäns haben.

Nachdem man aber entdeckt hatte, dass die frühesten Sapiens Zeitgenossen der Neandertaler und anderswo auf der Welt der Zeitgenossen der Nachkommen anderer Homo erectus gewesen waren, stellt sich die Frage nicht mehr nur theoretisch: Konnte sich der letzte Erectus mit dem bzw. der frühesten Sapiens fortpflanzen? Haben sie es etwa auch getan?

Es gibt zwei grundsätzlich unterschiedliche Denkschulen über den Ursprung der SIPs (alias Rassen), die beim *Homo sapiens sapiens* von heute eine Rolle spielen: das Modell vom Ersatz der einen Gattung durch eine andere und das Modell der Kontinuität in einem räumlich abgegrenzten Nebeneinander.

Dass die ersten Hominiden in Afrika beheimatet waren, stellt heute kaum mehr jemand in Frage. Die orthodoxe Schule, repräsentiert durch Christoph Stringer, Clive Gamble und andere, bevorzugt die *Replacement*-Theorie. Sie geht davon aus, dass irgendwo in Afrika der Ursprung einer originären menschlichen Bevölkerung liegt, dass diese sich ausgebreitet und den Platz der zuvor in Asien und Europa beheimatet gewesenen hominiden Gattungen eingenommen hat. Die Hypothese, der Homo sapiens sei der Nachkomme afrikanischer Ahnen, die sich auf DNA-Analysen als Beweise abstützt, hat unter vielen Wissenschaftlern ihre Anhänger gefunden. Cavalli-Sforza und andere haben die Verbreitungswellen der Hominiden aus Afrika mit Hilfe genetischer Charakteristika skizziert; als erste jene des Homo erectus, als zweite jene des Homo sapiens. Und gemäß dem Replacement-Modell gilt, dass mit der Ankunft der neuen Spezies die alte Gattung jeweils verschwand.[10] Die *Replacement*-Theorie postuliert, dass die Neandertaler in Europa ausgerottet und durch den eindringenden Homo sapiens ersetzt wurden. Man geht davon aus, dass die Sapiens eine neue Gattung repräsentieren, sodass sie sich nicht mit dem Homo erectus oder dessen Nachkommen hatten fortpflanzen können. Weil die Sapiens nach Europa und in den Fernen Osten kamen, rotteten sie also dort die lokalen Hominiden aus, unter anderem die Neandertaler, die «Oberen-Höhlen-Menschen» und die Soho-Menschen. Die heute existierenden Rassen wären demnach alle Nachkommen des originalen Homo sapiens, der sich durch Evolution aus den vor 100 000 Jahren aus Afrika via den Mittleren Osten zugewanderten Immigranten herausgebildet hat.

Genetiker vom Landschaftsverband Rheinland in Köln behaupteten, der moderne Homo sapiens habe keine genetischen Merkmale vom Neandertaler geerbt; die Neandertaler hätten keine Nachkommen hinterlassen – auch keine Mischlinge. Sie waren sich dessen sicher, nachdem sie ganze zwei Erbgut-Analysen gemacht hatten! Diese Art Logik bei Wissenschaftlern hat schon zu großen Konfusionen geführt. Die Verlautbarungen der Kölner Wissenschaftler wurden in Zeitungsberichten zum Beweis der These hochgejubelt, die Neandertaler seien ausgerottet worden. Die Journalisten haben wohl keinerlei wissenschaftliche oder philosophische Bildung erfahren – Karl Poppers berühmte Metapher vom «Schwarzen Schwan» war ihnen jedenfalls unbekannt. (Vor Jahren hatte Karl Popper in Wien regelmäßig einen Park besucht. Tag für Tag traf er dort nur weiße Schwäne an. Induktives Schlussfolgern hätte ihn nun davon überzeugen müssen, dass alle Schwäne weiß sind. Popper wusste es natürlich besser, und eines Tages hat sich ihm auch tatsächlich ein schwarzer Schwan gezeigt.)

Es hätte nie passieren dürfen, dass aufgrund zweier Analysen Wissenschaftler apodiktisch eine Schlussfolgerung ziehen, die ein Erbe von den Neandertalern ausschließt. Sogar zwei Billionen von Analysen wären nicht genug. Den Beweis einer solchen Behauptung anzutreten ist grundsätzlich ein Ding der Unmöglichkeit: Man kann nicht von allen Homo-sapiens-Individuen, die je gelebt haben, eine DNA-Analyse machen. Und aufgrund eines einzigen Hinweises kann sich die Behauptung als falsch erweisen: das vor kurzem in Portugal entdeckte Skelett eines Neandertaler-Sapiens-Hybriden – sofern es korrekt identifiziert wurde – wird genügen, das Replacement-Modell in der Versenkung verschwinden zu lassen.

Eine andere Anthropologen-Schule, repräsentiert von Franz Weidenreich, Carlton Coon und Robert Eckhard, verficht das Modell von der «Kontinuität in einem räumlich abgegrenzten Nebeneinander»:[11] Die Neandertaler starben nicht aus, sondern sie haben mit den frühen Homo sapiens sexuellen Kontakt gehabt und mit ihnen eine moderne Populationen gezeugt, die die Ahnen des Indogermanen waren.

Eckhard hat hervorgehoben, dass die Auffassung, wonach sich die biologische Spezies aufgrund ihrer Fähigkeit, sich untereinander fortzupflanzen definiert, irrelevant ist. Homo erectus und Homo sapiens hätten zwar anscheinend keine gemeinsamen Nachkommen gezeugt – sie lebten ja nicht in der gleichen Zeitepoche –, sie könnten aber sehr wohl verschiedenen Generationen ein und derselben Gattung angehört haben. Tatsächlich kann man sogar die extreme Haltung vertreten, dass es seit den Zeiten von «Lucy» nur eine Spezies von Hominiden gegeben hat. Zu jeder Zeit hätte sich jede SIP von Hominiden mit jeder anderen SIP von Hominiden, die zur gleichen Zeit lebte, fortpflanzen können.

Die Neandertaler sind Nachkommen des Homo erectus; ältere Generationen von Neandertalern hätten sich, sofern sich die Möglichkeit dazu ergab, mit anderen zeitgenössischen Individuen des Homo erectus fortpflanzen können. Homo sapiens sind ebenso Nachkommen des Homo erectus, haben sich im Laufe der zwischeneiszeitlichen Periode V herausgebildet und drangen im Laufe der zwischeneiszeitlichen Periode III in die Jagdgründe der Neandertaler im Nordwesten Europas ein. Die Eindringlinge sind zwar Glieder einer anderen SIP gewesen, haben aber keine separate Spezies gebildet: die Neandertaler und die Sapiens sind entfernte Cousins. Folglich war es den Neandertalern möglich – und sie haben das auch praktiziert –, mit den Homo sapiens-Neuankömmlingen eine neue Art zu zeugen.

Die Nachkommen dieser Verbindung sind die Cromagnon-Menschen oder Homo sapiens sapiens. Natürlich haben sich nicht alle Sapiens mit Neandertalern vermischt. Die Nachkommen unvermischter Paarungen haben demzufolge von den Neandertalern nichts geerbt, wie es auch die zwei Skelette zeigen, welche die deutschen Wissenschaftler in Köln analysiert haben.

Die rassischen Merkmale – oder die genetische Ausstattung unterschiedlicher SIPs – sind nach Meinung der Anhänger des «Kontinuitäts»-Modell das Resultat davon, dass sich verschiedene SIPs während einer langen Zeitspanne, in der sie in geographisch isolierten Regionen gelebt haben, nur unter sich fortgepflanzt haben. Dass sich die körperlichen Merkmale, welche eine europäische SIP von einer asiatischen SIP unterscheiden, in 50 000 Jahren – seit der Ausbreitung des Homo sapiens – hätten ausbilden können, ist nicht wahrscheinlich; die Unterschiede sind genügend groß, um daraus zu schließen, dass sie bereits in der Zeit, da der Homo neanderthalensis oder der Peking-Mensch lebte, vorhanden gewesen sein müssen.[12] Die großen körperlichen (anthropogenen) Unterschiede legen also nahe, dass ihre Ahnen während einer langen Zeit – über 10 000 Generationen oder mehr – isoliert gelebt haben. Berücksichtigt man zudem das Ausmaß der genetischen Unterschiede, so schwindet jeder Zweifel. Niemals kann diese Verschiedenheit in den unterschiedlichen SIPs (Rassen) des modernen Menschen aus einer Isolation über nur 1000 oder 2000 Generationen hinweg resultiert haben.

Das «Ersatz-Modell», das die These vom Aussterben vertritt, ist ein Relikt des klassischen Darwinismus: Überleben des Stärksten und Ausrottung der Alten durch vor kurzem aufgetretene Verwandte. Solch eine Sichtweise ist von der Wissenschaft nicht bewiesen worden und wird auch nie bewiesen werden können. Es gibt keinen Beweis und kann auch keinen Beweis geben, der das biologische Aussterben durch Ausrottung bezeugen würde.[13]

Das «Kontinuitäts»-Modell vertritt die Auffassung, dass die Evolution des Menschen kontinuierlich über eine Zeitspanne ablief, die mehr als 50 000 Generationen oder über eine Million Jahre umfassen könnte. Es gab weder ein Aussterben noch ein Ersetzen. Es gab nur eine einzige menschliche Gattung oder Spezies, und die hatte sich erst vor ziemlich kurzer Zeit vom Homo erectus zum Homo sapiens weiterentwickelt. Weiter postuliert das Modell, dass sich hominide Rassen als SIP entwickelt haben. Zentren solcher SIPs lagen während der letzten Eiszeit in Afrika, im Mittleren Osten, in Europa, in Nordasien in Südasien und in Ozeanien. Die regionale Verschiedenheit der Rassen besteht also seit alten Zeiten, und viele der körperlichen Merkmale, welche für die Haupt-Rassen der Welt charakteristisch sind – kaukasisch, mongolisch, negroid und australoid – sind, wenigstens zum Teil, ein Erbe aus der Zeit des Homo erectus. Die Neuankömmlinge haben nicht ausgerottet, sondern mit den eingeborenen Ansässigen Nachkommen gezeugt. Durch das Zuströmen der Gene der Eindringlinge hat sich die genetische Struktur der regionalen Population modifiziert.

Das «Kontinuitäts»-Modell wird von vielen Anthropologen abgelehnt. Weil sie so sehr darauf bedacht sind, «politically correct» zu sein, wollen sie nicht akzeptieren, dass die SIPs eine Realität sind. Man schimpfte das Modell rassistisch, nachdem Carlton Coon zu weit gegangen war und die fünf Rassen zu Nachkommen von fünf separaten hominiden Spezies erklärt hatte. Nüchtern betrachtet kann man sagen, dass das «Kontinuitäts»-Modell 1946 vom großen Anthropologen und Humanisten Franz Weidenreich propagiert worden ist, einem deutschen Juden, der durch seine Flucht nach China Schutz vor Hitlers Rassismus gefunden hatte. Unglücklicherweise wurde Weidenreichs Theorie von Coon falsch interpretiert, sodass eine gute Idee von Wissenschaftlern abgelehnt worden ist, welche ihre «political correctness» höher werteten als die wissenschaftliche Wahrheit.

Robert Eckhard hat Weidenreichs Theorie wieder zum Leben erweckt, indem er in Betracht zog, wie langsam eine biologische Evolution abläuft. Undenkbar, dass eine nach Europa gekommene Gruppe von Homo sapiens sich nach der Ausrottung der Neandertaler im Laufe einiger hundert Generationen zu einer LEH-homozygoten Gruppe hätte entwickeln können. Die helle Hautfarbe des modernen Menschen in Europa kann sich nicht dank einer in rasender Geschwindigkeit erfolgten selektiven Anpassung herausgebildet haben, denn andere «Moderne» – etwa die asiatischen Nordvölker –, welche in einem vergleichbaren ökologischen Habitat und während der gleichen Periode lebten, sind SIPs mit dunkler Hautfarbe und Haar geblieben. Der hohe Grad an LEH-Genen in Nordeuropa kann nur durch ein weit älteres Erbe erklärt werden.

Die im vorigen Kapitel diskutierte Evolution der Tocharier zu den Uiguren illustriert das «Kontinuitäts»-Modell sehr schön: Durchmischung statt Ausrottung. Das nordische Volk der Tocharier wurde von den türkischen Eindringlingen nicht ausgerottet, sondern sie vermischten sich miteinander und wurden im Laufe der Zeit zu den Uiguren. Ähnlich, dachte sich Eckhard, werden die Neandertaler nicht ausgerottet worden sein, sondern sie lernten, Steinwerkzeuge des Aurignacien zu machen und vermischten sich mit den Sapiens-Eindringlingen; die daraus resultierenden Nachkommen waren die Cromagnons. Einige Charakteristiken, wie etwa die typische Schädel-Form der Neandertaler, wurden durch natürliche Selektion beseitigt, andere, etwa die LEH-Gene, wurden vererbt und Teil der genetischen Struktur der entstandenen Hybrid-Population. Indem sich die alten Nordwesteuropäer untereinander fortpflanzten, sind die modernen Nordeuropäer zu einer SIP geworden, die sich von den SIPs anderer Regionen – modernen Mischlingen anderer Sapiens mit anderen Alten – unterscheidet.

Als ich hörte, dass Milford Wolpoff, ein bekannter Anthropologe, einmal gesagt hat, er begegne jeden Morgen in seinem Rasierspiegel einem Neandertaler, hat mich das nicht wenig amüsiert.[14] Denn – ohne jemanden beleidigen zu wollen – als ich noch ein Kind war, haben die Europäer mit ihren tief liegenden Augenhöhlen und der prominenten Nase auf mich auch wie Neandertaler gewirkt. Ein – trotz hybridischer Übereinstimmungen – genetischer Unterschied ist soeben durch sorgfältige Schädelvermessungen aufgedeckt worden: Anthropologen haben herausgefunden, dass zwei unterschiedliche Gruppen die Populationen Nordosteuropas repräsentieren. Diese Gruppen unterscheiden sich durch das Hervorspringen der Stirnpartie und den Grad der so genannten parietalen Ausdehnung (Umfang des Scheitelknochens). Die gleichen Variablen sind auch hilfreich, wenn es darum geht, zwischen Neandertaler und Sapiens zu unterscheiden. Ein Sachverhalt, der die Ansicht hervorbrachte, dass das Vorhandensein eines bestimmten Typs von Gesichtszügen «die in Sapiens-Populationen vorhandene atavistische Anwesenheit eines letzten Restes Neandertaler»[15] dokumentarisch beweist. Oder kurz und bündig: Ein wenig von einem Neandertaler steckt in vielen von uns.

In Hahnöfersand in der Nähe von Hamburg und bei St. Cesare in Frankreich sind Skelette des modernen Menschen gefunden wurden, die 36 000 Jahre alt sind, also mehrere Tausend Jahre älter als die letzten Neandertaler. Damit steht fest, dass für wenigstens einige Tausend Jahre zwei hominide Spezies als Zeitgenossen in Europa gelebt haben. Wie sind nun die Homo sapiens nach Europa gekommen? Kamen sie als Eroberer, oder kamen sie als mehr oder weniger willkommene Gäste? Und wie sind die Neandertaler verschwunden?

Zu einer wirklichen Rekonstruktion werden die naturwissenschaftlichen Beweismittel nie ausreichen. Die Entdeckungen der letzten Jahrzehnte aber haben doch einige Anhaltspunkte geliefert. In Dolni Vestonice in Tschechien sind in offenem Gelände 27 000 Jahre alte weitläufige Siedlungen ausgegraben worden.[16] Ihre Menschen lebten in Grubenhäusern, deren Wände aus Holzpfählen bestanden und mit Tierfellen bedeckt waren. Weil das Holzangebot knapp war, benutzte man zum Feuern Mammutknochen. Etwa 100 bis 125 Menschen wohnten in einer solchen Siedlung. Ähnliche Siedlungen wurden vor etwa 21 000 Jahren in Russland, am Ufer des Don bei Kostenki errichtet. Um einen symmetrischen Innenplatz herum lagen die Grubenhäuser in Form von etwa 12 Meter mächtigen Langbauten. Neben anmutigen Venus-Statuetten hat man in den Häusern auch Tierknochen und roten Ocker gefunden.

Die Wohnstätten der modernen Menschen in Osteuropa waren damit viel weiter entwickelt als die natürlichen Felshöhlen der Neandertaler in Südfrankreich. Offenbar sind sie in kleinen Gruppen von Großwildjägern nach Osteuropa gekommen; in Süddeutschland haben die paläolithischen Jäger mit den anmutigen Venus-Statuetten ihre Werkzeuge als Spur hinterlassen; die Homo sapiens sind also westwärts gezogen.

Es gibt keinen Beweis dafür, dass die Neuankömmlinge Eroberer gewesen wären. Innert 10 000 Jahren oder im Laufe von 400 Generationen sind sie aus Osteuropa nach Frankreich gekommen. Das ist eine sehr bescheidene Geschwindigkeit.[17] Die paläolithischen Jäger waren denn auch nicht ununterbrochen auf Wanderung. Im Gegenteil, sie steckten jeweils in der Umgebung ihres Lagers oder ihrer Siedlungen ein Jagdgebiet ab und wanderten erst wieder weiter, wenn es der Bevölkerungsdruck nötig machte. Das war dann der Fall, wenn die junge Generation ein neues Jagdrevier brauchte und 10 oder 20 km weiter entfernt ihr eigenes Lager aufbaute. Auf diese Weise erreichten die Sapiens schließlich den Westen Europas und trafen dort auf die Neandertaler.

Menschen, die in der Isolation leben, sind in der Regel gastfreundlich. Als ich mit meiner Familie in die Kunlun-Berge reiste, fuhren wir zwei Tage lang durch die Gegend und trafen nur einen einzigen Schäfer an. Für diesen war es klar, dass wir seine Gäste sein mussten und er ein Lamm für ein Festmahl schlachten würde. Die Gastfreundschaft urtümlicher «unzivilisierter» Menschen hat Marco Polo beschrieben, von jener der Inuit haben Arktis-Erforscher berichtet. Oft wurden dem Reisenden aus fernen Ländern nicht nur Raum und ein Platz am Tisch angeboten, sondern auch die Gesellschaft einer Frau. Dieser Brauch, behaupten Anthropologen, habe den Vorteil, dass dank ihm die genetische Vielfalt einer isolierten Bevölkerung gesteigert werde. Um wie viel mehr dürfte die neue Aurignacien-Technik, dank der bessere Jagdgeräte hergestellt werden konnten, bei den Neandertalern den Anreiz zu freundlichem Kontakt mit den Neuankömmlingen verstärkt haben. Ich kann mir gut vorstellen, wie die Neandertaler im Frieden mit den Sapiens gelebt haben. Separiert unter sich zuerst, später dann sich untereinander mischend.

Das Vorhandensein von Merkmalen des Neandertalers im modernen Menschen, bewiesen oder nur vermutet, legt nahe, dass die urtümlichen Menschen nicht ausgerottet worden sind; nur einige ihrer Charakteristiken sind aus dem Mischling beseitigt worden. Die zwei typischen Merkmale des Neandertalers waren der breite Kopf und die Anlage der Schambeinknochen. Die Neandertaler-Frauen hatten breite Hüften und brachten damit problemlos breitköpfige Neandertaler-Babys zur Welt. Hat wohl eine Sapiens-Frau beim Gebären der Kinder ihres Neandertaler-Mannes Schwierigkeiten gehabt?

Man findet übrigens die besondere Kombination zweier Neandertaler-Charakteristika (breiter Kopf und breite Hüften) auch bei den Inuit der Arktis und bei ihren entfernten Cousins aus der Mandschurei. Aus deren Mischehen mit anderen SIPs habe ich einiges gelernt. – Nach der chinesischen Revolution von 1912 verschwanden die Mandschus als eigenständige Ethnie mehr oder weniger; viele sind mit Chinesen verheiratet worden. Die Guans, meine besten Freunde in Houston, waren solch ein gemischtes Paar. Herr Guan war ein Mandschu-Prinz, seine Frau eine zartgliedrige chinesische Lady. Das älteste Kind, groß und dünn, war nach ihr geraten, aber der jüngere Sohn glich seinem Vater. Mir war der Unterschied aufgefallen, und eines Tages machte ich eine Bemerkung:

«Mrs. Guan, Ihr Sohn Bebe hat einen sehr breiten Kopf.»

«Sie sagen es. Ich bin auch fast gestorben bei seiner Geburt.»

In einer Zeit, da ein Kaiserschnitt nur selten gemacht wurde, hatten die jungen Chinesinnen oft große Angst vor einer Geburt. Mrs. Guan hatte nur gelitten, aber eine meiner Cousinen hat die Geburt ihres Kindes, eines breitköpfigen Halb-Mandschu, nicht überlebt.

Im Vergleich zu den Neandertalern hatten die Sapiens ein eng gebautes Becken. Sie hatten aber auch keinen ungewöhnlich breiten Kopf. Wenn nun der Nachkomme einer Sapiens-Frau und eines Neandertaler-Mannes die Gene für einen breiten Kopf mitbekam, konnten die Konsequenzen für den Fötus fatal sein.

Dies ist der Aufmerksamkeit der Archäologen entgangen. Sie haben lediglich registriert, dass um die Zeit vor 30 000 Jahren die Kunsterzeugnisse eine formale Änderung durchmachten: Die paläolithischen Jäger gaben ihren Venus-Statuetten nun schwellende Brüste und einen fetten Hintern. Diese Vorliebe für Steatopygie, den starken Fettansatz am Gesäss, dominierte die Kunst über mehr als 10 000 Jahre; in einem Gebiet, das sich von Frankreich über Deutschland, Österreich, Tschechien und weiter ostwärts bis nach Russland erstreckte. Die betonten Symbole weiblicher Sexualität könnten als schützendes Amulett gedacht gewesen sein oder für die Cromagnon-Menschen die ideale weibliche Perfektion dargestellt haben.[18] Entsprechend dem Gen-Transfer-Szenario dürfte es bei der Fortpflanzung von Neandertalern mit Sapiens keine Probleme gegeben haben, wenn Kinder mit einem schmalen Kopf geboren wurden, unabhängig davon, ob die Mütter breite Hüften oder ein enges Becken hatten. Die Mädchen mit schmalen Hüften konnten aber in der Regel nur Mutter eines Kindes mit einem Sapiens-Kopf werden, denn bei der Geburt eines breitköpfigen Kindes sind sie mit grosser Wahrscheinlichkeit gestorben. Die biologische Auswahl zielte folglich nicht notwendigerweise daraufhin, schmale Hüften auszumerzen, aber ganz bestimmt darauf, breitköpfige Nachkommen zu verhindern. In einer SIP von Neandertaler-Sapiens-Hybriden konnte deshalb dieses typische Neandertaler-Merkmal die Verschmelzung nicht überleben, während es gut möglich ist, dass die neutralen oder günstigen Neandertaler-Gene weitervererbt wurden.[19]

Nebenbei gesagt, die Evolution des Schädels hat für die Entwicklung von Kultur eine fundamentale Bedeutung. Der Kehlkopf der Neandertaler liegt hoch oben in der Kehle, nahe bei der flachen Schädelbasis. Der Kehlkopf des modernen erwachsenen Menschen dagegen ist beträchtlich weit unterhalb der Basis seines eckigen Schädels positioniert. Der Bau des Stimmtrakts legt nahe, dass die Neandertaler keinen Apparat zur Verfügung hatten, um eine breite Palette an Lauten zu produzieren, wie es zum Sprechen moderner Sprachen notwendig ist.[20] Sie mögen untereinander mit einfachen Worten kommuniziert haben, es war aber ein Erbe des Sapiens-Elternteils, der den Cromagnon-Menschen den Sprach- und damit den Kulturerwerb ermöglichte. Die Eliminierung der Neandertaler-Schädelstruktur dürfte also die Entwicklung der «Modernen» beschleunigt haben; die Evolution der Sprache sowie der ererbten intellektuellen Möglichkeiten hat die Sapiens von den früheren Hominiden abgegrenzt.

Man sollte auf sein Neandertaler-Erbe stolz sein. Denn wenn man das «Kontinuitäts»-Modell akzeptiert, dann sind die Cromagnon-Menschen die Nachkommen der Neandertaler, und schließlich haben die Cromagnons die wundervollsten Malerein der paläolithischen Zeit geschaffen. Wie ist es diesen Menschen dann später ergangen? Sind sie in Frankreich geblieben oder sind sie fortgegangen? Warum? Wohin? Und wann?

Die Cromagnon gleichen den modernen Menschen aus West- und Nordeuropa. Sie sind als groß, muskulös und langschädelig (dolichozephal) beschrieben worden, im Erscheinungsbild den Nordländern von heute ähnlich. Tatsächlich variieren aber Kopfform und andere körperliche Eigenheiten beträchtlich. Einige waren bis 180 cm groß, andere nicht größer als 150 cm. Viele Schädel waren dolichozephal, andere aber auch rund. Es hat deutsche Anthropologen gegeben, die waren der Meinung, dass die so genannten Nordischen, die Osteuropäer, die Mediterranen und andere Rassen Europas alle auf die Cromagnon zurückgehen. Andere überlegten sich, beeindruckt von der Steatopygie der Cromagnon-Venus, ob nicht ein paar Cromagnons nach Südafrika gewandert sein könnten und dort die Buschleute gezeugt haben könnten.

So weit hergeholt ist letztere Idee nicht. Man weiß, dass einige Cromagnon-Menschen über die Pyrenäen nach Süden wanderten; die Magdalénien-Künstler der Höhlen von Altamira waren Cousins der Meister von Lascaux. Auch die mesolithischen Jäger in Südostspanien, die ihre Felshöhlen mit roten Ockerzeichnungen ausmalten, waren Cromagnon-Menschen; später wanderten sie weiter in die Sahara. Und von hier aus breitete sich die Kultur und der Kunststil weiter südwärts aus bis nach Südafrika. Doch die meisten der Cromagnons sind in Europa geblieben.

Eine Gruppe wanderte auf die Britischen Inseln ein. Am 24. März 1997 verbreitete die *New York Times International* eine sensationelle Geschichte: es habe sich herausgestellt, dass ein gewisser Adrian Targett, Geschichtslehrer aus Bristol, ein Nachkomme einer Frau aus Cheddar sei, die vor 9000 Jahren in Britannien gelebt hatte. Als ich Kontakt mit Professor Bryan Sykes von der Universität Oxford aufnahm, bestätigte er mir die Richtigkeit des Zeitungsberichts. Sein Team hatte in der Felsspalte einer Schlucht bei Cheddar den Backenzahn eines Mannes aus Cheddar gefunden, daraus ein winziges Präparat mit der DNA extrahiert und diese mit der DNA von Targett verglichen. Für Sykes stand darauf fest, dass der Mann aus Cheddar und der Schullehrer gemeinsame Ahnen mütterlicherseits haben.

Im Windschatten des Großwilds, entlang der Peripherie der Gletscher, zog eine andere Gruppe weiter in den Norden. Denn als der Wald ihre Jagdgründe in Mitteleuropa zu erobern begann, wandten sich die paläolithischen Jäger der Tundra am Rande der abnehmenden Gletscher zu. Sie kamen in unbesiedeltes, jungfräuliches Land, und hier sollten sie zu den Proto-Indogermanen werden, zu einer SIP, welche für mehrere weitere Jahrtausende vom Rest der Menschheit abgeschlossen blieb.

Die Küste Skandinaviens war eisfrei seit dem Beginn einer klimatischen Wärmephase seit 10 000 Jahren v. u. Z. zuvor. Jäger waren nach Dänemark und Norwegen gewandert, und als die Gletscher sich weiter zurückzogen, stießen die Nachkommen dann ins Landesinnere vor. Sie ritzten wunderschöne Zeichnungen in die vom Gletscher blank polierten Felsoberflächen. Der naturalistische Stil der ältesten Felsgravuren ist mit demjenigen der Zeichnungen an den Wänden der Magdalénien-Höhlen in Zentralfrankreich vergleichbar. Es ist völlig klar: Sie sind die Werke von Cromagnon-Nachkommen.

Anderswo auf der Welt mussten die wandernden Homo sapiens auf Menschen treffen. Die urtümlichen Nachkommen von Homo erectus lebten in Afrika, Asien und in Australien. Wie die Neandertaler, konnten sie vermutlich nicht oder nur begrenzt sprechen. Dennoch vermehrten sie sich mit den Homo sapiens, entsprechend dem Szenario des «Kontinuitäts»-Modell. Ihre Hybrid-Nachkommen waren die Homo sapiens sapiens von Asien, Amerika und Ozeanien. Welche Sprache haben wohl diese modernen Menschen gesprochen?

III. Einwanderer in die Neue Welt

Jeder hat seine Helden der Wissenschaft. Für mich sind diese Helden Isaac Newton und Morris Swadesh. Newton kennt natürlich jeder, aber wer um Himmels willen ist Swadesh?

Swadesh hat ein Buch geschrieben über den Ursprung der Diversifikation von Sprache. Sein Thema faszinierte mich: jeder möchte gern seinen Ursprung kennen. Wo sind wir hergekommen? Wann lernten unsere Ahnen sprechen? Was für eine Sprache haben sie gesprochen? Wer sind unsere nächsten Verwandten? Wann wurden wir von ihnen getrennt? Die Antworten auf diese Fragen sind nicht nur in vielem unbekannt, man muss sich auch fragen, ob sie je gefunden werden.

Die Kreativen und die Kühnen, wie der amerikanische Linguist Edward Sapir, wurden diffamiert und beschuldigt, «Spekulationen über das, was man nicht wissen kann, zu frönen». Die Atmosphäre war aufgeladen, so dass Sapir nie den Mut aufbrachte, seine Erkenntnisse publik zu machen, wonach die Ahnen der Nadene- (Athabasca-) Indianer und der Indo-Chinesen einmal dieselbe Sprache gesprochen haben. Sein Schüler Morris Swadesh war furchtloser, und tat seine Auffassung laut kund. Sein Leben aber nahm einen tragischen Verlauf.

Als er Professor am City College in New York war, stärkte Swadesh einer studentischen Bewegung den Rücken. Darauf war er als «Linker» verschrien – Amerika steckte in der McCarthy-Ära –, und seine Berufung wurde nicht erneuert. Noch lange nachdem McCarthy vom U.S.-Senat verurteilt worden war, konnte er keine Anstellung finden. Einer seiner Freunde versuchte, ihn nach Harvard zu bringen, aber Swadeshs Bewerbung fiel durch: Die Fachkollegen fanden keinen Gefallen an seinen unorthodoxen Ansichten. Schliesslich verließ er die Vereinigten Staaten und trat 1956 der Fakultät an der National University von Mexiko bei. Hier verstarb er, noch bevor sein Meisterwerk veröffentlicht war.

Morris Swadesh hatte ein unerschütterliches Vertrauen in die Fähigkeit der Menschen gehabt, intelligent und anständig zu sein, wie auch in ihr Vermögen, wissenschaftliche Probleme zu lösen, wenn sie denn lösbar sind. Er war der Begründer der Wissenschaft der Glottochronologie, der Methode, mit welcher die Stadien der Evolution in der Geschichte der Sprache bestimmt werden.[21]

Entsprechend der Methode der klassischen Sprachwissenschaften suchte Swadesh im Grundwortschatz der Sprachen nach verwandten Wörtern. Beispielsweise folgende Wörter, das spanische *farina*, französisch *farine*, italienisch *farina* und romanisch *farina*, besitzen eine offenkundige Ähnlichkeit mit ihrem gemeinsamen lateinischen Ursprung. Viele verwandte Wörter allerdings sind nicht so leicht zu identifizieren: Es braucht das Wissen eines Linguisten, um die Verwandschaft zwischen dem spanischen *hecho* und dem französischen *fait* erkennen zu können, eine Verwandschaft, die auf das lateinische *factu* zurückgeht. Man muss dazu über die Regelmässigkeiten bei den phonologischen Wechseln Bescheid wissen. Das *ch* im Spanischen korrespondiert im alten Französisch mit *it*, das häufig das *t* ganz verliert, wenn es am Ende eines Wortes erscheint. Die Gleichwertigkeit sieht man nicht nur im Falle von *hecho* = *fait*, sondern auch bei *noche* = *nuit*, *trucha* = *truit*, *leche* = *lait*, *techo* = *toit*, *conducto* = *condui*, *productor* = *produit*, *dicho* = *dit*, *lecho* = *lit* etc. Weil man dieses Prinzip der Gleichwertigkeit erkannt hat, konnte der gemeinsame Ursprung der verschiedenen indogermanischen Sprachen bewiesen werden.

Swadesh weitete dann die Methode auf voneinander weiter entfernte Sprachen aus und fand so Verwandschaften etwa zwischen dem amerikanischen Indianisch und anderen Sprachen auf der Welt.

Joseph Greenberg ist ein anderer Gigant unter den Sprachanalysten. Als junger Mann schon hat er sich mit seiner brillanten Klassifikation afrikanischer Sprachen ausgezeichnet; sein lebenslanges Forschen krönte er mit der Publikation «The Language in the Americas» (Die Sprache der beiden Amerika). Es gelang ihm, die große linguistische

Vielvalt der amerikanischen Sprachen auf drei Familien zu reduzieren, welche seiner Meinung nach drei separaten Migrationswellen aus Asien entsprechen. Greenberg arbeitete nicht nur die einfache Systematik der vergleichenden Philologie heraus, er vermittelte auch die Aussicht darauf, die Ausweitung der Eingeborenen-Sprachen in Amerika einmal zu verstehen. Fest steht, dass die frühesten Einwanderer so genannte «Amerind-Sprachen» pflegten. Ihnen folgten die Nadene, und als Letztes kamen die Inuit.[22]

Greenbergs Kollegen waren außer sich, nur Cavalli-Sforza verteidigte ihn. Aufgrund von DNA-Studien ermittelten die Human-Genetiker für die Populationen der beiden Amerika aber exakt die gleichen drei Gruppen, wie sie Greenberg auf der Basis der linguistischen Taxonomie postuliert hatte.[23] Damit war klar: Die Menschen aus Sibirien sind in mehreren Wanderungswellen nach Amerika gekommen. Unsicherheiten bestehen nur noch in Bezug auf die Zeiten.

Die *Amerind* waren Paläolithische Jäger. Ihre Vorfahren hatten Sibiren spätestens vor 25 000 Jahren erreicht. Im Laufe der Eiszeit hatte sich der Meeresspiegel gesenkt, sodass die Bering-Straße offen war. Es gab keine Barriere mehr, welche ihre Auswanderung nach Nordamerika hätte behindern können. Ein paar Daten, welche man nicht mehr in Frage stellen kann, lassen darauf schließen, dass die ersten Auswanderer vor 25 000 Jahren Nordamerika betraten.[24] Manche Forscher waren dennoch der Meinung, dass die Amerind nicht früher als vor 13 500 Jahren nach Amerika gekommen sein können, weil man Amerind-Gerätschaften mit der C-14-Methode datiert und für diese nur ein Alter von 10 000 bis 11 500 Jahren ermittelt hatte. Man muss aber berücksichtigen, dass die Geräte vorwiegend im Westen der Vereinigten Staaten gefunden worden waren, wo sich im Laufe der Klima-Erwärmung die Clovis- und die Folsom-Kulturen zur sogenannten Plano-Kultur entwickelten.

Man kann die beiden gegensätzlichen Schulen miteinander versöhnen, wenn man davon ausgeht, dass die ersten Amerind die Bering-Straße zwar vor 25 000 Jahren überquert haben, dann aber für viele Jahrtausende im Nordwesten verblieben sind, weil der Korridor in den Süden von den Gletschern des westlichen Nordamerika blockiert war.[25] Weiter in den Süden gelangten sie dann schliesslich, als die Passage eisfrei war, oder als sie durch den Bevölkerungsdruck zum Weiterwandern gezwungen wurden. Dies dürfte vor oder während dem Anwachsen der Gletscher der jüngeren Dryas der Fall gewesen sein.

Der Bevölkerungsdruck kann eine Folge der Klimaverschlechterung gewesen sein oder Neuankömmlinge können ihn ausgelöst haben. Wie ich bereits erwähnt habe, kam die zweite Welle der Nadene-Eindringlinge aus Sibirien, als der Meeresspiegel im Laufe der Jüngeren Dryas noch niedriger geworden war. Ihre frühesten Siedlungen dürften vor etwa 11 000 Jahren errichtet worden sein, ihre Geräte stehen für den Beginn der nordwestlichen paläo-arktischen Kultur. Aus Alaska wanderten sie in kleinen Jagdgruppen südwärts weiter, assimilierten andere Bewohner und absorbierten ältere Kulturen.[26] Auf ihrem Weg blieben sie jedoch ziemlich genau mitten im amerikanischen Nordwesten stehen, bis während der letzten Kleinen Eiszeit mit der letzten Emigrationswelle auch die Navajos und die Reiter der Apachen weiter hinab in den Südwesten gespült wurden.[27]

Diese letzte Welle schwappte während den fünf Jahrhunderten von vor 3000 bis vor 2500 Jahren über die Bering-Straße. Die Neuankömmlinge brachten die Kultur des nordöstlichen Sibirien nach Nordamerika mit.[28] In den Paläo-Inuit-Siedlungen sind feine Klingen, Grabstichel, Pfeilspitzen, Harpunen, Schaber etc. gefunden worden. Diese Menschen waren nicht gekommen, um Felder zu bestellen, sondern um zu jagen und zu fischen, und sie waren die Ersten, die sich mit der Kargheit der amerikanischen Arktis zu arrangieren wussten.

Neben vielen andern sind es Edward Sapir, Morris Swadesh, Joseph Greenberg, Sergei Starostin, William Wang, Merrit Ruhlen, die die Sprachen klassifiziert haben. Ich hege grosse Bewunderung für die Vertreter der linguistischen Taxonomie, denn sie haben uns die Mosaiksteinchen in die Hand gegeben, dank denen wir das Bild einer weit zurückliegenden Vergangenheit der Welt, vieler Menschen und einer Sprache zu rekonstruieren vermögen.

1921 hat Sapir an seinen Freund A. L. Kober Folgendes geschrieben:[29]

«Wenn die morphologischen und lexikalischen Übereinstimmungen, die ich zwischen den Nadene und den Indo-Chinesen haufenweise gefunden habe, rein zufällig sind, dann ist jede Analogie auf Gottes Erde ein Zufall.»

Sapir war überzeugt vom gemeinsamen Ursprung der Nadene-Indianer mit den Indo-Chinesen, hat aber darüber nie publiziert. Sein Schüler Morris Swadesh war mutiger, hatte aber, wie ich gezeigt habe, in der Folge dann auch die Konsequenz zu tragen: Er galt als querdenkender «randständiger Linguist».

Die Kenntnis von den drei Wanderungswellen in die Neue Welt erlaubt uns, einen Blick in die dunkle, prähistorische Epoche im Norden Asiens zu werfen: Ihre drei Sprachen liefern uns Anhaltspunkte zum Geschehen auf dem alten Kontinent im Laufe der sprachlichen Entwicklung.

Die Amerind sprachen eine ur-jennisejische Sprache; sie sind eingewandert, noch bevor die Differenzierung der eurasischen Sprachen zu den alten Sprachen der modernen Welt stattgefunden hat. *Ket* ist heute die einzige Überlebende der jennisejischen Sprachfamilie in Sibirien, gleich wie das Baskische in Europa. Sie ist ein Fremdkörper inmitten des Territoriums, das von Menschen der ural-altaischen Sprachfamilie bewohnt wird.[30]

Swadesh fand eine Ähnlichkeit zwischen der Sprache der Nadene, den nordasiatischen Sprachen und dem Baskischen. Baskisch-Deneisch war der Name, den er der Gesamtheit der nicht-indogermanischen Sprachen gab, die von den Menschen im Raum Spanien bis zum pazifischen Nordwesten gesprochen wurden. Die Verwandschaft wurde kürzlich geklärt, als Starotsin eine ur-jennisejischen Sprache rekonstruierte und das Sino-Tibetanische sowie die kaukasischen Sprachen dieser übergeordneten Familie zugeordnet wurden.

Das Gebiet der baskisch-deneischen Sprachen wurde später von den ural-altaischen und indogermanischen Eindringlingen überflutet, sodass heute in der Heimat dieser post-glazialen Sprachfamilie nur noch einige Sprachinseln übrig sind.

Die Zugehörigkeit des Sino-Tibetanischen zur ur-jennisejischen Sprachfamilie erklärt die Analogie zwischen dem Nadene und dem Indo-Chinesischen, die von Sapir entdeckt worden ist. Und das Wissen darum öffnet uns Chinesen die Augen für einen neuen Blick auf unsere Herkunft.[31]

IV. Eindringlinge ins Mittlere Reich

Wir Chinesen verstehen uns als Nachkommen von Huang-Yian: Huang-Di, der gelbe Kaiser und Yian-Di, der Wunder-Bauer. Den ganzen Sommer 1985 über hatte ich mich darauf gefreut, das Grab des Gelben Kaisers zu besuchen. Endlich kam der Tag, da wir ins hügelige Land im Norden von Xian gefahren wurden. Es gab dort kein Grabmal, nur im Wald einen Grabhügel zweifelhafter Herkunft. Auch einige billige moderne Bauten, die man Tempel nennt, sind errichtet worden. Einen Bezug zur Vergangenheit hat in der ganzen Gegend jedoch nur ein alter Baum; er ist aber viel später nach dem Ableben des Gelben Kaisers gepflanzt worden.

Unser Führer leierte die volkstümliche Überlieferung herunter: Der Gelbe Kaiser kam von Shandong, erfand vor 5000 Jahren den Magnet-Kompass und konnte sich deshalb auch im Nebel orientieren. Das gab ihm die Chance, seinen Feind im Nebel auf der Zentralebene zu zermalmen. Der Besiegte flüchtete in den Süden und begründete dort das Volk der Miao von Guizhou. Huang-Di aber führte seine Armee ins Land von Yan-Di und besiegte seinen Rivalen. Damit war China geeint und der Gelbe Kaiser wurde der erste Herrscher aller Chinesen. Diese Geschichte oder historische Erzählung hat Konfuzius etwa 2500 Jahre nach dem Geschehen schriftlich festgehalten.

Der Besuch lehrte mich nichts Neues. In der Schule war uns dieselbe alte Geschichte erzählt worden. Aber immerhin, ein Körnchen Wahrheit steckt in der Legende. Das jedenfalls sagen die Archäologen.

In China sind mehr als 10 000 Vorkommen von *Petroglyphen* entdeckt worden, an der Ostküste, im Löß-Plateau des Nordwestens, in den nördlichen Steppen, in der Wüste Gobi, im Dschungel des Südwestens und in den Bergen im Südosten. Die ältesten dieser Felszeichnungen sind mehr als 10 000 Jahre alt. Im Laufe ihrer systematischen Untersuchung während der letzten Jahre haben die Archäologen aufregende Erkenntnisse gewonnen.

Die Überreste der «Oberen-Höhlen-Menschen» in Zhoukoudian sind repräsentativ für die chinesischen Menschen der Eiszeit. Franz Weidenreich untersuchte drei komplette Skelette ausführlich, und dabei stellte er erstaunt fest, dass jedes Skelett verschiedene rassische Charakteristiken aufwies; eines entsprach dem urtümlichen mongolischen Typus, eines dem melanesischen Typus und das dritte dem Inuit-Typus.[32] Aus neuester Sicht betrachtet, bedeutet Weidenreichs Entdeckung keine Überraschung. Der «Obere-Höhlen-Mensch» war ein Hybrid, ein Mischling zwischen dem urtümlichen Peking-Menschen (ein Typ Homo erectus) und einem Homo sapiens-Einwanderer. Diese Menschen und deren Nachkommen in Süd- und Nordasien waren die homogenen Ahnen sowohl der Mongolen als auch der Melanesier und der Inuit.

Seit mindestens 8000 Jahren wird am mittleren und unteren Lauf des Gelben Flusses Reis kultiviert. Die Menschen von damals sprachen die so genannte austrische oder Miao-Yao-Sprache.[33] Sie waren Eindringlinge aus Nordasien und verstanden es, Felszeichnungen zu machen. Die Not hatte sie nach China geführt. Ein östlicher Zweig kam aus der Mandschurei nach Shandong und wanderte von da weiter nach Jiangsu und Zhejiang an der Küste. Diese neolithischen Bauern haben einige der beeindruckendsten Felszeichnungen bei Lienyungang hinterlassen, welche berühmte chinesische Legenden darstellen. Der westliche Zweig war durch die innere Mongolei gezogen, hatte den Gelben Fluss überquert und war dann nach Shanxi und Shaanxi gekommen. Die Künstler aus der Wüste stellten mit ihren Felszeichnungen das Leben nomadischer Völker dar, die jagten, Vieh züchteten, sich vermehrten und Kriege ausfochten, während sich die sesshaften Einwohner mehr mit religiösen Themen beschäftigten; mit der Sonne, dem Mond und mit den Sternen.[34] Die Themen und Stile der chinesischen Felszeichnungen sind beinahe identisch mit jenen der Malereien, welche die Nadene-Völker im pazifischen Nordwesten Amerikas geschaffen haben.[35] Dass die beiden Gemeinschaften sich kulturell so nahe standen, ist auch nicht erstaunlich: beide waren Jennisej-sprachige Völker aus Sibirien. Die Sino-Tibetaner waren in den Süden gegangen, die Nadene hatten sich nach Osten gewandt und die Ket waren am angestammten Ort geblieben.

Die Sino-Tibetaner stellten nicht die ursprüngliche Bevölkerung von China. Das waren die Miao-Yao-Völker, aber diese waren von Eindringlingen nach Südchina verjagt worden, wie dank der Legende von Huang-Di jedes Schulkind weiss. Wie die Römer in Italien, waren die Han-Chinesen Abkömmlinge von Einwanderern aus dem Norden. Wie die Lemminge waren diese nordasiatischen Stämme in verschiedenen Wellen in den Süden gekommen, wieder und immer wieder. Die Sino-Tibetisch-Sprachigen besetzten China in einer Zeit, als die letzten Tausend Jahre der Klimaerwärmung ihren Anfang nahmen und «Ötzi» unter den ersten Alpengletschern begraben wurde. Die Altai-sprachigen Völker – die Hunnen, die Türken, die Mongolen, die Mandschus – kamen erst später.

Die Miao in Chinas Südosten waren die neolithischen Einheimischen der Zentralebene. Sie sprechen nicht Chinesisch; ihre Sprache gehört einer anderen Sprachfamilie an, zu welcher auch die Sprachen der Völker Südostasiens und Ozeaniens zählen, der Thai, der Indochinesen, der Ureinwohner Taiwans, der Malaien, der Indonesier, der Philippinen, der Polynesier und auch einiger Melanesier.[36]

Die Vertreter der sino-tibetanischen Sprachfamilie kamen aus dem Norden. Eigentlich müsste ihre Sprache mit dem Ural-Altaischen der Türken, Mongolen, Mandschu, Koreaner, Japaner und der Nachkommen nordasiatischer Einwanderer nach Europa verwandt sein.[37]

Skandinavische Linguisten haben aber eine nahe Verwandschaft zwischen den indogermanischen und den ural-altaischen Sprachen festgestellt. Um deren gemeinsame Herkunft benennen zu können, wurde der Begriff «nostratisch» geprägt.[38] Die Sino-Tibetaner wurden dabei ausdrücklich ausgeschlossen.

Einige Linguisten kamen zum Schluss, die Ural-Altaisch-Sprachigen seien mit den Indogermanen näher verwandt als mit den Sino-Tibetanern.[39] Dies macht aber keinen Sinn: Einen Japaner hat man fälschlicherweise oft für einen Chinesen gehalten, aber nie für einen Deutschen. Die nahe Blutsverwandtschaft zwischen den verschiedenen Gruppen von Mongolen zeigt sich zudem nicht nur in ihrem ähnlichen Erscheinungsbild, sondern auch an den vielen genetischen Merkmalen, die sie miteinander teilen und die sie von den Indogermanen unterscheiden.

Die Fehlmeinung, dass die Ural-Altaisch-Sprachigen den Indogermanen näher verwandt seien als den Sino-Tibetanern resultierte meiner Meinung nach aus dem Missverständnis über die Natur der chinesischen Sprache. Dieser Fehler geht zurück bis auf die Zeit von Wilhelm von Humboldt. Der große deutsche Humanist degradierte Chinesisch «zu einem niedrigen Gedanken-Instrument», das aus einsilbigen Worten besteht und keine «grammatikalischen Regeln kennt».[40] Chinesisch sei seiner Meinung nach eine absonderliche Sprache, die auf der primitivsten Stufe der Sprachentwicklung stehen geblieben sei, während sich die ural-altaischen Nachbarsprachen dagegen, dank ihres Kontakts mit den überragenden Indogermanen, bis zu einem mittleren Niveau einer «agglutinierenden» (Anfügung von Bildungselementen an das unverändert bleibende Wort) Sprache verbessert hätten. Deutsch und Sanskrit, natürlich, hätten seit langem die höchste Perfektion jener Sprachen erreicht, welche die Flexion kennen. [41]

Die verbreitete Meinung, das Chinesische sei nicht wandlungsfähig, haben Sinologen weitergegeben, welche Chinesisch aufgrund geschriebener Texte erlernt haben. Wenn sie es sprechen gelernt hätten, wie das Kinder tun, hätten sie feststellen können, dass auch Chinesisch – wenn nicht vielleicht noch in größerem Ausmaß als Deutsch – bei der Konjugation der Verben die regelmäßige Beugung kennt.

Chomskys Struktur-Analyse der Syntax hält fest, dass es ein Dualitätsprinzip gibt: Jede Sprache hat zwei Arten von Einheiten. Die wichtigsten oder syntaktischen Größen sind die Wörter. Die sekundären sind die Laute oder Phoneme (kleinste bedeutungsdifferenzierende sprachliche Einheiten), welche an sich keine Bedeutung haben. Sie dienen nur dazu, die grammatikalische Bedeutung der primären Größe festzuhalten.[42]

Ein einsilbiger Laut kann im Chinesischen ein Wort bedeuten, Teil eines Wortes sein, die Wurzel eines Wortes oder ein Phonem. Die Präsens-Form eines Verbs kann auch die Wurzel eines Wortes sein. Ein oder mehrere Phoneme können zu einer Wurzel addiert werden und damit die grammatische Funktion benennen. Am Wort *lai* für «kommen» oder *ci* für «essen» kann man sehr schön die Konjugation der Verben im Chinesischen illustrieren:

Präsens / Imperfekt	lai	ci
Partizip Präsens	lai *le*	ci *le*
Plusquamperfekt	lai *gole*	ci *gole*
Futur	yao *lai*	yao*ci*
Konjunktiv	jialuyao*lai*	jialuyo*ci*
Verneinung	buoyaolai	buoyao*ci*

Das Konjugationsmuster der Präsens-, Perfekt-, und Konjunktiv-Zeiten sowie der Verneinung entspricht jenem des Japanischen, einer ural-altaischen Sprache. Im gesprochenen Chinesisch werden der Wurzellaut eines Wortes und die Phoneme kombiniert, sodass ein mehrsilbiges gesprochenes Wort entsteht. Damit unterscheiden sich diese Kombinationen nicht von mehrsilbigen Verben einer anderen Sprache, welche die Flexion kennt.

Die einsilbigen Zeichen im Chinesischen bedeuten nicht nur Worte; sie können Worte meinen, aber auch Phoneme. Weil die Phoneme fälschlicherweise als Worte angesehen wurden, interpretierte man das Chinesische als eine Sprache, die sich aus einsilbigen Worten aufbaut. Präfixe und Suffixe der Substantive beispielsweise sind Phoneme, werden aber als separate Zeichen geschrieben, wie wenn sie vom Substantiv unabhängige Wörter wären.

Vielleicht kann man anhand der japanischen Sprache die Struktur des Chinesischen darstellen: Der Wortschatz im Japanischen kann in drei Haupt-Kategorien eingeteilt werden: *Wugo* sind ursprüngliche Wörter, *Kango* aus dem Chinesischen, *Gairago* aus andern Sprachen entlehnte Wörter. In Silbenschrift festgehaltene mehrsilbige Kango-Wörter bestehen aus einem Prä- oder Suffix und einem Substantiv. Ein paar Beispiele pseudo-verwandter Wörter der zwei Sprachen[43] mögen dies illustrieren (Präfix und Suffix kursiv, der Bindestrich im chinesischen Wort trennt zwischen den einzelnen Zeichen):

Japanisch	Chinesisch	Bedeutung
dai ichi	*die*-i	*Nummer* Eins
do nin	*tong*-ren	die *gleiche* Person
sen getsu	*san*-yueh	*letzter* Monat
kikan*nai*	sze-jien-*rai*	*innerhalb* eines Zeitintervalls
shin shiki	*shin*-shi	neumodisch (*neuer* Stil)
sakunen*rai*	qu-lien-*lai*	*seit* letztem Jahr

Man beachte, dass im Chinesischen die Suffixe bei Substantiven – wie im Japanischen oder andern ural-altaischen Sprachen – den Präpositionen entsprechen, während es in den indogermanischen Sprachen Präfixe sind, welche die Funktion der Präpositionen übernehmen.

Dass die Sprache der alten Chinesen die Flexion kannte, hat der grosse schwedische Sinologe B. Kalgren festgehalten. Im «Book of Poems» (Gesammelte Poesie), das Konfuzius zusammengestellt hat, findet man Hinweise auf die Deklination von Substantiven. Es gibt auch eine Freiheit der Satzstellung bei einer Zhou-Inschrift der vorchristlichen Zeit, ein Erbe aus der Zeit, als der Fall eines Substantivs durch ein Suffix angegeben wurde.[44] Hypnotisiert von der Tatsache, dass im Chinesischen ein gesprochenes Phonem wie ein Wort mit einem eigenen Zeichen geschrieben wird, haben Humboldt und seine Anhänger weder Konjugationsformen noch die Flexion der Wörter noch Fallendungen oder Prä- und Suffixe erkannt. Einer dieser Sinologen kommentierte:[45]

Würde man das Chinesische nur in seiner modernen Ausformung und als mündliche Sprache kennen, hätte man die Wörter zweifellos für mehrsilbig gehalten; nur unser Wissen über die alte Sprache hat uns davon überzeugt, dass solche Wörter aus einsilbigen Wörtern hervorgegangen sind.

Der selbst ernannte Experte hat sich selber «überzeugt», weil er keinerlei Wissen über die alte Sprache hatte; er hat nur alte Texte gelesen. Jeder Schüler in China weiss, dass die alten Wörter nicht gleich geschrieben wurden, wie man sie aussprach. Das heutige chinesische Wort «sehen» zum Beispiel wird «khanjien» geschrieben und ausgesprochen. Um sich Arbeit zu sparen, bevorzugten es die alten Schreiber jedoch, nur eines der zwei Phoneme zu benutzen: «kahn» oder «jien»; man benutzte Abkürzungen, wenn Wörter in Stein oder Bambus eingraviert werden mussten. «Khanjien» und das Pidgin «look-see» miteinander zu vergleichen, ist arrogant. Und zu behaupten, dass die vielsilbigen Wörter des modernen Chinesisch aus einer Kombination einsilbiger Wörter des alten Chinesisch entstanden seien, ist ignorant.

Japanisch ist eine ural-altaische Sprache, während Chinesisch sino-tibetanisch ist. Die ural-altaischen Sprachen hielt man für dem Indogermanischen näher verwandt als das Chinesische. Wie auch immer, diese Ansicht beruhte auf der rassistischen Meinung, dass sowohl das Ural-Altaische als auch das Indogermanische dem einsilbigen, «absonderlichen» Chinesisch gegenüber überlegenere, mehrsilbige und die Flexion kennende Sprachen seien.

V. Eine Welt, viele Völker, eine Sprache

Die Nadene überquerten die Bering-Straße, nachdem sich die eurasischen Sprachen in die indogermanischen und nicht-indogermanischen Sprachen aufgeteilt hatten. Danach kamen die ural-altaischen Völker nach Sibirien, nur kleine Reste der alten nordasiatischen Sprachen überlebten. Im Westen waren überall indogermanisch-Sprachige; nur wenige nicht-indogermanische Sprachen blieben als Inseln im indogermanischen Sprachraum.

Eine dieser verbliebenen Sprachen ist das Burushaski, das in einer Bergregion im Norden Pakistans von etwa 50 000 Menschen gesprochen wird, eine andere Sprachinsel im indogermanisch geprägten Indien ist Nahali. In Europa verblieben die kaukasischen Sprachen in der pontisch-kaspischen Region, das Etruskische und das Ligurische an der westlichen Mittelmeerküste sowie das Baskische an der Atlantik-Küste. Da Swadesh eine Verwandtschaft zwischen dem Baskischen und dem Nadene feststellte, sprach er von der baskisch-denischen Sprachfamilie.[46] Merritt Rhulen ging noch einen Schritt weiter und fügte aufgrund ausser-jennisejischer Ähnlichkeiten auch das Burushaski, das Nahali und die kaukasischen Sprachen dieser Sprachfamilie bei. [47]

Die nacheiszeitliche Epoche war eine bewegte Zeit gewesen, in der Sprachen entstanden und Sprachen verschwunden sind. Swadesh beschreibt diesen Prozess als «ein von einem Zentrum aus anschwellendes Verbreiten von Sprache».[48] Der Mittlere Osten, Ursprungsort des ersten Homo sapiens, war der Angelpunkt, von wo aus sich die Stammsprachen wie die Speichen eines Rades ausbreiteten: Der baskisch-deneische Stamm westwärts über den europäischen Mittelmeerraum, nordwärts in den Raum Südeuropa, ostwärts nach Nordasien und später dann nach Nordamerika, als der elamitisch-dravidische Zweig in Richtung Südosten nach Persien und Indien, das Nilo-Saharische nach Afrika, das Austroasiatische in den Fernen Osten, das Australische und Indo-Pazifische nach Australien und Neu Guinea und das Indogermanische in den Norden Europas eindrang.

Während den wärmeren Jahren des klimatischen Optimums scheint in Europa die Sprachgrenze relativ stabil gewesen zu sein: Die Hirten und Jäger waren zufrieden in ihrem Garten Eden, sie hatten keinen Grund, wie Lemminge wegzuwandern. So verblieben die Ur-Indogermanen als isoliert lebende SIP in Nordeuropa, die dicht bewaldeten Tieflandregionen Zentraleuropas waren praktisch menschenleer. In Südost- und Zentraleuropa kultivierten die nicht indogermanischen Menschen als sesshafte Bauern Getreide, nachdem sie von den Anatoliern gelernt hatten, den Boden zu bebauen. Ihre Pfahlbau-Siedlungen standen an den Seeufern; hier mussten keine Lichtungen für die Äcker geschlagen werden, das Material für den Häuserbau konnte bequem auf dem Wasserweg transportiert werden. Vermutlich sprachen diese Völker nicht-indogermanische Sprachen, die zur baskisch-deneischen Sprachfamilie gehörten.

Im Osten gab es weiträumige Wanderbewegungen. Vor etwa 5300 Jahren suchte die globale Kälte, welche zum Ende der klimatischen Wärmephase führte, Sibirien heim. Die Sino-Tibetaner zogen in den Süden, das Territorium der ural-altaischen Völker weitete sich aus. Das war zur selben Zeit, da Ötzi, «der Mann im Eis», als Folge des ersten Vordringens der alpinen Gletscher in die Dolomiten unter dem Eis begraben wurde.[49] – Möglicherweise hatten sich die Sino-Tibetaner gezwungen gesehen, den unwirtlichen Norden zu verlassen und einen Platz an der Sonne zu suchen, wie 1000 Jahre später die Indogermanen. Die ural-altaischen Völker, welche die Lücke in Nordasien füllten, waren Jäger, die den harten klimatischen Bedingungen im Norden angepasst waren. Verwandte der Chukchi-Kamchatkan, die Aleut-Inuit, wanderten über die Bering-Straße nach Amerika.[50] Ihre herausragendste Eigenschaft war die Fähigkeit, in den leeren, weiten Tundren und an den Eisküsten der Arktis lebensfähige Populationen zu begründen.

Es ist gut möglich, dass das Eindringen der Sino-Tibetaner nach China einen Domino-Effekt ausgelöst hat: Die Miao-Yao-Völker wurden von der Zentralebene fortgetrieben, und ihre südwärts gerichtete Wanderbewegung bewirkte mehrere überseeische Auswanderungswellen. Ein asiatisches Volk aus dem Süden von China und Vietnam ging über die Straße von Taiwan auf die Philippinen, von da aus von Insel zu Insel weiter nach Mikronesien und Polynesien; die großen polynesischen Seefahrer erreichten während der nächsten Jahrtausende mit ihren Schiffen vermutlich Neuseeland, die Oster-Inseln und Hawaii.

VI. Substratum und Ausbreitung

Meine Familie hat ihre Wurzeln in Yangzhou. Als ich dort aufwuchs, nannte man die Stadt Jiangdu; in den Tagen der Tang-Dynastie hatte sie Guangling geheißen.

Yangzhou ist ein sehr alter Name, er kann bis in die Zeit der ersten Qin-Kaiser, 220 v. Chr., zurückverfolgt werden, und dieser alte Name wurde nach der Revolution von 1949 wiederbelebt.

Jeder dieser Namen, Jiangdu wie Guangling und Yangzhou ist Chinesisch.

Die Namenwechsel bedeuten nicht, dass die Bevölkerung jeweils einer andern Ethnie angehört hätte. Die Menschen, die in Jiangdu, Guangding oder Yangzhou lebten und auch heute leben, gehörten seit je demselben Han-Volk an und sprechen noch immer den gleichen nordchinesischen Dialekt.

In Europa hingegen sagen die geographischen Namen oft einiges über die Lokalgeschichte aus. Christine war Lehrerin gewesen in Guntalingen, dem Weiler der Familie Guntal. Die Alemannen hatten hier den Urwald gerodet und als Pioniere den Ackerbau eingeführt. Vor ihnen war da niemand, nach ihnen lebten hier ihre Nachkommen und sind bis heute hier geblieben.

Guntalingen hat schon immer Guntalingen geheißen. Aber Zürich, wo wir jetzt leben, hat zur Zeit der Römer «Turicum» geheißen; bevor die Alemannen hierher gekommen sind, lebten Römer und Kelten in Turicum, und diesem Tatbestand trägt der Name der Stadt Rechnung.

Historiker und Linguisten arbeiten mit dem Ausdruck Substratum; die ursprünglichen Einwohner einer Region sind das Substratum einer eingewanderten Bevölkerung. Fährt man von Basel aus nach Straßburg oder Mühlhausen, verraten die Namen der vorbeiziehenden Dörfer, dass die Elsässer ursprünglich deutschsprachig gewesen waren. Das Elsass hat ein Substratum, weil die Region 1648 von den Franzosen annektiert worden ist. Viele Schweizer Ortschaften haben einen illyrischen, keltischen, römischen oder germanischen Namen; das Substratum manifestiert sich im geographischen Namen und der Name sagt aus, wer zuvor dort gelebt hat.

Ortsnamen sind nur eine bestimmte Form eines Substratum, es gibt auch Substrate, welche sich als Überreste einer früheren oder einer flüchtig da gewesenen SIP manifestieren. Anhand der körperlichen Merkmale von Dorfkindern kann der Weg der Magyaren, die sich plündernd und brandschatzend ihren Weg durch Zentraleuropa gebahnt haben, nachgezeichnet werden. Die mongolischen Schlitzaugen, welche die Hunnen weitervererbt haben, werden nie verschwinden, «diese genetische Markierung» wird wieder und wieder auftauchen. Zahlreiche Menschen aus dem Osten der Schweiz bezeugen durch die Form ihrer Augen, dass die Hunnen einst dort gewesen sind.

Das Substratum-Konzept hilft festzustellen, ob vor der Verbreitung der Indogermanen eingeborene Völker eine nicht-indogermanische Sprache gesprochen haben. Wird in einem Siedlungsgebiet ein Substratum festgestellt, kann es als Kandidat für das Ursprungsland sofort ausgeschieden werden.

Die Indogermanen stammen nicht aus Indien; die Ur-Inder waren Dravida. Sie haben sich nicht vom Mittleren Osten her ausgebreitet, dort lebten seit den Anfängen der geschichtlichen Zeit semitisch-sprachige Völker. Die Indogermanen sind auch nicht aus Anatolien gekommen; dort wurde sowohl vor als auch nach der Invasion der Hethiter eine *Hurrian*- und eine *Luwian*-Sprache gesprochen.

Genauso wenig liegen die Wurzeln der Indogermanen in Afrika, dem Land der Hamiten und anderer nicht-indogermanischer Völker. Ihren Ursprung haben sie auch nicht im Süden Europas: In Griechenland hat ebenso wenig ein indogermanisches Volk gelebt wie in Italien, wo die Ligurer sesshaft waren oder in Spanien, wo die Basken siedelten, bevor die alten Griechen, die Illyrer, die Italiker und die Urnengräber-Völker gekommen sind. Die Indogermanen haben sich auch nicht in Frankreich entwickelt; das Substratum französischer Ortsnamen verrät, dass hier vor der keltischen Invasion eine nicht-indogermanische Bevölkerung gelebt hat. Ebenso wenig ist England die Heimat der Indogermanen; dort haben vor den Kelten die Pikten gelebt.

Nach dem Substratum-Kriterium kann auch Südrussland als Ursprungsland der Indogermanen nicht in Frage kommen. Kühn fand im Süden Russlands kein einziges Substratum einer indogermanischen Sprache.[51] Einige Flüsse tragen indoiranische Namen. Diese stammen aber von Wanderern, die sich auf dem Weg nach Süden befanden. Hingegen lässt das Vorhandensein von Sprachinseln im Gebiet des Kaukasus die Annahme zu, dass die pontisch-kaspische Region von kaukasisch-sprachigen Menschen bewohnt gewesen war, bevor die Indogermanen gekommen sind.

Marija Gimbutas behauptete, von den Kurgan-Völkern sei eine ur-indogermanische Sprache gesprochen worden. Es gibt jedoch nicht den kleinsten Hinweis darauf, dass die Hügelgrab-Erbauer Satem-Indogermanen gewesen wären. Wie gewöhnlich machte Gimbutas ihre Aussagen, ohne dafür auch nur den kleinsten Beweis zu liefern. Zudem macht ihre Ansicht nicht gerade viel Sinn.

Die Vorstellung, dass sich zwei in nächster Nähe lebende Nachbarn innerhalb von wenigen Tausend Jahren zu zwei gänzlich verschiedenen SIPs differenzieren konnten, widerspricht jeder Vernunft. Warum bloß hätten die Kurgan beginnen sollen, indogermanisch zu sprechen, während ihre Nachbarn im Norden sich dafür entschieden, eine finnisch-ugrische Sprache zu sprechen? Wie hätte der Gen-Austausch zwischen den beiden Völkern vermieden werden können, da sie doch einen engen kulturellen Austausch pflegten?

Gimbutas Vorstellung, dass die Nordländer Skandinaviens Hybrid-Nachkommen von nicht-indogermanischen Einheimischen und nordischen Kurgan-Vertretern waren, ist reine Phantasie. Wie hätte das Genmaterial von einigen wenigen Kurgan-Eroberen die Eigenheiten einer einheimischen Bevölkerung völlig überdecken können? Haben sie vielleicht einen Völkermord verübt, und auf diese Weise die Gimbutas Meinung nach nicht-indogermanischen Ansässigen ausgerottet?

Die Antwort auf diese Fragen ist ganz simpel: Sie erübrigen sich, wenn die absurden Ideen fallengelassen werden.

Hermann Hirt zeigte 1892 auf, dass mit Hilfe linguistischer Analysen offen gelegt werden kann, wie ein Glied einer fremden Sprachfamilie Veränderungen in einer indogermanischen Sprache bewirkte. Auf diese Weise gelang es Julius Pokorny denn auch, die Auswirkungen zu erkennen, welche einerseits die ural-altaischen Sprachen auf verschiedene indoiranische und baltoslawische Sprachen hatten, und das Etruskische andererseits auf das Illyrische.[52] Darüber hinaus fand er im Ur-Indogermanischen Spuren, die sowohl einen Einfluss der mediterranen Sprachen wie auch der Ursprache aus dem Ural bezeugen.

Weit weg von ihrem Ursprungsort haben viele indogermanische Sprachen Lehnwörter aus einem Substratum angenommen. Auffällig ist nun aber, dass sich in den germanischen Sprachen nicht die Spur eines fremdartigen Einflusses nachweisen lässt; als einzige der indogermanischen Sprachen haben die germanischen Sprachen kein Substratum. Noch außergewöhnlicher ist, dass auch kein einziger Ortsname in Südskandinavien oder in Norddeutschland als nicht-indogermanisch identifiziert werden konnte. H. Krahe hielt fest: [53]

«In der ganzen Region nördlich der exakt festgelegten Linie im Westen und im Osten

der Alpen kann man keine nicht-indogermanische Elemente beobachten. Das zeigt, dass diese ganze europäische Gegend nördlich der Alpen von frühesten Zeiten an indogermanisches Territorium war.»

Lothar Kilian teilte Krahes Meinung[54] und regte an, Völker mit LBK-Keramiken den Indogermanen zuzurechnen. Dazu gehörten für ihn auch die Gruppen in Zentraleuropa, auf dem Balkan und im Süden Russlands. Andere Argumentationen hingegen schließen diese Gegenden als Urheimat der Indogermanen ausdrücklich aus.

Vor dem ersten Eindringen der Indogermanen war die zentraleuropäische Waldregion nur dünn besiedelt: Steinäxte waren keine effizienten Werkzeuge, um den Wald zu roden, Ackerland gab es nur an den wenig fruchtbaren Seeufern. Dennoch hat es in Zentraleuropa eine nicht indogermanische Bevölkerung gegeben.

Als Kriterium zum Bestimmen des Zeitpunkts der ersten indogermanischen Einwanderungswelle nach Zentraleuropa galt Kossina die Schnurkeramiker-Tradition, sodass er sich auf die Jahre gegen Ende des 3. Jahrtausends festlegte. Die LBK-Völker waren Nachkommen der Cromagnons aus dem Westen und der in der Eiszeit aus dem Osten eingewanderten Völker. Ihr Idiom war eine nicht-indogermanische Sprache. Es mag eine entfernte Verwandschaft zu den Ligurern und den Basken südlich der Alpen gegeben haben. Die nord- und die zentraleuropäische Kultur der Steinzeit waren durch den Thüringischen und den Böhmischen Wald voneinander abgetrennt. Die Berge andererseits waren keine so starke Migrationsbarrieren. «Ötzi» mag auf dem Weg von einem südlichen Alpental zu seinen Verwandten in der österreichischen Seeregion gewesen sein, als er im späten Herbst von einem frühen Schneesturm überwältigt wurde.

Lappland in Nordskandinavien wird von den Samen bewohnt. Ihre Sprache gehört zur ural-altaischen Sprachfamilie. Hier treten die LEH-Gene in hohem Maße auf und weisen die Population damit als ein Mischvolk aus, das sich aus modernen asiatischen Eindringlingen und der ursprünglichen nordischen Bevölkerung herausgebildet hat. Die Samen haben Zeichnungen in die Felsen in Nordskandinavien eingraviert, auf denen Elche, Bären, Vögel, Fische, Meeressäuger, Menschen in ihren Booten und geometrische Figuren dargestellt sind. Der Stil der Gravuren unterscheidet sich grundsätzlich von den naturalistischen Bildern aus dem älteren Magdalénien, und sie stammen aus der Zeit seit 2700 v. Chr.

Das Substratum der samischen Kultur lässt wenig Zweifel offen, dass die Samen Abkömmlinge sind aus Verbindungen der nordasiatischen Eindringlinge mit den nordskandinavischen Eingeborenen. In einem Mischvolk werden unterschiedliche genetische Merkmale weitervererbt: Die Samen haben, gleich wie meine Enkelin Paula, die Schlitzaugen der Mongolen, aber auch das blonde Haar und die blauen Augen der Nordländer.

Sprachen werden aber nicht als Gemisch weitergegeben. Hybrid-Nachkommen reden entweder die eine oder die andere Sprache. Meine Kinder und Großkinder sprechen alle Schweizerdeutsch, nicht etwa eine Mischsprache aus Deutsch und Chinesisch. Das körperliche Erscheinungsbild der Menschen Zentraleuropas, der so genannten alpinen Rasse, ist aber weder ausschließlich nordisch noch ausschließlich mediterran; sie sind Hybriden. Vielleicht sind die ursprünglichen Populationen von den Einwanderern derart überrollt worden, dass kein physisches Substratum übrig bleiben konnte. Tatsache ist, dass noch kein abschließendes Urteil gefällt werden kann. Nicht alle Ortsnamen in der Schweiz beispielsweise können als germanisch, römisch oder illyrisch identifiziert werden. Linus Brunner aus St. Gallen hat sein Leben der Aufgabe gewidmet zu beweisen, dass die Flussnamen der Ostschweiz, die nicht ins gewohnte Sprachraster passen, nicht-indogermanischer Herkunft sind.[55]

Die Heimat der Indogermanen bedeutet nicht mehr als ein Mosaiksteinchen zum Bild der nacheiszeitlichen Geschichte unserer Welt. Eine nordeuropäische *Urheimat* kann harmonisch in das Mosaikbild der «Birke, Buch, Lachs»-Theorie eingepasst werden, das Linguisten wie Mann und Thieme sowie Archäologen wie Kossina und Kilian rekonstruiert haben. Ein nordisches *Urvolk* aus einer nordeuropäischen *Urheimat* mit Neandertaler/Cromagnons-Ahnen kann harmonisch in das Mosaikbild des «Kontinuitäts»-Modell eingepasst werden, wie es Anthropologen wie Weidenreich und Eckhard rekonstruiert haben. Eine *Ursprache,* gesprochen von einem *Urvolk* in einer Nordeuropöäischen *Urheimat* kann harmonisch in das Mosaikbild des «von einem Zentrum aus anschwellenden Verbreitens von Sprache» eingepasst werden, das Sprach-Taxonomisten wie Swadesh und Rhulen rekonstruiert haben. Nichtsdestotrotz gibt es noch immer einen weiteren Mosaikstein einzupassen: Was könnte der Grund dafür gewesen sein, dass das Urvolk die Urheimat verlassen und die Ursprache in entfernte Länder weiterverbreitet hat?

Kapitel 6

Das Ende eines Jahrtausends, das Ende einer Ära

Und nun – verflucht bist du, verbannt vom Ackerland, sprach Gott zu Kain. Wenn du den Acker bebauen wirst, soll er dir hinfort seinen Ertrag nicht mehr geben: unstet und flüchtig sollst du sein auf Erden.

Genesis 4, 11–12

Es muss in den Jahrhunderten um 4000 v. u. Z. etwas passiert sein. Die Seen in der Sahara trockneten aus, und die Menschen wandten sich ostwärts in Richtung Nil und nach dem tropischen Westafrika. Die Zivilisationen der Bronzezeit des Mittleren Ostens und des Indus brachen zusammen; die Bauern verließen ihre Äcker. Die Ufer der alpinen Seen wurden überflutet, und die Menschen flohen aus ihren Pfahlbaudörfern. Ein kaltes, feuchtes Klima breitete sich in Nordeuropa aus – die Völker suchten wieder «einen Platz an der Sonne». Dagegen wurde das Klima auf der chinesischen Zentralebene ausgesprochen trocken; Yu wurde zu einer Zeit zum König gewählt, als man lernte, die Flussüberschwemmungen durch wasserbauliche Maßnahmen zu kontrollieren.

Es fand ein Klimawechsel statt, eine globale Abkühlung, die mehrere Jahrhunderte andauerte und zum Ende des Klimatischen Optimums führte.

I. Vor 4000 Jahren gab es keine alpinen Gletscher

1967 bot mir die Eidgenössische Technische Hochschule in Zürich den Lehrstuhl für experimentelle Geologie an. Bis dahin war ich Theoretiker und alles andere als bekannt für technische Geschicklichkeit. Dennoch nahm ich die Berufung an, denn ich wollte ein Versprechen einhalten, das ich meiner verstorbenen Frau gegeben hatte: Unsere Kinder sollten in der Schweiz aufwachsen. Ich hatte also einen neuen Lehrstuhl inne und hielt Ausschau nach einer sinnvollen Aufgabe.

Im Sommer dieses Jahres traf ich in Edinburgh an einem internationalen Kongress über Sedimentforschung Ken Emery. Emery war ein Pionier der Meeresgeologie und für viele junge Wissenschaftler eine Quelle von Anregungen.

«Stimmt es, dass Sie jetzt in der Schweiz leben?»

«Ja.»

«Warum untersuchen Sie nicht die Schweizer Seen?»

Das war mir noch nie eingefallen. Ich dachte einen Augenblick nach und antwortete zögernd:

«Ja, warum eigentlich nicht.»

«Gut, treffen wir uns um fünf Uhr in der Ausstellungshalle. Ich werde Ihnen zeigen, wie man einen Kullenberg baut.»

Kullenberg war ein schwedischer Ozeanograph. Er hatte einen Sondierbohrer für ozeanische Sedimente entworfen, den man «Kullenberg-Kolbenbohrer» nennt. Einen Kullenberg kann man in der Tiefsee von einem Schiff aus zum Meeresgrund hinunterlassen, wo der Bohrer die Sedimente durchstößt und mehrere Meter dicke Proben entnimmt. Die Kullenberg-Bohrkerne verschaffen uns Einblick in die jüngere Geschichte des Ozeans. Um fünf Uhr traf ich Emery. Er kritzelte auf ein Kleenex-Tüchlein eine Skizze von einem Kullenberg. Sein Enthusiasmus war ansteckend, aber völlig überzeugt war ich nicht. Kein Schweizer Mechaniker würde aufgrund einer solchen «Blaupause» eine Maschine konstruieren, und ich war mir nicht sicher, ob die ETH bereit war, so viel Geld für Untersuchungen in Seen einzusetzen, zumal von mir erwartet wurde, ein Labor für Felsmechanik aufzubauen. Im Übrigen hatte ich auch keine Werkstatt zur Hand. Tatsächlich konnte ich mit keiner Hilfe rechnen; ich hatte weder Mechaniker noch Assistenten und keinen einzigen Studenten.

Wie der Zufall so spielt, rief mich kurz nach meiner Rückkehr aus Edinburgh eine Dame an: «Kann ich bitte Herrn Professor Hsü sprechen?»

«Am Apparat.»

«Der amerikanische Freund meiner Tochter ist bei uns. Er war Ihr Student in Riverside, und jetzt möchte er bei Ihnen an der ETH studieren.»

«Gut, warum nicht.»

Kerry Kelts kam am nächsten Tag vorbei. Der große dunkelhaarige junge Mann war bei seinen Kommilitonen sehr beliebt gewesen, ich konnte mich an ihn jedoch nicht als einen hervorragenden Studenten erinnern. Doch ich blieb unvoreingenommen, und einen Studenten konnte ich gebrauchen.

«Was möchten Sie tun?»

«Das weiß ich nicht. Ich werde das machen, was Sie mir auftragen.»

«In Ordnung. Ich habe letzten Monat Ken Emery getroffen. Er meinte, wir sollten die Schweizer Seen untersuchen.»

«Warum nicht, ich bin einverstanden.»

Drei zufällige Warum-Nicht standen am Anfang unseres Seeforschungsprogramms an der ETH. Mit der guten Idee von Emery, einem guten Mitarbeiter in der Person von Kelts und mit genügend finanzieller Unterstützung einer guten Verwaltung der ETH konnte das Projekt eigentlich nicht scheitern. Kerry verbrachte fast zehn Jahre mit Forschungsarbeiten für seine Doktorarbeit; er untersuchte die Sedimente des Zürichsees. Der Zürichsee liegt 410 Meter über Meer, das Klima ist so mild, dass der See im Winter nur selten zufriert. Oberhalb liegt der Walensee, der praktisch den gesamten Geröllschutt, den Bergbäche transportieren, aufnimmt. Am Grund des Zürichsees lagert sich deshalb als chemischer Niederschlag nur Seekalk ab. Kerrys Kullenberg konnte dem Seegrund nur eine sechs bis sieben Meter dicke Sedimentprobe entnehmen. Die oberste Schicht, abgelagert während der letzten 4000 Jahre, besteht aus mergeligem Kalk, während die untere Schicht rein ist. Dieser Wechsel beeindruckte Kerry. Offensichtlich war das Klima vor über 4000 Jahren trockener, dann regnerischer, und der Schlamm der Bergbäche wurde vom Walensee nicht gänzlich aufgefangen, sondern gelangte aufgeschwemmt in den Zürichsee und lagerte sich als Verunreinigung im Kalk ab.

Als Studenten hatten wir die Arbeit von Ernst Antev über das Klima im Holozän vor 10 000 Jahren kennen gelernt. Er erzählte uns, dass der Westen Nordamerikas während eines klimatischen Optimums vor etwa 10 000 bis 5000 Jahren wärmer und trockener gewesen sei. Danach sei das Klima kühler und feuchter geworden. Kerrys Arbeit bestätigte dies; die Abkühlung scheint global gewesen zu sein, aber der abrupte Wechsel fand in der Schweiz etwas später statt. Während des klimatischen Optimums war es also wärmer gewesen. Aber wie war es zuvor, vor mehr als 10 000 Jahren?

Damals ging die letzte Eiszeit zu Ende; es war bereits die Nacheiszeit.

Im Zusammenhang mit der Entwicklung des Neandertalers habe ich erwähnt, dass das Klima der Erde während der letzten zwei Millionen Jahre Schwankungen unterlag. Zu der einen Zeit waren die Hälfte von Nordamerika, ganz Skandinavien und die Berge Mitteleuropas von einer Eismasse bedeckt. Die größte Ausdehnung erreichten die Gletscher während der letzten Eiszeit etwa vor 18 000 Jahren. Dann, vor 16 000 bis 15 000 Jahren, begann weltweit ihr Rückzug. Innerhalb von einigen Tausend Jahren war Skandinavien von der Eisdecke befreit, und eine kleine weiße, alpine Blume, *Dryas octopetalla*, erschien in Dänemark am Rand der Gletscher. Dänemark war damals Tundragebiet. Man nennt dieses Klima der frühen Nacheiszeit die Alte Dryaszeit.

Die Veränderungen der Nacheiszeit habe ich mir immer gleichmäßig und kontinuierlich vorgestellt: Die Eisfront zog sich fortwährend zurück, und die Gletscher der Alpen stellen die Überreste der vergangenen Eiszeit dar. Tatsächlich aber erfolgte der Rückzug in zwei Schritten, unterbrochen von einem Vorrücken.

Als das Klima in der Nacheiszeit wärmer wurde, ersetzten Nadelbäume und Mischwald die Tundra in Europa. Plötzlich, etwa vor 11 000 Jahren,[1] kehrten die Gletscher zurück. Dieses kurze kalte Zwischenspiel, als auch die alpine Dryas octopetalla wieder nach Dänemark zurückkehrte, wird die Jüngere Dryas genannt. Aber die Kälte verschwand, nach ein paar Jahrhunderten, so schnell, wie sie erschienen war. Die so genannte pleistozäne Eiszeit endete. Das Holozän, eine «völlig neue» Periode begann vor etwa 10 000 Jahren. Während des Klimatischen Optimums im frühen Holozän herrschte weltweit ein wärmeres Klima, aber in der zweiten Hälfte des Holozän sanken die Temperaturen merklich. Kerry ermittelte dies aus seinen Untersuchungen der Seesedimente. Er war jedoch unglücklich, nicht in ein älteres Kapitel der Klimageschichte vorstoßen zu können. Er gelangte nur ins Holozän, wollte jedoch in die Jüngere und Ältere Dryas und die Ablagerungen der Gletscher am Ausfluss des Zürichsees untersuchen.

Kerry meinte, ich solle Mittel auftreiben, um ein tiefes Loch in den Zürichsee zu bohren. Ich befürchtete, dies würde Millionen kosten und hielt es für unmöglich, die Mittel dazu zu erhalten. Eines Tages, nach einem Gespräch mit dem Vizepräsidenten der ETH über Budgetdetails für ein Labor für Massenspektroskopie, äußerte ich meinen Dank für diese Einrichtung.

«Aber nicht doch», sagte Dr. Frei. «Sehr viel ist es ja nicht. Der Teilchenbeschleuniger der Physiker kostet den Steuerzahler viel mehr.»

«Wir haben auch teure Projekte, aber wir sind zu bescheiden, die Mittel anzufordern. Könnten wir Geld erhalten, um ein Loch in den Zürichsee zu bohren?»

«Warum nicht? Sie müssen einen Vorschlag einreichen, der von drei internationalen Experten begutachtet wird. Wenn diese Ihren Vorschlag unterstützen, geben wir Ihnen das Geld.»

So sprach Eduard Frei immer, seit er erkannt hatte, dass Universitätspräsident Ursprung noch keines meiner Forschungsvorhaben abgeschlagen hatte. Kerry ging an die Arbeit und beschaffte sich Voranschläge über die Bohrkosten. Wir reichten das Projekt ein, erhielten große Zustimmung und konnten die Bohrungen im Zürichsee im Frühjahr 1980 beginnen. In diesem Jahr kamen drei Studenten aus China an unser Institut. Herr Zhao war der Sohn einer «guten» (d. h. proletarischen) Familie. Er konnte die Universität in China besuchen, als einziger einer Familie mit neun Kindern. Er überlebte die große Hungersnot von 1958 bis 1961, während seine Eltern und Geschwister in einer landwirtschaftlichen Volkskommune vor Hunger starben. Nun, da Mao tot war, wurden die Chinesen wieder vernünftig: Sie wollten, dass ihre jungen Leute ins Ausland gingen und etwas lernten. Herr Zhao wurde aufgrund seiner Klassenherkunft ausgewählt. Nach seiner Ankunft erzählte er, es sei sein größter Ehrgeiz, zusammen mit dem berühmten chinesischen Professor einen Artikel zu verfassen.

Menschen aus «guten» Familien mochte ich nicht. Während der Kulturrevolution standen die Intellektuellen, jene «stinkende Bande», am untersten Ende des gesellschaftlichen Ansehens. Viele meiner Verwandten und Freunde litten unter den Exzessen der Roten Garden, die alle aus «guten Familien» kamen.

Auch die Naivität von Herr Zhao beeindruckte mich nicht. Er wurde für Hilfsarbeiten in Kerry Kelts Labor eingesetzt. Da sich Herr Zhao sehr hilfsbereit zeigte, erhielt er die Gelegenheit, an der Beschreibung der ersten Proben aus dem Bohrloch im Zürichsee mithelfen zu dürfen. Eines Tages stürmte Herr Zhao in mein Büro. Ich war verärgert über dieses Eindringen, stand auf und wollte ihn hinauswerfen:

«Herr Zhao, Sie können mich während der Kaffeezeit sprechen. Ich habe zwanzig Studenten und komme nicht zum Arbeiten, wenn mir alle so die Bürotür einrennen.»

«Aber, Herr Professor Hsü, es ist sehr wichtig. Ich habe Warven gefunden!» Er war aufgeregt und drückte mit ein Bild in die Hand.

Ich schaute auf das Foto und begann meine Geduld zu verlieren.

«Herr Zhao, haben Sie je die klassische Studie von Kuenen und Migliorini gelesen? Die Ablagerungen von dünnen Sedimenten sind keine Warven.»

«Aber es sind Warven. Ich habe mit Kerry darüber gesprochen, er stimmt mir zu.»

Ich griff zu meinem Telefon und rief Kelts an.

«Kerry, Herr Zhao ist in meinem Büro. Er sagt, er habe Warven gefunden.»

«Ja, Ken. Das sind Warven aus der Jüngeren Dryas. Ich habe ihm bei der Analyse geholfen. Das ist in Ordnung.»

Der Begriff «Warve» wurde vom schwedischen Geologen De Geer geprägt für papierdünne Ablagerungen von Sand und Lehm in einem See, eine Warve umfasst eine Schicht pro Jahr. Warven wurden im Baltischen Meer während der Nacheiszeit abgelagert, als es ein großer Süßwassersee war. In der Vorkriegszeit hatte De Geer die Warven Schwedens gezählt und uns berichtet, dass die skandinavische Eisdecke sich vor etwa 10 000 Jahren zurückgezogen habe. Wir glaubten ihm, obwohl die meisten von uns nie eine Warve gesehen hatten. Später, in den fünfziger Jahren, ließen Kuenen und Migliorini «eine Bombe platzen»; sie behaupteten, Warven entstünden nach Frühlingsstürmen durch Strömungen unter Wasser, und es könne pro Jahr mehr als eine Warve entstehen. Die beiden Sedimentologen schienen eine gute Idee gehabt zu haben, und ihre Theorie wurde allgemein anerkannt. In den siebziger Jahren konnten wir in Zürich tatsächlich solche Unterwasserströmungen instrumentell nachweisen und zählten in einigen Fällen bis zu fünf «Warven» oder Strömungsablagerungen pro Jahr. Damit war die Sache für mich erledigt: Warven sind keine Jahresablagerungen. Nun lernte ich etwas Neues, von einem Proletarier aus einer «guten Familie», den ich gering geschätzt hatte. Das Gespräch mit Kerry Kelts überzeugte mich: Gewiss waren hier Sturmablagerungen, aber Herr Zhao hatte echte Warven gefunden. Die Lehmablagerung auf einer echten Warve ist ein typischer Niederschlag des Winters, und es gibt nur einen Winter jedes Jahr.

Nun begriffen wir, dass Warven nicht der jährliche Niederschlag in irgendeinem alten See sind, sondern der jährliche Niederschlag in Seen, die jeden Winter zufrieren. Unter gewöhnlichen Umständen wurden die Aufschwemmungen durch ganzjährliche Strömungen in den Zürichsee gebracht. Der grobkörnige Sand fällte sofort aus, die sehr feinen, langsam sinkenden Lehmpartikel jedoch mischten sich mit den rasch sinkenden Sandkörnern, die später herangebracht wurden. Es konnten keine Lehmschichten entstehen, da Lehm und Sand nicht geschieden waren, und es konnten keine Warven entstehen, da es keine Lehmschicht gab. Die Sache verhält sich jedoch anders, wenn der See oder der zuführende Fluss zugefroren ist. Es besteht weiterhin eine Lehmaufschwemmung im Seewasser unterhalb der Eisschicht, aber es können keine Sandpartikel zugeführt werden. Lehmpartikel fällen während des ganzen Winters in ihrer üblichen langsamen Geschwindigkeit aus, «ungestört» durch eine Sedimentation von Sandpartikeln. Die Ablagerung in einem gefrorenen See besteht im Winter folglich aus Lehm. Ist der See jährlich zugefroren, entsteht jedes Jahr eine Lehmschicht. Die Sandschicht im Frühling und die Lehmschicht im Winter begrenzen die jährliche Warve.

Der Zürichsee fror zu, als das Klima erheblich kühler war als jetzt; während der Jüngeren Dryas fror er tatsächlich jedes Jahr zu. Die Warven waren die normale jährliche Ablagerung eines sehr kalten Klimas. Nach der Jüngeren Dryas fror der See nicht mehr regelmäßig zu. Es entstanden keine Warven, und wir konnten im Zürichsee und in anderen Seen des schweizerischen Mittellandes keine Warven finden.

Wenn Herr Zhaos Theorie richtig ist, mussten wir Warven in jenen Gebirgsseen finden, die jeden Winter zufrieren. Wir reichten ein Projekt ein, die alpinen Seen zu untersuchen. Herr Ursprung war immer noch Präsident der ETH, und unser Antrag wurde unterstützt. Unsere Vermutung wurde bestätigt: In jedem der zehn Alpenseen, die jeden Winter zufrieren, fanden wir Warven.[2] Die Lehmschicht am oberen Ende der Warven ist die Ablagerung von so genannter Gletschermilch – eine grünliche Aufschwemmung, die vom Schmelzwasser der Gletscher stammt, welches die rasch fließenden Bergbäche heranführen. Mitteleuropäische Seen gefrieren unter bestimmten klimatischen Bedingungen. Während Wochen müssen Temperaturen unter dem Gefrierpunkt herrschen. Diese Bedingung war 1963 gegeben, als der Zürichsee zufror, letztmals seit bald 40 Jahren. Während der Kleinen Eiszeit fror er viel häufiger zu, da die Bedingungen dafür häufiger gegeben waren. Er fror jeden Winter während der Jüngeren Dryas zu, als Temperaturen unter null Grad eher die Norm als die Ausnahme waren.

Warven geben spezielle Hinweise auf spezielle klimatische Bedingungen, und nun hatten wir ein sehr mächtiges Werkzeug, um das Klima der Vergangenheit zu studieren. Die Kosten für die Untersuchungen waren sehr bescheiden. Ich gab einen der verheißungsvollsten Untersuchungsvorschläge meiner Karriere ein und erwartete keine Schwierigkeiten, zumal die bescheidenen Projekte für Absolventen der ETH fast immer bewilligt wurden. Präsident Ursprung, der die ETH sehr gut leitete, sollte bald Staatssekretär für Wissenschaft in Bern werden. Nun stürzten die «Wölfe», die nur darauf gewartet hatten, über mich herzufallen, sich auf mich. Als auch Dr. Frei ersetzt war, wurde mein Projekt verworfen. Der Start einer so viel versprechenden Untersuchung musste um fünf Jahre verschoben werden, bis die ETH einen anderen Präsidenten bekam. Ich konnte die Resultate nicht mehr erfahren, da ich mich ein Jahr später zurückzog.

Andreas Lehmann führte die Untersuchungen zu Ende. Er fand Warven im Silvaplanersee im Oberengadin. Er wusste, dass er Warven finden würde, erwartete aber nicht, dass die älteste 4000 Jahre alt war. Zu seiner und meiner Überraschung existiert keine Warven-Sedimentation während des Klimatischen Optimums. Damals fror der See nicht jeden Winter zu, weil es vor mehr als 4000 Jahren zu warm dazu war. Es gab keine Ablagerung aus Gletschermilch, weil es keine Getschermilch gab – und es gab keine Gletschermilch, weil es keine Gletscher gab.

Vor 4000 Jahren ...; eine magische Zahl. Ich rief Kerry an, der nun in Minnesota war.

«Kerry, es gibt keine Warven-Sedimente, die älter als 4000 Jahre sind.»

«Ja, das habe ich erwartet. Das ist es genau, was ich in den letzten zwanzig Jahren versucht habe, Dir und jedermann weiszumachen. Ihr habt einfach nicht auf mich gehört. Wir alle wissen, dass ein Wechsel vom klimatischen Optimum zum späten Holozän stattgefunden hat, aber ich war der Einzige, der diesen klimatischen Wechsel als weltweit und gleichzeitig einschätzte. Ich habe sogar dem NSF einen Vorschlag eingereicht, diesen globalen Wandel zu untersuchen, er wurde abgelehnt. Aber es gibt alle Anzeichen einer globalen Abkühlung am Ende des Klimatischen Optimums – am Ende einer Ära, am Ende des dritten Jahrtausends v. Chr.»

«Jetzt glauben schon zwei daran», antwortete ich Kerry.

II. Die großen Seen der Sahara

Während vieler Jahre war ich Mitglied im Vorstand der *Scientific Commission on Ocean Research* (SCOR). An einem Treffen in den USA berichtete der Generalsekretär über eine Anfrage der *International Council of Scientific Unions* (ICSU), einen Vertreter der SCOR in ihren Ausschuss zu entsenden. Meine Kollegen waren ausgesprochene Spezialisten und München war weit weg. Da nirgendwo ein Interesse vorhanden war, erbot ich mich, der Einladung des ICSU zu folgen.

In München traf ich Bill Hutcheson. Er war der Präsident der Internationalen Vereinigung für Geologische Wissenschaften *(International Union of Geological Sciences, IUGS)* und ersuchte die aktive Teilnahme von Geologen am Programm der ICSU. Er forderte mich auf, mich an der Arbeitsgruppe zur Klimaforschung zu beteiligen. Die Gruppe traf sich in Washington und unterbreitete dem ICSU ein Papier. Aber Hutcheson starb kurz darauf an Krebs, und die IUGS war nicht mehr aktiv, bis Eugene Seibold ihr Präsident wurde. An einem Meeting in China forderte mich Seibold auf, den Vorsitz der Arbeitsgruppe zu übernehmen und ernannte mich zum Vertreter der IUGS in der ICSU.

Wir wandten uns an Diplomaten; die schweizerische UNESCO-Delegation unterbreitete der Generalversammlung einen Vorschlag, und wir erhielten ungeteilte Zustimmung. Nun mussten wir uns organisieren. An einem Treffen in Paris im Jahr 1989 traf ich Nicole Petit-Maire, Professorin an der Universität von Marseille, die während mehrerer Jahre über Klimaveränderungen in der Sahara gearbeitet hatte. Ich hatte viel davon gehört, dass in der Sahara während des Klimatischen Optimums große Seen bestanden hätten. Nun hatte ich die Gelegenheit, von einer Expertin Erkenntnisse aus erster Hand zu erhalten. Nicole erzählte mir, dass das Klima während des Klimatischen Optimums nicht nur wärmer gewesen war, sondern auch feuchter, und zwar auf der ganzen Breite von Nordafrika, dem Mittleren Osten und Asien. Große Süsswasserseen hätten im Gebiet der Sahara in der Tat existiert. Sie selbst arbeitete in Mali. Dort herrschte vor 9500 bis 4000 Jahren ein feuchtes Klima mit viel Regenfällen. Fischschwärme zogen vom Niger und der Küste Senegals in die Seen der Sahara. Die Seen waren umgeben von Palmen und frischem Gras.[3] Mesolithische (oder spätpaläolithische) und neolithische Werkzeuge wurden an vielen Orten gefunden, überzeugende Hinweise, dass in jener Zeit Menschen in der Sahara lebten. Wer waren diese Menschen?

Einen Anhaltspunkt lieferten die Malereien und Gravuren an den Felsen. Der Archäologe Herbert Kühn beschreibt seine Erlebnisse: «Man reitet viele Stunden lang auf dem Kamelrücken durch die Wüste. Die Sonne brennt. Die Landschaft erstreckt sich ins Unendliche. Der Wüstensand liegt vor uns wie das offene Meer. Man trifft kaum auf Menschen, selten eine Karawane (...). Plötzlich stehen die Berge vor uns, Steine, Felsen. Tritt man näher, erkennt man Bilder und Gravuren aus sehr alter Zeit. Gezeichnet sind Elefanten, Nashörner, Büffel, Flusspferde, Antilopen, Giraffen usw. Ein Jäger mit Bogen und Pfeilen steht vor den Tieren.»[4]

Die Felsmalereien sind im Stil fast identisch mit denjenigen im östlichen Spanien. Solche Malereien wurden überall in Afrika gefunden, und es wird berichtet, dass Buschleute noch solche Bilder malten, als die ersten Europäer auftauchten. Die Maler waren Jäger wie die Buschmänner heute, sie übten weder Viehzucht noch Landwirtschaft aus.

In den Seeablagerungen bei Hassi-El-Abiod wurden menschliche Skelette gefunden; die Menschen lebten dort vor 8500 bis 7500 Jahren. Die Schädelstücke zeigen die Merkmale der nordafrikanischen Cromagnon-Rasse. Auf diese mesolithischen Jäger folgten die neolithischen Töpfer.

Die Ergebnisse von Petit-Maires Untersuchungen sollten eigentlich jedermann überzeugen, dass in der Sahara vor 9500 bis 4000 Jahren ein feuchtes Klima herrschte. Vielen Wissenschaftlern fehlt jedoch der gesunde Menschenverstand; sie predigen Axiome wie religiöse Sektierer. Sie reden eine abstrakte Sprache, eine Sprache der Eingeweihten, unverständlich für den Laien. Sie verwenden Hochleistungscomputer als unfehlbare Autorität, unerklärbar dem weniger Fortgeschrittenen. Ich habe einen von ihnen getroffen – einen hochspezialisierten Gelehrten, der für die *Word Meteorological Organisation* (WMO) arbeitete.

In den frühen achtziger Jahren reiste ich mit ihm an ein Meeting der SCOR in Schweden. Die WMO hatte es sich soeben zur Aufgabe gemacht, das Verständnis über Meteorologie zu fördern, aber publizierte auch die *World Climate News,* organisierte Konferenzen über Klimaänderungen und beteiligte sich am *World Climate Research Program* (WRCP).[5] Die Verschiedenartigkeit zwischen Klimatologie und Meteorologie vergegenwärtigte ich mir nicht, sondern erwartete von meinem Reisegefährten der WMO Aufschlüsse über das Geheimnis der Sahara-Seen. Eher zögernd fragte ich: «Geologen fanden Hinweise, dass die Sahara vor 5000 Jahren, als es wärmer war, sehr viel mehr Wasser hatte. Es gab Süßwasserseen in der Wüste.»

«Das ist nicht möglich.»

«Aber sie haben Beweise.»

«Es ist unmöglich!» wiederholte er mit Nachdruck. «Es ist physikalisch unmöglich, aus der Wüste der Sahara ein Grasland zu machen.»

«Warum?»

«Haben Sie noch nie etwas von den Hadley-Zellen gehört?»

«Nein.»

«Die physikalische Kraft der Erdrotation bewirkt, dass die feuchten Luftmassen der mittleren Breiten zu den Tropen und den nördlichen Gebieten bewegt werden.[6] Deshalb sind die mittleren Breiten Wüsten. In der Sahara steigt der Wasserdampf empor, es regnet nicht. Da bei höherer Temperatur mehr Wasserdampf emporsteigt, müsste die Sahara, als es wärmer war, noch trockener gewesen sein.»

Da ich Nicole zu jener Zeit noch nicht gekannt hatte, war ich mir der klimatischen Bedeutung für geologische Beweise nicht klar. Ich stritt nicht mit meinem Freund; vielleicht hatten die Geologen unrecht; Physiker wissen es immer besser.

Mein Freund mag übrigens denselben Eindruck von den Mathematikern unter seinen Kollegen der WCRP gehabt haben. Die Modelltheoretiker informierten das Laienpublikum in einem Artikel des *Scientific American,* dass die Sahara unter einer Klimaerwärmung noch trockener werden würde. Ihr Resultat entnahmen sie dem Computer, dieser magischen Black box. Was haben wir «Briefmarkensammler» zu vermelden angesichts «wissenschaftlicher Fakten»? Wer sind wir denn, die Autorität der Hohepriester in Frage zu stellen?

Ich fand neuen Mut, als ich die Studie von Nicole las. Ich begriff, dass es gegen den gesunden Menschenverstand wäre, ihre Schlussfolgerungen abzulehnen. Physiker verwerfen den gesunden Menschenverstand, sie haben Einsteins Relativitätstheorie angenommen. Wir Naturwissenschaftler versuchen unsere Erkenntnisse in einer alltäglichen Sprache auszudrücken. Und manchmal trägt der gesunde Menschenverstand den Sieg davon. Jahre später traf ich einen Meteorologen, der weniger Physik, aber mehr Ozeanographie studiert hatte als mein Freund von der WMO. Er betrachtete das Sahara-Phänomen überhaupt nicht als Rätsel. Als ich ihn danach fragte, erwiderte er: «Es ist einfach zu erklären: Westafrika erhält seine feuchte Luft von den südlichen Winden des Atlantiks. In den Zeiten einer globalen Wärme waren die Winde stärker und brachten mehr Regen in die Sahara.»

Als ich ihn nach den Hadley-Zellen fragte, lachte er: «Natürlich, es gibt Hadley-Zellen. Aber die Wettervoraussagen im Fernsehen haben Sie doch auch gesehen. Regen wird durch Winde herangebracht, durch Wetterfronten. Südchina liegt auf derselben Breite, unter einer Hadley-Zelle, wie die Sahara, aber dort gibt es Reisfelder.[6] Dort ist keine Wüste, weil die südöstlichen Monsunwinde Regen bringen.»

«Südchina *war* eine Wüste, vor 100 Millionen Jahren. Jetzt begreife ich: damals gab es keinen südöstlichen Monsun.»

Von meinen Lesern erwarte ich gesunden Menschenverstand, dies von den «Fachidioten» zu erwarten, habe ich aufgegeben. Es macht Sinn anzunehmen, dass atlantische Monsunwinde die Begrünung der Sahara während des Klimatischen Optimums verursachten. Das Austrocknen der Sahara-Seen ist dann eine Folge der globalen Abkühlung am Ende des dritten Jahrtausends v. Chr. Die Studie von Petit-Maire in Mali war eine Bestätigung dieser Annahme. Nach 2500 v. Chr. begannen die Seen auszutrocknen, nach 2000 v. Chr. wurde die Sahara eine Steinwüste. Es gab vorher zwei Perioden der Trockenheit: zwischen 5000 und 4500 und um 3500 v. Chr. Überreste einer menschlichen Bevölkerung aus den ungünstigen Zeiten wurden aber nicht gefunden; Menschen lebten in der Sahara nur während der warmen und feuchten Zeit.

Als die Seen austrockneten, wanderten die Stämme der Sahara ostwärts. Die Ähnlichkeit zwischen der Kunst in der Sahara und in Ägypten ist durch Ausgrabungen bestätigt worden. Die Keramik der frühesten ägyptischen Kulturschicht hat einen identischen Malstil wie die neolitischen Felsgravuren und die Töpfe aus Libyen. Diese enge Verwandtschaft ist durch Vergleiche von anderen kulturellen Überresten bestätigt worden. Die so genannte Gerzeh-Keramik aus Ägypten wurde im Gebiet von Oran in Algerien und in Almeria in Spanien gefunden. Aufgrund archäologischer Hinweise vermutet Lamb, dass die Verschlechterung der Umweltbedingungen während des vierten Jahrtausends v. Chr. die Jäger und Viehzüchter westwärts zu den Schwemmböden von

Ägypten wandern liess, wo eine Ackerbauzivilisation etwa vor 5200 Jahren entstand.[7] Es gab einen doppelten Tauschhandel. Die Einwanderung der Hyksos um 1700 v. Chr. brachte das Pferd nach Ägypten; die Pferdedarstellungen in der lybischen Wüste müssen nach dieser Zeit entstanden sein. Die Trockenheit führte zu erheblich härteren Umweltbedingungen, und nur wenige Anzeichen einer menschlichen Besiedlung der Sahara nach 1000 v. Chr. wurden gefunden. Zusätzlich zur Ostwanderung zogen die Bewohner der Sahara in mehreren Schüben südwärts. Diese Völkerwanderung haben linguistische Studien nachgezeichnet, kürzlich umfassend dargestellt von Jared Diamond.[8]

Neben den später eintreffenden Afroasiaten des Nordens und den Malaisch-Polynesiern aus Madagaskar bestand die Bevölkerung Zentralafrikas aus den khoi-san, niger-kongolesisch und nilo-saharisch Sprechenden und den Pygmäen. Diese sind Jäger und Sammler. Sie haben keine eigene Sprache, sondern sprechen die Sprache ihrer Nachbarn. Die Pygmäen scheinen die Urbevölkerung Afrikas zu sein, bevor die Cromagnon-Rassen und Afroasiaten einwanderten. Die Khoi-Khoin, früher Buschmänner oder Hottentoten genannt, sind auch Jäger und Sammler. Sie lebten im östlichen, zentralen und südlichen Afrika. Ihre kulturelle Ähnlichkeit mit den Cromagnon-Jägern zeigt die frühere Verbreitung der Sahara-Kultur. Die Einwanderer aus der Sahara drangen Richtung Süden vor, mischten sich mit der einheimischen Bevölkerung und gaben damit der Khoi-San-Sprache ihre doppelte Herkunft.

Die Angehörigen der niger-kongolesischen Stämme, die Bantu und Nicht-Bantu waren Ackerbauern und besiedelten das Gebiet zwischen Kamerun und Ostnigeria zwischen 3000 v. Chr. und 500 n. Chr. Diese Menschen wanderten aus dem Norden ein, etwa vor 4000 Jahren! Einige der niger-kongolesischen Stämme übersiedelten in den Süden des Kontinents und ließen die Khoi-Khoin in trockenen Enklaven zurück.

Schließlich gibt es die nilo-saharisch Sprechenden in den Enklaven des östlichen und zentralen Afrika. Sie könnten die ursprünglichen Sahara-Bewohner gewesen sein, die ostwärts zogen, bevor sie von den afroasiatischen Einwanderern umgeben wurden. Die Ursache all dieser Wanderungen waren die Klimaänderungen.

III. Der Zusammenbruch der frühen Bronzekultur

Der Mittlere Osten ist die Wiege des Ackerbaus und der Zivilisation. Zivilisationen beruhten – bis zur Industriellen Revolution – fast ausschließlich auf der Landwirtschaft, und die landwirtschaftliche Produktion wird durch das Klima gesteuert.

Erstmals versuchten Menschen in Mesopotamien und Anatolien Nahrungsmittel herzustellen, wo die Vegetation alles andere als großzügig war. Einige behaupten, dass Not erfinderisch mache. Es gibt jedoch bessere Orte als den Wüstenrand, um Getreide anzupflanzen. Unser Wissen um das ständig ändernde Klima führt zur Frage, ob der Mittlere Osten schon immer ein trockenes Gebiet gewesen ist.

Heute ist das Klima des Mittleren Ostens geprägt durch kühle, regnerische Winter und heiße, trockene Sommer. Hauptsächlich nordwestliche Winde aus Europa und westliche aus dem Mittelmeerraum bringen Regen. Aber das Klima war anders während des frühen Holozän. Es gab Niederschläge im Sommer, verursacht durch Monsunwinde.[9] Die südlichen Winde werden jetzt von den nördlichen Winden, die vom Land her kommen, aufgehalten, und tropische Stürme aus dem Indischen Ozean erreichen selten Gebiete nördlich der Negevwüste.

Computer-Modelle geben vor, der Einfluss des Monsunsystems des Indischen Ozeans habe sich während einer Zeit vor 12 000 bis 9000 Jahren bis auf die südlichen und östlichen Teile von Südwestasien erstreckt und sei dann während der folgenden Jahre des Klimatischen Optimums zurückgegangen.[10] Die Mathematiker mit ihren Modellen beeindruckten mich nicht mehr länger, nachdem sie beim Versuch gescheitert waren, das Klima der Sahara zu simulieren. Ich war eher bereit, die Beweise der Naturwissenschaftler zu akzeptieren, dass der Mittlere Osten nicht nur wärmer, sondern während des Klimatischen Optimums auch regenreicher war.[11]

Ich arbeite jetzt für eine Ingenieurfirma, welche versucht, das Problem der Überschwemmungen in Sansibar zu lösen. Als mir erzählt wurde, dass in der Monsunzeit während 40 Tagen etwa 1500 mm Regen gefallen seien, dachte ich an die Bibel: «Und der Herr sprach zu Noah: (...). ich will regnen lassen auf die Erde, vierzig Tage und vierzig Nächte lang.» Gelehrte haben angenommen, das sumerische Epos *Gilgamesch* stelle die Quelle des biblischen Mythos dar. Die Flut kam mit aller Macht über Sumer, nachdem der Sturm sieben Tage lang getobt hatte. Am Ende kam der Sonnengott Utu hervor und wärmte die Erde.[12]

Wenn diese Erzählung die plausible Schilderung eines historischen Ereignisses darstellt, handelt es sich um einen ungewöhnlichen Sturm im Sommer. Ich erinnere mich an Regenfälle in Houston in der Jahreszeit der Stürme, als ein Niederschlag von 150 mm während eines Tages genügte, um ernsthafte Überschwemmungen zu verursachen. Ein Monsunregen während einer Woche musste im flachen Deltagebiet von Mesopotamien schwere Verwüstungen anrichten. Sumer ist weit entfernt von Sansibar, natürlich, aber der Sturm mag vor 6000 Jahren während den wärmsten Jahren des Klimatischen Optimums bis weit in den Norden gekommen sein.

Wenn wir alle Mythen und Spekulationen beiseite lassen, so weisen doch alle Anzeichen auf ein wärmeres und feuchteres Klima in der Frühen Bronzezeit im Mittleren Osten hin. Als ich 1995 in Israel war, besuchte ich die alte kanaanitische Stadt Arad am Rand der Negevwüste. Die Anlage zeugt von einem hohen Stand der Stadtplanung, beginnend mit der Wahl des Ortes bis zur Einteilung der Stadt in Quartiere. Im Zentrum befand sich ein großes Reservoir, aber es ist leer. Arad hatte einst mehrere Tausend Einwohner. Plötzlich wurde die Stadt aufgegeben. Die verlassenen Häuser zeigen keine Anzeichen einer Kriegszerstörung; die Stadt wurde wegen Wassermangels verlassen. Die Trockenheit war keine vorübergehende Erscheinung, und die Leute kehrten für Jahrhunderte nicht mehr zurück. In der israelitischen Zeit im achten oder neunten Jahrhundert v. Chr. wurde ein 21 Meter tiefes Loch vom Boden der Zisterne aus gegraben, um Grundwasser zu erhalten.[13] Die Zisterne ist wieder trocken, Anzeichen eines heute tieferen Grundwasserspiegels.

Wurde diese Ansiedlung der Frühen Bronzezeit wegen der Dürre aufgegeben? Ich zweifelte daran.

Ein Jahr später besuchte ich meinen ehemaligen Studenten Kerry Kelts in Minneapolis. Ich hatte erfahren, dass er an Krebs im Endstadium leide, war aber angenehm überrascht, ihn voller Energie zu finden, voll von Ideen, wie er es immer gewesen war.

Kerry war erfreut, dass ich mich endlich interessiert zeigte, womit er sich beschäftigt hatte, und unsere Rollen waren vertauscht: Er war der Lehrer und ich der Schüler. Ich erzählte ihm von meinem Besuch in Arad, meinen Nachforschungen in Israel. Er schmunzelte, dass sein Lehrer im Ruhestand nicht mehr weiterwusste. Ich war nicht informiert, dass Harvey Weiss von der Yale Universität eine internationale Studie über den Zusammenbruch der Zivilisation in Mesopotamien in der Frühen Bronzezeit organisiert hatte.[14] Sie hatten soeben ein neues Buch veröffentlicht, fügte Kerry an. Weiss und andere fanden eine Vielzahl von archäologischen und geologischen Angaben, die auf einen abrupten Klimawechsel hinwiesen, der um 2200 v. Chr. einsetzte. Die Dürre zwang die Ackerbauern eines weiten Gebietes, ihre Siedlungen zu verlassen; in Ostafrika, Palästina, Anatolien, Nord- und Südmesopotamien und im Golf von Oman. Der Zusammenbruch dieser Kulturen fand zur gleichen Zeit statt.

Ich begann mir Literatur zu beschaffen – der Fortschritt an Erkenntnissen ist beachtlich. Städte im westlichen Asien, von Nabata im nördlichen Syrien bis zum Hindutal in Indien, wurden während der zweiten Hälfte des dritten Jahrtausends verlassen. Es gibt keine Anzeichen von Gewalt oder Hinweise auf kriegerische Auseinandersetzungen. An verschiedenen Orten des Mittleren Ostens kann die Zeit anhand von «öden» Schichten zwischen kulturellen Überresten der Frühen und Mittleren Bronzezeit exakt angegeben werden. Öde sind diese Schichten in dem Sinne, dass sie keine Anzeichen einer menschlichen Anwesenheit enthalten. Vor 2200 v. Chr. existierten blühende Städte, Felder wurden bewässert, Getreide wurde angebaut.

Dann erschienen Zeichen der Trockenheit, und die Felder und Ansiedlungen mussten für etwa 300 Jahre aufgegeben werden. Um 1900 v. Chr. wurden Gebiete in Mesopotamien durch die Bauern der Mittleren Bronzezeit wieder unter den Pflug genommen und die Städte im Hindutal durch indogermanische Einwanderer in der Mitte des zweiten Jahrtausends wieder besiedelt.

Vor kurzem wurde der Tagungsband über «Klimawechsel im dritten Jahrtausend v. Chr. und der Zusammenbruch der Alten Welt» veröffentlicht.[15]

Die darin versammelten 33 Beiträge berichten über Umweltkatastrophen im Mittleren Osten, Nilüberschwemmungen, plötzliche klimatische Wechsel in Nord- und Zentralafrika und den Zusammenbruch der Zivilisation im Hindutal. Die Mehrheit der Aufsätze bestätigen Harvey Weiss' Schlussfolgerungen, dass um 2200 v. Chr. eine schroffe klimatische Krise eintrat.

Vor 4200 Jahren! Felder in Anatolien wurden verlassen, das Reich von Akkad brach zusammen, das alte Königtum in Ägypten zerfiel, die Städte des Hindutals wurden verlassen. Die Siedlungen wurden *verlassen*, nicht zerstört. Die Menschen der Harappakultur siedelten ostwärts in Gegenden mit reichlicheren Regenfällen.[16] Die Folgen des kalten und trockenen Klimas waren für das westliche Asien wahrhaftig umfassend.

IV. Die verlassenen Hütten der Pfahlbauern

Ein junger, sportlicher Mann betrat einst mein Büro in den ersten Jahren unserer Seeforschung. Er stellte sich als der Unterwasser-Archäologe der Stadt Zürich vor. Von steinzeitlichen Pfahlbauern hatte ich schon gehört: Es war eine sensationelle Entdeckung von Ferdinand Keller im Winter 1854 gewesen, in einem trockenen Jahr, als der Spiegel des Zürichsees beinahe einen halben Meter tiefer als üblich lag. Keller fand Pfähle neolithischer Bauten am Ufer des Sees. Er glaubte, dass die Häuser auf Stelzen ins Wasser gebaut worden waren.

Nun wurde mir berichtet, dass die Häuser nicht ins Wasser, sondern auf dem trockenen Boden gestanden hatten.

«Wirklich?»

«Ja, wir sind uns dessen sicher», sagte Herr Ruff. «Wo die Feuerstätte war, ist der Boden der Hütte angekohlt.»

«Sie bauten ihre Häuser also nicht ins Wasser?»

«Nein, sie bauten am Seeufer, wo sie die Pfähle leicht in den weichen Grund treiben konnten. Im Übrigen brauchten sie keine Bäume zu fällen, da dort keine wachsen konnten.»

Da ich zur gleichen Zeit Gartenpfosten in den Boden meines steinigen Hinterhofs schlagen musste, wusste ich Herr Ruffs Überlegungen zu würdigen. Er besuchte mich jedoch nicht vorwiegend, um mich zu unterrichten, sondern um meine Hilfe zu erbeten. Die Pfähle lagen nun einige Meter tief im Wasser. Glitten sie in den See oder stieg der Seepegel an, so dass die Pfähle überschwemmt wurden?

Ich betrachtete seine Aufnahmen und antwortete: «Nein, Herr Ruff, die Pfosten sind dort, wo sie waren. Es gab Bewegungen des Seegrundes, wir nennen sie *Rutschungen*. Normalerweise stabilisiert sich das Seeufer nach einem kleinen Rutsch, oder es erfolgt ein großer Einbruch, nachdem das gesamte Seeufer auf den Grund des Sees versinkt. Aber diese Aufnahmen zeigen, dass die Pfähle nicht weit von demjenigen Ort wegbewegt worden sind, wo sie eingegraben wurden, sie sind nur wenig gekippt.»

«Danke, Herr Professor. Wir dachten auch, dass die Pfähle überschwemmt wurden, als der Seespiegel anstieg, aber es ist gut, die Meinung eines Experten einzuholen.»

«Gab es Überschwemmungen?»

«Wir wissen es nicht. Die Menschen verließen ihre Hütten überstürzt, sie ließen ihre ganze Habe zurück. Wir fanden schöne Holzwerkzeuge, die Griffe der Steinäxte sind immer noch ganz, nach all den Jahren im Wasser. Aber wir haben keine Leichen gefunden, die Menschen konnten fliehen, bevor das Hochwasser kam.»

«Wann kam die Flut?»

«Wir sind noch nicht so weit, um das sicher sagen zu können. Es gab Überschwemmungen, sowohl vor als auch nach der Ansiedlung in der Bronzezeit.»

Ich verlor den Kontakt zu Ruff, aber 30 Jahre später, als ich über den Kollaps der Zivilisationen der Frühen Bronzezeit schrieb, rief ich in seinem Büro an. Der Stadtarchäologe war inzwischen pensioniert, aber sein Assistent sandte mir einige neuere Arbeiten, und ich begann nachzurechnen.

Wir wissen heute, dass viele Generationen von neolothischen Bauern am Ufer des Zürichsees siedelten, zuerst gegen Ende des fünften Jahrtausends v. Chr. Ein erstes Mal wurden die Pfahlbauten um 3500 v. Chr. überschwemmt. Während einiger Jahrhunderte blieben die Siedlungen verlassen, bis neue Ansiedler kamen, die letzten von ihnen stellten Schnurkeramik her. Um 2400 v. Chr. wurden die Ansiedlungen an den Ufern des Sees wieder aufgegeben. Das Seeufer war bis 1600 v. Chr unbewohnt.[17]

Während des Klimatischen Optimums war es in Europa mild und angenehm. Das erste Vordringen der Berggletscher etwa 3300 v. Chr. überraschte «Ötzi», den Mann im Eis, den man kürzlich in Südtirol fand. Sowohl die norditalienischen wie auch die österreichischen Seegebiete wurden von neolithischen Bauern bewohnt. Ötzis letzte Mahlzeit zeigt an, dass er aus dem Süden stammte.

Er verließ sein Dorf nach der Ernte im späten Herbst und starb in einem Schneesturm. Der Schnee verwandelte sich in Eis, und Ötzi blieb in den Tiroler Alpen begraben, bis er 1991 gefunden wurde.[18] Ötzis Tod kündigt die erste Kleine Eiszeit in Mitteleuropa an.

Mitteleuropa hatte während dieser globalen Abkühlung nasse Sommer, und die alpinen Gletscher stießen vor. Jetzt wissen wir, dass der Seespiegel anstieg. Die erste Ansiedlung am Zürichsee wurde überschwemmt, noch bevor Ötzi von einer Eisdecke begraben wurde. Dann wurde das Klima wieder wärmer und trockener, doch das Tiroler Eisfeld schmolz nicht gänzlich. Die kurze warme Zeit dieser Jahre war die letzte des Klimatischen Optimums. Der Wasserspiegel des Sees sank wieder, und Menschen konnten an den alten Plätzen neue «See-Häuser» bauen. Die Pfahlbauern in Horgen am Zürichsee erfreuten sich für sechs oder sieben Jahrhunderte an ihrem Wohlstand. Aber gegen Ende des dritten Jahrtausends änderte sich das Klima noch einmal. Der Seespiegel stieg wieder an. Die Pfahlbauern mussten ihre Ansiedlungen hastig verlassen. Ihre Hütten und ihre Habe jedoch wurden in Wasser und Schlamm für mehr als 4000 Jahre erhalten.

V. Die Mumien von Takla Makan

Während des Kriegs waren wir sehr arm. Eine Zeitung kostete einen Penny, und ich versuchte immer, einen Penny zu sparen, da ich alte Zeitungen von meinen «verschwenderischen» Freunden ausleihen konnte. Auch in meiner Zeit in Zürich war ich immer noch zu geizig, um eine amerikanische Zeitung zu abonnieren. Ich wollte jedoch die Football-Resultate erfahren, weshalb ich mir von amerikanischen Studenten immer *The Herald Tribune* auslieh. Durch meinen unausrottbaren Geiz hatte ein Student zufällig mein Interesse an einem Artikel in der *Herald Tribune* vom 9. Mai 1995 geweckt:

Spuren von frühen Kaukasiern in Asien
 Kürzlich wurden mumifizierte Menschen gefunden, die vor 2400 bis 4000 Jahren im Tarim-Becken in Westchina lebten. Sie müssen eine starke europäische Erscheinung gehabt haben, einige glichen Iren oder Walisern. Ihre Sprache, das ausgestorbene Tocharisch, zeigt ebenfalls Ähnlichkeiten mit keltischen und germanischen Sprachen.

Ich hatte Kenntnis von der Entdeckung der ersten Mumie in Sinkiang, einer rothaarigen kaukasischen Frau, und hatte den Leichnam 1983 im Museum von Ürümqi gesehen. Wohl war ich damals neugierig, hatte die Sache aber nicht verfolgt. Jetzt berichtete die Zeitung, dass Victor Mair von der Universität von Pennsylvania Linguisten, Archäologen, Historiker, Molekularbiologen und andere Gelehrte zu einem Kongress aufgerufen habe, um ihre neuesten Arbeiten vorzustellen. Mair wurde folgendermaßen zitiert: «Da die kaukasischen Leichname des Tarim-Beckens fast sicher die östlichsten Vertreter der indogermanischen Familie sind und weil sie aus einer sehr frühen Zeit stammen, so dass ein Zusammenhang zwischen der Ausbreitung der indogermanischen Völker und ihrem Herkunftsgebiet besteht, könnten diese Leichname eine entscheidende Rolle spielen, um die Heimat der Indogermanen zu bestimmen.»

Mit anderen Worten: Diese Kaukasier des Tarim-Beckens, auch Wupu genannt, bilden den Schlüssel zur Lösung der indogermanischen Frage.

Zwei außerordentlich wichtige Punkte sind zu erklären: Zum Einen wanderten sie weiter östlich als die so genannten Satem-Völker von Südrussland, Iran und Indien, zudem sprachen sie eine Kentumsprache des Westens. Weiterhin überwanden sie eine große Distanz, um sich, aus Westeuropa kommend, vor 4000 Jahren für eine nur sehr kurze Zeit in den Oasen der Takla-Makan-Wüste niederzulassen.

Vor 4000 Jahren, wiederum diese rätselhafte Zahl!

Ich schrieb Mair, und er antwortete mir: «Letztes Jahr, als ich eine Gastprofessur am Institut für Menschheitsgeschichte an der Universität von Kyoto innehatte, stieß ich auf zahlreiche Artikel von japanischen Forschern. Gespannt las ich in diesen Aufsätzen, dass um 1800 v. Chr. ein drastischer Klimasturz stattgefunden hatte. Das war um die Zeit, als die Indogermanen begonnen hatten, von ihrem pontischen Heimatland in alle Himmelsrichtungen auszuwandern. Ihr Brief bestätigt mir diese bedeutungsvollen Klimaveränderungen.

Die Mitglieder meines Teams haben schon lange vermutet, dass es irgendeine Katastrophe gewesen sein musste, die die Indogermanen zwang, ihre Heimat zu verlassen und zu so weit entfernten und sichtlich unwirtlichen Orten wie das Tarim-Becken zu wandern. Nachdem ich Ihren wertvollen Brief erhalten habe, bin ich sicher, dass wir uns tatsächlich den wirklichen Ursachen nähern.»

Mair lud mich ein, mich mit einem Aufsatz am Kongress zu beteiligen, und ich folgte seiner Anfrage gerne. Mein einziger Einwand betraf seine Formulierung vom «pontischen Heimatland». Es gab keine Hinweise auf eine Katastrophe in der pontischen Ebene um 1800 v. Chr. Die Katastrophe ereignete sich im nordeuropäischen Heimatland der Indogermanen um 2000 v. Chr.

Der alte ausgetrocknete Leichnam von Sinkiang mit den typisch europäischen Merkmalen wurde 1978 entdeckt, und viele weitere wurden in den letzten zwei Jahrzehnten gefunden. Victor Mair vermutete, dass diese ursprünglichen Bewohner des Tarim-Beckens im ersten und zweiten Jahrtausend v. Chr. die Vorfahren der Tocharisch sprechenden Indogermanen des neunten Jahrhunderts n. Chr. gewesen sein könnten. Mair bemerkte auch, dass die Wupu mit ihren langen Nasen, tiefliegenden Augen, blonden Haaren usw. Merkmale einer nordischen Abstammung aufwiesen.[19]

Neben den Schädelvermessungen stammen die überzeugendsten anthropologischen Beweise aus der Analyse der so genannten mtDNA der Wupu-Mumien. Mitochondrien waren früher selbstständige Lebewesen, ähnlich den Bakterien, die in einem sehr frühen Stadium der Evolution eine Symbiose mit dem Zellkern eingingen. Die Zelle gewährt Mitochondrien Nahrung und Schutz, diese, umgekehrt, dienen dem Stoffwechsel der Zelle.

Alle höheren Organismen besitzen pro Zelle mehrere Mitrochondrien, die durch eine spezifische DNA gekennzeichnet sind. Die mtDNA vereinigen sich nicht, sie werden nur mütterlicherseits weitergegeben: die Mitrochondrien in den Samenzellen dringen nicht in die Eizelle ein, nur diejenigen der Eizelle also werden an die Nachkommen weitergegeben.

Die Vertreibung von europäischen und nicht-europäischen Varianten von mtDNA ist äußerst unterschiedlich. Die Chromosomengruppe H zum Beispiel ist sehr verbreitet in Europa, etwa 40 Prozent der Bewohner Schwedens, Finnlands, Italiens usw. verfügen über diese Mitrochondrien-Familie, aber sie wurde nur bei 3 von 1175 Nicht-Kaukasiern entdeckt.

Paulo Francalacci hat Proben von Wupu-Mumien untersucht und herausgefunden, dass sie zur Chromosomengruppe H gehören. Das Ergebnis bestätigt daher die These eines europäischen Ursprungs der alten Leichname von Sinkiang.[20]

Die Untersuchungen der Textilien durch Elizabeth Barber und Irene Good sind besonders lohnenswert.[21] Einer der alten Stoffe «ist das am weitesten östlich bekannte Exemplar des charakteristischen europäischen Twill-Gewebes». Es besteht eine bemerkenswerte Ähnlichkeit zwischen dem wollenen Plaidtuch und solchen in neolithischen Gräbern in Dänemark, sowohl in der Webart wie in den Mustern. Twill ist ein nördlicher, europäischer Stoff von traditioneller Webart. Die Wupu trugen dieselbe Art von Twill-Plaid und Baskenmützen wie die heutigen Kelten in Schottland. Die Experten berichteten, dass die Tradition des südlichen Mittleren Ostens hauptsächlich die «Kette-Schuss-Weberei» gewesen sei, welche im späten dritten Jahrtausend zur Wandteppichweberei

Syriens und zu Webrahmentechniken im Gebiet des Kaspischen Meers geführt habe. Solche Techniken erreichten das Tarim-Becken vielleicht auch, aber zu einer viel späteren Zeit. Die Twill-Macher kamen direkt aus Westeuropa im frühen zweiten Jahrtausend.

Sprachkundliche Studien über die Stellung der Tocharer-Sprachen bestätigten die bisherige Übereinstimmung, dass die Hethiter- und Tocharer-Sprachen sich nach ihrer frühen Abzweigung vom Früh-Indogermanischen unabhängig weiterentwickelten.[22]

Früher haben Wissenschaftler darüber geklagt, dass wir nie die Frage würden beantworten können, ob die Menschen der Ursprache des Indogermanischen nordische Völker gewesen seien, weil keine Mumien alter Indogermanen gefunden werden könnten. Nun haben wir die Mumien! Die Identifizierung der Einwanderer in Tarim als Vorfahren der späteren Tocharer lässt keine Zweifel, dass das indogermanische Ursprungsland im nördlichen Europa lag. Die Tocharisch Sprechenden zogen um 2000 v. Chr. durch die Steppen. Sie durchquerten das Gebiet der Ural-Altaisch sprechenden Völker, was die beträchtliche Anleihe des Tocharischen aus den finnisch-ugrischen Sprachen belegt.[23]

VI. Die Nordländer

Vor etwa 15 000 Jahren begannen die Gletscher zu schmelzen. Im Norden Europas stand die Gletscherfront in Südskandinavien, worauf die isländischen Sagen als «die Mauer» verweisen. Die Eisdecke machte einen letzten Vorstoss vor etwa 11 000 Jahren, dann kam das Ende der Eiszeit, das gewöhnlich vor 10 000 Jahren angesetzt wird. Eine rasche globale Erwärmung führte zum Klimatischen Optimum, das 5000 bis 6000 Jahre dauerte; das Klima war sogar wärmer als heute.

Im baltischen Becken befand sich ein riesiger Süßwassersee, bevor vor etwa 8000 oder 7500 Jahren das Baltische Meer entstand. Jäger, Fischer und Sammler ließen sich an den Ufern dieses nördlichen Landgebiets nieder.

Der nächste große Sprung vorwärts war die Agrarische Revolution – eine neue Gesellschaft entstand, geprägt durch die Nahrungsmittelproduktion. Ackerbau betrieben erstmals neolithische Völker des Mittleren Ostens vor etwa 10 000 Jahren. Die neolithische Kultur erstreckte sich zu Beginn auf Südosteuropa, dann auf Mitteleuropa und erreichte den Norden Europas erst um 4000 v. Chr., Skandinavien sogar ein Jahrtausend später.[24]

Die Notwendigkeit, Getreide und andere Pflanzen regelmäßig zu kochen, führte zur Suche nach besseren Gefäßen. Die mesolithischen Jäger und Sammler benutzten wasserdichte Behälter; die neolithischen Bauern erfanden die Töpferei. Töpfe wurden schon um 7000 v. Chr. in Südosteuropa und Anatolien hergestellt, als sich die ersten neolithischen Bauern niederließen.

Die Töpferei verbreitete sich im 6. Jahrtausend v. Chr. in Mitteleuropa, wo Bauern in Langhäusern lebten und ihre Töpfe mit linearen Mustern verzierten. Geschwungene oder gezackte Linien wurden in die Oberfläche des Tontopfes eingeritzt, bevor er gebrannt wurde.

Der Fachausdruck dafür lautet *Linearbandkeramik,* und die Menschen, welche solche herstellen, werden LBK-Menschen genannt. Sie lebten in Mitteldeutschland, Zentralpolen, Österreich, Tschechien und der Slowakei. LBK-Ansiedlungen wurden auf fruchtbaren Böden, in der Nähe von fließenden Wassern oder in tief gelegenen Gebieten gefunden. Bemerkenswerterweise wurde dieser Topftyp in Nordeuropa, nördlich der Grenze der Lößböden, nicht gefunden.

Diese Trennlinie stimmt mehr oder weniger mit dem südlichsten Rand der letzten Gletschervereisung überein und bildet eine natürliche Grenze, welche die viehzüchtenden nördlichen von den ackerbauenden Mittelgermanen trennt. Später unterschieden sich die Töpfe in Zentraleuropa mehr durch die Form als die Dekorationen. Archäologen sprechen von *Trichterbecherkultur* (TRB, 4000–3300 v. Chr.) und *Rundamphorenkultur* (3300–2600 v. Chr.).

Die LBK-Menschen Mitteleuropas lebten in Waldgebieten. Seit etwa 4000 v. Chr. beerdigten sie ihre Toten unter sorgfältig errichteten Erdhügeln, in Stein- oder Plattengräbern und in Einzel- oder Sammelgräbern. Die Skelette enthalten einen großen Anteil des rundköpfigen Typus, und es sind markante Unterschiede der physischen Merkmale auszumachen.

Die frühesten neolithischen Bewohner nördlich der Lößgrenze waren immer noch Sammler, als die LBK-Menschen im Süden schon Getreide anbauten. Die nördlichen Germanen und die Dänen begannen erst zu Beginn des vierten Jahrtausends, ihre Wälder durch Abbrennen und Niederschlagen zu roden. Sie erhielten sich jedoch hauptsächlich durch Viehzucht. Die Menschen weiter nördlich, in Südskandinavien, blieben Jäger und Fischer.

Während des späten Neolithikums wurde in Nordeuropa die Töpferei im gleichen Stil betrieben wie von den TRB-Menschen. Die Nordwesteuropäer unterschieden sich jedoch durch ihre Begräbnissitten. Sie waren Megalith-Bauern. Die frühesten großen Steinmonumente wurden in Britannien errichtet, Megalith-Gräber wurden der ganzen atlantischen Küste entlang gefunden, von Spanien bis nach Britannien und Dänemark, nicht jedoch in Zentral- und Osteuropa.

Vieh bildete den Reichtum des Neolithkums, und Herrschaft wurde auf dem Wohlstand begründet, den die Viehherden brachten. Brian Hayden vermutet, dass die neolithischen Herrscher um 3000 v. Chr. begannen, Stonehenge und andere Megalith-Stätten zu errichten; sie benützten die «Kathedralen der Steinzeit» für ihre Sonnenwendfeiern.[25] Auf dem Kontinent errichteten die Menschen aus großen Felsblöcken eindrucksvolle kollektive Grabmonumente – die Megalith-Gräber.

Der Begräbnisstil änderte sich nach 3000 v. Chr., als Bronze in Europa zum Einsatz kam. In Nord- und Osteuropa, besonders in der Gegend zwischen Rhein und Weichsel, wurden unter niedrigen Erdhügeln Einzelgräber gefunden.

Auch die Form der Topfwaren änderte sich in Zentraleuropa kurz vor 3000 v. Chr. Trichterbecher wurden ersetzt durch Glockenbecher oder Rundamphoren. In der Sprache der Archäologie: An die Stelle der TRB trat die *Rundamphorenkultur*. In Thüringen entdeckten die Bauern eine neue Art, die Töpfe zu dekorieren:[26] Schnüre oder Stricke wurden auf die weichen Töpfe gepresst, wodurch sie vor dem Brennen geschmückt wurden.

Diese Technik der Schnurkeramik wurde um 2500 v. Chr. von den Viehzüchtern Nordeuropas übernommen.[27] Einige dänische und skandinavische Stämme jedoch waren konservativ und fuhren fort, die Töpfe der neuen Form durch Gravuren und kleine Zeichen zu verzieren.

Steinäxte wurden verwendet, um die Wälder für die Viehzucht zu roden. Nun wurde von den Menschen der *Schnurkeramikkultur* eine neue Axtart erfunden. Anstatt den Stein an den hölzernen Griff zu binden, wurde ein Loch in den Stein gebohrt, in das der Griff hineingesteckt wurde. Dies war die so genannte durchbohrte Streitaxt; die Menschen nutzten sie während ihren Einfällen und Eroberungen. Archäologen glaubten, dass die Streitaxt mit einem Griffloch zuerst im Mittleren Osten aus Bronze hergestellt worden war und die Streitaxt des nördlichen Europa eine einfache Imitation in Stein darstellte.

Wo immer der Ursprung dieses neuen Stils liegt, Streitäxte wurden meistens in Gräbern des nördlichen Europa zusammen mit Schnurkeramikwaren gefunden.

Kossinna nannte die Menschen, die im nördlichen Europa während der zweiten Hälfte des dritten Jahrtausends lebten, die Schnurkeramik-/Streitaxt-/Einzelgräber-Menschen. Wer waren ihre Vorfahren? Wer waren diese Menschen?

Sie könnten die Vorfahren der Lappen gewesen sein, wurde vermutet. Die Lappen leben jetzt in der arktischen Gegend, und sie haben sich eingerichtet, im kalten Klima zu leben. Wie die Cromagnon-Menschen? Könnten sie die Abkömmlinge der Cromagnon des nordwestlichen Europa gewesen sein?

Nein! Die Lappen gehören zur selben Gruppe von Menschen wie die nördlichen Asiaten, die die finnisch-ugrischen Sprachen sprechen. Sie kamen spät nach Skandinavien, westwärts getrieben durch die nördlichen Asiaten. Die Lappen besetzten Finnland, bevor die angestammten Finnen um 100 n. Chr. vom südlichen Ufer des Golfs von Finnland ins Landesinnere vorstießen. Dadurch erwarben sie ihre finnisch-ugrische Sprache, obwohl sie mit den nordischen Völkern Skandinaviens ethnisch näher verwandt sind.

Die schwedischen und norwegischen Lappen lebten immer in ihrer ursprünglichen Heimat nördlich des Polarkreises. Sie sind ural-altaische Völker, vom Osten in die Arktik zugewandert und stammen von Ural-Altariern des Späteren Paläolithikums ab. Sie sind dunkelhaarig und bilden einen exogamen Stamm der Nordischen.

Sagen sind gute Quellen über Wanderungen und Überfälle. Die Indogermanen haben ihre «Rigveda», die Kelten ihr «Leabhar Gabhála» (Buch der Einwanderung) und die Azteken ihre «Codices». Die Nordländer haben keine Mythen oder Legenden der Wanderungen. Zweifellos aber müssen sie von irgendwo hergekommen sein, denn während der Eiszeit war das Land unter einer Eisdecke begraben.

Die ersten Nordländer waren Cromagnon-Jäger, die dem Großwild der Tundra folgten. Sie zogen nordwärts, als die Eisdecke weggeschmolzen war. Schon in der Jüngeren Dryas, vor 11'000 bis 10'000 Jahren, stand die Gletscherfront im südlichen Norwegen und in Schweden. Die isländische «Edda Völuspá» ist eine Geschichte der Dinge der Welt.

Die nordischen Pioniere machten keine Eroberungen, um eine einheimische Bevölkerung zu unterwerfen. Sie waren umgekehrt begierig, die «Eisgiganten» zu töten – die Mammuts. Diese haarigen Tiere waren am Rand der Eisdecke herumgezogen, bevor die skandinavischen Gletscher vollständig verschwanden.[28] Es gibt keine Anzeichen für eine vorgängige Kultur, weder in der Sprache noch in Ortsnamen. Die nordischen Völker waren Neuankömmlinge in einem unberührten Land.

Die nordische Lebensart entwickelte sich während des Klimatischen Optimums. Die Menschen jagten Kleintiere und lernten die Techniken der Netzfischerei. Sie erstellten Körbe und sammelten Getreidekörner. Sie bemalten nicht mehr länger ihre Höhlen, sondern gravierten Figuren auf nackte Felsen. Vielleicht lernten diese Jäger und Sammler auch die Viehzucht. Die Kultur veränderte sich, nicht jedoch die Völker. Whittle entdeckte einen kontinuierlichen Fortgang: Der Wechsel von TRB im frühen Neolithikum zur Schnurkeramik-, Streitaxt- und Einzelgräber-Kultur ist gekennzeichnet durch einen beständigen Übergang überall in Deutschland, der Schweiz, den Niederlanden usw. Es gab keine größeren Bevölkerungsumschichtungen, keine feindlichen Einwanderungen.

Es sind keine Anzeichen vorhanden, weder für eine Verdrängung einer nicht-indogermanischen durch eine indogermanische Sprache noch für eine Unterwerfung der einheimischen Bevölkerung durch Eindringlinge. [29]

Archäologen in Europa können diesen Schluss aus ihrer Feldforschung nur bestätigen. Einar Ostmo untersuchte die Kulturabfolgen in Norwegen; er konnte keine Anzeichen finden für eine Einwanderung nach Norwegen seit mindestens dem Anfang des Neolithikums.[30]

Agirdas Girininkas ging einen Schritt weiter und erklärte, dass die Völker des Baltikums schon immer in dieser Gegend gejagt, gefischt und Ackerbau getrieben hätten; sie seien schon immer dort gewesen, seit Skandinavien eisfrei war und sie als Erste angekommen waren.[31]

Die Nordländer kamen tatsächlich als Volk der Steinzeit in den Norden. Sie folgten dem Großwild am Rand der sich zurückziehenden Gletscher und betraten als Erste das eisfreie Gebiet Nordeuropas. Es gab nur geringfügige sprachliche Unterschiede zwischen diesen in den Ebenen umherstreifenden Jägern. Eine Entwicklung zu unterschiedlichen Dialekten begann vermutlich nach der neolithischen Revolution, als die Indogermanen sesshafte Ackerbauern wurden. Sie könnte um 5000 v. Chr. begonnen haben, bis im Verlauf von einigen Tausend Jahren die westlichen Zweige in Deutschland und Skandinavien Kentum-Dialekte und die östlichen der baltischen Region Satem-Dialekte sprachen.

Die Ur-Indogermanen lebten als friedfertige Jäger und Sammler im dritten Jahrtausend v. Chr. in Nordeuropa. Sie mögen etwas träge gewesen sein, wie ihre von Tacitus beschriebenen Nachfahren, die Germanen. Sie lebten auf kleinen Stücken gerodetem Land nahe den Wäldern, hielten Vieh und pflanzten Roggen und Gerste an. Sie erzählten sich ihre Geschichten und feierten die Sonnenwenden.

Sie scheinen eine glückliche und zufriedene Gruppe zu sein. Warum sollten sie wegziehen wollen, um Steppen, Gebirge oder Wüsten zu erobern? Oder wurden sie dazu gezwungen?

Wir sind wieder bei der Frage, warum die Tocharer nach Takla Makan gelangten.

Es gibt nur einen geschichtlichen Beweggrund, der diese Menschen veranlassen konnte, ihre Wohnstätten zu verlassen: sie mussten gehen. Sie mussten ihre Heimat verlassen, weil eine klimatische Katastrophe gegen Ende des dritten Jahrtausends v. Chr. dem Klimatischen Optimum ein Ende setzte. Die Beweise aus naturwissenschaftlichen Studien über die weltweite Abkühlung während der vorhistorischen Zeit sind eindeutig. Es gibt aber auch «historische» Anzeichen im altpersischen Epos Avesta. Die Heimat der

Indogermanen wird dort beschrieben als das Land mit zehn Winter- und zwei Sommermonaten.[32]

Die Ur-Indogermanen verließen ihre Heimat nicht, um Gebiete zu erobern; sie zogen fort wie Lemminge, weil sie dem Hungertod ins Antlitz blickten. Dem Hungertod gegenüber befanden sich sich, weil sie nicht genug Vieh halten oder Getreide anbauen konnten, um sich zu ernähren. Und die Beschränkung des Viehbestands und des Getreideanbaus erfolgte, weil das Klimatische Optimum am Ausgang des dritten Jahrtausends v. Chr. endete.

Dieselbe Katastrophe am Ende einer Ära gegen Ende eines Jahrtausends verursachte den Exodus aus der vertrockneten Sahara, den Zusammenbruch der bronzezeitlichen Zivilisation, die Überschwemmung der Pfahlbausiedlungen und die Zerstreuung der Indogermanen!

Sie wanderten aus wie die Seefahrer in biblischer oder die Helvetier zu Cäsars Zeit oder die Mormonen im 19. Jahrhundert. Männer, Frauen und Kinder verließen ihre Wohnstätten und zogen in Massen fort, zu Fuß oder auf Wagen. Notfalls verteidigten sie sich, aber die Indogermanen waren eher Siedler als Eroberer. Das entscheidende Motiv für die Bevölkerungsbewegungen der Helvetier, Goten oder Mormonen war nicht die kriegerische Eroberung. Gewiss würden sie kämpfen, wenn man sie dazu zwang, aber sie bevorzugten unberührtes oder aufgegebenes Land. Die nordischen Völker kamen nach Skandinavien, als die Gletscher verschwunden waren. Die Tocharer kamen in verlassene Oasen in China, vielleicht geführt von einem indogermanischen Moses. Die Alemannen gewannen ihre Felder durch Rodung. Selbst die berüchtigten Arier können, gemäß modernen Untersuchungen, nicht verantwortlich gemacht werden für die Zerstörung des Industals; sie ließen sich in Städten nieder, die schon zuvor von ihren Erbauern verlassen worden waren.

Die Indogermanen mochten ihre Heimat während des Klimatischen Optimums. Sie jagten und fischten wie Adam und Eva im Garten Eden. Danach lernten sie Vieh zu halten und pflügten den Boden wie Abel und Kain. In den Augen Gottes mussten sie gesündigt haben: Das Land gab ihnen seinen Ertrag nicht mehr länger. Sie wurden umherstreifende Flüchtlinge. Die Satem-Völker des Baltikums gingen südwärts. Sie trafen auf die einheimische Bevölkerung im pontisch-kaukasischen Gebiet, wie die Goten zur römischen Zeit. Bei den Steppenvölkern im Gebiet von Kurgan gründeten sie eine indogermanische Kolonie, bevor einige Stämme südwärts nach Persien und Indien weiterzogen. Die Kentum-Völker Deutschlands und Dänemarks zogen ostwärts in den Balkan, nach Griechenland und Anatolien, sie waren die ersten Reisenden auf der Seidenstraße nach Takla Makan.

Die Indogermanen wurden aus ihrer Heimat durch eine Kleine Eiszeit vertrieben, der ersten von vier in den letzten fünftausend Jahren. Die Völker des Nordens spürten die Auswirkungen der Abkühlung als Erste: Die Indogermanen begannen ihren Zug südwärts kurz nach 2500 v. Chr. Der Anfang der weltweiten Kälte veränderte auch das Leben an den Ufern der Bergseen in Zentraleuropa: diese Ansiedlungen wurden schon um 2400 v. Chr. überschwemmt. Die Einwanderer könnten sich in Schüben, während mehrerer Generationen, fortbewegt haben und siedelten auf freien Gebieten, wie die Tocharer in Takla Makan, oder mischten sich mit der einheimischen Bevölkerung wie die Vorfahren der Indo-Iraner im pontisch-kaukasischen Gebiet.

Die neolithischen Ackerbauern des westlichen Asiens lebten schlecht, als die kleine Eiszeit um 2200 v. Chr. ihren Höhepunkt erreichte. In Mesopotamien war das Schlimmste nach 300 Jahren überstanden, Menschen kehrten um 1900 v. Chr. in die Ackerbaudörfer zurück.

Zur gleichen Zeit sind im Fernen Osten Bevölkerungsbewegungen festzustellen. In Wellen zogen Sino-Tibetanisch sprechende Gruppen südwärts. Dann, während einigen Jahrhunderten, vor 4000 Jahren, gelangten die Vorfahren der Polynesier nach Taiwan und von dort aus nach den philipinischen und pazifischen Inseln.

Meine Kollegen sprechen über ein Ereignis um 4000 v. Chr. Das Datum markiert zwar das Ende eines Jahrtausends, aber das Ende des Klimatischen Optimums kam allmählich, an verschiedenen Orten zu unterschiedlicher Zeit. Es fand kein Ereignis statt. Es war das allmähliche Erscheinen einer Kleinen Eiszeit.

Kapitel 7

Die Dunkelheit vor dem Tagesanbruch

Diese unbekannten Fremden kamen von irgendwo jenseits aller Zivilisation. Auf Wagen, gezogen von buckligen Ochsen, die schweren Karren mit soliden Rädern hoch bepackt mit Hausrat, Männer begleitet von Frauen und Kindern, diese Ausländer zogen immer weiter (…). Wo immer dieser schreckliche Zug anhielt, hinterließ er brennende Häuser, zerstörte Städte und verwüstete Felder. Niemand konnte diese Fremden stoppen, sie zerschlugen jeden Widerstand.

Werner Keller, Und die Bibel hat doch recht

Das Erscheinen der Alten Welt – der klassischen Welt der Antike und des Alten Rom – folgte auf den Untergang der großen Zivilisation der Bronzezeit im Mittelmeerraum und ein «dunkles Zeitalter» begann.

Colin Renfrew, Vorwort, The Centuries of Darkness

Als ich 1996 von Berlin nach Zürich zurückkehrte, begann in meinem Kopf ein Muster von Geschichte Gestalt anzunehmen. Die indogermanischen Wanderungen, die Völkerwanderung und die Kolonialisierung fanden in drei Wellen statt, während dreier Kleiner Eiszeiten, die ihren Höhepunkt um 2000 v. Chr., 400 n. Chr. und 1600 n. Chr. hatten. Einer Periodizität gemäß müsste es noch andere Wanderungsbewegungen gegeben haben, verursacht durch andere Klimakatastrophen in den Jahrhunderten vor und nach 800 v. Chr. Davon wusste ich nichts, aber jetzt weiß ich: Es gab eine Kleine Eiszeit in den «dunklen Jahrhunderten».

I. Das Klima am Ende der Bronzezeit

Die dorische «Invasion» nach Griechenland fasziniert; wir wissen wenig von den Geschehnissen während des griechischen Dunklen Zeitalters – das ist die Zeit nach dem Niedergang der mykenischen Kulturen und vor der Übernahme der phönizischen Schrift durch die Griechen, grob gerechnet, zwischen 1200 und 800 v. Chr. Hatten die Ereignisse einen Bezug zu einer Klimaveränderung? Reid Bryson und Thomas Murray bejahen dies: Das Ende der Zivilisation der Bronzezeit wurde durch eine Trockenheit in Mykene ausgelöst. Sie schrieben 1977: «In einer sonnigen Ebene südwestlich Athens liegen die Ruinen von Mykene. Zwölfhundert Jahre und länger vor Christi Geburt war Mykene der Mittelpunkt einer großen Zivilisation (...). Ziemlich rasch begann vor 1200 v. Chr. die Macht Mykenes zu sinken. Um 1230 v. Chr. wurden wichtige Stützpunkte und die Kornspeicher von Mykene selbst angegriffen und niedergebrannt. Andere mykenische Zentren wie Pylos und Tiryns zeigten ebenfalls Zeichen des Zerfalls und der Zerstörung. Der Untergang der mykenischen Zivilisation war so rasch und so vollständig, dass die Erinnerung an Mykene nur noch in Legenden überlebte, (...) und sie blieben Legenden, bis Heinrich Schliemann um 1870 zu graben begann.»[1]

Eine Trockenheit war zuvor schon vom klassischen Philologen Rhys Carpenter vermutet worden.[2] Er zitiert eine Legende von Platon, in Form eines Mythos erzählt, zur Untermauerung seiner Spekulation. Der Klimatologe Bryson suchte eine wissenschaftlichere Grundlage. Er bemerkte, dass eine unübliche Wetterlage im Januar 1955 die Niederschläge auf dem Peloponnes um etwa 50 Prozent reduzierte. Wenn eine solche Wetterlage während Jahren oder Jahrzehnten anhielt, überlegte Bryson, könnte eine ernsthafte Dürre in Mykene entstehen.

Obwohl Peter James die Trockenheit als Ursache für die Hungersnöte und den Beginn des Griechischen Mittelalters anerkennt, erachtet er es als schwierig, «die Idee einer weit verbreiteten Dürre» nachzuweisen. Er fährt fort: «Wenn eine europaweite Auswirkung erwartet werden muss, dann müssen Dürretheoretiker die Tatsache berücksichtigen, dass es dank der Radiocarbonmethode viele Angaben über datierte Pollen aus Zentral- und Nordeuropa gibt, die zu dieser Zeit ein feuchtes Klima nahe legen.»[3]

Wir sollten uns jedoch in Erinnerung rufen, dass Temperaturveränderungen wohl global auftreten können, die Veränderungen der Niederschläge jedoch regional sind. In Nordeuropa war es kalt und feucht, als Südeuropa kalt und trocken war. Dieses Muster wurde durch Brysons Vergleich des Wetters im Januar 1955 in Griechenland sowie in Zentral- und Nordeuropa bestätigt. Während dieses Monats hatte der Peloponnes 40 Prozent weniger Regen, Ungarn jedoch 15 Prozent mehr als üblich. Im selben Januar herrschten in Norwegen unterdurchschnittliche Temperaturen bei überdurchschnittlichen Regenfällen.

James' Einwand gegen die Dürretheorie ist nicht gültig, weil die Dürre während der globalen Abkühlung nicht in ganz Europa eintrat. Historiker verzeichneten unübliche Regenfälle im Norden, zu einer Zeit von Mykenes Niedergang. Es gab Überschwemmungen und daraus folgend Zersetzungen der ungarischen Zivilisation; in den Bergen Norwegens sank die Schneefallgrenze.[4] Wir sehen dasselbe Muster immer wieder: Eine Abkühlung bewirkt trockene Winter im Mittelmeerraum, führt aber zu unüblich feuchten Sommern in Zentral- und Nordeuropa.

Gibt es Hinweise auf eine globale Abkühlung zur Zeit des Dunklen Zeitalters?

Als ich begann, nach einer Kleinen Eiszeit zwischen der indogermanischen und der germanischen Völkerwanderung um 800 v. Chr. zu suchen, konnte ich mich auf die amüsante Idee des Linguisten Hermann Hirt stützen. Er schrieb, dass die Umlaute in den germanischen Sprachen aus einer globalen Abkühlung um 800 v. Chr. entstanden seien. Als es sehr kalt war, hätten die Menschen des Nordens ihren Mund nicht zu weit öffnen wollen. Anstatt eines *a*, zum Beispiel, hätten die Menschen mit halbgeschlossenem Mund gesprochen, und es sei der Umlaut *ä* entstanden. Desgleichen zeigten die Sprachen von nordasiatischen Stämmen ähnliche Vokalveränderungen: das Türkische, zum Beispiel, kann vier bis fünf *ü* in einem Wort enthalten.

Hirts nicht sehr verbreitete Idee ist erheiternd, und meine Frau Christine war fasziniert. Sie bemerkte, dass die Dialekte in den schweizerischen Berggebieten mehr Umlaute haben und dass es in den Alpen sehr kalt sein kann, mit Wintertemperaturen etwa 30 Grad unter dem Gefrierpunkt. Ich war ebenfalls entzückt: Die Hypothese gibt eine prompte Erklärung, warum sich die Aussprache unseres Familiennamens änderte. Er wurde vor den Barbarenüberfällen im 3. und 4. Jahrhundert v. Chr *Huk* ausgesprochen.

Indem *u* durch *ü* ersetzt wurde, sind wir jetzt bekannt als die *Hsü,* während sich unsere Cousins in Südchina immer noch *Huk* nennen. Es schien, als ob die Barbaren des Nordens den Vokal *u* nicht korrekt aussprechen konnten. Wir waren enttäuscht, als wir erfuhren, dass Hirts Theorie von neueren Gelehrten aus Mangel an Beweisen verworfen worden sei.[5] Die Linguisten wussten nichts von einer globalen Abkühlung. Aber Hirt hatte vielleicht doch Recht. Es gab damals eine Kleine Eiszeit!

Paläobotanische Untersuchungen über die nordeuropäische Pflanzenwelt weisen darauf hin, dass sich ein warmes und trockenes Klima am Beginn der so genannten subatlantischen Periode in ein feuchtes und nasses veränderte. Die Veränderung wird durch eine scharfe Grenze in mehreren nordwesteuropäischen Mooren zwischen einer «weißen» über einer schwarzen Torfschicht offenkundig. Die Überreste im «weißen Torf» sind Werkzeuge der Bronzezeit, jene im schwarzen Torf gehören der Eisenzeit an. Die Klimaänderung wird auf 850 v. Chr. datiert und hatte dramatische Auswirkungen für die prähistorischen Ackerbauern. Ausgrabungen im Norden der Niederlande zeigten an, dass die Aussiedlungen während der späten Bronzezeit vollständig aufhörten, da der Grundwasserspiegel während der Jahre 900 bis 820 v. Chr. anstieg.[6]

Historiker suchen in den Schriften von Konfuzius nach Beweisen für prähistorische Klimaänderungen in China. Als die Drei Herrscher und Fünf Könige regierten, zogen Elefanten und Nashörner durch die Tiefebene von Zentralchina. Die Herrscherin Huang-Di's erfand um 3000 v. Chr. die Seide, und sie fütterte Seidenraupen mit den Blättern des Maulbeerbaumes, die in der Gegend des Gelben Flusses angepflanzt wurden. Heute ist es zu kalt und trocken für den Anbau dieser großblättrigen Pflanze, Maulbeerbäume wachsen nur noch südlich des Jangtse-Flusses.

Warmes und feuchtes Klima während des dritten Jahrtausends verursachte öfters Überschwemmungen in den tief gelegenen Gebieten von Zentralchina. Yu war damals der große Held: Konfuzius erzählt uns, dass Yu die Flut in neun Jahren harter Arbeit bezwang. Er bestieg den Kaiserthron, der ihm von einem dankbaren Herrscher «angeboten» wurde und gründete um 2200 v. Chr. die Xia-Dynastie.

Wir wissen jetzt, dass um 2200 v. Chr. in den mittleren und südlichen Breiten eine Zeit der kalten Dürre begann. Die zunehmende Trockenheit zu Yus Zeit ist durch Pollenuntersuchungen aus chinesischen Seesedimenten bestätigt.[7] Vielleicht hatte Yu Glück gehabt: Sein Job wurde erleichtert durch die globale Abkühlung; es konnte keine verheerenden Überschwemmungen der zentralen Tiefebenen mehr geben, wenn es nicht sehr stark regnete.

Das Klima war warm und feucht während der Shang-Dynastie in Chinas Bronzezeit. In Nordchina wurde Reis angebaut, die Seidenindustrie blühte. Die Shang-Dynastie wurde um 1122 v. Chr. durch diejenige von Zhou abgelöst. Kopisten haben Shangs Untergang der schlechten Regierung zugeschrieben, aber die Gleichzeitigkeit mit dem Griechischen Mittelalter legt eher eine Klimakatastrophe nahe. Die Dynastie könnte zugrunde gegangen sein, weil die Rebellen durch eine hungernde Masse unterstützt wurden, später, weil am Ende des 2. Jahrtausends v. Chr. eine Kleine Eiszeit eintrat. Folgende Aufzeichnungen wurden gefunden:[8]

903 v. Chr.:	Unübliche Niederschläge im Winter. Die Flüsse Jangtse und Han waren zugefroren, und viel Vieh überlebte den strengen Winter nicht.
897 v. Chr.:	Unübliche Niederschläge im Winter. Die Flüsse Jangtse und Han waren zugefroren, viel Vieh überlebte den strengen Winter nicht.
857–853 v. Chr.:	Ernsthafte Dürre während sechs Jahren.
778 v. Chr.:	Frost im Juli.
783–773 v. Chr.:	Schlechte Ernte, Hungersnöte und verhungerte Auswanderer.
773 v. Chr.:	Unüblich kalter Sommer. Aprikosen- und Pfirsichernte erst im Oktober.

Die schlimmste Zeit während dieses kalten und trockenen Klimas dauerte fast 200 Jahre lang. Die ländlichen Arbeitssklaven machten Aufstände: Gleichzeitig kamen die Nordasiaten ins Land. Trotz eines militärischen Siegs über die Hunnen dauerten die Angriffe der Feinde an. Im Jahr 722 v. Chr. schließlich hatte der Hof von Xian nach Loyang zu ziehen, was das Ende der westlichen Zhou-Dynastie bedeutete.

Während des gesamten siebten Jahrhunderts v. Chr. wurde das Klima wurde wieder wärmer und feuchter. Es lässt sich eine gleichzeitige Verbesserung des Klimas während der Zeit der östlichen Zhou-Dynastie in China und der griechisch-römischen Ära in Europa feststellen. Die Kleine Eiszeit in den Jahrhunderten vor 750 v. Chr. kann als die Dunkelheit vor dem Tagesanbruch der Zivilisationen im Fernen Osten und im Abendland verstanden werden.

Untersuchungen über Klimaveränderungen auf naturwissenschaftlicher Basis erweisen sich als schwierig, da die Anzeichen dafür selten so stark sind, dass sie über die gewöhnlichen Schwankungen hinausreichen. Die wichtigsten Hinweise über das Klima der Jüngeren Dryaszeit stammen aus Untersuchungen von Eiskernen, aber sie weichen kaum von der normalen Schwankungsbreite eines Jahrtausends ab. Anerkanntere Hinweise lieferten die Untersuchungen über die Veränderungen des Meeresspiegels, über den Staubanteil im Grönlandeis und über das Vorrücken der Berggletscher.

Der Meeresspiegel steigt bei einer übermäßigen Abschmelzung der antaktischen Eisdecke, das Ansteigen verlangsamt sich oder endet sogar in Zeiten der globalen Abkühlung. Wissenschaftler haben die Perioden des verlangsamten Ansteigens datiert. Ihre vorsichtigen Angaben lauten: 9000, 7600, 6500, 5100, 3200, 1900 und 350 Jahre vor unserer Zeit.[9] Die Vorgänge vor 350 Jahren (1650 n. Chr.) fallen mit der so genannten Kleinen Eiszeit zusammen, und vor 1900 Jahren (100 n. Chr.) war die Zeit, als die Goten ihre Siedlungen am baltischen Ufer verließen. 3200 Jahre vor unserer Zeit (1200 v. Chr.) ist jener Zeitraum, welchen Bryson für die Dürre in Mykene angibt. Die Übereinstimmung der Zeitangaben unterstützt die Theorie der kalten und trockenen Jahrhunderte im Dunklen Zeitalter der antiken Welt des Mittelmeers.

Auch ein anderer Zugang kann gefunden werden. Wissenschaftler haben die Staubkonzentrationen im Grönlandeis untersucht.[10] Ihre wissenschaftlich begründete Korrelation von Staubschichten mit globaler Abkühlung entspricht meiner Erklärung der zwei weißen Bänder in den Seen Taiwans: Die Menge der Staubpartikel aus Zentralasien war in Zeiten der weltweiten Abkühlung beträchtlich, sie lagerten sich in Form von Lößteilen am Boden der Bergseen ab. Noch feinere Teile, über die halbe Erdkugel geblasen, setzten sich auf der Eisdecke Grönlands ab und wurden in den Gletschern eingeschlossen. Die Staubschicht im Eis ist am dicksten in Zeiten mit den intensivsten Luftströmen, und das heißt, in Perioden, als die Temperaturen in den mittleren nördlichen Breiten am kältesten waren. Die der Staubschichten zeigen uns alle 2500 Jahre eine beinahe zyklische Abfolge globaler Kälteperioden, mit einem sekundären Zyklus von 1250 Jahren. Der Gipfelpunkt einer solchen Kältephase um 1200 v. Chr. stellt einer der zwei markantesten Ausschläge dar. Damals gab es tatsächlich wieder eine Kleine Eiszeit!

Klare Hinweise liefern auch die Berggletscher. Gletscherforscher notierten ein «größeres Vorrücken» während der zweiten Hälfte des zweiten Jahrtausends v. Chr. Während der so genannten Löbben-Phase drangen alle Gletscher der westlichen Alpen vor, so der Mont-Blanc-, Alalin-, Mont-Miné-, Aletsch-, Reid- und Steingletscher. In den östlichen Alpen wuchsen die Gletscher der Venedigergruppe und der Stubaier Alpen bis auf 100–150 Meter hinter die Endmoränen des 16. und 17. Jahrhunderts.[11] Die Hinweise über die Gletscher bestätigen die Angaben über den Staub im Grönlandeis: Die globale Kälte gegen Ende des zweiten Jahrtausends war noch härter als die Kleine Eiszeit.

Es herrschten kalte und nasse Sommer, und der Wasserspiegel der Alpenseen stieg an. Die Jahrringe der Pfähle belegen, dass Pfahlbauten hauptsächlich während wärmeren Phasen mit geringerem Seespiegel errichtet wurden. Während der Löbben-Phase stiegen die Seespiegel an und überschwemmten die Ansiedlungen der Bronzezeit. Als das Klima wieder wärmer und trockener wurde, sanken die Seespiegel wieder, und Kelten siedelten sich an den Seeufern an, mit ihrer blühenden La-Tène-Kultur in der römischen Zeit.[12]

Empirische Hinweise belegen ein trockenes Klima in Mittelmeergegenden in Zeiten der weltweiten Abkühlung. Ein deutsches Forschungsteam fand Anzeichen für Wüstenausdehnungen im Mittleren Osten durch Bohruntersuchungen am Boden des Toten Meers.[13] Salzausfällungen während zwei historischer Perioden wurden unterbrochen durch Ablagerungen von Schlamm. Radiocarbonuntersuchungen führten zum Schluss, dass der Mittlere Osten warm und trocken war, bevor das Land in hellenistischer Zeit intensiv kultiviert wurde.

Historische Angaben über Dürre und Hungersnot im Mittleren Osten sind rar. Es gibt Erwähnungen von Hungersnöten in Libyen und von Dürren in Anatolien gegen Ende des 13. Jahrhunderts v. Chr.[14] Carpenter erstellte seine Theorie aus «indirekten» Beweisen über Bevölkerungsbewegungen und Zivilisationszusammenbrüchen und verwarf den Hinweis einer Invasion in Griechenland. Vielmehr fand er von den Mykenern verlassene Städte und ihre Emigration nach Kreta und Zypern. Natürlich gab es Zerstörungen, aber sie betrafen Lagerhäuser von Getreide und anderen Nahrungsmitteln. Sie wurden von «einer unter der Dürre leidenden Menschenmenge, der als letzter Ausweg die Gewalt blieb» geplündert.[15] Carpenters Darstellung erinnert mich an die Erzählung der Drei Königreiche, und die Dorier sind beschrieben worden, als wären sie die Vorgänger der Gelben Turbane.

II. Urnenfeldervölker und ihre Wanderungen

Als Kind war mir der Tod nicht unfassbar. Chinesen lieben es, Geschichten von der Auferstehung der Toten zu erzählen. Ich hatte tiefe Angst, dass ich eines Tages irrtümlich für tot erklärt und in einen Sarg gelegt würde und dann wieder erwachte. Unter dem schweren, festgenagelten Sargdeckel würde ich verzweifelt ein zweites Mal sterben. Kremation schien mir die einzige Form der Bestattung, die meine Angst lindern konnte.

Die Beerdigung ist die verbreitetste Bestattungsform unter den alten Völkern; eine Feuerbestattung war ausgeschlossen, wenn die Unsterblichkeit von der Erhaltung des Körpers abhing. Die Ägypter bekamen große Schwierigkeiten, als sie ihre Toten und Tiere mumifizierten. Die toten Körper der gläubigen Juden warten immer noch außerhalb des Goldenen Tors von Jerusalem auf ihre Auferstehung. Die chinesische Abscheu vor der Kremation wird mit der Legende von «Li mit eisernen Krücken» veranschaulicht:

Li war ein gut aussehender taoistischer Gelehrter, der in einem entfernten Land lebte. Ihm gelang das Wunder, seinen Geist vom Körper zu trennen. Als er eines Tages erfuhr, dass seine Mutter gestorben war, entschied er sich, mit seiner Seele nach Hause zu fliegen, um an den Bestattungszeremonien teilzunehmen. Sein Schüler erhielt die Anweisung, seinen Körper in Ruhe zu lassen, nachdem der Geist ausgezogen sei; der Körper werde den Geist nach dessen Rückkehr wieder erhalten. Lis Geist ging dann zur Beerdigung. Am nächsten Tag kam der Schüler zu Lis Haus und fand den leblosen Körper. Der junge Mann ließ den Körper verbrennen. Als Lis Geist zurückkam, konnte er seinen Körper nicht mehr finden. Der einzige Körper, der sich finden ließ, war derjenige eines hässlichen alten Bettlers mit eisernen Krücken. Lis Geist zog in diesen Körper ein und wurde als Li mit den eisernen Krücken unsterblich.

Die Erdbestattung wird seit der Zeit der Neanderthaler praktiziert. Die frühesten Feuerbestattungen in Nordeuropa werden auf die Zeit einer prähistorischen Kleinen Eiszeit zurückgeführt, ein Fall von frühester Kremation wird im nördlichen Seeland am Ende der frühen Steinzeit erwähnt. Die Verbrennung des toten Körpers durch Feuer wurde von den ersten indogermanischen Auswanderern praktiziert. Die Sitte wurde nach Anatolien, dem Iran, nach Nordwestchina und Indien gebracht. Die Hethiter in Anatolien praktizierten beispielsweise in der frühesten Zeit ihrer Geschichte sowohl Feuer- wie auch Erdbestattung.[16] Hinduistische Bestattungen beinhalten normalerweise die Kremation, einschließlich der heute praktizierten Art.

Im Dänemark des späten Neolithikums und der frühen Bronzezeit wurde die Sitte der Erdbestattung tendenziell ersetzt durch die Einäscherung.[17] Erst in der späten Bronzezeit wurde die Bestattung durch die Kremation vollständig verdrängt. Die großen Hallstatt-Friedhöfe in Zentraleuropa zeigen, dass Kremation die Regel war.[18] Im südlichen Europa begann die Sitte der Einäscherung die Erdbestattung gegen Ende der Bronzezeit zu verdrängen. Die Mykener hingegen verbrannten ihre Toten nicht, obwohl Homer in der Illias die ausgedehnten Kremationszeremonien für Achills Freund Patroklos beschreibt, aber die Experten nehmen an, dass die Griechen während des Trojanischen Kriegs ihre Toten beerdigten.

Die Kremation der Erwachsenen wurde um 1050 v. Chr., während des griechischen Dunklen Zeitalters, eine universelle Sitte. Die Römer schließlich übernahmen den Brauch der Feuerbestattung von den Italikern oder von den Etruskern. Die Kremation wurde eine elegante Mode der Aristokraten.

Im christlichen Europa überwog vielleicht die Erdbestattung, sie war ein allgemeiner Brauch in China und anderswo. Aus mehreren praktischen Gründen jedoch wird die Kremation in der neueren Zeit immer häufiger. Sie wurde, aufgrund der Landknappheit für Friedhöfe, im heutigen China zur Regel.

Die berühmtesten all jener, welche die Kremation anwendeten, waren die eisenzeitlichen Urnenfeld-Stämme in Zentraleuropa. Die Zahl und Größe ihrer Dörfer, und damit ihrer Urnenfriedhöfe, wuchs während der späten Bronzezeit schnell. Für eine Feuerbestattung war Heizmaterial nötig. Die Menschen in den Wäldern könnten die Ersten gewesen sein, die ihre Toten verbrannten.

Dass die Kremation während der Bronzezeit in Europa zu einem allgemeinen Brauch wurde, kann darauf zurückgeführt werden, dass die Feuertechnik sich zu einer Kunst von großer Geschicklichkeit entwickelte, da gleichzeitig hohe Temperaturen für das Schmelzen von Metall erreicht werden mussten.

Die Urnenfeld-Stämme waren Indogermanen: die Illyrer in Deutschland, Österreich und im Balkan, die Italiker im nördlichen Italien, frühe Kelten in der Rheinregion, Nordländer in Deutschland und im südlichen Skandinavien, Balten an den Ufern des Baltischen Meers und Lausitzer an der oberen Oder. Die Lausitzer werden auch mit den Venetern gleichgesetzt, und es ist unklar, ob die Lausitzer südwärts zogen oder ob es sich um 1200 v. Chr. um zwei verschiedene indogermanische Stämme gleichen Names handelte.

Die Feuerbestattung ist ein plötzlich erscheinendes Phänomen in Mitteleuropa, sie verbreitete sich von hier nach Osten in die Ukraine und das südliche Russland, nach Südosten über den Balkan nach Griechenland und Anatolien, südwärts nach Italien und Sizilien und westwärts über Frankreich auf die iberische Halbinsel. Das plötzliche Auftreten lässt vermuten, dass der Brauch nicht einheimisch war, sondern vom Norden her eingeführt wurde.

Die Menschen in der Lausitzer-Gegend im oberen Odertal und in Böhmen pflegten die Urnenbestattung um 1300 v. Chr. Das Auftreten von Urnenfeldern in Zentraleuropa, welche die Erdhügel der Bronzezeit ersetzten, geschah plötzlich. Die Uniformität der indogermanischen Urnenfeldkultur weist auf eine Massenwanderung hin. Woher kamen diese Menschen?

Die Wanderungen und Kriege der Urnenfeld-Menschen haben die Historiker an die Goten erinnert, die einige derselben Gebiete durchzogen. Die verfügbaren Beweise lassen vermuten, dass die Urnenfeld-Menschen wie die Goten aus dem Osten nach Zentraleuropa einwanderten.

Sie kamen aus einer weit nördlich oder östlich gelegenen Heimat und Ungarn war lediglich ein Durchgangsland. Können wir den Vergleich mit den Goten nicht noch einen Schritt weiter verfolgen? Wir postulieren, dass die Urnenfeld-Menschen wie die Goten vom Norden her über Schlesien oder Osteuropa nach Zentraleuropa eindrangen. Vielleicht brachten diese Menschen aus dem Norden ihre Sitte der Einäscherung mit sich, denn wir können uns die Schwierigkeit vorstellen, tote Körper – bei einer aufkommenden Kleinen Eiszeit – im gefrorenen Boden zu bestatten. Vielleicht brachten sie ihren Brauch der Kremation mit sich, da sie nur so die Überreste ihrer verehrten Verstorbenen mit sich führen konnten. Die Urnenfeld-Menschen sind, wie die Indogermanen zuvor und andere germanische Stämme nach ihnen, nordische Europäer, die ihre Heimstätten verlassen mussten, als sie nicht mehr länger Getreide anbauen und ihre Herden weiden lassen konnten. Vielleicht mussten die Indogermanen des Nordens, als etwas nach 1300 v.Chr. eine Kleine Eiszeit auftrat, weiter nach Süden wandern. Sie verließen ihre Ansiedlungen wie Lemminge und kehrten nie mehr zurück.

Als die Urnenfeld-Menschen durch Zentraleuropa wanderten, endete in der Mittelmeerwelt um 1200 v.Chr. die Bronzezeit. Das war eine politische Katastrophe. Das mächtige Hethiterreich zerfiel. Die Mykener wurden unterworfen, oder sie zogen in die Ägäis oder nach Zypern. Städte in der Levante litten unter Zerstörungen, sogar das Assyrerreich erlitt eine Einbuße. In Ägypten kennzeichnet die Zwanzigste Dynastie das Ende des Neuen Königtums und das Ende pharaonischen Glorie.

Eine Theorie postuliert, dass diese umfassenden Völkerwanderungen der Grund für die Zusammenbrüche waren. Seefahrer kamen nach Palästina und Libyen. Sie waren umherziehende Indogermanen, sie waren Händler oder Menschen aus wandernden Stämmen. Die Idee war im 19. Jahrhundert sehr verbreitet, dass der Zerfall der Zivilisation der Bronzezeit durch Invasoren verursacht worden sei. Es wurde erwähnt, dass die Peleset, welche im ägyptischen, die Kriege Ramses III. feiernden Relief gezeigt werden, wie Europäer aussehen. Offensichtlich waren sie keine Semiten. Gaston Maspero unternahm den kühnen Schritt, eine Domino-Theorie der Auswanderungen aufzustellen.[19] Die Pelasger der Ägäis wurden von den Doriern vertrieben und kamen nach Libyen. Die Seefahrer wurden durch die Phrygier aus Anatolien vertrieben und gelangten nach Palästina. Die Dorier und Phrygier ihrerseits wurden durch Eindringlinge aus dem Balkan vertrieben. Wurden sie alle vertrieben? Oder waren sie Umherziehende während den Wanderungen der indogermanischen Völker?

Die Seefahrer waren sicher Umherziehende: Sie besetzten die Küsten der Levante und Ägyptens. Sie betätigten sich aber auch als Händler, sie kämpften in der Streitmacht Libyens gegen die Pharaonen. Die Seefahrer waren jedoch vor allem migrierende Leute.

Ein Zugang zur Massenwanderung dieser Indogermanen kann in der Bibel gefunden werden. Die Schreiber erzählen von schrecklichen Berichten über den Vormarsch der Seefahrer. Diese unbekannten Fremden kamen «von irgendwo jenseits aller Zivilisation». Auf Karren mit soliden Rädern, gezogen von buckeligen Ochsen, voll bepackt mit Hausrat, begleitet von Frauen und Kindern, rückten die Fremden beständig vor. Zuvorderst gingen bewaffnete Männer, die Rundschilder und Bronzeschwerter trugen.

Eine dicke Wolke von Staub umhüllte sie, denn sie zogen in einer riesigen Masse umher. Niemand wusste, woher sie kamen. Der Treck wurde zuerst am Marmarameer gesichtet. Von hier zog die Masse südwärts der Mittelmeerküste entlang. Auf dem Meer segelte eine stolze Flotte in dieselbe Richtung, eine große Menge von Schiffen mit einer Fracht bewaffneter Männer. Wo immer dieser schreckliche Zug anhielt, hinterließ er brennende Häuser, zerstörte Städte und verwüstete Felder. Niemand konnte diese Fremden stoppen, sie zerschlugen jeden Widerstand.[20]

Gestoppt wurden sie von Ramses III. Der Pharao ließ seinen Erfolg an die Wand seines Grabtempels in Medinet Habu meißeln. Die verbündeten Seefahrer sind auf Streitwagen kämpfend dargestellt, begleitet von ihren Familien auf den Ochsenkarren. Ramses nimmt einen entscheidenden Sieg in Anspruch, aber die Seefahrer kehrten bald zurück und setzten zu einem Seeangriff an. Ramses beanspruchte einen weiteren Sieg. Die Seefahrer wurden vermutlich von den Ufern Ägyptens abgedrängt und zogen sich an die Küsten Kanaans zurück.[21]

War dies ein Rückzug, oder fanden sie eine neue Heimat? Die großen Indogermanen wurden die Philister. Später stand einer von ihnen, der Riese Goliath, in einem der berühmtesten Kämpfe der Geschichte David gegenüber.

Ramses' Bericht über die Züge der Seevölker liest sich wie Julius Cäsars Beschreibung über den Auszug der Helvetier mehr als tausend Jahre später in seinem «Gallischen Krieg». Die Masse aus Männern, Frauen und Kindern war nicht so sehr eine gut organisierte Armee von Eindringlingen als vielmehr eine verzweifelte Gruppe von Menschen, die ihre Heimstätten verlassen mussten. Sie luden ihre Habe auf Ochsenkarren und suchten einen Platz an der Sonne, den sie sich notfalls erkämpfen würden. Vielleicht waren die Seevölker aus ihrer Heimat in Anatolien vertrieben worden oder vielleicht aufgrund einer klimatischen Katastrophe freiwillig fortgezogen. Oder war auch Anatolien bloß eine Station ihres Weges aus dem Norden? Kamen sie aus dem Land der Urnenfeldkultur? Oder kamen sie von noch weiter nördlich?

Die Urnenfeld-Menschen waren kaum über Griechenland und Anatolien hinausgekommen, und die Sitte der Kremation scheint über die Dorier auf den Peloponnes gelangt zu sein. Es gab tatsächlich eine dorische Einwanderung in Mykene und auf das griechische Festland. Die Dorier kamen möglicherweise nicht von weit her, sie könnten von Nordwestgriechenland zugezogen sein, wo verwandte Dialekte gesprochen wurden. Die Zerstörung der mykenischen Anlagen könnte das Werk solcher lokaler Rebellen gewesen sein. Das Anzünden der Kornkammern in Mykene erinnert an das Wüten hungriger Bauern am Ende der Ming-Dynastie, als die Meute in Brand steckte, was sie nicht mitnehmen konnte.

In Mykene herrschte Unruhe, und die Menschen flohen weg vom Peloponnes. Die Oberschicht zog sich in abgelegene Orte des Landesinneren zurück oder segelte übers Meer, wie Anzeichen königlicher Macht in mykenischen Gräbern auf Zypern nahe legen.[22] Die Zurückgebliebenen litten: Ihre Lebensweise war zerstört, sie lebten unter permanenter Angst. Die extrem reduzierte Bevölkerung sah, wie große Teile des einstmals kultivierten Landes verwucherten, die Straßen baufällig wurden, der politische Zusammenhalt zunehmend zerfiel, wie Armut herrschte. Das Dunkle Zeitalter begann; was übrigblieb, war aber noch vorwiegend mykenisch.

Einwanderer strömten während des Dunklen Zeitalters aus Mitteleuropa auch nach Italien. Sprachkundliche Untersuchungen zeigen, dass die Italiker einen indogermanischen Dialekt sprachen, nahe verwandt dem Keltischen und, in geringerem Grad, dem Germanischen. Die Latein Sprechenden waren die Vorfahren der Römer. Ihre Nachbarn im südlichen Etrurien, die Falisker, sprachen einen anderen Dialekt, sie kamen vor dem Beginn der Frühen Eisenzeit hierher. Die rhätischen Inschriften im Val Camonica in Norditalien zeigen eine verblüffende Ähnlichkeit mit jenen der Falisker. Es wurde angenommen, die südwärts wandernden Stämme seien Urnenfeld-Völker gewesen. Sie überschritten die Alpen und gelangten während des zwölften bis zehnten Jahrhunderts v. Chr. nach Mittelitalien. Sie brachten die frühe Villanovakultur und unterschieden sich durch die Sitte der Feuerbestattung. Etwa zur gleichen Zeit überschritten die Urnenfeld-Menschen in Frankreich die Pyrenäen und ließen sich in Spanien nieder, wenige Jahrhunderte bevor die ersten phönizischen Einwanderer eintrafen.

In Italien hatten auch Nicht-Indogermanen gelebt. Waren sie Einheimische oder frühere Einwanderer? Herodot bemerkt, dass die Ankunft der Phrygier im westlichen Anatolien die Auswanderung eines ägäischen Volkes nach Norditalien auslöste und diese die Vorfahren der Etrusker seien. Der Gedanke erhielt Auftrieb, als eine um 510 v. Chr. verfertigte Stele mit Inschriften in etruskischem Dialekt entdeckt wurde. Heutige Sprachwissenschaftler interpretieren diese isolierte Erscheinung als eine Insel einer früher weit verbreiteten Sprache. Das Eindringen der Indogermanen bewirkte die Isolierung von nicht-indogermanischen Völkern in zerstreuten Gebieten: die Etrusker im nördlichen Italien, andere Etruskisch sprechende Völker in der Ägäis.

Der Beginn der «dunklen Jahrhunderte» im Mittleren Osten wurde mit dem Zerfall des Hethiterreiches verknüpft. Die letzten hethitischen Ansiedlungen werden aus ägyptischen Hinweisen auf nicht später als das frühe zwölfte Jahrhundert v. Chr. angesetzt, aber die nächsten datierbaren Funde aus Zentral- und Westanatolien gehören zum Königreich der Phrygier im achten Jahrhundert v. Chr. Es gibt eine Lücke, eine Leerstelle von 400 Jahren in der archäologischen Überlieferung. War Anatolien während dieser Zeit unbewohnt oder ein Land von Nomaden, die keine Überreste für spätere Archäologen zurückließen?

Bei der Lektüre von Immanuel Velkovskys *Ramses II.* stieß ich auf seine Vermutung, dass diese Überlieferungslücke nicht bestünde, wenn der Zusammenbruch des Hethiterreiches richtig datiert würde.

Peter James fand denn auch Gründe für ein späteres Ende der Bronzezeit, ging aber nicht so weit wie Velikovsky; er verkürzte das Griechische Mittelalter um 200 Jahre, von 1000 bis 800 v. Chr.[23]

Dass damals eine Katastrophe stattfand, kann heute nicht mehr bestritten werden, selbst wenn wir nicht sicher sind, welches das erste «dunkle Jahrhundert» war. Es gibt mehrere Hypothesen über das Ende der Bronzezeit. Robert Drew liefert eine gute militärische Erklärung: Eindringlinge mit besseren Waffen bewirkten das Ende der alten Kulturen.[24]

Die unmittelbare Ursache mag tatsächlich eine Invasion gewesen sein, aber es gab eine grundlegendere. Warum sollten die Invasoren in fremde Länder eindringen? Warum verließen sie überhaupt ihre Heimat?

Unter den Bedingungen einer Kleinen Eiszeit wird die Motivation klar. Die Indogermanen zogen wieder südwärts, hungrige Wanderer gegen Ende der Bronzezeit. Ackerbauansiedlungen in Nordeuropa wurden aufgegeben, die Emigranten suchten nach einem Ort, wo sie Getreideanbau und Viehzucht betreiben konnten. Sie waren Lausitzer und Urnenfeld-Stämme, welche ihre Toten verbrannten. Ihre Ansiedlungen erstreckten sich von der iberischen Halbinsel über Mittel- nach Osteuropa. Der Bevölkerungsdruck zwang sie zu fortwährenden Wanderungen südwärts. Die Illyrer zogen in den Balkan, die Italiker nach Italien, die Phrygier nach Anatolien, während die Dorier den Peloponnes überfielen.

Aus Südosteuropa drangen Seefahrer nach Libyen, Ägypten und Palästina und folgten den Mykenern nach Zypern.

Wir sind nicht sicher, ob das Ende der frühen Bronzezeit im Mittleren Osten mit einem Raunen um 1250 v. Chr. oder einem Knall um 950 v. Chr. eintrat. Die globale Kältephase könnte allmählich eingesetzt haben. Sowohl die Katastrophe um 2200 v. Chr. als auch jene um 1200 oder 1000 v. Chr. treffen zusammen mit einer weltweiten Kältephase. Beide Katastrophen führten zum Auszug von Flüchtlingen aus dem gefrorenen Norden. Die Indo-Iraner gelangten nach dem Zusammenbruch der Zivilisationen der frühen Bronzezeit in den Mittleren Osten. Die Indogermanen kamen während des Anfangs der Eisenzeit in die von Trockenheit geplagten Länder des Mittleren Ostens.

III. Die Kelten und ihre Wanderungen

Auf der Rückreise von Ferien in Jugoslawien suchte ich auf der Straßenkarte nach einer Übernachtungsmöglichkeit in Österreich. Dabei stieß ich auf den Namen Hallstatt, ein den Archäologen sehr bekannter Name. Die Hallstattkultur bezeichnet eine Zivilisation zwischen der späten Bronzezeit und der frühen Eisenzeit in Europa. Archäologen machten auf den prähistorischen Grabfeldern dieses Dorfes einen glückhaften Fund. Sie stießen auf etwa 2000 Gräber, die hauptsächlich zwei Gruppen zuzurechnen sind: Die früheren, von 1200 bis 800 v. Chr., entstammen der Urnenfeldkultur, die späteren aus der Zeit von 800 bis 450 v. Chr. enthielten sowohl Erd- als auch Feuerbestattungen.

Wir übernachteten in Hallstatt und sahen uns am nächsten Morgen das Dorf an. Diese pittoreske Ansiedlung liegt an einem See, auf einem schmalen Landstreifen am Fuß eines Kalksteinfelsens. Die Grabfelder befinden sich im Tal eines Bergbaches. Das älteste liegt dem Dorf nahe, das jüngste höher an einem Steilhang. Im Ortsmuseum wurde uns erzählt, dass in Hallstatt auch nach Salz gegraben wurde, zuerst von den Urnenfeld-Menschen. Hallstatt ist jedoch besser bekannt als die Heimat der Kelten.

Wenn der Name Kelten fällt, denke ich immer an meine Kollegin Nola. Sie ist rothaarig und hat ein Sommersprossengesicht mit tiefblauen Augen und einer sehr hellen Hautfarbe. Keltische Dialekte werden in Irland, Wales und Großbritannien noch heute gesprochen; hier leben die Letzten eines einst mächtigen Volkes. In römischer Zeit erstreckte sich der Raum der keltischen Völker von Irland bis nach Westanatolien.

Die Kelten des dritten und vierten Jahrhunderts v. Chr. wurden von den Römern Gallier genannt, von den Griechen Galatai oder Keltoi. «Ihr Erscheinen», schrieb der griechische Historiker Diodorus Siculus, «erzeugt Angst. Sie sind groß und kräftig und haben eine helle Haut. Ihr Haar ist blond, und sie sehen wie Waldgeister aus. Viele tragen Bärte, einige sind rasiert. Sie tragen bunte Hemden, Beinkleider und Mäntel, gewoben im Stil des karierten Schottenstoffs».[25]

Die Kelten waren Kolonisten, gierig nach Land. Sie hausten in schmutzigen Hütten und ihre Lebensart war sehr einfach, wie der vornehme römische Historiker Polybios bemerkte. Ihre Hütten waren kaum möbliert, sie schliefen auf Stroh. Sie ernährten sich hauptsächlich von Fleisch und taten kaum mehr, als ihre Äcker zu pflügen und Waffen herzustellen. Vielleicht pflügten nur die Frauen, und die Männer machten Waffen, wie das dörfliche Leben im gegenwärtigen Afrika uns veranschaulichen kann. Die Kelten waren mobile Siedler; sie besaßen nur Vieh und Gold, da von umherstreifenden Menschen einzig diese Güter mitgenommen werden können.

Die Kelten zogen südwärts und kamen in Kontakt mit den Etruskern und den Rö-

184

mern. Die Etrusker hatten um 400 v. Chr. den Höhepunkt ihrer Macht in Italien erreicht, als sie die tyrrhenische Küste von Tusculum bis an den Tiber besetzten. Zwölf Stadtstaaten wurden errichtet. Sie besaßen die Minen auf der Insel Elba und handelten mit Phöniziern, Karthagern und Griechen, bauten Straßen und bewässerten ihre Felder. Ihr Einfluss erstreckte sich östlich bis Venedig und nördlich bis an die Seen der Alpensüdseite. Dann kamen die Kelten über die Alpen. «Sie hatten mit den Etruskern Handel getrieben», schrieb Diodorus, «aber eines Tages kamen sie – ohne Anlass – mit einer großen Armee an, vertrieben die Etrusker aus der Poebene und nahmen das fruchtbare Land in Besitz. Die Laer und Lebeker siedelten sich in den nördlichen Bereichen der Poebene an, die Anarianer südlich gegen die Halbinsel Italien, die Boier und Lingoner in der Adriagegend und die Senonen entlang der Küste.»

Die Kelten ließen sich in Italien nieder wie ein Jahrtausend später die Dänen in England. Sie wurden Ackerbauern und bauten Ansiedlungen, vielleicht auch die Städte Mediolanum (Mailand), Taurinum (Turin), Bergomum (Bergamo). Mailand war immer noch eine reiche keltische Stadt, als es von den Römern erobert wurde.

Der Plünderung Roms durch die Kelten 390 v. Chr. ging ein Angriff der Senonen auf die etruskische Stadt Clusium (Chiusi) voraus. Es wurde gesagt, dass die blonden Hünen nun dem Wein verfallen wären und die Rebberge von Montepulciano besitzen wollten. Die Senonen wurden in der Tat von äußeren Umständen angetrieben. «Es war zu heiß an der adriatischen Küste», schrieb Diodorus Siculus, «die Kelten hatten diese krankheitserregende Küstenebene zu verlassen.» Diodorus hat möglicherweise Recht: Die adriatischen Lagunen trockneten aus und wurden zu einem Nährboden für Stechmücken, als in Europa ein Klimatisches Optimum herrschte. Als die Römer den Etruskern zu Hilfe eilten, marschierten die Kelten gegen Rom. Sie plünderten die Stadt und setzten sich während sieben Monaten auf dem Kapitol fest, bevor sie mit einem Lösegeld von 1000 Pfund Gold wieder abzogen.

Die Kelten waren für Rom eine dauernde Gefahr, bis zu ihrer Niederlage in Telamon 225 v. Chr. Zuvor waren keltische Stämme in den Balkan gezogen, wo Alexander der Große 335 v. Chr. eine Abordnung adriatischer Kelten empfing. Sie zogen nach Griechenland, plünderten Delphi 279 v. Chr., bevor sie von den Ätoliern gestoppt wurden. Sie überschritten den Bosporus, ließen sich vor 276 v. Chr. in Phrygien nieder, brandschatzten in Anatolien und wurden schließlich 230 v. Chr. bei Pergamon niedergeschlagen.

In Italien erreichten die Römer 192 v. Chr. die Herrschaft über den gesamten cisalpinen Raum und eroberten 124 v. Chr. die Provence. Die Kelten versuchten ihre Unabhängigkeit nördlich des Alpenkammes zu erhalten, wurden aber zwischen den Römern und deutschen Stämmen aufgerieben. Julius Cäsar vollendete die Annexion Galliens 58 v. Chr.

Wer waren die Kelten?

Die Kelten sprachen Indogermanisch, aber mit einigen charakteristischen phonetischen Unterschieden, wie etwa dem Verlust des Anfangsbuchstabens *p*. So lautet zum Beispiel das irische Wort für Vater (aus lat.: pater) *athair*. Geographisch und chronologisch werden die keltischen Sprachen in zwei Gruppen unterteilt, in das Q-Keltische und das P-Keltische. Das ältere Q-Keltisch wurde von Iren und auf der Isle of Man gesprochen. P-Keltisch sprachen die Kelten des Festlandes und die späteren Einwanderer auf die britische Insel. Aus sprachkundlichen und archäologischen Hinweisen schlossen die Wissenschaftler, dass Urnenfeld-Menschen und Kelten im siebten und sechsten Jahrhundert v. Chr. nach Grossbritannien gelangten. Später kamen Einwanderer der La-Tène-Kultur und Flüchtlinge aus Gallien im ersten Jahrhundert v. Chr. Als die Römer die britische Insel betraten, sprachen die Einheimischen Keltisch, mit Ausnahme des nicht-indogermanischen Piktischen.

Woher kamen die Kelten?

Zur griechisch-römischen Zeit waren die Kelten Indogermanisch sprechende Bewohner in Zentraleuropa. Wo waren sie zuvor? Kamen sie aus Nordeuropa? Wenn ja, wann und warum?

Die einheimische Bevölkerung Mitteleuropas gehörte im Neolithikum der Linearbandkeramikkultur an; diese Stämme waren hier seit dem sechsten Jahrtausend v. Chr ansässig. Während der zweiten Hälfte des dritten Jahrtausends v. Chr. wanderten sowohl Stämme der Glockenbecherkultur aus Westeuropa als auch solche der Schnurkeramik- oder Streitaxtkultur aus dem nördlichen Europa nach Mitteleuropa ein. Sie alle begruben ihre Toten unter Erdwällen oder in Flachgräbern. Die Schnurkeramikkultur wurde mit den Indogermanen in Zusammenhang gebracht, während der Ursprung der Linearbandkeramik- und der Glockenbecherkultur, möglicherweise nicht indogermanischen Ursprungs, immer noch ungewiss ist.

Die Eindringlinge während der Späten Bronzezeit waren «Urnenfelder-Menschen». Sie waren Indogermanen und bauten Burgen auf Berghöhen. Sie jagten, züchteten Vieh und betrieben Ackerbau, sie handelten und führten Krieg. Vor allem aber verbrannten sie ihre Toten. Die Gesellschaft dieser Indogermanen bestand aus mindestens drei Schichten: die Anführer, aristokratische Krieger und freie Bauern. Aus dem Reichtum der Grabbeigaben lässt sich schliessen, dass die Könige und Adeligen fast immer kremiert wurden. Die freien Bauern und die einheimische Bevölkerung, die bereits vor der Unterjochung dort gelebt hatte, wurden kremiert oder begraben.

Die Urnenfeldkultur ging durch die Kelten unter. Waren die Kelten Eroberer oder waren sie Nachfahren der Urnenfeld-Menschen?

Archäologen haben angenommen, dass die Kelten ursprünglich aus dem Nordwesten Europas stammten und um 450 v. Chr. der Urnenfeldkultur der Hallstatt-Zeit ein Ende bereiteten. Neuste Ausgrabungen haben zu einer anderen Interpretation geführt: Möglicherweise gab es eine nur geringfügige oder gar keine ethnische Veränderung, sondern lediglich ein Kulturwandel.[26] Es fand auch ein Übergang von der Feuerbestattung zur Beerdigung statt, aber dieser Vorgang erfolgte in Zentraleuropa nicht gleichzeitig. Vielleicht wurde die Erdbestattung während des 4. Jahrhunderts v. Chr. eher die Regel als die Ausnahme, aber Kremation wurde bis in die römische Zeit praktiziert.

Die Urnenfeld-Menschen der Hallstatt-Zeit waren die Vorfahren der Illyrer; ihre Sprache entwickelte sich zum Albanischen. Die Urnenfeld-Kelten des nordwestlichen Europa, die nach der britischen Insel auswanderten, sprachen Q-Keltisch oder Altirisch. Die Sprachen der beiden Gruppen sind nahe verwandt.[27] Wir könnten uns modernen Revisionisten anschließen und annehmen, dass die Illyrer der Hallstatt-Zeit die keltische Kultur annahmen, aber es scheint wahrscheinlicher, dass die Kelten aus Frankreich nach Österreich eindrangen. In diesem Fall war die Bevölkerungsveränderung ähnlich derjenigen während der mittelalterlichen Wiedereroberung des Gebiets zwischen Elbe und Oder: Die Herrscher wurden ersetzt, während die unteren Schichten sich mischten. Die griechischen und römischen Beschreibungen der Kelten bezogen sich hauptsächlich auf Menschen der Kriegerkaste. Skelettüberreste zeigen beträchtliche Unterschiede im Körperbau und in der Schädelform, möglicherweise waren auch solche in der Haar- und Hautfarbe vorhanden. Unzweifelhaft fand ein beständiger Wandel von der frühen zur späten Eisenzeit statt. Auch wenn die Kelten Eroberer waren, so vernichteten oder verdrängten sie die einheimische Bevölkerung doch nicht.

Die Kelten als Indogermanen könnten das Heimatland in einer zweiten Welle der Auswanderung verlassen haben. Vielleicht zogen sie westwärts, während die Urnenfeld-Menschen nach Osten und Süden wanderten, Wanderungen, die durch den Beginn einer Kleinen Eiszeit nötig geworden waren. Später, in römischer Zeit, lebten Teutonen, Kimbern usw. im indogermanischen Heimatland. Poseidonios von Rhodos vermutete, dass die Germanen östlich des Rheins lebten, gegenüber dem Land der Kelten. Er dachte, die Germanen wären auch Kelten, und zwar die genuinsten aller Kelten. Das Wort *Germane*, so wurde geglaubt, stamme von *Germani* oder *genuin* ab.[28] Die Germanen wurden daher nicht nur als eine Familie der keltischen Stämme betrachtet, sondern sogar als die Kernfamilie. Die Germanen hatten hellere Haut und mehrheitlich blaue Augen, sie waren blonder und barbarischer. Die Germanen waren die Kelten, die zu Hause blieben. Sie waren endogam, eine «reine Rasse» nach Tacitus, da sie keine Möglichkeit gehabt hatten, sich mit einheimischen Bevölkerungen in Mittel- und Südeuropa zu vermischen.

IV. Das Zeitalter der Eroberungen

Ausser den Kelten gab es die Skythen. Diese indogermanischen Auswanderer nach Zentralasien kehrten nach Europa zurück und ließen sich in Südrussland nieder. Somit wurde Europa in griechisch-römischer Zeit fast vollständig indogermanisch. Nicht-indogermanische Bevölkerungen wie die Basken, Etrusker und Kaukasier lebten isoliert in Enklaven.

Die Kelten, welche um 390 v. Chr. Rom plünderten, wurden mit den Westgoten verglichen, die dasselbe 800 Jahre später taten. Eher sollten sie mit den Wikingern und ihren «Großtaten» 1200 bis 1300 Jahre später verglichen werden. Die Kelten litten in ihrem Heimatland nicht unter Hungersnöten, als sie vom siebten bis zum fünften Jahrhundert v. Chr. ihre Expansion begannen. Der Bevölkerungsdruck, wenn es einen gab, entstand durch eine übermäßige Fortpflanzung. Die Kelten verließen ihre Ansiedlungen nicht, wie die Goten, aus Notwendigkeit – sie waren Eroberer, wie die Araber, die Türken und die Mongolen und vor allem die Wikinger.

Die La-Tène-Kultur der späten Eisenzeit hatte ihren Ursprung in einem keltischen Aufschwung während der zweiten Hälfte des fünften Jahrhunderts v. Chr. Sie expandierte nach Frankreich, in den Nordosten der iberischen Halbinsel, nach Nord- und Mittelitalien, in die Schweiz, ins südliche Deutschland, nach Österreich, Tschechien, in die Slowakei und nach Ungarn. Vom westlichen Frankreich aus zogen die Kelten auf die britische Insel. Die außergewöhnlichen Goldfunde in den La-Tène-Gräbern beweisen, dass die Menschen nicht an Hunger litten. Es gab genügend fruchtbares Land. Die Kelten hätten, wie die Alemannen später, Wälder im schweizerischen Mittelland roden und wohlhabende Viehzüchter werden können. Stattdessen bauten sie Befestigungsanlagen auf Anhöhen und stellten mehr Waffen als Pflüge her. Sie waren begierig nach Raubzügen, nach Kriegen, nach Eroberungen. Die Kelten waren wie Heuschreckenschwärme!

Ihre «Cousins» im Osten verhielten sich ebenso. Die Skythen waren die Nachfolger der ersten Welle einer indogermanischen Wanderung nach dem Altai. Historiker postulierten einen Domino-Effekt, nach dem die Westwanderung durch den Druck von Hsiung-Nu verursacht worden sei; dieser sei von den Chinesen in den letzten Jahren des achten Jahrhunderts v. Chr. vertrieben worden. Tatsächlich gaben die Skythen ihre Heimat nicht auf; viele lebten weiterhin im Westen Sibiriens und im Altai. Abenteuerliche Eindringlinge jedoch zogen in den Iran und nach Südrussland. Sie verjagten die Kimmerier aus dem Kaukasus und folgten ihnen nach Anatolien. Sie erschienen an den Küsten Persiens und verbündeten sich mit den assyrischen Königen. Sie eroberten die Herrschaft über Urartu, überfielen Syrien und Judäa und erreichten die ägyptische Küste in der zweiten Hälfte des siebten Jahrhunderts. Die Meder zwangen sie schließlich, sich aus dem Mittleren Osten zurückzuziehen. Sie ließen sich in Südrussland nieder. Einzelne Räuberbanden drangen in den Westen vor, bis nach Ungarn und Ostpreußen. Griechische Städte waren den Skythen tributpflichtig. Die skythischen Königsgräber des siebten, sechsten und fünften Jahrhunderts gehörten zu den wertvollsten der Zeit. Das Königreich der Skythen blieb eine militärische und ökonomische Macht bis ins erste Jahrhundert v. Chr., als es die Herrschaft mit den Sarmaten zu teilen hatte. Beide Gruppen wurden im zweiten Jahrhundert n. Chr. von den Goten unterworfen.

Wie die Kelten können auch die Skythen mit den Wikingern verglichen werden. Die skythische Armee bestand, wie viele andere indogermanische, vollständig aus Freien. Wie die Kelten skalpierten die Skythen ihre Opfer und verwendeten die Hirnschale als Trinkschale. Wie die Kelten kämpften die Skythen aus purer Kriegslust und waren ebenso unzivilisiert. Wie die Kelten gehörten diese Barbaren eigentlich vor ein Gericht gestellt, um für ihre Kriegsverbrechen zur Rechenschaft gezogen zu werden. Aber sie wurden verherrlicht!

Verhielten sich die zivilisierten Völker zu dieser Zeit anders? Waren die Assyrer, die Babylonier, die Meder zivilisiert? Waren es die Perser, die Griechen, die Mazedonier, die Phönizier, die Karthager und vor allen die Römer? Ihre schändlichen Taten wurden von den Historikern eher glorifiziert. Wir hörten von Alexander dem Großen. Groß war tatsächlich Alexanders Gier. Wir hörten von Julius Cäsar. Er war der Begründer einer Tradition, die bei Kaiser Wilhelm II. oder Zar Nicolas II. endete. Die Zivilisation des Westens erhielt ihren Höhepunkt in der Ideologie des Sozialdarwinismus der «Freien Welt» und im Nationalsozialismus Deutschlands. Das aggressive Verhalten von Heuschreckenschwärmen galt als Muster und Vorbild für Heroismus.

Der Zerfall der Zivilisation nach den «dunklen Jahrhunderten» von 1200 bis 800 v. Chr. wurde zum Modell. Zivilisation wurde zum Synonym organisierter Barbarei. Die Indogermanen, seien es die Kelten oder Skythen, die Griechen oder Römer, maßten sich die Rolle einer Superrasse an. Sie waren tatsächlich ein aggressiver Heuschreckenschwarm, und sie sollten sich schämen. Noch dümmer sind einige Historiker des Abendlandes, die das Hohelied auf Cäsar, Wilhelm den Eroberer, Knut den Großen singen, auf Cortez und Pizarro, auf Napoleon und Bismarck. Tyrannen und Kriegsverbrecher begannen ihre Faszination erst zu verlieren, nachdem Hitler den Holocaust durchgeführt hatte.

V. Klima und chinesische Geschichte

Ist die Geschichte des Orients anders verlaufen?

Zwei globale Abkühlungen während einer Kleinen Eiszeit könnten den Zerfall der Shang- und der westlichen Zhou-Dynastie verursacht haben. Nach 700 v. Chr. wurde das Klima rasch besser. Nordchina war damals für mehrere Jahrhunderte warm und feucht. In der Provinz Shandong zum Beispiel ist es heute im Winter sehr kalt, aber während des sechsten Jahrhunderts v. Chr. gab es acht eisfreie Winter. Tiger, Elefanten und Nashörner zogen noch im vierten Jahrhundert v. Chr. durch die Landschaft von Mittelchina. Maulbeerbäume, Hanf, Bambus und Reis, heute Pflanzen des Südens, wurden in Nordchina angebaut. In warmen Jahren trat der Frühling einen oder zwei Monate früher ein: die Weide wurde im Februar grün, der Pfirsichbaum blühte im März, als die Schwalbe nistete; die Grille zirpte im Juni. Die durchschnittliche jährliche Temperatur in Nordchina war 1,5° C wärmer während dieses kleinen Klimatischen Optimums.[29]

Das warme Klima dauerte an. Tiger, Elefanten und Nashörner zogen weiterhin durch die Felder. Maulbeerbäume, Hanf, Bambus und Reis gediehen weiterhin im Norden. Ansiedlungen an der Seidenstraße wuchsen zu Städten von 40000 Einwohnern an. Zeitgleich mit der klassischen griechischen Blütezeit erlebte China eine Zeit der Wirren und der Unrast. Könige, Lords und Adelige in diesem «Goldenen Zeitalters» Chinas verschleuderten alle Gaben eines vorteilhaften Klimas. Sie verschwendeten Jahre, um Krieg zu führen. Barone kämpften gegeneinander, Herzöge zogen gegen Barone, und der Erste Herrscher von Qin bekriegte alle. Seine «Heuschreckenschwärme» zerstörten jedes zivile Leben in China. Nachdem es einem rebellierenden Bauern gelungen war, das Chaos zu eliminieren und als Erster Herrscher von Han den Thron zu besteigen, wandelte sich China zu einer Ameisennation. Der westliche Han beherrschte ein Reich, das an Größe dem Römischen gleichkam. Han Wu-Di verjagte die Hunnen über die Chinesische Mauer. Er wurde als großer Held gefeiert, wie sein Zeitgenosse Julius Cäsar. Chinesische Historiker leiden an derselben Schwäche einer Heroen-Verehrung wie ihre Kollegen im Westen.

Dann geschah das Unvermeidbare: während der letzten Jahre der westlichen Han-Herrschaft meldeten sich die Vorboten einer Kleinen Eiszeit. Bauern rebellierten, und während einer Hungernot setzten sie den Herrscher ab. Dies geschah, kurz nachdem die Helvetier von Cäsar besiegt wurden.

Das erste Jahrtausend v. Chr. nahm sein Ende.

China unter der Herrschaft der Qins und Hans ist oft mit dem Römischen Reich verglichen worden. Es gibt jedoch einen wichtigen Unterschied. Die vom Ersten Herrscher unterjochten Völker waren ethnisch alle Chinesen. So mächtig Qins Armee auch war, der Herrscher hatte weder die Möglichkeit noch den Willen die «Barbaren des Nordens» zu unterwerfen. Er unternahm lediglich defensive Maßnahmen, indem er die Mauer reparierte und sie zur ununterbrochenen Chinesischen Mauer ausbaute.

Die Chinesen südlich der Mauer verfolgten für zweitausend Jahre eine Politik der friedlichen Koexistenz mit den nördlichen Barbaren, seien es Hunnen, Tocharer, Türken, Mongolen oder Mandschus. Sogar Han Wu-Di und Tang Tai-Zhong, die militärischsten aller chinesischen Herrscher, versuchten mit diplomatischen Lösungen und Staatenbündnissen mit dem Königreichen der westlichen Gebiete (Sinkiang) die Seidenstraße offen zu halten. Es fanden keine Feldzüge statt wie im Römischen Reich, das ganz Norditalien und Gallien unterwarf, oder Eroberungszüge wie jene der verherrlichten Germanici, Alamannici, Gothici usw. Die ethnische Trennung im Fernen Osten wurde verstärkt durch eine ökonomische Trennung: Im Norden lebten die nomadischen Viehzüchter, im Süden die sesshaften Getreidebauern.

Aber der Lauf der Zeit war unbeständig. Die Herrscher konnten sich ihrer Sicherheit nicht für lange erfreuen. In den Zeiten der globalen Kältephase rebellierten die Bauern, und die Barbaren des Nordens überfielen das Land. Die Soldaten zu Fuß, aus der ländlichen Ackerbaubevölkerung rekrutiert, erwiesen sich den kriegerischen Reitern des Nordens als weit unterlegen. Die nördlichen Asiaten drangen während einer Kleinen Eiszeit vor, sie überschwemmten das Land in Klimatischen Optima. Die Herrschaft der Han-Dynastie wurde durch die Barbarenüberfälle während des dritten bis sechsten Jahrhunderts beendet; die Tang/Sung-Zeit durch die Liao, die Jin und die Mongolen während des 11. bis 14. Jahrhunderts und die Ming-Dynastie durch die Mandschus während des 17. bis 20. Jahrhunderts.

Die fremden Herrscher in China ersetzten die traditionelle chinesische Defensivpolitik durch Expansionismus. Die Mongolen unterwarfen nicht nur die Chinesen; ihre Armee bekriegte Nordkorea, Tibet und Burma. Nur ein Seesturm, der die mongolische Kriegsflotte zerstörte, bewahrte die Japaner vor einem Überfall. Die ersten Mandschu-Herrscher unternahmen fortwährend Angriffskriege; in drei Feldzügen unterwarfen sie die westlichen Territorien in Sinkiang, das heisst neue Provinzen. Sie zwangen Korea, Tibet, Burma und den indochinesischen Königtümern den Status der Abhängigkeit oder von Protektoraten auf. Während sich Europa in autonome Königtümer und Republiken aufsplitterte, wurde China durch fremde Herrscher zu einem monolithen Reich vereinheitlicht.

1912 erhoben sich die Han-Chinesen gegen die Mandschus. Eine weitere Revolution fand unter kommunistischer Ideologie statt, die 1949 zur Gründung der Volksrepublik

China führte. Die offizielle chinesische Politik lautete, den ethnischen Minoritäten in den früheren Mandschu-Kolonien Autonomie zu gewähren, aber die neue Oligarchie überwand den Imperialismus der Mongolen und Mandschus nicht. Den Schulkindern wird – wie den Serben unter Milosevitsch – ein ultra-nationalistischer Han-Chauvinismus gelehrt. Tibet, das chinesische Turkestan und die innere Mongolei werden zu untrennbaren Teilen Chinas erklärt. Jeder Chinese, der anders denkt, wird als Verräter an der Sache der chinesischen Einheit betrachtet. Wir alle sind Opfer der nationalistischen Erziehung des 20. Jahrhunderts.

Mit diesem Kapitel endet die Darstellung der Geschichte der Alten Welt. Die «dunklen Jahrhunderte» endeten mit dem Aufstieg der griechisch-römischen oder der chinesischen Zivilisation während des 8. Jahrhunderts v. Chr. Das raue Klima besserte sich. Den Menschen ging es besser, sie hatten ausreichend Ernährung, und sie hatten Zeit für Musik, Kunst, Literatur und Philosophie. Mit mehr Besitz und mehr Freizeit wachsen auch die Ansprüche der Menschen: mehr Macht, mehr Geld – mehr Dekadenz. Das Klima mag besser oder schlechter sein, die Geschichte bleibt dieselbe. Die Geschichte der Zivilisation wurde eine Geschichte der Kriege: während Kleiner Eiszeiten Kriege aus Bedürftigkeit, in Klimatischen Optima Kriege aus Habgier.

Kapitel 8

Anasazi, Maya und Inkas

Geringfügige Veränderungen in der mittleren Jahrestemperatur würden die Länge der Wachstumssaison stärker als angenommen beeinflussen und damit auch die Höhenlagen, in denen Bauern hoffen konnten, Mais ernten zu können.

K. L. Peterson, Dolores Archaeological Program

Verschiebungen im klimatischen Mittel und in der Variabilität würden wichtige physikalische und biologische Systeme stören, an die die menschliche Gesundheit biologisch und kulturell angepasst ist.

A. J. McMichael, Education and Debate

Die Herrschaft baute auf symbiotische Beziehungen auf, die das Wohlergehen ihrer Wirtspopulationen gewährleisteten.

M. E. Moseley, The Incas

193

Es gibt keine historische Aufzeichnung des Klimas in der Neuen Welt vor der Ankunft der Europäer. Die Datierung von Artefakten hat es jedoch möglich gemacht, die prähistorischen demographischen Wanderungen der indigenen Amerikaner zu rekonstruieren. Ich habe mich daher dafür entschieden, einen deduktiven Ansatz zu wählen, um auf die Ereignisse rückzuschließen.[1] Wenn die klimatischen Veränderungen tatsächlich global waren, müssen die Kleinen Eiszeiten und die Klimatischen Optima ihre Spuren in Amerika wie in Europa hinterlassen haben. Hat das Klima einen spürbaren Einfluss auf die Geschichte der amerikanischen Ureinwohner gehabt?

I. Die verlassenen Klippenbehausungen der Anasazi

John Warme und ich haben beide an der UCLA (University of California, Los Angeles) promoviert, aber wir haben uns erst 1984 bei einer Preisverleihung getroffen, als er mir auf einem dieser Jahrmärkte der Eitelkeiten unserer Profession eine Medaille überreichte. Zehn Jahre später trafen wir uns auf einer Exkursion nach Mexiko wieder. Ich erzählte ihm, dass ich mich bald in den Ruhestand zurückziehen würde. Er forderte mich auf, nach Colorado zu kommen; sie hatten an der *Colorado School of Mines* eine *Keck Professorship* zu vergeben. Ich lehnte sein Angebot ab, weil ich bereits andere Pläne hatte.

John gab nicht so leicht auf. Während ich als Gastprofessor in Jerusalem weilte, erhielt ich ein Fax aus Colorado. Sie baten mich, für das Jahr 1996 an der *School of Mines* zu lehren. Zu diesem Zeitpunkt war ich bereits fasziniert vom Einfluss des Klimas auf die Geschichte der Völker. Da ich nur sehr wenig über die amerikanische Vorgeschichte wusste, dachte ich, ein Aufenthalt in Golden würde mir Gelegenheit bieten, mich mit den Arbeiten amerikanischer Archäologen zu beschäftigen.

Ich traf 1997 direkt nach der Jahreswende in Colorado ein und sollte sofort die winterliche Strenge des Hochlandes am eigenen Leib zu spüren bekommen. Am Tag nach meiner Ankunft tobte ein Schneesturm. Die Temperatur sank weit unter $-30°$ C, und das Hotelzimmer war nicht ausreichend beheizt. John schickte einen Studenten vorbei, der sich darum kümmerte, dass ich ausreichend gegen den starken Frost geschützt wurde.

Meine Stimmung besserte sich, als die Sonne hervorkam. Die Autostraßen waren bald schneefrei, und am ersten Wochenende fuhr ich heraus zu den Hopi-Indianern, wo sich die Nachkommen der Anasazi niedergelassen haben.

Die Anasazi, auch als Pueblo-Indianer bekannt, sind friedliche Bauern. Sie entwickelten am Rande des Colorado-Plateaus und im Great Basin eine Hochkultur. Am Berühmtesten sind die Klippenbewohner von Mesa Verde.

Die nordamerikanischen Indianer des Westens begannen um die Zeit von Christi Geburt mit dem Ackerbau.[2] Das zeitliche Zusammentreffen mit dem Beginn einer weltweiten Periode der Abkühlung war vielleicht kein reiner Zufall. Die Erfindung der Landwirtschaft war eine Reaktion auf äußere Zwänge, und sie kam in der neuen Welt recht spät.

Die Einwanderer waren als kleine Gruppe über die Bering-Straße gekommen. Der Bevölkerungsdruck war zunächst gering, da die Menschen die scheinbar unendlichen Weiten erkunden und vom Jagen und Sammeln leben konnten. Die Klimaverschlechterung im ersten Jahrhundert könnte die Menschen dazu gezwungen haben, sich von dem zu ernähren, was sie anbauten. Die Paläo-Indianer wurden zu Korbmachern. Schließlich lernten sie zu töpfern und lebten gruppenweise in Grubenhäusern. Im ersten Jahrtausend verlief die kulturelle Evolution langsam.

In der nördlichen Region nahe Mesa Verde lebten die Korbmacher zu einer Zeit in der Tiefebene, als ihre primitiven Hütten wenig Schutz vor den bitterkalten Winden und den winterlichen Schneegestöbern auf der Hochebene boten. Die Anasazi kamen im achten und neunten Jahrhundert nach Mesa Verde. In den darauf folgenden Jahrhunderten, als die Menschen in Europa das mittelalterliche Klimatische Optimum genossen, expandierte die Bevölkerung. Unterhalb der Hochebene wurden dicht nebeneinander kleine Räume gemauert, die schließlich zu Pueblos weiterentwickelt wurden.

Die Leute errichteten auch weiterhin unterirdische Häuser für zeremonielle Zwecke. Die Ansiedlungen lagen an den Rändern alluvialer Schwemmlandebenen und die landwirtschaftliche Bestellung dieser Grundwasserböden erfolgte von ständig bewohnten Siedlungen aus. Um 900 n. Chr, wurde das Klima milder, und schließlich wurde auch die Hochebene besiedelt.

Die fetten Jahre dauerten aber nicht ewig, und nach ein paar Jahrhunderten verschlechterte sich das Klima wieder. Um 1200 n. Chr. begannen die Menschen, die Hochebene wieder zu verlassen; sie zogen in tiefere Regionen und erbauten die berühmten Klippenbehausungen.

Die Menschen von Mesa Verde bewohnten ihre Klippendörfer nur etwa ein Jahrhundert lang. Während des 12. Jahrhunderts begannen zunächst einzelne Familien abzuwandern, doch bald verwandelte sich die allmähliche Abwanderung zu einem Massenexodus. Nach 1300 war Mesa Verde praktisch verlassen.[3]

Auf dem Colorado-Plateau, wo die westlichen Anasazi lebten, fand eine ähnliche Entwicklung statt. Die Bevölkerung wuchs im Verlauf des zenten, elften und zwölften Jahrhunderts ständig an. Es kam zu einer Periode der Ausbreitung. In allen bewohnbaren

Regionen wurden die Dörfer von Heimstätten verdrängt.[4] Die Menschen des Kayenta-Kernlandes breiteten sich westwärts ins Gebiet des Grand Canyon aus. Die Werkzeuginventare der Ansiedlungen umfassen alle bekannten Werkzeugtypen und zeigen, dass sich die Menschen mit allem Nötigen versorgen konnten. In den dörflichen Ansiedlungen herrschte also eine allgemeine ökonomische Selbstversorgung

Im dreizehnten Jahrhundert kam die Expansion zu einem abrupten Ende. Einige Siedlungen im Hochland wurden verlassen und die Wohngebiete in tiefer gelegene Regionen verlagert, dorthin, wo Nebenflüsse in die Hauptströme am Boden der Canyons mündeten. Wie in Mesa Verde wurde es auch dort, wo die westlichen Anasazi lebten, kälter.

Die Situation verschlechterte sich im Laufe des dreizehnten Jahrhunderts weiterhin. Die Siedlungen in der Kayenta-Region und im San-Juan-Becken wurden um 1300 aufgegeben. Es war jedoch keine panische Flucht, sondern ein geregelter Exodus. Bewegliche Gegenstände wurden mitgenommen und die Türen versiegelt – offenbar in Erwartung einer Rückkehr.

Die Anasazi wandten sich nach Süden und legten im Verlauf ihrer Wanderung ein Jahrhundert lang immer wieder Pausen auf Zwischenstationen ein. Schließlich konzentrierte sich die Bevölkerung lediglich auf einige wenige Refugien, auf den Hopi Mesas, in Jeddito Valley und längs des Little Colorado. Zum Zeitpunkt der spanischen Annexion im 16. Jahrhundert waren, abgesehen von einigen Dörfern, alle Ansiedlungen in Colorado verlassen.

Die Anasazi betrieben auch im San-Juan-Becken (Neu Mexico) Landwirtschaft. Der Platz spielt heute für den Ackerbau kaum noch ein Rolle, doch man findet dort zahlreiche Anasazi-Ruinen. Ausgrabungen sprechen dafür, dass die Anasazi-Bevölkerung im Chaco Canyon wie überall im achten und neunten Jahrhundert zu wachsen begann. Die Bedingungen, die heute dort herrschen, wären sicherlich nicht ausreichend, um eine solche expandierende Bevölkerung zu ernähren, doch das Klima muss damals milder gewesen sein. Als sich die Verhältnisse weiterhin besserten, begannen die Menschen, höher gelegene Regionen zu besiedeln und pflanzten in Höhen von mehr als 2000 m Feldfrüchte an.

Die dichteste Besiedlung des Chaco Canyon wurde kurz nach 1100 erreicht. Danach ging die Zahl der Ansiedlungen zurück, und sie wurden in geringeren Höhen errichtet. Dann, ganz plötzlich, brach das System zusammen und zwar zu einem Zeitpunkt, der etwas vor der Aufgabe der Mesa-Verde-Ansiedlungen lag.[5]

Die Chaco-Emigranten wandten sich nach Süden. Sie lebten weiterhin in Pueblos, wie diejenigen im Frijoles Canyon und auf dem Pajarito-Plateau in New Mexico. Sie errichteten Einfamilienhäuser oder kleine Weiler, in denen gewöhnlich nicht mehr als zwei oder drei Familien lebten. Um 1300 hatten die Anasazi ihre Häuser in der Four-Corners-Region gänzlich verlassen. Sie wanderten südwärts ins Gebiet des Rio Grande, wo die Bevölkerungsdichte dramatisch anstieg. Das Leben drehte sich auch weiterhin um die Landwirtschaft. Die Menschen bauten im Tiefland Mais an und pflanzten Bohnen und Kürbisse. Sie können jedoch nicht länger als zwei bis drei Jahrhunderte geblieben sein; offenbar mussten sie weiterwandern. Als die Spanier 1541 ins Rio-Grande-Gebiet gelangten, fanden sie nur wenige Indianer vor.[6]

Die eindrucksvollen Anasazi-Ruinen auf dem Colorado-Plateau waren, als sie von Euro-Amerikanern entdeckt wurden, bereits seit langem verlassen. Die Klippenbehausungen der Mesa Verde waren eine Stadt aus mehrstöckigen Gebäuden, und einige von ihnen wurden errichtet, kurz bevor sie verlassen wurden. Warum zogen die Anasazi fort? Warum kehrten sie nie mehr zurück?

Früher zog man gerne das Kriegsmodell zur Erklärung heran. Es könnte Kämpfe mit den Utes oder Athabasken gegeben haben, vermutete man. Aber diese kriegerischen Stämme trafen nicht vor dem 17. Jahrhundert im Südwesten ein; sie können daher nicht der Anlass für einen Exodus gewesen sein, der viele Jahrhunderte früher stattfand.

Es hat möglicherweise Streit unter den Dorfbewohnern gegeben, lautete eine andere Spekulation. Auseinandersetzungen zwischen verschiedenen Parteien könnten jedoch höchstens für die Entvölkerung von ein oder zwei Dörfern verantwortlich sein, nicht aber für die Aufgabe sämtlicher Dörfer und Städte der ganzen Region. Überdies gibt es keinerlei Belege für Feindseligkeiten in irgendeiner Form.

Möglicherweise gab es Epidemien. Man fragt sich in der Tat, warum die Anasazi ihre Siedlungen von Mesa Verde und von Chaco Canyon oben auf der Mesa errichteten, wenn sie zum Talboden heruntersteigen mussten, um ihre Felder zu bebauen. Nun, dort oben war das Klima besser.

Das Leben auf dem kalten und trockenen Hochland muss gesund gewesen sein; es gibt keinen Grund anzunehmen, dass Infektionskrankheiten eine Landwirtschaft betreibende Bevölkerung veranlassten, ihre Heimstätten zu verlassen.

Da all diese Alternativen ad acta gelegt werden müssen, favorisieren die Archäologen nun die eine oder andere Form einer Erklärung aufgrund von Umwelteinflüssen: Die Anasazi verließen ihre Heimat aufgrund einer Klimaveränderung.

Der Zeitpunkt 1300 ist dabei bedeutsam. Damals begann in der Alten Welt die letzte Kleine Eiszeit.

Die Chaco-Dörfer wurden früher aufgegeben, doch sie lagen in landwirtschaftlichen

Randzonen, oberhalb der mittleren Höhenlagen. Der größte Teil der Anasazi verließ San Juan und Mesa Verde gegen Ende des dreizehnten Jahrhunderts.

Die Anasazi-Wanderer lebten am Oberlauf des Little Colorado und in der White-Mountain-Region, bis diese Siedlungen 1450 aufgegeben wurden. Die Siedlungen am Frijoles Canyon waren eine weitere Durchgangsstation auf dem Weg nach Süden, doch selbst diese südlichen Niederlassungen mussten im Verlauf des 16. Jahrhunderts aufgegeben werden. Sogar die südlichsten Niederlassungen im Tal des Rio Grande waren gegen Ende des 17. Jahrhunderts verlassen.[7] Als die Kleine Eiszeit ihren Höhepunkt erreichte, zogen die Anasazi weiter nach Süden.

Jede Theorie, die das Rätsel der Anasazi zu erklären versucht, muss erläutern, wie erstens den zeitliche Ablauf der Wanderbewegung vor sich ging, warum zweitens die Niederlassungen niemals wiederbesiedelt wurden, und drittens, warum die demographische Bewegung ausschließlich Richtung Süden erfolgte. Die Menschen zogen eine Weile nach Süden und fanden ein- bis zwei Jahrhunderte lang zeitweise eine Zufluchtstätte, doch das Schicksal meinte es nicht gut mit ihnen. So mussten die Ansazi erneut ihr Bündel schnüren und weiter nach Süden ziehen.

Die Ursache dafür kann nur die Kleine Eiszeit *sensu strictu* gewesen sein. Dieser globale Kälteeinbruch war ihre Nemesis, ihr Fluch.

Was waren die Folgen des Temperaturrückgangs?

Eine beliebte Erklärung sind Dürren. Baumringuntersuchungen in den westlichen Vereinigten Staaten haben gezeigt, dass es Dürrezyklen mit einer Periode von ungefähr 22 Jahren gab, und Mesa Verde erlebte zwischen 1275 und 1299 eine ausgeprägte Trockenperiode.

Dürrezeiten sind jedoch sehr häufige Ereignisse. Die Anasazi bauten Kornspeicher, und sie waren wiederholte Dürrezeiten gewöhnt. Überdies hätten sie nach Hause zurückkehren können, sobald ein Dürrezyklus beendet war. Es wäre nicht nötig gewesen, eine Stadt zu verlassen und niemals wiederzukehren.[8]

Meine eigenen Reisen sprachen dafür, dass Wassermangel nicht der Grund für die Abwanderung der Anasazi gewesen sein konnte. Meine Frau und ich besuchten die San-Juan-Region zur Zeit der größten Sommerhitze. Überall gibt es genügend Wasser. In den San-Juan-Bergen versiegen die Flüsse nie. Die Wiesen zwischen den Bergen sind grün wie Parklandschaften, und sie werden in Colorado auch tatsächlich als Parks bezeichnet. Es gibt keinerlei Belege dafür, dass sich das Land der Anasazi nach Ende des dreizehnten Jahrhunderts in eine Wüste verwandelt hätte. Das Klima könnte sogar feuchter gewesen sein, und es war nach Abzug der Anasazi kühler.[9] Wenn sie von der Dürre vertrieben worden wären, wären die Wanderer zurückgekehrt.

Zur Frage des Abzugs der Anasazi aus der San-Juan-Region schrieb A. H. Rohn: «Die Große Dürre von 1276 bis 1299 muss nicht zu einer völligen Aufgabe [der Siedlungen] geführt haben.

Während eine Vielzahl von Umweltfaktoren das Leben der prähistorischen Pueblo-Völker beeinflusste und selbst kleine Veränderungen adaptive Reaktionen hervorrufen konnten, erforderten diese adaptiven Reaktionen keine Umsiedlungen.

Uns bleiben daher zwei Möglichkeiten: Die Gründe lagen ausschließlich im sozialen, politischen oder religiösen Bereich, oder das Bevölkerungswachstum führte zu einem völligen ökologischen Zusammenbruch.»[10]

Da er keinen überzeugenden Grund für einen völligen ökologischen Zusammenbruch sah, war Rohan «zunehmend geneigt, rein kulturelle Faktoren zu akzeptieren, um die große Pueblo-Wanderung zu erklären».

Es könnte eine dritte Möglichkeit geben. Der ökologische Kollaps wurde nicht durch eine wachsende Bevölkerung, sondern durch eine katastrophale Klimaveränderung ausgelöst.

Ich möchte betonen, dass das Jahr 1280 oder 1300 in der Geschichte der Alten Welt ein bemerkenswertes Datum darstellt, denn das eine oder das andere wird als der Beginn der letzten Kleinen Eiszeit betrachtet. Die Anasazi verließen ihre Heimat, als die weltweite Abkühlung begann. Wie die Lemminge verließen sie Haus und Hof, um niemals zurückzukehren. Sie zogen davon, weil es auf der Hochebene zu kalt wurde. Auf ihrer Odyssee nach Süden mussten sie ihre Übergangssiedlungen eine nach der anderen aufgeben und 1800, auf dem Höhepunkt der Kleinen Eiszeit, sogar das weiter südlich gelegene Tal des Rio Grande verlassen.

Warum sollte ein Sinken der Globaltemperatur um 1 oder 2° C zu einem solchen Massenexodus führen?

Die Anasazi ernährten sich von Feldfrüchten und vom Ackerbau. Wenn die Temperaturen so weit absanken, dass es zu Missernten kam, mussten die Menschen wegziehen. Könnte ein Sinken der Globaltemperatur um 1–2° C im Anasazi-Gebiet zu Missernten geführt haben?

Ja, davon ist Kenneth Peterson überzeugt. Er «korrelierte eine Vielzahl von Befunden um darzulegen, dass geringfügige Veränderungen der mittleren Jahrestemperatur die Länge der Wachstumssaison und damit die Höhenlagen (und den Breitengrad), in denen Farmer damit rechnen durften, Mais zur Reife zu bringen, stärker als angenommen beeinflussen würden».[11] Dasselbe Problem – eine kurze Wachstumssaison – ist als Grund dafür genannt worden, dass die Anasazi die Berge von Santa Fee verlassen mussten.[12]

Mais war und ist die Ernährungsgrundlage der Anasazi. Um auszureifen, benötigt Mais eine Wachstumszeit von 110–130 Tagen im Jahr. Als wir Mesa Verde und San Juan gegen Ende April 1996 besuchten, lag noch immer Schnee auf dem Boden – und das in unserem gegenwärtigen Klimatischen Optimum. Während der Kleinen Eiszeit blieb der Schnee vermutlich sogar noch länger liegen. Die Anasazi konnten vielleicht nicht früher als irgendwann im Mai mit der Pflanzung beginnen. Nun erinnere ich mich an das, was mir ein ostdeutscher Freund einmal erzählt hat: Wenn er nicht spätestens Mitte Mai beginnen könne, seine Felder zu pflügen, könne er in dem entsprechenden Jahr nichts ernten; die Wachstumssaison sei dann zu kurz.

Mir erscheint es offensichtlich, dass die Anasazi ihre Häuser aus demselben Grund verließen, wie die Indogermanen die ihrigen: Mit Anbruch der Kleinen Eiszeit konnten sie nicht länger genügend Feldfrüchte ernten. In Nordeuropa blieben einige indogermanische Schnurkeramiker zurück. Sie kehrten zur mesolithischen Lebensweise der Jäger und Sammler zurück und ergänzten ihre Ernährung mit kleinen Viehherden. Die Anasazi lernten es nicht, Vieh zu domestizieren. Die «Parklandschaft» der San-Juan-Region wäre ein wunderbares Land für Viehzüchter gewesen. Aber die Menschen konnten kein Gras essen. Die Anasazi mussten nach Süden ziehen, in Gegenden, wo die Wachstumssaison noch lang genug war. Die erbarmungslose weltweite Kälte folgte ihnen jedoch die ganze Kleine Eiszeit hindurch, daher blieb ihnen nichts anderes übrig, als immer weiter nach Süden zu wandern. Schließlich mussten sie die Landwirtschaft völlig aufgeben.

Linda Cordell beschrieb die Ausdehnung der Niederlassungen im Rio-Grande-Gebiet während der Kleinen Eiszeit. Die Bevölkerung wuchs stark an, und Migranten kamen hinzu. Von 1300 an entstanden sehr große Gemeinschaften. In Arizona lebten die Flüchtlinge aus dem Norden in primitiven Siedlungen, die Casa Grande genannt wurden – große Gebäude aus Lehmziegeln, in denen einige Tausend Menschen hausten. Ein neuer Typ von Keramik – glasierte Rio-Grande-Ware – wurde bis 1700 produziert.[13] Ein auffälliges Merkmal der späten Keramiken ist die bemerkenswerte Einheitlichkeit im Design von der Rio-Grande-Region bis zu den Hopi. Offenbar kam es zu einer industriellen Revolution: Die Einwanderer mussten Keramiken herstellen und vertreiben, um ihren Lebensunterhalt zu bestreiten. Die Aansazi hatten nun Keramiken, und sie unternahmen Reisen.

Die ungeschriebene Saga der Anasazi ist aus den Ruinen rekonstruiert worden, die sie hinterlassen haben. Die Triebkraft war die globale Klimaveränderung, das Aufkommen der Kleinen Eiszeit. Wir hätten den Schuldigen nicht ausmachen können, wenn wir die Schlüsselhinweise nicht in den Aufzeichnungen der Alten Welt gefunden hätten.

II. Die untergegangenen Städte der Maya

Zur Zeit ihrer größten Blüte gegen Ende des achten Jahrhunderts erstreckte sich die Maya-Zivilisation vom Staat Chiapas in Mexiko und der Peten-Region in Guatemala bis ins westliche Honduras und ins nördliche El Salvador. Nach ihrem Zusammenbruch um 900 wurde das Land der Maya wieder zum tropischen Urwald![14]

Im Jahre 1748 traf Pater de Solis mit seinen Brüdern, deren Frauen und Kindern in Santo Domingo de Palenque ein. Die Familie, die nach neuem Land Ausschau hielt, das sie kultivieren konnte, stolperte über Ruinen von Steinhäusern. Sie waren die ersten Menschen der Alten Welt, die ihren Fuß voller Staunen in eine der eindrucksvollsten Mayastätten setzten.

Palenque ist nur eine Stätte unter vielen der klassischen Periode. Seither ist man auch in Copan, Quirigua, Yaxchilan, Piedras Negras, Tomnian, Uxmal, Kabna, Sayil, Bonampak und insbesondere in Tikal auf eindrucksvolle Bauwerke gestoßen. Dabei handelte es sich um Pyramiden und Stelen mit Hieroglyphen.

Das älteste bekannte Mayabauwerk ist die Pyramide in Uaxactun, die zu Beginn unserer Zeitrechnung errichtet wurde. Die früheste Stele wurde in Tikal gefunden und auf 292 datiert. Hieroglyphen hat man in mehr als 110 Zeremonialzentren gefunden.

In den letzten beiden Jahrzehnten ist es gelungen, die Mayaschrift zu entziffern. Es handelt sich in Wirklichkeit nicht um eine Hieroglyphen-, sondern um eine Silbenschrift. Die Zeichen geben Daten, kalendarische Informationen, Namen und Ereignisse wieder. Seltsamerweise stammen die größten Errungenschaften der Maya nicht aus dem südlichen Hochland, wo das Klima ausgezeichnet ist, sondern aus den tropischen Regenwäldern des Tieflandes.

Wer waren diese Leute? Woher kamen sie? Wohin gingen sie? Aus welchem Grund? Und wann?

Die Maya-Geschichte wird in vier Perioden eingeteilt: in die Präklassik 1500 v. Chr.–300 n. Chr., Frühe Klassik 300–600, Späte Klassik 600–900 und die Postklassik 900–1527. Die Maya gehören zu einer großen Gruppe indigener Amerikaner, die derselben Sprachfamilie angehören. Sie sind möglicherweise aus dem Nordwesten Guatemalas ins Tiefland gekommen. Die Städte wurden während der klassischen Periode errichtet. Man hielt sie früher für Zeremonialzentren, doch Archäologen glauben inzwischen, dass sowohl Priester als auch gewöhnliches Volk in den Städten lebten.

Die Maya waren ein jungsteinzeitliches Volk. Vor 900, als sie nach Yucatan kamen, waren ihnen Metalle unbekannt. Sie besaßen keinen Obsidian für ihre Steinwerkzeuge, sondern mussten ihn von den Hochlandbewohnern eintauschen. Die Maya hatten auch keine Jade für ihren Schmuck; diese kostbaren Steine mussten ebenfalls importiert werden. Die Grundlage der Maya-Ökonomie war die Landwirtschaft. Die Bauern lebten in verstreuten Siedlungen am Rand der Städte, und sie pflanzten vorwiegend Mais an.

Die Maya-Zivilisation war nicht die einzige mittelamerikanische Zivilisation. Auch andere mexikanische Völker hinterließen hier kulturelle Relikte. Die große Stadt Theotihuancan im Tal von Mexiko wurde im zweiten Jahrhundert zu Beginn ihrer klassischen Periode 150–900 erbaut. Die Zapoteken schufen während der klassischen Periode am Monte Alban ein eigenes, bedeutendes Reich. Sie verfügten bereits in der präklasssischen Periode 200 v. Chr.–150 über Schrift und einen Kalender, und ihre ältesten Städte datieren bis ins sechste Jahrhundert v. Chr. zurück. Noch frühere klassische Kulturen waren die La Venta- (1200–400 v. Chr.) und die San Lorenzo-Kultur (1700–1500 v. Chr.) der Olmeken an der Golfküste.

Die präklassische Periode begann um 1800 v. Chr., doch die Züchtung von Kulturpflanzen bereits lange zuvor; Mais wurde bereits im sechsten Jahrtausend v. Chr. angebaut. Die präklassischen Bauern errichteten feste Siedlungen, sie stellten Töpferwaren her, sie arbeiteten am Webstuhl, sie bearbeiteten Stein, und sie formten weibliche Figurinen aus Ton.

Die mittelamerikanischen Bauern stammten von Jägern und Sammlern ab, und diese wiederum konnten ihren Stammbaum auf die nordamerikanischen Mammutjäger des Oberen Paläolithikums zurückführen.

Längs der Golfküste von Yucatan bis Huaxteca erstreckt sich ein durchlaufender Gürtel von maya-sprachigen Völkern.[15] Eine Maya-Sprache, Huaxtec, wird im Norden von Vera Cruz noch immer gesprochen. Legenden weisen darauf hin, dass das Volk der Olmeken aus Tamoanchan kam, ein Maya-Begriff, der soviel wie Land des Regens oder des Nebels bedeutet. Vermutlich ist die Olmeken-Zivilisation von Maya-Sprechern gegründet worden.[16] Wenn das der Fall ist, waren die Maya keine Eindringlinge aus einem fernen Land.

Die Maya der klassischen Periode zogen aus dem Nordwesten Guatemalas ins Tiefland. Die ersten Monumentbauer kamen im Verlauf des ersten oder der ersten paar Jahrhunderte unserer Zeitrechnung. Auch sie fanden kein unberührtes Land vor. Die ersten Siedler lebten hier seit 2000 v. Chr., und seit 1000 gab es kleine dörfliche Ansiedlungen. Die Neuankömmlinge der klassischen Periode bauten Städte und pflasterten Straßen. Sie waren auch gute Seeleute und trieben Handel mit Nah und Fern: mit Tampico im Norden ebenso wie mit Panama im Süden, und vielleicht gelangten sie sogar bis Südamerika.

Im neunten oder zehnten Jahrhundert muss etwas Ungewöhnliches geschehen sein.

Nach 1000 finden Archäologen im «Alten Land» keine datierbaren Monumente mehr. In Copan und Tikal kamen die Bauaktivitäten nach Jahrhunderten einer kontinuierlichen Entwicklung während der klassischen Periode zu einem plötzlichen Stillstand. Völlig überstürzt verließen die Maya ihre Städte.

Der plötzliche und unaufhaltsame Zusammenbruch hat vielen Archäologen Kopfzerbrechen bereitet; von Hagen schrieb dazu: «Der Exodus aus Hunderten von Maya-Städten lässt sich nicht auf Gewalt zurückführen. Die Tempel, die Paläste der Priester, die Pyramiden und die Stelen stehen noch immer so da, wie sie verlassen worden sind. Wir haben keine Belege für irgendeine katastrophale klimatische Veränderung oder irgendwelche Anzeichen für verheerende Kriege oder Seuchen gefunden.»[17]

Es gibt tatsächlich keine Belege für irgendeine katastrophale klimatische Veränderung oder irgendwelche Anzeichen für verheerende Kriege. Aber könnten wir irgendwelche Belege für eine katastrophale Seuche erwarten?

Was war passiert? Zogen die Menschen fort oder gingen sie zugrunde? Warum verließen sie ihre Städte und ihre Felder?

Die Maya haben ihr Geheimnis mit sich genommen, und wir wissen selbst nach der Entschlüsselung ihrer Schrift nicht mehr darüber als zuvor.

Einige Archäologen haben versucht, das Rätsel zu ignorieren, indem sie es trivialisierten. Sie nahmen an, nur die zeremoniellen Zentren seien verlassen worden, und zwar aufgrund von Bauernaufständen gegen die herrschende Kaste, die die Bauern «zu sehr geschunden hatte». Ihr Argument ist nicht überzeugend. Bauern sind an harte Arbeit gewöhnt, und sie sind daran gewöhnt, hart für ihren Lebensunterhalt zu arbeiten. Bauern rebellieren nur dann, wenn sie am Verhungern sind. Gibt es irgendwelche Hinweise auf eine Ernährungskrise, die von einer Klimaveränderung hervorgerufen wurde?

Hier gehen die Meinungen auseinander. Als mögliche Ursache wurde Dürre angeführt. Aber Dürrezeiten kommen und gehen, sie sind vergleichsweise häufig. Man sollte annehmen, dass die Menschen zurückgekehrt wären, sobald es wieder regnete, selbst wenn es einige trockene Perioden gegeben hatte. Nebenbei bemerkt, gibt es kaum Hinweise darauf, dass sich ein Landstrich mit Regenwäldern in eine Wüste verwandelt haben könnte.

Die andere, diametral entgegengesetzte Denkschule nimmt an, es habe zu viel Regen gegeben: Die Niederschläge waren ihrer These nach so reichlich, dass die Bäume zu rasch wuchsen, um gerodet zu werden. Die Bauern arbeiteten nicht rasch genug, um die Bäume zu roden und ihre Feldfrüchte anzupflanzen. Das klingt ziemlich dürftig.

Es gibt noch weitere ad-hoc-Erklärungen. Im Frühjahr 1997, als ich das State College in Pennsylvania besuchte, lernte ich eine andere Expertenmeinung kennen. Die dortigen Wissenschaftler stimmten überein, dass es keine Dürre gegeben haben könne. Ganz im Gegenteil, es müsse zu viel geregnet haben.

«Aber haben die Leute tatsächlich Schwierigkeiten gehabt, die Bäume zu roden?» fragte ich.

«Oh nein. Einem Volk, das gut genug organisiert war, um Städte zu bauen, sollte es nicht schwer fallen, ein paar Bäume zu fällen, besonders dann, wenn sein Lebensunterhalt davon abhing.»

«Was war denn dann der Grund für den Massenexodus?»

«Bodenerosion! Die Maya-Bauern praktizierten den Brandrodungsackerbau, wie die ‹neolithischen› Bauern im heutigen Neuguinea. Die Asche lieferte den Dünger für das Wachstum der Feldfrüchte. Nachdem alles Land im Tal von den Priestern oder der herrschenden Gruppe beansprucht worden war, um ihre Zeremonialzentren zu bauen, mussten die armen Bauern auf die Hügel ausweichen. Im neunten und zehnten Jahrhundert, auf dem Gipfel eines kleinen Klimatischen Optimums, kam es zu heftigen Niederschlägen. Es regnete pausenlos. Der Boden des brandgerodeten Landes wurde einfach fortgeschwemmt. Das Land wurde wüst und leer, und nichts ließ sich mehr darauf anbauen!»

Es war eine gute Story, und ich war fast überzeugt, bis ich Aufnahmen des Tieflands von Guatemala sah. Dort gibt es sanft geschwungene Hügel, aber keine tief eingeschnittenen Schluchten und Täler wie in Neuguinea. Brandgerodetes Land sollte grasbedeckt sein wie das Grasland von Kamerun, wo noch so viel Regen den Boden nicht fortschwemmen kann.

Ja, die Maya gingen nicht zugrunde, sie zogen fort. Einer Schätzung zufolge umfasste die Maya-Bevölkerung etwa drei Millionen Menschen. Nicht nur die Priester oder die herrschende Kaste, alle drei Millionen verließen ihre Heimat.

Der Massenexodus stand jedoch nicht mit einer Krise in der Nahrungsmittelproduktion in Zusammenhang.

Wohin gingen sie?

Die Auswanderer zogen größtenteils nach Norden. Die Bevölkerung von Yucatan und des guatemaltekischen Hochlands stieg nach 1000 dramatisch an. In diesen Jahrhunderten kam es zu einer Renaissance der Maya-Kunst und -Architektur. Chichen Itza war im fünften Jahrhundert eine kleine Stadt, und sie erreichte die Größe und Pracht, die wir heute sehen, kurz nach dem Zusammenbruch des klassischen Maya-Reiches. Die ersten Pyramiden und der Kukulkantempel wurden erst nach 987 errichtet.

Warum ließen sie ihre großartigen Städte und ihre fruchtbaren Felder zurück, um im Norden neue Städte zu bauen und neue Felder zu pflügen?

Die Idee kam mir eines Tages, als ich mit einem Kollegen vom Tropeninstitut in Basel auf Reisen war. Wir sprachen über die weltweite Erwärmung und den «Treibhauseffekt».

«Gibt es eine globale Erwärmung?» fragte er.

«Seit Mitte des 19. Jahrhunderts registrieren wir weltweit einen leichten Anstieg der mittleren Jahrestemperatur.»

«Wird diese Erwärmung von Treibhausgasen in der Atmosphäre hervorgerufen?»

«Ich bezweifele es. Der Kohlendioxidgehalt der Atmosphäre steigt seit Mitte des 19. Jahrhunderts; es sollte eine entsprechende Zunahme der Globaltemperatur gegeben haben. Tatsächlich zeigen die Aufzeichnungen jedoch, dass sich der Trend im Verlauf der letzten 150 Jahre dreimal umgekehrt hat.»

«Ist die Erwärmung also natürlich?»

«Wir wissen es nicht, doch diese Möglichkeit lässt sich nicht ausschließen; wir haben gerade eine Kleine Eiszeit durchgemacht.»

«Wird es weltweit noch wärmer werden?»

«Wir haben den Gipfel des Klimatischen Optimums noch nicht erreicht, wenn wir aus der Vergangenheit auf die Zukunft schließen dürfen.»

«Ich mache mir Sorgen. Sie kennen die tödliche Malaria.»

«Ich bin im Südwesten Chinas aufgewachsen und hatte als Kind Malaria, aber sie hat mich nicht umgebracht.»

«Die tödliche Erkrankung wird nur von einigen tropischen Mückengattungen übertragen. Ihre heutige Verbreitung ist durch die 22° C-Winterisotherme definiert; bei niedrigeren Temperaturen sterben die Mückenlarven ab. Die Isotherme liegt heute ungefähr bei 10° N bzw. S des Äquators. Wenn die mittlere Temperatur weltweit steigt, könnte sich das Verbreitungsgebiet der Insekten vergrößern.»

«Aber wie weit?»

«Die ‹Killermücken› könnten bis zum 15.–20. Breitengrad nach Norden und nach Süden vordringen, wenn die mittlere Temperatur auf der Erde um 1–2° C steigt. Das wäre eine Katastrophe!»

Als ich an diesem Abend nach Hause kam, nahm ich einen Atlas und fand Copan auf der Karte. Es liegt bei 16° nördlicher Breite, und andere weiter nördlich gelegene Maya-Plätze liegen alle südlich des 20. Breitengrades.

Weltweite Klimaveränderungen beeinflussen die Gesundheit und das Wohlergehen der menschlichen Bevölkerung auf vielfältige Weise. Einige Effekte sind positiv. Höhere Temperaturen bringen in Ländern mit kaltem bis gemäßigtem Klima mildere Winter mit sich, was den winterlichen Mortalitätsgipfel bei Kleinkindern und älteren Men-

schen reduziert. Die meisten der zu erwartenden Effekte sind jedoch negativ. Klima-
verschiebungen würden wichtige physikalische und biologische Systeme stören, an die
die menschliche Gesundheit angepasst ist. «Als Ergebnis klimatischer Einflüsse auf die
Verteilung von Erregern, die Malaria, Dengue-Fieber, Trypanosomiasis, virale En-
cephalitis und Schistosomiasis hervorrufen, würde sich das Risiko, an Infektionen zu
erkranken, verändern», heißt es in einem der fundierteren wissenschaftlichen Artikel.[18]

Mein Basler Kollege hat Recht. Wie empirische Untersuchungen in Afrika gezeigt haben, würde eine Erwärmung sicherlich dazu führen, dass sich die Malaria weiter nach
Norden und Süden wie auch in größeren Höhenlagen ausbreitet. Es gibt in der Tat Berichte, nach denen die Zunahme von Malaria auf mehreren Kontinenten mit der globalen Erwärmung korreliert ist. Das entscheidende Argument liefert ein mathematisches
Modell, das die Temperaturkorrelation der geographischen Verbreitung der malaria-
übertragenden Mücken zeigt.

Heureka! Nun verstehe ich die Zusammenhänge.

Die Maya mussten das bewaldete Tiefland verlassen, als sich die «Killermücken»
dort festsetzten, und nach Yucatan im Norden bzw. ins nordwestliche Hochland ziehen.
Die zeitliche Abfolge des Kommens und Gehens der Maya liefert uns den entscheidenden Hinweis.

Die klassischen Maya wanderten zu Beginn unserer Zeitrechnung, als weltweit eine
Periode der Abkühlung anbrach, in das tropische Tiefland ein. Sie verließen das Tiefland
um 900, in der Ära des mittelalterlichen Klimatischen Optimums.

Das tropische Tiefland von Guatemala ist heute sehr warm, aber im Winter fallen die
Temperaturen unter 22° C. Zu Zeiten der globalen Erwärmung war das anders. In den
Jahren, in denen die Minimaltemperatur über die kritische Schwelle anstieg, konnten
die Mückenlarven den Winter überleben, und die Region wurde im Sommer mit
Malariamücken überschwemmt. Das Land der Maya wurde zu einem ungesunden Lebensraum für Menschen, wie auch die Erbauer des Panamakanals feststellen mussten,
als sie in den Tropen zu arbeiten begannen.

Die präklassischen Maya-Siedlungen wurden in kühleren Zeiten errichtet. Der Beginn der klassischen Periode fiel mit dem Beginn der dritten Kleinen Eiszeit zusammen. Die Menschen kamen aus dem Hochland herab, rodeten die Wälder und legten
Felder an. Sie gediehen, weil das Klima günstig war und der Boden fruchtbar. Die Bevölkerung wuchs, und die Gesellschaft organisierte sich. Pyramiden wurden erbaut und
Stelen errichtet. Eine privilegierte Herrscherklasse konnte sich herausbilden, während
die Bauern zufrieden ihre Felder bestellten und die Ernte einbrachten.

Die Maya bauten Schiffe und trieben Seehandel. Im achten oder neunten Jahrhundert kamen sie nach Panama und brachten von dort die Malariamücken mit. Zunächst konnten diese Insekten die Maya-Winter nicht überlebt haben. Dann wurde es wärmer und wärmer, und gegen Ende des neunten Jahrhunderts war die kritische Schwelle erreicht: Die 22° C-Winterisotherme wurde nach Norden, ungefähr 20° N, verschoben. Die Malariamücken konnten nun überleben und sich vermehren. Malariaepidemien brachen aus und dezimierten die Bevölkerung. Die Überlebenden zogen in den Norden nach Yucatan und nach Nordwesten, wo es kühler und trockner war. Sie flohen aus dem Lebensraum der «Killermücken», errichteten neue Städte und legten neue Felder an. Das Land der klassischen Maya-Periode lag verlassen da und wurde bald wieder von tropischem Regenwald überwuchert.

III. Die Verschmelzung des Inka-Reiches

Wenn man in Europa im Alpenvorland von Westen nach Osten reist, findet man kaum Veränderungen in der Landschaft. Man bewegt sich in derselben Vegetations- bzw. Klimazone. Wenn ein Südamerikaner hingegen von der Westküste nach Osten reist, überquert er in rascher Folge Küstenwüsten und Taloasen und gelangt dann ins Puna-Grasland und die Altiplanos der Kordilleren, bevor er an der Ostflanke zu den Montañas (tropische Gebirgswälder am Osthang der peruanischen Anden), und in die Urwälder im Tiefland herabsteigt. Der Unterschied ist verständlich: Die Alpen erstrecken sich von Ost nach West, die Anden ziehen sich von Norden nach Süden.

Typisch für die Anden sind ausgeprägte Kontraste bei den Niederschlägen. Während des südlichen Sommers bildet sich über dem Zentrum von Südamerika ein wärmeinduziertes Tiefdruckgebiet, das Feuchtigkeit aus dem Südatlantik herüberzieht. Gleichzeitig kommt es durch Konvektion über dem Altiplano zu Niederschlägen in den Anden. Die meisten Niederschläge fallen daher zwischen Dezember und März. Die östlichen atmosphärischen Zirkulationen werden jedoch periodisch von den westlichen blockiert, die von El Niños hervorgerufen werden. Moseley fand zwei herausragende El Niño-Ereignisse: eines um 560–590, das andere um 1100.[19]

Die westlichen Abhänge der Kordilleren sind trocken. Bei Höhen oberhalb von 1800 m regnet es praktisch nicht, sodass die Andenabhänge und die Pazifischen Küstenländer trocken und unfruchtbar sind. Die Wüstengebiete werden von kleinen Flüssen durchzogen. Terrassenanbau im Bereich der Quellgebiete in der Sierra ist möglich, wenn künstliche Bewässerung die Bewässerung durch Regenwasser ergänzt. Die Bewohner der trockenen Küstengebiete müssen jedoch intensiven Gebrauch von marinen Ressourcen machen und spezielle Wetterbedingungen zu ihrem Vorteil nutzen. Zu El Niño-Zeiten waren die Küstengebiete im Südwinter häufig von dichten Nebelschwaden eingehüllt. Eine bemerkenswerte Flora, die als Lomavegetation bezeichnet wird, kann einige kurze Monate lang wachsen und Futter für Rinder, Schafe und Ziegen liefern. In solchen Jahren fangen die Fischer vielleicht weniger, aber wenn Guanako-Herden die Nebelpflanzen abweiden, können die Jäger reiche Beute machen.

Wie im Westen Nordamerikas war das südamerikanische Klima während des Klimatischen Optimums im frühen Holozän insgesamt arid. Die Gletscher in den peruanischen und chilenischen Anden zogen sich zurück oder verschwanden vollständig. Die Gletscher kehrten jedoch mehr oder minder zur gleichen Zeit mit den historischen Kleinen Eiszeiten der Alten Welt (um 4000, 2300 und 1400 v. u. Z.) zurück.[20] Wissenschaftler fanden in Südamerika kaum eine Korrelation zwischen den Gletschervorstößen und der Höhe des Wasserspiegels in den Seen des Altiplano. Der Titicaca-See stieg und fiel beispielsweise, doch sein Spiegel hing nicht nur von der Versorgung mit Gletscher-Schmelzwasser ab, sondern auch von den Niederschlägen.[21]

Der Klimaeinfluss auf die frühesten Andenvölker war nicht bedeutend; sie waren Jäger und Sammler.[22] Die Eingeborenen des tropischen Nordens und Ostens traten in das Jungsteinzeitalter ein, als sie um 3000 v. Chr. begannen, Keramiken herzustellen. In Nord- und Mittelperu kamen Töpferwaren jedoch nicht vor 1800 v. Chr. in Gebrauch. Die Völker im Titicaca-Becken und im nördlichen Chile begannen erst nach 1400 v. Chr. mit dem Ackerbau. Zuerst wurde Land bebaut, das auf natürliche Weise genug Wasser erhielt, doch später ermöglichte die Einführung der künstlichen Bewässerung, auch Trockengebiete zu kultivieren. Noch später gelang es dank künstlicher Bewässerung in Verbindung mit ausgedehnter Terrassierung, selbst steile und aride Berghänge urbar zu machen.[23]

Die Artefakte der frühen Chavin-Kultur datieren überwiegend in die Zeit zwischen 800–300 v. Chr., und die Ansiedlungen lagen meist über 3000 m Höhe. Diese Bauern züchteten Lamas und pflanzten Mais. Nachdem Küstenkulturen während eines warmen Intervalls, das mit der graeco-romanischen Ära korrespondiert, von El Niños verwüstet worden waren, erlebte die Chavin-Kultur einen großen Aufschwung. Ihr Niedergang fiel zeitlich mit dem Aufstieg der Küstenkulturen im letzten Jahrhundert vor unserer Zeitrechnung zusammen. Die Wüstenvölker von Moche und Nasca blühten während einer Kälteperiode auf. Diese Völker ernährten sich von marinen Ressourcen, doch sie bauten auch Tunnel und Kanäle, um ihre Felder zu bewässern.

Gegen Ende der globalen Kälteperiode, in den Jahren 511, 546, 576, 600, 612, 650 und 681, tobten wieder schwere El Niño-Stürme. Zwischen 562 und 596 kam es in den Küstenregionen zu einer langen, mehr als 30-jährigen Dürre. Die Moche-Kultur verfiel gegen Ende des sechsten Jahrhunderts, als neue Völker auftauchten: Dazu gehörten die Huaris des zentralen Hochlandes und die Vertreter der Tiahuanako-Kultur der Titicaca-Hochebene; beide Völker stellten ausgezeichnete Landwirte.

Während Tiahuanako die südlichen Hochlandzivilisationen integrierte, konsolidierte Moche seine Gewinne im nördlichem Küstenbereich. Tiahuanako gedieh zwischen 500 und 750, in den Jahrhunderten des Niedergangs der Moche-Kultur. Das Altiplano-Reich brach jedoch um 1000–1100 zusammen. Das Schicksal der Tiahuanako-Zivilisation könnte mit klimatischen Veränderungen in Zusammenhang gestanden haben.

Erfolgreiche Bodenkultivierung in den Anden hängt von der Art der Kulturpflanzen, der Fläche des bebaubaren Landes, dem Niederschlag wie auch von Temperatur und Sonnenscheindauer ab. In den trockeneren und höheren Kordilleren kann man auf ebenem Boden bei genügend Regen Ackerbau betreiben. Die Tiahuanako-Leute an der Küste des Titicaca-Sees erfanden den «Hügelbeet-Anbau». Die «Hügelbeete» waren lange, künstlich erhöhte Pflanzflächen, und sie wurden von niedrigen Gräben mit stehendem Wasser begrenzt. Hinein wurden Gestein und Kiesel gefüllt, um eine durchlässige wasserführende Schicht zu schaffen: Das in dem porösen Medium gespeicherte Wasser sollte das Pflanzenwachstum in der Trockenzeit aufrecht erhalten.

Der Niedergang von Tiahuanako wurde offenbar von Dürre und dem damit verbundenen Absinken des Seespiegels hervorgerufen. Damit wurde den künstlichen Wasserreservoirs das Wasser entzogen, das für die Landwirtschaft gebraucht wurde. Die Siedlungen wurden vom Seeufer auf die Spitze entfernter Berge verlegt. Schließlich sollten die Inkas von den steilen östlichen Hängen der Kordilleren die Tiahuanako-Kultur an den Ufern des Titicaca-Sees ersetzen.

Niederschläge waren rar in den Anden, und die Inkas mussten Terrassen bauen, um die künstliche Bewässerung mit Wasser aus schnell strömenden Flüssen, die durch tief eingeschnittene Schluchten zu Tal flossen, zu ermöglichen. Die Herren von Cuzco bauten eine Kette von Siedlungen, einschließlich des berühmten Macchu Pichu. Die Dörfler stiegen regelmäßig zu den Montañas herab, um ihre Felder mit Mais, Koka, Baumwolle und anderen Pflanzen zu bewirtschaften.

Die Inkas sandten zahlreiche Satellitengemeinschaften aus, um ökonomische Inseln zu gründen. Der Vorteil lag darin, mit einem Minimum an materiellem Aufwand, in dazwischen liegendem Ödland Zugang zu weit verteilten, abgelegenen Ressourcen zu gewinnen. Die Inkas lernten von den Huaris, die als Erste Terrassen anlegten und das geneigte Terrain der Berghänge künstlich bewässerten. Dank ihrer Urbarmachungstechnik konnten weite Landstriche kultiviert werden, die zuvor kaum genutzt worden waren. Die bäuerlichen Inka-Einwohner des Huari-Reiches erlernten den Terrassenanbau, sie lebten auf den Hügelkuppen, und schließlich begannen sie, Eroberungskriege zu führen. Dabei dehnten sie ihren Einflussbereich dadurch aus, dass sie die Unterjochten von benachbarten Hügelkuppen vertrieben und sie in niedriger gelegenen, unverteidigten Gemeinschaften wiederansiedelten. Die Völker des Inka-Reiches bewohnten bald ein außerordentlich breites Spektrum von Umweltzonen, von den Montañas in rund 2000 m Höhe über die Täler der Sierra bis zu der hohen und feuchten Puna-Region (Puna = Vegetationsformation einer Höhenstufe im Hochgebirge mit wechselfeuchtem Klima). Nach einer Phase der Konsolidierung stiegen die Inkas von ihren Anhöhen herab und eroberten das Wüstentiefland von Zentral- und Südperu. Das starke Volk der Chimu-Kultur, das in den küstennahen Flussoasen Nordperus lebte, wurde 1470 besiegt und in das Reich integriert.

Topa Inca war «der Alexander der Große» des Kontinents. Der begabte Taktiker dehnte die Grenzen des Reiches auf mehr als 4000 km aus; sie erstreckten sich entlang der Kordilleren von Zentral-Ecuador bis Zentralchile. Die Herrschaft über ein Reich aufrechtzuerhalten, war keine leichte Aufgabe, doch die Inkas lösten sie mit Bravour. Die Inka-Herrscher hatten eine Tradition der Huaris übernommen. Die Kunst bei der Lenkung dieses Vielvölkerstaates bestand darin, umweltbedingte Extreme auszugleichen. Straßen wurden angelegt, sodass eine schlechte Ernte an einem Ort durch den Transport von Getreide aus Gebieten mit guten Ernten kompensiert und auf diese Weise Hungernöte vermieden werden konnten. Die Inka-Herrschaft baute auf einer symbiotischen Beziehung auf, die das Wohlergehen der Wirtspopulationen in extrem unterschiedlichen ökologischen Nischen ermöglichte. Es ist eine katastrophale geschichtliche Tragödie, dass das noble Experiment von den habgierigen spanischen Konquistadoren zunichte gemacht wurde.

IV. Eine neue Welt, ein neues Muster

Chinesische Kinder lieben historische Romane. Die konventionelle Eröffnung ist fast immer dieselbe. Das Schicksal einer Nation verläuft zyklisch: Auf Einheit folgte Teilung und auf Teilung Einheit, Bürgerkriege wechselten mit Überfällen aus dem Norden – dieselbe Geschichte im Orient wie im Okzident.

Die Geschichte der Alten Welt dreht sich um zwei Schwerpunte: den Orient und den Okzident. Ihre Kerngebiete waren die Zentralebene im Orient und die Mittelmeerregion im Okzident. Eindringlinge aus den Randgebieten stießen ins Zentrum vor, und das Zentrum dehnte sich nach außen aus. Streng genommen sind die Schicksale der Nationen jedoch nicht zyklisch verlaufen. Die Barbaren lauerten stets dort draußen an der Peripherie, und sie kamen immer. Es gab 600 magere Jahre, als die Barbaren einfielen, weil sie froren und hungrig waren. Es gab 600 fette Jahre, und sie kamen dennoch, weil sie habgierig waren.

Die Geschichte des indischen Subkontinents zeigt ein ähnliches Bild. Wenn wir die Geschichte aus dem Blickwinkel einer Theorie des Klimas anschauen und analysieren, finden wir eine Quasiperiodizität. Es gab die 600 mageren Jahre, als die Menschen aus dem Norden ihre Heimat verließen, weil sie froren und hungrig waren. Dann folgten die 600 fetten Jahre, als die Piraten aus dem Norden oder die ehrgeizigen Reiter aus den ergrünenden Wüsten kamen, weil sie von Habgier getrieben wurden. Insgesamt fanden vier Invasionen aus dem Norden statt. Die Arier ließen sich nach dem Ereignis vor 4000 Jahren v. u. Z. im Industal nieder. Auf Alexander von Makedonien folgten die Griechen, Saken, Parther und Kushanen. Die Muslime erreichten Indien während des Klimatischen Optimums. Schließlich stürmten die Mongolen auf dem Gipfel der Kleinen Eiszeit von Mittelasien ein. Die demographischen Bewegungen nach Osten sind sekundär oder tertiär: Sie sind Ausdruck des Domino-Effekts der primären Wanderbewegungen die von klimatischen Veränderungen ausgelöst wurden. Die Motivation war häufiger Habgier als Hunger.

Es gab Gegenströmungen, die aus Indien herausführten. Hindu sprechende Menschen verließen das Indus-Tal und gelangen während der ersten kalten Jahrhunderte unserer Zeitrechnung nach Persien, wo sie, wie berichtet wird, als Spielmänner und Sänger auftraten. Sie arbeiteten sich nach Norden vor und gelangten als Zigeuner im Mittelalter nach Europa.

Die Geschichte Afrikas ist ebenfalls eine Geschichte demographischer Wanderbewegungen.

Nach Ende des Eiszeitalters überquerten die Cromagnon-Menschen die Straße von Gibraltar und erreichten das Gebiet der Großen Seen in der Sahara. Als es zum weltweiten Kälteeinbruch kam, begannen die Seen auszutrocknen. Die Menschen zogen nach Osten, vermischten sich mit der einheimischen Bevölkerung und bildeten so die Hamiten. Andere wandten sich nach Süden, vermischten sich mit der dort ansässigen Bevölkerung und waren die Väter und Mütter die Bantus.

Die westafrikanischen Bantus breiteten sich nach Osten und nach Süden in Gebiete aus, die von den Pygmäen und den Khoi-San bewohnt wurden.[24] Sie begannen um 3000 v. Chr. als Jäger- und Sammlerkultur, verließen später den Urwald und ließen gegen Ende des zweiten Jahrtausends v. Chr. im Grasland des ostafrikanischen Rift-Gebietes als Bauern nieder, wo sie Hirse und Sorghum anbauten.

Die klimatischen Einflüsse auf die Zivilisationen von Südostasien und Ozeanien sind unsicher. Charlie Perry erzählte mir von den Auswirkungen prähistorischer El Niños und Dürren auf die Zivilisation der Osterinseln. Diamond betonte die Isolation der australischen und neuguineischen Aborigines aufgrund eines Anstiegs des Meeresspiegels, der von Klimaveränderungen hervorgerufen wurde. Wir wissen noch immer viel zu wenig über die Geschichte, um uns allzu vielen Spekulationen hinzugeben.

Wenn wir zum Thema dieses Kapitels, den klimatischen Auswirkungen auf die Zivilisation der Neuen Welt, zurückkehren, so gibt es dort offensichtlich ein geschichtliches Muster, das sich von demjenigen der Alten Welt unterscheidet. Diamond betonte nachdrücklich die Nord-Süd-Trends in Afrika und den beiden Amerikas im Gegensatz zum West-Ost-Trend in der Alten Welt; seiner Meinung nach haben die breitengradabhängigen Vegetationszonen der Alten Welt die rasche Ausbreitung der Landwirtschaft und damit der Zivilisation begünstigt.[25]

Eine bemerkenswerte Tatsache ist das Fehlen einer Kernbildung in Nordamerika; die Ureinwohner errichteten kein Reich, das von Küste zu Küste reichte. Die amerikanischen Indianer drangen rasch in jeden Winkel der beiden Kontinente vor, doch die Einwanderer blieben viele Tausend Jahre lang Jäger und Sammler. Die spät eingetroffenen Nadene haben sich offenbar in ihrer nordwestlichen Heimat wohl gefühlt, während sich die neu zugewanderten Paläo-Eskimos nicht einmal Mühe machten, nach einem Platz im sonnigen Süden zu suchen: Sie zogen es vor, in den unbewohnten Territorien des Arktis zu jagen und zu sammeln.

Bei genauem Hinsehen lassen sich demographische Bewegungen aus dem Norden feststellen. Die Nadene zogen in mehreren Wanderwellen von Alaska weit in den Süden. Wie die Indogermanen im nördlichen Europa brachen sie nach Süden auf, als es zu kalt wurde. Die Navajos und die Apachen waren die letzten Ankömmlinge aus dem Nordwesten, und sie kamen während der letzten Kleinen Eiszeit; diese Jäger und Sammler besetzten das Ackerland, das von den Anasazi verlassen worden war. Die Sprache der Azteken in Mexiko gehört zu einer uto-aztekischen Sprachfamilie, die von den amerikanischen Ureinwohnern von den westlichen USA bis Panama gesprochen wird. Die Azteken-Legende beschreibt ihre Jahrhunderte langen Wanderungen auf der Suche nach einem Platz im Süden. Sie erreichten schließlich das Tal von Mexiko und fanden 1325 auf einer kleinen Insel im Texcoco-See das gelobte Land ihrer Propheten.

Wenn man die Geschichte der Alten und der Neuen Welt vergleicht, bleibt die Tatsache bestehen, dass in Nordamerika kein zentralisierter Staat entstand, bevor nach der Industriellen Revolution Straßen und Schienenwege gebaut werden konnten. Das Innere Amerikas war wenig einladend. Es stellte, wie de Soto und seine Nachfolger bei ihren Erkundungsreisen herausfinden sollten, für Wanderungen eine Barriere dar. Im Gegensatz zu Mesopotamien oder der Zentralebene in China waren die riesigen Steppengebiete im Inneren Amerikas nicht die Wiege der nordamerikanischen Zivilisation; die Ebenen bieten keine guten Voraussetzungen für einen primitiven Landbau. Die Great Plains waren sogar noch trockener und blieben die Heimat von Büffeljägern, bis die europäischen Siedler erschienen. Da sie nicht vom Ackerbau abhängig waren, wurde das Schicksal vieler amerikanischer Ureinwohner weniger stark von Klimaveränderungen beeinflusst.

Ich habe im Zusammenhang mit dem Aufstieg des Inkareiches die historische Bedeutung der Nord-Süd-Orientierung der amerikanischen Kordilleren erwähnt. Das Klima ändert sich längs des Gebirgsverlaufes nur ganz allmählich, jedoch abrupt, wenn man das Gebirge überquert. Es gibt keinen Grund für demographische Wanderbewegungen über weite Entfernungen, um von der einen in die andere klimatische Umgebung zu gelangen. Die Inkas hatten es nicht weit; sie mussten nur von den Bergen herabsteigen, um das Chimu-Reich zu zerstören, und keine Sagen berichten von heldenhaften Taten und mutiger Eroberung ferner Länder.

Ein weiterer Unterschied liegt in der Auswirkung der El Niño-Ereignisse auf die südamerikanische Geschichte.[26] Es gibt keine einfache Korrelation zu Temperaturmaxima oder -minima; El Niños treten während einer Epoche von trockenem und heißem Klima zwischen Kleinen Eiszeiten und Klimatischen Optima offenbar häufiger auf. Eine strenge Dürre in Südamerika koinzidierte zeitlich mit den verheerenden El Niños des sechsten Jahrhunderts, als die Welt gerade dabei war, ins mittelalterliche Optimum einzutreten. Ein andere Dürrekatastrophe ist mit den El Niños von 1100, nach dem Gipfel der weltweiten Erwärmung, in Verbindung gebracht worden. Historische El Niño-Ereignisse wurden in den Jahren 1876–78, 1899–1900, 1904–05, 1913–15, 1925–26, 1940–41, 1972–73, 1982–83, 1986–88, 1991–95 und 1997–98 registriert, namentlich in den Jahren, in denen die letzte Kleine Eiszeit zu Ende ging. Das letzte, größte El Niño-Ereignis des 20. Jahrhunderts trat kurz vor 1998 ein, dem wärmsten Jahr des 20. Jahrhunderts, doch die El Niños von 1972–73 folgten auf eine kurze Episode weltweiter Abkühlung.[27]

Alles in allem sieht es so aus, dass weltweite Temperaturveränderungen wenig Einfluss auf die amerikanische Vorgeschichte hatten, weil viele Indianer noch immer Jäger und Sammler waren. Den Hungrigen und den Habgierigen standen riesige Flächen zur Verfügung, und der Bevölkerungsdruck war nicht dramatisch. Später entwickelten sich sesshafte Bauern. Ihre Wirtschaft und ihr Wohlergehen hingen sehr stark von den Unwägbarkeiten des Klimas ab. So erklären sich der Exodus der Anasazi und der Maya und die Eroberungszüge der Inkas.

Ich komme nun zum Ende meiner Rückschau und entschuldige mich für meinen Mangel an Bescheidenheit, wenn ich mir die Freiheit nehme, Aufschwung und Niedergang von Zivilisationen in den letzten 10 000 Jahren auf einem einzigen Blatt Papier darzustellen (Tabelle 1). In dieser graphischen Darstellung können wir mehrere, 1200 bis 1300 Jahre dauernde klimatische Zyklen in den letzten 5000 Jahren erkennen. In den Jahrtausenden des Klimatischen Optimums lassen sich ebenfalls Zyklen feststellen, wenn sie auch weniger auffällig sind.

Klima und historische Ereignisse der letzten Jahrtausende auf einen Blick

Jahre	Zeitalter	Mittelmeer	Mitteleuropa	Nordeuropa	China	Beide Amerikas
2400 bis 1800 v. Chr.	2000 v. Chr-Ereignis	kalt/trocken Ende Bronzezeit	kalt/nass Pfahlbauern ertrinken	kalt/nass Exodus Indogermanen	kalt/trocken König Yu	Paläozoikum
1800 bis 1250 v. Chr.	Mittlere und späte Bronzezeit	warm/nass Ägypt./Babylon	warm/trocken Pfahlbauern	warm/trocken Blüte Bronzezeit	warm/nass Shang-Kultur	Paläozoikum
1250 bis 750 v. Chr.	Dunkles Zeitalter	kalt/trocken Ende Hethiter	kalt/nass Überflutung Pfahlbauern	kalt/nass 2. Welle nach Süden	kalt/trocken Zhou-Kultur	Paläozoikum
750 bis 60 v. Chr.	Griechisch-römische Zeit	warm/nass Athen/Rom	warm/trocken Kelten	warm/trocken Germanen	warm/feucht Stadtstaaten	Paläozoikum
60 v. Chr. bis 600 n. Chr.	Völkerwanderung	kalt/trocken Untergang Roms	kalt/feucht Völkerwanderung	kalt/feucht Entvölkerung	kalt/trocken Gelber Turban	Maya
600 bis 1280	Mittelalterliches Optimum	warm/nass Islam/Seldschuken	warm/trocken Slawen/Alemannen	warm/trocken Wikinger/Grönland	warm/nass Tang/Sung-Zeit	Maya-Exodus Anasazi
1280 bis 1860	Kleine Eiszeit	kalt/trocken Ottomanen	kalt/feucht Kolonialismus	kalt/feucht 30-jähriger Krieg	kalt/trocken Ende Ming-Zeit	Anasazi-Exodus Inka
1860 bis heute	Industrielle Zeit	Globale Erwärmung/Weltkriege				

Wir kommen nun endlich zu den Fragen, die im Vorwort dieses Werkes skizziert worden sind:

Gibt es eine Theorie der Geschichte, die es ermöglicht, die Chroniken der Völker mit der Geschichte der klimatischen Veränderungen zu korrelieren?

Gibt es eine Theorie des Klimas, um die Aufzeichnung der 1200–1300-jährigen Quasiperidiozität zu deuten?

Wird es zu einer Klimakatastrophe kommen? Können wir mit unseren Wissen irgendetwas dagegen tun?

214

Kapitel 9

Die Flüche: Eine Theorie der Geschichte

«Weil du (…) von dem Baum gegessen hast», sprach der Herr zu Adam, *«so ruht der Fluch um deinetwillen auf dem Acker. In Mühsal sollst du dich dein Leben lang von ihm ernähren.»*

Genesis, Kapitel 3, Vers 17

«Nun sei verflucht (…)», sprach der Herr zu Kain, *«Bebaust du den Boden, so gebe er dir fortan keine Ernte. Durchirre irr und wirr die Erde!»*

Genesis, Kapitel 4, Vers 11, 12

Geschichte ist eine Wiedergabe dessen, was passiert ist. Eine Theorie der Geschichte beschäftigt sich damit, warum die Dinge so passieren, wie sie passiert sind. Eine Theorie der Menschheitsgeschichte ist ein Versuch, ein Muster in der Geschichte zu entdecken, um vorherzusagen, wie sich die Völker in Zukunft verhalten werden. Eine Abhandlung der Geschichte ist daher mehr als nur eine Erzählung. Historiker suchen nach Ursachen, sie suchen nach der Unausweichlichkeit von Geschichtlichkeit, während sie gleichzeitig die Eigenheiten des Zufalles akzeptieren. Geschichte kann eine Wissenschaft sein, wie das deutsche Wort «Geschichtswissenschaft» impliziert. Und Wissenschaft macht Vorhersagen.

I. «Das glaub ich dir nicht!»

Meine Kinder litten, als sie die Universität besuchten, an der ich lehrte. Ihre Freunde betonten stets, dass ihr Vater ein notorischer Querdenker sei, der sich keinen Deut um die öffentliche Meinung schere.

«Ich wünschte mir, du würdest den Leuten nicht ständig sagen, dass die Arier aus Nordeuropa kamen», beklagte sich mein Sohn Andrew eines Tages bei mir.

«Warum nicht?»

«Die Leute fangen sonst bald an zu glauben, du seiest ein Rassist.»

«Das ist keine politische Frage. Ich bin Wissenschaftler.»

«Das ist keine Wissenschaft. Wie kannst du deine Ansicht jemals beweisen?»

«Wissenschaft beweist nicht. Wissenschaft falsifiziert lediglich.»

Andrew, der Musiker, fühlt die Wahrheit, er zieht es vor, nicht zu rationalisieren. Aber Wissenschaft, dachte er, sollte anders sein, wissenschaftliche Schlussfolgerungen sollten bewiesen werden: Wenn man genügend Beobachtungen macht und genug Experimente durchführt, kann man das Ergebnis in den Computer eingeben, und heraus kommt der Beweis!

Die Vorstellung, dass wissenschaftliche Theorien bewiesen werden müssen, hat ihren Ursprung möglicherweise in der angelsächsischen Strafgerichtsbarkeit: Ein Verdächtiger ist so lange unschuldig, bis seine Schuld erwiesen ist. Meine amerikanischen Freunde haben eine verschwommene Vorstellung von der chinesischen Justiz: Ein Verdächtiger ist schuldig, wenn alle anderen Verdächtigen ihre Unschuld beweisen können, nur er allein nicht.

Die chinesische Auffassung von Schuld erinnert mich an Sherlock Holmes' Maxime: «Einer meiner alten Grundsätze lautet:», meinte er einst, «Wenn man das Unmögliche ausgeschlossen hat, dann muss das, was übrig bleibt, wie unwahrscheinlich auch immer es scheinen mag, die Wahrheit sein.» Arthur Conan Doyle nahm damit Karl Popper vorweg. Theorien lassen sich niemals beweisen, doch viele lassen sich widerlegen. Tausend weiße Schwäne können nicht beweisen, dass alle Schwäne weiß sind, aber ein einziger schwarzer Schwan genügt, um die Behauptung zu widerlegen.

Daher lassen sich wissenschaftliche Theorien nicht beweisen, nur falsifizieren. Die Wissenschaft macht Fortschritte, wenn falsche Theorien widerlegt werden. Popper nahm einst an, die Darwinistische Evolutionstheorie sei nicht wissenschaftlich, weil sie sich nicht experimentell widerlegen lässt. Später änderte er seine Ansicht. Die Darwinistische Theorie ist eine Theorie der Geschichte des Lebens auf Erden. Geschichte lässt sich nicht durch physikalische Experimente widerlegen, aber eine Theorie der Geschichte lässt sich anhand von Gedankenexperimenten falsifizieren, in denen die historischen Befunde bewertet werden.

Ist Geschichte also eine Wissenschaft?

In der Phase der Wissensexplosion zu Beginn des 20. Jahrhunderts wurde Lord Rutherford gefragt: «Was ist Wissenschaft? Wie viele verschiedene Arten von Wissenschaft gibt es?»

«Es gibt eine Wissenschaft, und das ist die Physik», antwortete er. «Alles andere ist Briefmarkensammeln.»

Seine Antwort ist typisch für die Arroganz der Physiker. Der Begriff Wissenschaft meint die Kunst des Sehens und der Beobachtung. Wissenschaft begann im 17. Jahrhundert als eine Kunst, aus Beobachtungen induktive Schlüsse zu ziehen. Dieses Unterfangen war eine Reaktion auf die im Mittelalter übliche Art, Religion, Mathematik und Logik zu lehren, das heißt auf die Kunst, aus Glaubensgrundsätzen, Axiomen oder Annahmen Schlüsse abzuleiten. Der Empiriker Francis Bacon betonte den Wert von Beobachtungen. Glauben, Axiome und Annahmen könnten willkürliche Vorurteile sein, nur Beobachtungen liefern uns objektive Fakten, auf denen wissenschaftliche Postulate basieren.

Kann es eine wissenschaftliche Theorie der Geschichte geben? Kann es in der Geschichte jemals ein Axiom, ein Paradigma geben, um die Vergangenheit zu rationalisieren und die Zukunft vorauszusagen? Mein Freund Aldo Matteucci bezweifelt dies. Er fragte mich, ob die Geschichte anders verlaufen wäre, wenn einer der zahlreichen Versuche, Adolf Hitler umzubringen, erfolgreich gewesen wäre. Ja, die Geschichte, wie sie von den Historikern geschrieben worden ist, wäre anders verlaufen; sie beschäftigen sich mit dem Schicksal von Individuen. Die Geschichte von Individuen wäre wegen der

Eigenheiten des Zufalls möglicherweise anders verlaufen. Die Geschichte der Völker wird jedoch von der Unausweichlichkeit der Geschichtlichkeit bestimmt.

Die Schicksale zahlreicher Einzelpersonen in Europa oder irgendwo anders auf der Welt wären in der Tat anders verlaufen, wenn Hitler einem Attentat zum Opfer gefallen und von Rudolf Hess oder Hermann Göring ersetzt worden wäre. Der Zweite Weltkrieg hätte möglicherweise einen anderen Verlauf genommen.

Aber es gibt die Geschichtlichkeit. Der Krieg war früher oder später unvermeidlich. Vor Hitler waren Wilhelm II. und die Ideologen des deutschen Nationalismus. Auch der Antisemitismus war keine Erfindung Hitlers. Die Schicksale deutscher Einzelpersonen wären möglicherweise anders verlaufen, nicht aber das Schicksal und die Bestimmung des deutschen Volkes.

Vielleicht kann ich diesen Punkt am Phänomen der natürlichen Radioaktivität illustrieren. Ein Stück Holz weist eine Reihe radioaktiver Kohlenstoff-14-Atome auf. Von Zeit zu Zeit stößt ein Neutron in einem Kohlenstoff-14-Atom ein Elektron und ein Antineutrino aus, wodurch sich das Neutron in ein Proton verwandelt. Kollektiv gesehen, hat das Kohlenstoff-14-Isotop eine Halbwertszeit von rund 6000 Jahren: Innerhalb dieser Zeitspanne von sechs Jahrtausenden wird sich die Hälfte der Kohlenstoff-14-Atome in einem Holzstück in Stickstoff-14-Atome umgewandelt haben. Das ist die wissenschaftliche Basis der Altersdatierung von Holz.

Wenn wir die ungefähre Halbwertszeit von Kohlenstoff-14 kennen, können wir voraussagen, dass zwei oder drei Atome unserer experimentellen Stichprobe dazu bestimmt sind, morgen zu zerfallen und in Stickstoff-14 umgewandelt zu werden. Niemand weiß jedoch, welche zwei oder drei Atome es sind, die morgen zerfallen werden. Wir kennen nur das kollektive Verhalten.

Wie die Schicksale von Kohlenstoffatomen in einem Stück Holz lässt sich das Schicksal von Individuen in einer Gesellschaft nicht voraussagen; lediglich das kollektive Schicksal der Gruppe ist vorhersagbar. So kommen beispielsweise jedes Jahr einige Hundert Schweizer bei Autounfällen um. Wir können nicht in jedem Fall erklären, warum eine bestimmte Person umgekommen ist, oder wer das nächste Opfer sein wird. Dennoch steht die Unvermeidbarkeit von Verkehrstoten in der Schweiz ebenso fest wie das Gesetz des radioaktiven Zerfalls: Bei einer Bevölkerung von sechs Millionen werden jedes Jahr mehrere Hundert Menschen sterben.

Als ich dieses Kapitel schrieb, schickte mir mein Verleger das Buch *Guns, Germs and Steel, The Fates of Human Societies* (deutsch: *Arm und Reich: Die Schicksale menschlicher Gesellschaften*) von Jared Diamond. Der Epilog des Buches trägt den Titel: «Die Zukunft der Geschichte als eine Naturwissenschaft». Nach Diamonds These haben die unterschiedlichen natürlichen Lebensräume die unterschiedlichen Geschichtsverläufe der Völker hervorgerufen. Er führt wissenschaftliche Befunde, biologische, archäologische und linguistische wie auch historische Faktoren für seine Theorie an. Diamond geht jedoch nicht so weit, uns eine Theorie anzubieten, er gibt uns nur ad hoc-Erklärungen.

Vor rund zwanzig Jahren entdeckten wir, dass das Mittelmeer einst eine Wüste war. Daraufhin kamen Leute zu mir und meinten: «Ken, das ist eine gute Geschichte, aber wir glauben dir nicht.»

Menschen glauben an Gott aufgrund ihrer religiösen Überzeugung. Wissenschaft ist keine Religion, niemand muss hier etwas glauben. Aber Wissenschaft hat Werte. Eine gute wissenschaftliche Theorie erklärt nicht nur einen einzigen Satz von Fakten, eine gute Theorie löst Rätsel.

Karl Popper betrachtete die Kopernikanische Revolution als den größten intellektuellen Sprung nach vorn in der Zivilisation. Ich bin anderer Meinung. Kopernikus vertrat die Vorstellung, die Erde drehe sich um die Sonne. Kopernikus hat diese Vorstellung noch nicht einmal selbst entwickelt; er belebte lediglich eine alte griechische Tradition neu. Er hatte keine Theorie, sondern vertrat lediglich eine alternative ad hoc-Erklärung für astronomische Beobachtungen. Tycho Brahe verbrachte ein Leben damit, den Himmel zu beobachten. Johannes Kepler verbrachte ein weiteres Leben damit, Brahes Daten zu verarbeiten.

Kepler stieß auf Muster: Er entwickelte drei empirische Beziehungen, aber ebenfalls keine Theorie. Die große wissenschaftliche Revolution war die Newtonsche Revolution. Newton hatte eine Theorie, und sein Postulat der Schwerkraft erklärt das Modell des Kopernikus, die Beobachtungen von Brahe und den Empirismus von Kepler. Newtons Theorie erklärt überdies «alles»: Warum fällt ein Apfel zu Boden? Warum fließen alle Flüsse ins Meer? Warum können Vögel fliegen? Und so weiter, und so weiter. Newton verifizierte nicht nur eine alternative Erklärung von Jahrtausenden astronomischer Beobachtungen, er gab uns eine «allumfassende Theorie», als er die Schwerkraft erfand. Wir können die Schwerkraft nicht sehen, doch wir «beobachten» sie in den zahlreichen Formen ihrer Manifestation, im Alltagsleben und in wissenschaftlichen Experimenten. Wir stehen nicht länger staunend vor den Geheimnissen der Natur, wir haben stattdessen die Physik.

Langsam begann ich zu erkennen, dass der Wert unserer Theorie von der Austrocknung des Mittelmeeres eine Möglichkeit bietet, unerwartete Antworten auf die Geheimnisse der mediterranen Welt zu liefern.[1]

Warum gibt es unter der Stadt Kairo eine große Schlucht? Warum gab es auf Mittelmeerinseln Zwergelefanten und -nashörner, so groß wie Ponys oder Hunde? Warum trifft man an der Küste von Korsika auf alpine Floren? Wie sind die Ameisen des Kaspischen Meeres den ganzen Weg nach Algerien und Marokko gekrabbelt? Warum gibt es in Jugoslawien tausend Meter unter der Erde riesige Höhlen? Warum war das Schwarze Meer einmal ausgetrocknet? Warum pflanzen sich die Aale der Mittelmeerregion nicht in der Saragossa-See fort wie ihre europäischen und ihre amerikanischen Verwandten? Warum sehen die Küsten des Comer Sees wie ein Fjord aus? Warum haben sich die ersten Affenmenschen vor rund fünf Millionen Jahren entwickelt? Und so weiter, und so weiter.

Ich kann endlos fortfahren, die Rätsel aufzuzählen, die von der neuen Theorie gelöst worden sind. Sie waren Rätsel, weil niemand auf den Gedanken gekommen war, dass das Mittelmeer eine Wüste gewesen sein könnte! Hat man das einmal akzeptiert, so liegt die Antwort auf der Hand. Daraufhin riss der Besucherstrom bei mir nicht mehr ab: Geophysiker, Geographen, Botaniker, Zoologen, Anthropologen und Geschichtenerzähler – sie alle kamen, um mir zu danken, dass ich sie aus der Sackgasse ihrer Gedanken herausgeführt hatte.

Auf dieselbe Weise sollte eine Theorie der Geschichte dazu beitragen, die Rätsel der Vergangenheit zu lösen. Welche Rätsel sind das? Ich habe ein Buch dieses Titels gekauft,[2] und die zwölf Kapitel heißen:

Wer überquerte als Erster die Weltmeere?

Wer errichtete die Megalithen?

Woher stammten Homers Helden?

Was verursachte den plötzlichen Aufstieg des modernen Menschen?

Wer waren die Mound-Builder (Hügelbauer)?

Warum haben die alten Griechen und Römer keinen Maschinenpark entwickelt?

Wohin segelten die antiken Händler?

China und der Westen: Wer war der Erste?

Wie kam es zur Entwicklung der menschlichen Rassen?

Wie hat das Klima die Geschichte beeinflusst?

Wer waren die Indogermanen?

Was führte zum Zusammenbruch des Mayareiches?

Ich kann viele weitere, eigenen Fragen hinzufügen. Die Autoren der zwölf Kapitel geben verschiedene ad hoc-Erklärungen. Eine Theorie ist jedoch mehr als eine Summe von ad hoc-Erklärungen. Eine Theorie erklärt «alles» und löst nicht nur die zwölf Fragen, sondern sämtliche Rätsel der Vergangenheit. Wenn die Antwort auf eine Frage auch die beste Antwort auf all die anderen ist, kann ich «Heureka» rufen. Es würde mich dann nicht stören, wenn Leute sagen: «Ich glaube dir nicht.»

II. Ein Essay über die Prinzipien der Geschichte

Die beiden großen Revolutionen im letzten Viertel des 18. Jahrhunderts haben zwei Dokumente von historischer Bedeutung hervorgebracht: Die Verfassung der Vereinigten Staaten und eine Schrift über die Prinzipien der Bevölkerungsdynamik mit dem Titel *An essay on the Principle of Population*.

Die U.S.-Verfassung ist eine Theorie des Regierens. Der Aufstieg der Vereinigten Staaten zur einzigen Supermacht ist ein Zeugnis für die Richtigkeit dieser Lehre.

Der Aufsatz von Malthus ist eine Theorie der Anarchie, der Konflikte. Die Axiome sind der Kampf ums Dasein und das Überleben des Bestangepassten, und das Essay sollte später den Marxismus und den Sozialdarwinismus inspirieren. Die Verwüstung Europas durch zwei Weltkriege ist ein Zeugnis, welches historische Schicksal uns droht, wenn die Gegner der Theorie der demokratischen Regierungsformen allzu lange geduldet werden.

Die Verfechter der beiden Theorien zogen in den Krieg, um ihre politischen Ziele zu verfechten. Der amerikanische Bürgerkrieg wurde geführt, um die amerikanische Verfassung zu verteidigen. Die Europäer führten die beiden Kriege um die Weltherrschaft, doch die Vereinigten Staaten traten in den Krieg, um die demokratischen Prinzipien hoch zu halten, die von der Verfassung der Vereinigten Staaten propagiert werden. Die totalitären Staaten verloren den heißen und den Kalten Krieg. Die moderne Geschichte lehrt uns, dass die Malthusianische Theorie kein unvermeidliches Naturgesetz beschreibt; die Theorie ist nicht einmal eine lebensfähige Idee, um die Menschen glücklicher zu machen.

Obwohl die Abhandlung in Alltagssprache geschrieben ist, durchdachte Malthus das Problem mathematisch, und er konnte uns eine Gleichung liefern:

$$M = \text{Nahrungsbedarf/Nahrungsangebot} = \frac{(s \cdot N)}{(y \cdot A)}$$

wobei s das Subsistenz-(Existenz-)minimum für einem Menschen ist, N die Populationsgröße, y der mittlere Ernteertrag pro Einheit Landfläche und A die Gesamtfläche ist, die für die Ernährung zur Verfügung steht. M ist demnach eine dimensionslose Zahl, und ich werde sie die Malthus-Zahl oder einen Index für mangelnde Anpassung nennen. Dimensionslose Koeffizienten sind in der Wissenschaft sehr nützlich, sie sind ein Maß für die kritischen Bedingungen, unter denen es zu einer kritischen Veränderung kommen kann. In der Hydromechanik beispielsweise bestimmt die Reynolds-Zahl, ob ein Flüssigkeitsstrom laminar oder turbulent ist, und die Froude-Zahl, bestimmt, ob Wüstensand sich flach ausbreitet oder in Form von Dünen wandert.

Dimensionslose Zahlen sind auch im täglichen Leben nützlich. Kinder begegnen dimensionslosen Zahlen, wenn sie zur Schule gehen. Sie erhalten am Semester- bzw. Halbjahresende ein Zeugnis, in dem ihre Leistungen in Amerika mit A, B, C, D, E oder F bzw. in Kontinentaleuropa mit 1, 2, 3, 4, 5 oder 6 bewertet werden. Die kritische Zahl, mit der man in die nächste Klasse versetzt wird, ist C in Amerika und 4 in Schweizer Schulen.

Die dimensionslose Malthus-Zahl ist ein Maß für Nahrungsbedarf und Nahrungsangebot. Wenn M gleich 1 ist, deckt das Angebot $(y \cdot A)$ den Bedarf $(s \cdot N)$; die Bevölkerung kann zufrieden gestellt werden, und es könnte Frieden herrschen. Malthus nahm jedoch an, dass das Wachstum der Bevölkerung stets geometrisch, die nutzbare Anbaufläche hingegen im gleichen Zeitraum nur arithmetisch zunimmt. Daher steigt der Wert der Malthus-Zahl ständig an.[3] Wenn sie den Wert 1 überschreitet, das heißt, wenn der Nahrungsbedarf das Nahrungsangebot überschreitet, kommt es zu mangelnder Anpassung oder Unzufriedenheit.

Der Wert der Malthus-Zahl lässt sich nur dadurch reduzieren, dass die Bevölkerungsdichte N verringert wird, sei es durch Hungersnöte, Epidemien oder Kriege. Das ist die Malthusianische Theorie.

Malthus hat uns eine Theorie der Anarchie gegeben. Lemminge leben in Anarchie, doch sie leben in Frieden, solange das Nahrungsangebot den Bedarf deckt. In den drei bis vier Jahren des geometrischen Populationswachstums wird der Nahrungsbedarf früher oder später das Angebot übersteigen, das heißt M > 1. Unter diesen Stressbedingungen spielt die Lemmingschar verrückt. Die Tiere sammeln sich, eilen zur Küste und stürzen sich ins Meer, wo sie elendig ertrinken. Die wenigen Überlebenden des Massenselbstmordes zeugen dann die nächste Generation, deren Nachkommen früher oder später wieder zu einer derartigen Massenwanderung aufbrechen. Die etwa alle drei oder vier Jahre stattfindenden zyklischen Lemmingwanderungen sind nicht mit klimatischen Ereignissen korreliert; das Zeitintervall zwischen den Verzweiflungsmärschen ist ein Maß für die quasiperiodische Populationsexplosion, die mit der Fruchtbarkeit der Lemminge in Zusammenhang steht.[4]

Die Populationsschwankung von Lemmingen wird als Überschuss/Zusammenbruchstrategie (overshoot/crash strategy) bezeichnet. Haben sich die Hominiden wie

222

Lemminge verhalten? Menschen sind klug, heißt es. «Sie reagieren auf einen Rückgang der Nahrungsreserven, bevor die Schwelle erreicht wird.»[5]

Vielleicht haben sich die Menschen einmal wie die Lemminge vermehrt. Vielleicht sind Menschen einmal verhungert, vielleicht hat es sogar Hungersnöte in großem Maßstab gegeben. Und Hungersnöte haben sicherlich sehr viele Menschen getötet! Der Biologe Christopher Wills und seine Kollegen haben die genetische Variation des Homo sapiens untersucht. Sie fanden, dass die menschliche Spezies eine viel geringere Variationsbreite aufweist als Menschen- oder Tieraffen. Unsere Vorfahren haben einen großen Teil ihrer genetischen Variabilität verloren, weil «ihre Zahl möglicherweise hoch- und niedergeschnellt ist wie ein Jojo und mehr als einmal ein gefährlich niedriges Niveau erreicht hat».[6]

Sie haben vielleicht keinen Selbstmord wie die Lemminge begangen, doch sie sind wiederholt durch Hungerkatastrophen dezimiert oder an den Rand der Auslöschung gebracht worden.

Das Jojo-Phänomen einer Räuber-Beute-Beziehung wird von dem seltsamen Attraktor der Chaostheorie beschrieben. Wenn die Populationsgröße ansteigt, das heißt die Anzahl der Prädatoren zunimmt, nimmt die Anzahl der Beutetiere ab. Der Mangel an Beutetieren und damit des Nahrungsangebotes führt zum Verhungern der Prädatoren und reduziert ihre Zahl, sodass die Populationsexplosion niemals außer Kontrolle gerät. Mit dem Rückgang der Prädatoren steigt die Zahl der Beutetiere wieder an. Damit gibt es wieder genügend Nahrung, und auch die Anzahl der Prädatoren nimmt wieder zu. Daher ging die Zahl der Beutetiere (Wild) und die Zahl der Prädatoren (altsteinzeitliche Jäger) auf und nieder wie ein Jojo. Die paläolithischen Jäger mussten nicht Selbstmord begehen wie die Lemminge; die magische Wand eines seltsamen Attraktors lieferte einen Regulationsmechanismus. Hunger tötete, und der Nahrungsbedarf ging entsprechend zurück. Die paläolithischen Jäger lebten in einer sich selbst organisierenden Welt.

III. Die Flüche

Bis zum 9. September 1964 war ich Atheist. An diesem Tag starb meine Frau Ruth. Vergeblich suchte ich nach dem Warum. Ein Freund sandte mir einen Priester und dieser riet mir, den Grund in der Bibel zu suchen. Ich fand keinen rationalen Grund, nur einen Trost im Brief des Apostels Paulus an die Philipper: «Denn für mich ist das Leben dem Gott dienen, und das Sterben ist ein Gewinn.» (Vers 21)

Das Schicksal eines Individuums ist der Idiosynkrasie des Chaos unterworfen; wir Individuen können unser eigenes Schicksal nicht gestalten. Unser aller Schicksal ist jedoch im dritten Kapitel der Genesis dargelegt: Die vier Flüche haben den Lauf der Geschichte bestimmt.

Adam und Eva wurden aus dem Garten Eden verjagt, weil sie von der verbotenen Frucht gekostet hatten. «Zum Weibe aber sprach Er: ‹Vermehren will ich deine Mühsal bei deiner Schwangerschaft. Mit Mühen sollst du Kinder gebären.›»
Der erste Fluch war Sex und Bevölkerungsdruck. Wir können es mit Familienplanung versuchen, aber wir als Individuen können nicht verhindern, dass die Weltbevölkerung zunimmt.
Adam und Eva lebten im Garten Eden glücklich als Jäger und Sammler. Es gab genug Wild und eine Fülle von Früchten. Dann kam die «Schlange», und die Bevölkerungsdichte wuchs. Der Nahrungsbedarf überstieg bald das Nahrungsangebot, das heißt es galt M > 1. Archäologisch lässt sich belegen, dass die Malthus-Gleichung in vielen Fällen durch eine Ausweitung der nahrungsliefernden Fläche wieder ausbalanciert wurde. So trieb der Populationsdruck beispielsweise die ersten sibirischen Jäger nach Amerika. Es gab mehrere Emigrationswellen. Die erste Welle fand irgendwann um 15 000 vor heute statt, als die Beringstraße als «Landbrücke» die beiden Kontinente verband.[7] Eine zweite Welle traf während der Jüngeren Dryaszeit der globalen Abkühlung ein, 11 500 bis 10 500 vor heute. Die jüngsten Ankömmlinge waren die Paläo-Eskimos um 4500 vor heute; etwa um dieselbe Zeit kam es zur ersten Ausbreitung der Proto-Indogermanen.

Und zu Adam sprach Der Herr: «Weil du auf deines Weibes Stimme hast gehört und von dem Baum gegessen hast, (…) so ruht der Fluch um deinetwillen auf dem Acker. In Mühsal sollst du dich dein Leben lang von ihm ernähren.»
Der zweite Fluch war unsere Abhängigkeit vom Land. Wir mussten auf dem Land leben, und uns von dem ernähren, was der Boden erbrachte. Durch den seltsamen Attraktor der Räuber-Beute-Beziehung könnte ein dynamisches Gleichgewicht dafür gesorgt haben, dass die Population der paläolithischen Jäger, die nahe ihres ursprünglichen Verbreitungsgebiets jagten und Nahrung sammelten, klein blieb.
Das dynamische Gleichgewicht wurde durch sich gegenseitig verstärkende externe Faktoren gestört, die zu klimatischen Veränderungen führten. Nun musste Homo sapiens zur Nahrungsmittelproduktion übergehen, und die Völker wurden vom Ackerbau abhängig.

Die landwirtschaftliche Produktion ist vom Klima abhängig.[8] Die Klimaveränderung führte zu einer Zunahme des Ertrags von pflanzlicher Nahrung pro Flächeneinheit. Dann kam es zu einer Umkehrung der Klimaverhältnisse: Zwischen 10 700 und 10 200 vor heute, mit dem Heraufziehen der Jüngeren Dryaszeit, sanken die Temperaturen plötzlich, und es wurde kalt und trocken! Der Ertrag an Wildpflanzen ging zurück, die Waldgebiete wurden dezimiert, und fruchttragende Bäume verschwanden aus dem Streifgebiet der Sammler. Die widrigen Bedingungen trieben viele Gruppen dazu, Getreide in örtlichen Oasen anzubauen. Abu Hureyra in Syrien war eine der ersten derartigen Ansiedlungen; die Zucht von Kulturformen aus Wildgetreide und die Domestikation von Tieren wurde dort auf 10 400 vor heute datiert. Das veränderte Nahrungsangebot spiegelte sich im Speiseplan der Menschen wider; die ersten Dorfbewohner von Abu Hureyra ernährten sich von Pflanzen, Früchten und Nüssen. Nachdem sie Bauern geworden waren, wies ihr Speisezettel einen höheren Getreideanteil auf. Die außerordentliche Strenge des Jüngeren Dryas führte schließlich zu einer Dezimierung der Dorfbevölkerung; die wenigen, die übrig blieben, mussten sich von Fischen und Muscheln ernähren.

Die Veränderung zum jungsteinzeitlichen (neolithischen) Ackerbau verlief weltweit nicht synchron; die Übergänge fanden zu verschiedenen Zeiten statt. Wo es keinen Bevölkerungsdruck gab, waren die Menschen nicht gezwungen, während der Krise im Jüngeren Dryas ihre Lebensumstände zu ändern. Die Bevölkerung in Anatolien wartete damit bis zur nächsten Periode einer schwachen globalen Abkühlung, als die Temperaturen fielen und der Regen häufig ausblieb. Das widrige Klima gab dann den Anstoß zum Ackerbau. Belege für Agrikultur in Form von Überresten von Feldfrüchten und domestizierten Tieren finden sich in Anatolien nicht vor dem späten siebten Jahrtausend (6 200 v. Chr. aus Süberde und Can Hasan).[9]

Die Europäer ließen sich mehr Zeit. Die ersten neolithischen landwirtschaftlich orientierten Gemeinschaften, die Ackerbau und Weidewirtschaft betrieben, tauchten im westlichen Mittelmeerraum erst kurz nach der Wende von 5 000 v. Chr. auf.[10] Die Jäger- und Sammlergesellschaften des nördlichen Europas bevorzugten weite, offene Räume; sie konnten es sich erlauben, ihren Lebensstil als Jäger und Sammler mehrere Jahrtausende hindurch fortzusetzen, bevor um 3 900 v. Chr. das Neolithikum begann. Die Einwanderer von Sibirien nach Amerika hatten noch mehr Gelegenheit zur Ausdehnung ihrer Jagd- und Sammelgründe; sie wurden erst nach Beginn unserer Zeitrechnung zu Bauern.

Die Klimaverschlechterung in der Jüngeren Dryaszeit war möglicherweise auch der Anreiz zur ersten Kultivierung von Reis in China. Die Kultivierung aus den wilden Vorgängern begann am Rand von deren Verbreitungsgebiet, als kühlere Witterung und eine kürzere Vegetationsperiode die Erträge zurückgehen ließen. Die Menschen konnten nicht länger den semitropischen Wildreis ernten; sie mussten ihre kultivierten Sorten pflegen.[11]

Die Reiskultivierung breitete sich nur langsam aus, denn globale Kälteperioden hatten wenig Auswirkungen auf das Pflanzenwachstum in Südasien, und die Bauern im Süden waren zufrieden damit, sich auch weiterhin so lange wie möglich von Wildreis zu ernähren. Reis tauchte in Thailand und in Borneo erst mindestens 3000 Jahre nach der Züchtung der ersten Kulturformen in China auf.

«Nun sei verflucht!», sprach der Herr zu Kain, «Bebauest du den Boden, so gebe er dir fortan keine Ernte! Durchirre irr und wirr die Erde.»

Der dritte Fluch ist unsere Abhängigkeit vom Klima. Diese Abhängigkeit ist eine Konsequenz unserer «Sucht» nach Landwirtschaft. Globale Veränderungen haben wenig Auswirkungen auf Jäger und Fischer, doch als die globale Abkühlung kam, gab das Land fortan keine ausreichende Ernte mehr. Die Menschen wurden zu Flüchtlingen und Wanderern. Große demographische Bewegungen in der Geschichte waren Konsequenzen der Klimakatastrophen.

Im Mittleren Osten gediehen die bäuerlichen Gesellschaften während des Anfangs des klimatischen Optimums. Dann erfolgte aber wieder eine Temperaturabnahme. Nach der Kälte und Trockenheit um 6200 v. Chr. mussten die Bauern ihre Siedlungen verlassen, und ihre Wanderung könnte der Impuls gewesen sein, der die «Neolithisierung» von Anatolien und Europa einleitete.[12]

Solche globalen Kälteperioden hinterließen in der Sahara ihre Spuren; man fand um 5000 v. Chr. und 3500 v. Chr. Hinweise auf ein arides Klima. Jäger und Fischer zogen nach Süden und wurden im Afrika südlich der Sahara zu Viehzüchtern. Veränderungen der natürlichen Umwelt in Europa führten ebenfalls zu demographischen Bewegungen und zu einer anderen Lebensweise. Viehzüchter bevölkerten um 5000 v. Chr. die Steppen der Ukraine, während die Sammler in Südosteuropa etwa um dieselbe Zeit von Ackerbauern ersetzt wurden.[13] Im Fernen Osten wanderten die nordasiatischen Völker nach Süden. Die Sino-Tibeter kamen nach China und lernten den Ackerbau kennen. Um 3000 v. Chr. besetzten die Völker Huang-Dis die Zentralebene. Die Eindringlinge vertrieben die indigenen Miao-Yoa-Völker und vermischten sich mit den anderen Einheimischen. Ihre Nachkommen wurden zu Han-Chinesen.

Die stärkste globale Abkühlung stand noch bevor. Das «Ereignis 4000 v.u.Z. war kein Ereignis, sondern eine Jahrhunderte andauernde Kälteperiode. Diese erste historische

Kleine Eiszeit gegen Ende des dritten Jahrtausends v. Chr. beendete das Klimatische Optimum. Bauern im Mittleren Osten und im Indus-Tal verließen ihre Städte und Dörfer. Die Pfahlbaubewohner in Mitteleuropa verließen fluchtartig ihre Niederlassungen am Seeufer. Und die Indogermanen kehrten ihrer Heimat im nördlichen Europa den Rücken, wo sie nicht länger genug Nahrung für ihr Vieh fanden oder genug Feldfrüchte für ihren eigenen Unterhalt anbauen konnten. Diejenigen, die im Norden blieben, wurden Fischer. Im Fernen Osten kam es zu einer anderen Migrationswelle. Die sino-tibetischen Nomaden drangen in die westliche Mandschurei, die innere Mongolei, nach Nordwest-China und Nord-Tibet vor. Und ihr Vieh weidete auf dem Grasland, das vor dem Einbruch einer globalen Kälteperiode Ackerland gewesen war.

Die zweite historische Kleine Eiszeit kam im 13. Jahrhundert v. Chr. über Europa und führte wiederum zum Exodus der Indogermanen nach Süden. Die Flüchtlinge und Wanderer waren Vertreter der Urnenfeld-Kultur; die Illyrier, die Italiker, die dorischen Griechen und die Pfahlbauvölker. Ihre Wanderungen isolierten die nicht-indogermanischen Völker aus Mitteleuropa in kleinen Enklaven und führten zum Zusammenbruch der Bronzezeit-Zivilisationen der mediterranen Welt. Im Fernen Osten wurde die chinesische Shang-Dynastie von den Zhou-Invasoren aus dem Westen ersetzt. Die Zhou-Könige mussten ebenfalls gegen plündernde «Flüchtlinge und Wanderer» kämpfen, bevor sie schließlich ihre Hauptstadt verließen und im 8. Jahrhundert v. Chr. nach Osten in Richtung Zentralebene zogen.

Die nächste Kleine Eiszeit setzte gegen Beginn unserer Zeitrechnung ein. Die erste Klimaverschlechterung löste die Wanderung der Helvetier aus. Während des zweiten und dritten Jahrhunderts nach Christus verstärkte sich die globale Abkühlung; damals verließen zahlreiche germanische Stämme ihre nordeuropäische Heimat. Das Klima verschlechterte sich weiter, die Hunnen drangen nach Europa vor und lösten damit die Völkerwanderungen der germanischen Stämme aus. Im Fernen Osten beendeten Bauernaufstände um die Zeit von Christi Geburt die Dynastie des Wang Mang. Zwei Jahrhunderte später rebellierten die chinesischen Bauern erneut, und das Chaos beendete das «Zeitalter der 16 Königreiche der fünf barbarischen Nationen». Als Kälte und Trockenheit im dritten und vierten Jahrhundert ihren Höhepunkt erreichten, trieb das widrige Klima die Han-chinesischen Bauern aus der Zentralebene nach Süden.

Die letzte Kleine Eiszeit sensu stricto setzte plötzlich gegen Ende des 13. Jahrhunderts ein und erreichte im Verlauf des 17. Jahrhunderts einem Höhepunkt. Die «Flüchtlinge» zogen plündernd und raubend durch Europa und durch China. Die «Wanderer» emigrierten übers Meer, oder sie fanden unbewohntes Land in Sibirien.

Völkerwanderungen verliefen in der Geschichte immer dann friedlich, wenn die Menschen nur gegen die Natur zu kämpfen hatten. Die Tocharier zogen in die Sinkiang-Oasen. Die Tibeter gründeten ein Wüstenreich im westlichen Xia. Die Alemannen entwaldeten das Alpenvorland. Die Han-Chinesen rodeten die Urwälder im Süden. Die slawischen Bauern sickerten in ein entvölkertes Europa ein. Emigration wurde aber dort zu einem Anlass für Konflikte, wo die «Wanderer» in das Territorium einer vor Ort lebenden Bevölkerung eindrangen. Wenn man beispielsweise die bedrohlichen Wanderbewegungen der Goten zum Schwarzen Meer betrachtet, so kam es dabei offensichtlich ebenso oft zu Infiltration wie zu Eroberung. Die Neuankömmlinge errichteten auf den Hügeln Befestigungsanlagen, um sich zu verteidigen, und sie kamen erst herunter, um zu plündern, nachdem sie sich dort etabliert hatten.

Die indigenen Völker konnten auf eine lange Sprachevolution vor Ort zurückblicken. Die neolithischen Bauern des Balkans lebten isoliert; die Bevölkerung eines Tales verstand den Dialekt eines anderen Tales nicht. Wir beobachten dieses Phänomen der Sprachdiversität im heutigen Neuguinea. Unter solchen Umständen konnte die Sprache der Immigranten zu einer bequemen Lingua Franca werden. Das Indogermnanische, gesprochen von exotischen Völkern, wie es das Pidgin-Englisch im heutigen Neuguinea ist, könnte daher zur gemeinsamen Kommunikationssprache für Indogermanen und Nicht-Indogermanen geworden sein. Das führte zwangsläufig zum Rückgang indigener Sprachen. Nicht-indogermanische Sprachen, wie Kaukasisch, Ungarisch, Etruskisch und Baskisch sind nach drei indogermanischen Invasionswellen in den letzten 4000 Jahren heutzutage auf ein paar Enklaven im Osten und Süden Europas beschränkt.

Die Ausbreitung der indogermanischen Sprachen impliziert jedoch keineswegs eine Eroberung durch überlegene Rassen. Ein nordisches Volk ließ sich im südlichen Finnland nieder.[14] Die Indogermanisierung der europäischen Sprachen ist nicht unbedingt die Folge einer militärischen Eroberung.

Der letzte, aber nicht geringste Fluch ist die menschliche Habgier. Wir können sagen, dass die bewaffneten Konflikte, die die Völkerwanderungen während der Epochen weltweiter Abkühlung begleiteten, Schlachten oder Kriege des Mangels waren. Die «Lemminge» waren verzweifelt, sie kämpften, um zu überleben. Es kam jedoch auch zu Zeiten globaler Erwärmung, also in den Jahren der Fülle zu demographischen Bewegungen in Form von Masseninvasionen. Überbevölkerung, «Sucht» nach Ackerbau und Klimakatastrophen waren nicht die einzigen Flüche; der Fluch aller Flüche ist die Habgier.

«Der Mensch [Adam] aber hatte sein Weib Eva erkannt. Da empfing sie und gebar Kain (…). Und zum zweiten Mal gebar sie seinen Bruder Abel (…). Und Abel ward ein Schafhirte; Kain aber war Ackersmann geworden (…). Nach einiger Zeit (…) vergriff sich Kain an seinem Bruder Abel und schlug ihn tot.»

Die Wikinger erhoben sich gegen ihre Brüder in Europa; sie plünderten und mordeten. Die Araber, Türken, Mongolen erhoben sich gegen ihre Brüder in Asien; sie plünderten und mordeten. Sie erhoben sich nicht während der Kleinen Eiszeiten. Sie plünderten und mordeten nicht, weil das Land etwa keine Ernte trug. Sie erhoben sich gegen ihre Brüder und töteten sie aus Habgier.

Die Malthusianische Theorie postuliert einen Index der mangelnden Anpassung, der Unzufriedenheit. Dabei betont der Malthusianische Umweltdeterminismus vier Faktoren: Populationsgröße, Subsistenzbedarf, Größe der zum Nahrungsgewinn nutzbaren Fläche und Ertrag pro Fläche.

Ich füge einen fünften Faktor hinzu: Habgier. Drei der fünf Faktoren lassen sich nicht über ein gewisses Maß hinaus variieren: die verfügbare Landfläche auf der Erde ist begrenzt, der Ertrag, den der Boden liefert, ist begrenzt, und für den Subsistenzbedarf gibt es ein Minimum. Das Bevölkerungswachstum und die Habgier hingegen müssen kollektiv, allgemein und gemeinsam gezügelt werden.

Einige Archäologen sehen Habgier als Teil der menschlichen Natur an; die Schäden an den Neandertalerschädeln in Kroatien oder am Peking-Menschen in China sind als Belege für aggressive Konflikte innerhalb der Gruppen interpretiert worden. Andere Forscher glauben nicht an die Habgier der paläolithischen oder mesolithischen Völker; sie bevorzugen das freundlichere Bild von den «noblen Wilden». A. Whittle wies beispielsweise darauf hin, dass die Jäger und Sammler ein breites Spektrum von Raumnutzungsstrategien praktizierten. Es gab genug Raum. Es gab Mobilität. Verteilung und Mobilität dienten dazu, das Risiko einer Ressourcenerschöpfung zu vermindern. Es gab eine «Ethik der Kooperation und Integration, an die alle Gruppenmitglieder gebunden waren. Ihre Gesellschaft war offenbar eine Gesellschaft der Gleichheit, wie man aus ihren Begräbnissen ableiten kann. Die praktische Ethik des Teilens und der Kooperation könnte durch eine konzeptuelle Ordnung verstärkt worden sein, die Mensch und Natur, die Lebenden und die Toten, einte.»[15] Sie lebten in den Gärten Eden.

Habgier wurde sicherlich nach der neolithischen Revolution zu einem bedeutenden Faktor. Neolithische Bauern lernten das Eigentumsrecht kennen, und Habgier hat ihren Ursprung im Privatbesitz. Kain tötete Abel in dem ersten der niemals endenden Konflikten zwischen Ackerbauern und Viehzüchtern. Habgier oder das «unstillbaren Verlangen nach Nahrung oder Reichtum» ist die Wurzel allen Übels.

Die Habgier war bei uns, als wir Kinder waren: «Hansdampf» hat alles, aber er ist nicht zufrieden mit dem, was er hat, und er will immer, was er nicht hat.[16] Der Schweizer Kinderreim erzählt, dass die Habgier mit dem Reichtum wächst: Je mehr jemand hat, desto habgieriger wird er.[17]

Die Habgier findet eindrucksvoll in der Megalithenkultur Ausdruck. «Große Männer» erlangten die Kontrolle über die ökonomischen Ressourcen, und die grundlegenden Ressourcen wurden mit der Zeit ungleich verteilt. Der Reichtum konzentrierte sich in einer hierarchisch organisierten Gesellschaft, deren Ökonomie auf Viehwirtschaft und Handel basierte.[18] Mit dem Aufkommen einer Aristokratie oder Oligarchie war die Habgier, die in die Malthusianische Gleichung eingeht, nicht länger eine kollektive Habgier, sondern die Habgier ehrgeiziger Einzelner. Der Malthusianische Index misst nicht länger die mangelnde Anpassung von Völkern, sondern die mangelnde Anpassung von Individuen. Nach dem Anbruch der Zivilisation wurden Kriege aus Habgier ausgefochten.

Als das Weltklima nach einer Kleinen Eiszeit besser wurde, brachte diese Klimaverbesserung eine erhöhte landwirtschaftliche Produktivität mit sich. Die Folge war nicht nur eine Bevölkerungsexplosion, sondern auch eine Explosion der Habgier. Die Bauwerke der Antike, deren Ruinen wir heute noch sehen können, wurden errichtet, um an die Siege habgieriger Egomanen zu erinnern. Man findet sie in Ägypten, Mesopotamien, Rom und China, und man findet sie in London, Paris und Berlin. Wir sehen, wie sich das Muster in der Geschichte wiederholt. Nach dem Zeitalter der indogermanischen Völkerwanderung kam das Zeitalter der sich bekriegenden Nationen des Mittleren Ostens. Auf die Jahrhunderte der Finsternis der mediterranen Welt folgten die graeco-romanischen Kolonisationen und Eroberungen. An die große Völkerwanderung der germanischen Stämme schloss sich das Zeitalter der Eroberung durch Araber, Türken, Mongolen und Wikinger an. Nach der letzten Kleinen Eiszeit kam es zum französisch-preußischen Krieg, zum ersten und zum zweiten Weltkrieg.

Wir können uns frei machen vom Fluch des Bevölkerungsdrucks, vom Fluch, vom Land leben zu müssen, und vom Fluch des klimatisch bedingten Ernterückgangs. Die Theorie der Geschichte lehrt uns jedoch, dass unsere Rettung letztlich in unserer Befreiung von der Habgier liegt.

IV Eine Quasiperiodizität

Es gibt saisonale Temperatur- und Niederschlagsschwankungen, und es gibt Wetterereignisse – außerordentlich warme oder kalte Jahre, ungewöhnlich trockene oder stürmische Jahre. Historiker haben beispielsweise das Blühen der Schweizer Obstbäume im Winter des Jahres 1530 während der Kleinen Eiszeit erwähnt. Journalisten haben viel Aufhebens um das ungewöhnliche El Niño-Phänomen im Jahre 1998 gemacht und die gegenwärtige Besorgnis über eine globale Erwärmung betont. Singuläre Wetterereignisse könnten jedoch lediglich statistisch zufällige Variationen sein und wenig über einen langfristigen Trend aussagen.

Kurze zyklische Temperatur- und Niederschlagsschwankungen sind nichts Ungewöhnliches. Die weltweite Erwärmung während der letzten 150 Jahre, beispielsweise, wurde dreimal von Jahren globaler Abkühlung unterbrochen. Und es gibt in den westlichen Vereinigten Staaten Dürrezyklen mit einer Periodik von 22 Jahren. Das Klima ist jedoch durch eine relative Konstanz – gemessen an menschlicher Erfahrung – über lange Zeit definiert. Es hat im Laufe unseres Lebens möglicherweise wärmere und kältere Jahrzehnte oder wärmere und trockenere Jahre gegeben, dennoch ist das Klima zum Beispiel in Zürich kalt-gemäßigt und feucht, trotz der zufälligen Schwankungen und der kurzen zyklischen Variationen. Der Winter ist gewöhnlich nicht so kalt, dass der Zürich-See zufriert. Vor 10 000 Jahren war das anders; damals war es so kalt, dass der See jedes Jahr zufror. Das Klima in Zürich während des Jüngeren Dryas entsprach in etwa dem des heutigen Engadin. Es hat einen Klimawandel gegeben.

Man kann die Jüngere Dryaszeit entweder als das letzte Stadium des letzten Eiszeitalters oder als die erste Kleine Eiszeit des Postglazials ansehen. Das Erdklima ist seit Ende dieser Kaltzeit nicht unverändert geblieben. Die ersten 6 000 Jahre waren wärmer, doch das Klimatische Optimum gipfelte gegen Ende der frühen Bronzezeit in dem so genannten «4000-v.u.Z.-Ereignis». Es gibt jedoch keine simple zweifache Teilung des Klimas der letzten 10 000 Jahre; es hat quasiperiodische Schwankungen gegeben – eine zyklische Wiederkehr im 1 200- bis 1 300-Jahre-Rhythmus. Die Veränderungen des Klimas in der Vergangenheit werden von der Naturgeschichte aufgezeichnet, und ihre Folgen offenbaren sich in der Geschichte der Zivilisationen.

Während des klimatischen Optimums waren in der Mittelmeerregion üppige Niederschläge und warmes Wetter vorherrschend. Die neolithischen Bauern im Mittleren Osten kultivierten neue Landflächen. Das Schmelzen der Eiskappe in der fernen Antarktis führte zu einem weltweiten Anstieg des Meersspiegels. Die Chaostheorie postuliert, dass der Flügelschlag eines Schmetterlings in New York einen Schneesturm in der

Antarktis auslösen könne. Ebenso sollte der Rückgang weit entfernter antarktischer Gletscher seinen Effekt auf die menschlichen Zivilisationen haben. Zu Beginn des Klimatischen Optimums war der Bosporus ein Isthmus, der einen Süßwassersee in das Becken des Schwarzen Meers und das Mittelmeer teilte. Um 5600 v. Chr. führte das Schmelzen der antarktischen Eisdecke dazu, dass das Meer über den Isthmus stieg. Das Wasser des Mittelmeers wirkte wie eine gewaltige Fräse, die sich brüllend und voller Geröll ihren Weg durch den Bosporus wühlte. Jeden Tag strömten viele Kubikkilometer Wasser ins Schwarze Meer, ein Volumen, hundertmal größer als dasjenige, was jeden Tag die Niagarafälle herunterstürzt. So stieg der Wasserspiegel jeden Tag um rund 15 cm und überflutete die Ländereien der Ackerbaugesellschaften an seinen Ufern. Dieses katastrophale Ereignis war nach Ansicht von Walt Pitman und Bill Ryan die Sintflut, die zuerst von den Sumerern im Gilgamesch beschrieben wurde und später in der Genesis der Bibel nacherzählt wurde.[19]

Das Klima war zu Zeiten des Klimatischen Optimums jedoch nicht immer so freundlich. Die Geschichte der Sahara-Zivilisation belegt das Auftreten von zwei Kleinen Eiszeiten um 5000 und 3500 vor heute, in denen es in dieser Region sehr trocken war. Die zweite weltweite Abkühlung während des Klimatischen Optimums führte auch zum Vordringen alpiner Gletscher. «Ötzi», der Tiroler Mann aus dem Eis, wurde 3300 v. Chr. von einem Schneesturm überrascht; er wurde von einem Gletscher begraben, bis er vor ein paar Jahren im Verlauf der jüngsten globalen Erwärmung wieder zum Vorschein kam.

Die stärkste globale Abkühlung sollte erst noch kommen. In der zweiten Hälfte des dritten Jahrtausends v. Chr. beendete eine globale Kälteperiode die Ära des Klimatischen Optimums.

Zu den ersten Opfern gehörten die Bewohner Nordeuropas. Die Erbauer der Megalithen waren durch Viehzucht zu Wohlstand gelangt, und sie zogen Feldfrüchte auf ihren Äckern. Das Heraufziehen der ersten historischen Kleinen Eiszeit war verheerend. Die Viehzüchter konnten in den kalten Sommern nicht genug Futter sammeln, um ihre Tiere durch den Winter zu bringen, und für die Ackerbauern war die Anbauzeit für die Ernte zu kurz. Der Rückgang der Ernteerträge kam allzu plötzlich. Der Nahrungsbedarf konnte nicht länger vom Nahrungsangebot gedeckt werden. Die Menschen standen vor der Wahl zu verhungern oder wegzuziehen.

Der Zeitpunkt der indogermanischen Ausbreitung fiel mehr oder weniger mit dem Beginn der Schnurkeramikkultur um 2500 v. Chr. zusammen. Der Exodus begann recht langsam und allmählich; die Skandinavier waren die Ersten, die zur Südküste der Baltischen Eisstausees zogen. Der Massenexodus folgte, die Kentum Sprechenden treckten südwärts nach Mittel- und Südosteuropa und kamen um 2000 v. Chr. in Anatolien an; einige zogen weiter östlich über Mittelasien, um sich in der Takla-Makan-Region niederzulassen. Etwa um die gleiche Zeit wanderten die Satem Sprechenden an der Ostküste der Ostsee nach Süden, durchquerten Russland und gelangten in die ponto-kaspische Region, also in die Region um das Schwarze und das Kaspische Meer; die Kaukasus-Region. Von dort wanderten sie weiter nach Iran und Indien. Relativ wenige Indogermanen blieben in Skandinavien und Nordeuropa zurück, und diejenigen, die blieben, wurden Fischer wie ihre mesolithischen Vorfahren.

Die mitteleuropäischen Pfahlbaubewohner wurden ebenfalls Opfer der globalen Abkühlung. Ihre Ansiedlungen wurden irgendwann um 2400 v. Chr. überflutet, und sie mussten ihre Heimat verlassen. Wir kennen die ethnische Zugehörigkeit dieser Menschen nicht. Sie waren jungsteinzeitliche Ackerbauern, doch sie scheinen nur wenig Kontakt mit Nordeuropäern gehabt zu haben, von denen sie durch einen Wall von Wäldern getrennt waren – den Schwarzwald, den Thüringer Wald, die Wälder des Alpenvorlands. Untersuchungen des Mannes-im-Eis der Dolomiten und die Val-Camonica-Kultur der Südalpen sprechen für einen lebhaften transalpinen Verkehr während des Klimatischen Optimums. Es sieht so aus, als könnten die Schweizer Pfahlbaubewohner durchaus eine nicht-indogermanische Population gewesen sein.

Die Klimaveränderung gegen Ende des dritten Jahrtausends war für die Völker der Sahara ein Katastrophe. Die Nachkommen der Jäger- und Sammlergesellschaften und der nomadischen Hirtenvölker zogen – sicherlich noch vor der endgültigen Austrocknung der Sahara-Seen um 2000 v. Chr. – nach Süden in die Grassteppen Westafrikas oder nach Osten ins Niltal. In Ägypten vermischten sich die Neuankömmlinge mit der einheimischen Bevölkerung und wurden zu den hamitischen Bauern. Das Alte Königreich wurde groß und mächtig und brach mit dem Anbruch einer Kleinen Eiszeit zusammen.

Mesopotamien war das Land gewesen, wo Milch und Honig flossen. Der ethnische Ursprung der Völker des Mittleren Ostens war vermutlich heterogen. Die semitischen Völker dominierten. Die Sumerer waren jedoch keine Semiten; sie kamen aus Anatolien. Die Elamiten waren ebenfalls keine Semiten, sondern mit den indischen Drawiden verwandt. Mit Anbruch der ersten historischen Kleinen Eiszeit mussten die Bauern improvisieren; künstliche Bewässerung kam auf. Die Trockenheit wurde im Lauf der Zeit immer schlimmer. Die bäuerlichen Siedlungen im südlichen Mesopotamien mussten für mehrere Jahrhunderte aufgegeben werden: Die Zivilisationen der frühen Bronzezeit brachen um 2200 v. Chr. zusammen, und die Bauern kehrten nicht vor 1800 v. Chr. zurück.

Die Bewohner des Industals mussten ebenfalls gehen. Sie zogen nach Osten in diejenigen Regionen Indiens, wo wegen der Monsunregen reichlich Niederschläge fielen. Ihre verlassenen Städte wurden schließlich irgendwann im zweiten Jahrtausend von den Ariern aus dem Norden wiederbesiedelt.

Der Anbruch einer Kleinen Eiszeit veränderte die Lebensweise im Nordwesten Chinas, in der inneren Mongolei und in der Mandschurei. Ackerland verwandelte sich in Kältesteppe, während sesshafte Bauern von nomadischen Viehzüchtern ersetzt wurden. In Zentralchina hatten frühe sino-tibetische Einwanderer die indigenen Miao-Yao-Sprecher nach Süden verdrängt. Diejenigen, die blieben, vermischten sich mit den von Norden Kommenden, und ihre Nachkommen sind die Han-Chinesen.

Die Klimaveränderung, die mit dem Anbruch einer globalen Kälteperiode einherging, muss die Bahn der Wirbelstürme verändert haben. Da die Niederschläge von Monsunregen ausblieben, wurden Flutkatastrophen zu seltenen Ereignissen. Yu, dem Begründer der Xia-Dynastie, wird von Historikern häufig das Verdienst zugeschrieben, mit großem Geschick die Fluten gezähmt zu haben. Wahrscheinlicher ist, dass er nur Glück hatte und in einer Zeit geboren worden war, als das Klima arider wurde.

Die Klimakatastrophe gegen Ende des dritten Jahrtausends hat die Jäger- und Sammlergesellschaften in Nord- und Südamerika offenbar kaum berührt. Der Ertrag pro Quadratkilometer nahm vielleicht ab, doch es gab Tausende von neuen Quadratkilometern Land zum Jagen und Sammeln. Wir finden – abgesehen von einer Südwärtsbewegung der Dene-Völker im Nordwestamerika – in der Vorgeschichte der amerikanischen Indianer wenig Spuren dieser klimatischen Veränderung.

Die zweite Kleine Eiszeit in historischer Zeit begann rund 1200 Jahre nach der ersten. Die Nordeuropäer der Bronzezeit hatten sich im fernen Norden eines trockenen und warmen Klimas erfreut. Als das Klima feucht und kalt wurde, verließen die Dorfbewohner ihre Ansiedlungen. Ihr Exodus könnte das plötzliche Auftauchen der Urnenfeld-Menschen um 1250 v.Chr. in Mitteleuropa erklären. Als der Boden den Menschen Nordeuropas fortan keine Ernte mehr gab, wurden sie zu «Flüchtlingen und Wanderern». Sie mussten nach Süden ziehen und die Wälder des Alpenvorlandes roden, bevor sie sich vermehren und ausdehnen konnten. Einige gingen nach Frankreich und überschritten die Pyrenäen, sie ließen sich im milden Klima Spaniens nieder. Viele zogen auf den Balkan und besetzten Jugoslawien und Albanien; sie wurden zu den Illyrern. Andere überquerten die Alpen und gingen nach Italien; dort ließen sie sich nieder und vermischten sich mit den Nicht-Indogermanen (Ligurern, Etruskern) der mediterranen Welt. Wiederum andere zogen nach Südosten. Die Thraker gingen nach Bulgarien, und der Domino-Effekt der nördlichen Eindringlinge löste die dorischen Invasionen des Peloponnes aus. Das Reich von Mykene wurde zerstört, und die letzten Akadier zogen in die Ägäis und nach Zypern. Die Phryger gingen nach Anatolien. Das Hethiter-Reich wurde ausgelöscht, und die letzten Hethiter begannen ein neues Leben in Syrien. Die letzte Welle der indogermanischen Invasion fiel mit dem Ende der Bronzezeit der mediterranen Welt zusammen.

Verwüstet von Dürren und bedrängt von Invasoren begannen für das Abendland die Jahrhunderte der Finsternis.

Archäologische Untersuchungen sprechen dafür, dass die südwärts gerichtete Infiltration der nordasiatischen Völker während der zweiten historischen Kleinen Eiszeit weiterging. Die Qiangs zogen nach Osten, die Hunnen nach Süden, und die bäuerlichen Gesellschaften der westlichen Mandschurei wurden von Nomaden überrannt. Der Einbruch der globalen Kälteperiode im zwölften Jahrhundert v. Chr. wird auch von den historischen Aufzeichnungen nahe gelegt. Überall aufflammende Rebellionen führten zum Ende des ruhmreichen Shang-Reiches der Bronzezeit. Ihre Nachfolger aus der Zhou-Dynastie mussten sich gegen Invasoren aus dem Norden wehren. Neben einer weiteren Klimaverschlechterung litten die Zhou-Herrscher auch weiterhin unter fremden Invasoren und inneren Aufständen. Gegen Ende des achten Jahrhunderts v. Chr. brach das Reich schließlich auseinander.

Die Klimaveränderungen gegen Ende des zweiten Jahrtausends v. Chr. schlugen sich in der Vorgeschichte der neuen Welt kaum nieder. Es ist dennoch bemerkenswert, dass die La-Venta-Kultur in Mittelamerika um diese Zeit ihren Anfang nahm. Vielleicht spielte das Klima dabei doch eine Rolle: Die Weidegebiete an der mexikanischen Golfküste wurden einladender, als die Temperaturen zurückgingen.

Nach den Jahrhunderten der Finsternis setzte die Morgendämmerung der abendländischen Zivilisation ein. Die Phönizier und die Griechen kolonisierten die mediterrane Welt, und die Römer drangen nach Norden bis nach Germanien vor. Doch wieder kam es zu einer weltweiten Abkühlung. Die dritte historische Kleine Eiszeit begann vermutlich im ersten Jahrhundert v. Chr.; zu dem Zeitpunkt, als sich die Helvetier entschieden, nach Gallien auszuwandern.

In den ersten Jahrhunderten unserer Zeitrechnung verschlechterte sich das Klima und der Hunger vertrieb die germanischen Stämme von den Küsten der Ostsee. Die Goten, die Vandalen, die Schwaben, die Lombarden, die Burgunder, die Alemannen und die Franken – sie alle zogen nach Süden, um einen Platz an der Sonne zu finden und gerieten so in Konflikt mit den Römern.

Die Folgen der Klimaveränderung in dieser Zeit waren auch in der chinesischen Geschichte unverkennbar. Die bittere Kälte trieb die Nomadenstämme nach Süden, wo sie in Nordchina Unterschlupf suchten. Die Jahrhunderte lange Kälte und das aride Klima in der Zentralebene führte im Zeitalter der Drei Reiche zu Bauernaufständen und während der Nord-Süd-Dynastien zu einem Exodus nach Süden.

Im westlichen Nordamerika fiel der Beginn der dritten Kleinen Eiszeit zeitlich mit einer Veränderung der Jäger- und Sammlerkultur zum sesshaften Ackerbau zusammen. Die Anasazi waren die Ersten, die am Rande des Coloradoplateaus Landwirtschaft betrieben. Weiter südlich errichteten die Maya ein Reich im tropischen Regenwald, als die globale Abkühlung die Wälder besser bewohnbar machte.

Während des nächsten Klimatischen Optimums gab es wenig Frieden auf Erden. 600 Jahre lang terrorisierten Araber, Türken, Mongolen und Wikinger ihre Nachbarn. Dann kam das letzte, das heißt das Kleine Eiszeitalter im strengen Sinne. Die globale Abkühlung begann um 1280 – die ersten von zahlreichen kalten Jahren, von denen chinesische Historiker berichten. Im Jahre 1322 wurde es so kalt, dass die Ostsee und die Adria zufroren. Am kältesten waren die Jahre gegen Ende des 16. Jahrhunderts und zu Beginn des 17. Jahrhunderts. Die Bewohner Kontinentaleuropas durchlitten Hungersnöte und Pestepidemien, und hungrige Vagabunden kämpften im 30-jährigen Krieg. Die Völker der maritimen Nationen besiedelten Nord- und Südamerika, die Karibik und Ozeanien. Im Fernen Osten standen die Dinge ähnlich schlecht. Kälte und Dürre vernichteten die Ernten. Die Bauern erhoben sich und brachten die mächtige Ming-Dynastie zu Fall.

Der Anbruch des Kleinen Eiszeitalters hinterließ seine Spuren in der Prähistorie von Nordamerika. Mit dessen Beginn um 1300 verließen Ackerbau treibenden Anasazi ihre Klippensiedlungen und zogen in kleinen Schritten nach Westen. Die letzten Einwanderergenerationen endeten als Töpfer in den Siedlungnen von Casa Grande. Während derselben kalten Epoche wurden die Indianer des Mississippi-Deltas dezimiert. Die stolzen Stämme des Nordostens verschwanden oder wurden bezwungen.

Obwohl die weltweite Abkühlung wenig Einfluss auf die Agrarproduktion der wärmeren Regionen hatte, sollten die Völker Indiens und Afrikas unter indirekten Folgen zu leiden haben. Um den harten Lebensbedingungen im Norden zu entkommen, verließen die Usbeken ihre Heimat und eroberten eine neue; sie errichteten das Mogul-Reich in Indien. Die portugiesischen Seefahrer, die nach Gelegenheiten jenseits der Meere Ausschau hielten, drangen zum erstenmal nach Afrika vor.

Im Verlauf des 19. Jahrhunderts näherte sich endlich das Ende des weltweiten Kleinen Eiszeitalters. Im Jahre 1850 kam es zu einem letzten großen Vordringen alpiner

Gletscher. In Irland kam es 1647 und 1846 zu großen Hungernöten. Um 1860 begann der gegenwärtige globale Trend zur Erwärmung. Wir sind in das jüngste Klimatisches Optimum eingetreten, und wir haben in dieser Zeit der Fülle zwei Weltkriege aus Habgier ausgefochten.

Die Kleinen Eiszeiten kamen und gingen; jede dauerte rund 600 Jahre, und sie wechselten sich mit Klimatischen Optima ab. Die beiden «Mini-Eiszeiten» des Klimatischen Optimums erreichten ihren Gipfel um 7000 bzw. 5500 vor heute. Dann folgten etwa um 4200 vor heute die kältesten Jahre der ersten historischen Kleinen Eiszeit, die die Bronzezeit beendete. Die Jahrhunderte der Dunkelheit haben möglicherweise früher begonnen, doch die zweite historische Kleine Eiszeit erreichte ihren Höhepunkt um etwa 1000 v. Chr. oder 3000 vor heute. Die kältesten Jahre der nächsten globalen Kälteperiode führten im vierten Jahrhundert n. Chr. oder 1650 vor heute zu der großen 40-jährigen Dürre in China. Schließlich können wir den Zenit der letzten Kleinen Eiszeit auf den Beginn des 17. Jahrhunderts oder vor 400 Jahren datieren.

Die Intervalle zwischen den Gipfeln der historischen Kleinen Eiszeiten betragen 1200, 1350 und 1250 Jahre. Das Mittel dieser Quasiperiodizität liegt bei 1250 Jahren. Die Theorie der Geschichte postuliert nach dem Buch Genesis, dass Klimaveränderungen die Triebkraft sind, die hinter der Evolution der Geschichte steht. Welches ist dann die Triebkraft, die die zyklischen Veränderungen des Klimas hervorruft?

Kapitel 10

Gaia

Und wieder sah ich unter dieser Sonne: Den Lauf gewinnen nicht die Schnellen und nicht den Krieg die Helden und nicht die Weisen Brot und nicht die Klugen Reichtum und nicht die Künstler Dank. Auf Zeit und Glück kommt es bei ihnen allen an.

Ekklesiastes, 9:11

Dieses Buch ist ein Versuch, eine Theorie der Geschichte der Zivilisation zu formulieren, doch historische Prozesse sind mit zufälligen Ereignissen verwoben. Es ist sicherlich faszinierend, sich vorzustellen, wie sich unsere Geschichte entwickelt hätte, wenn ein Heiliger oder ein Größenwahnsinniger bei der Geburt gestorben wäre.

Welche Rolle spielen die Eigenheiten des Schicksals, welche Rolle spielt die Historizität in der Geschichte? Als mein guter Freund Seymour Schlanger aus Japan zurückkehrte, lautete sein Lieblingsausdruck «Blick aus der Ferne». Sein Blick aus der Ferne auf die Geschichte gilt der Evolution oder der Geschichte des Lebens auf Erden während der letzen 3,5 Milliarden Jahre. Dabei spielen die Eigenheit des Schicksals eine Rolle, wenn beispielsweise ein Meteorit mit der Erde kollidiert, ebenso die Historizität von Gaia, die die Konvergenz in der Evolution herausbildete. Dieses Kapitel betrachtet die Geschichte des Klimas auf der Erde und seine Beziehung zu biologischen Evolution «aus der Ferne».

I. «Unser Zeitalter ist im Grunde ein tragisches Zeitalter»[1]

«Unser Zeitalter ist im Grunde ein tragisches Zeitalter» erklärte D. H. Lawrence in seinem Klassiker *Lady Chatterley's Lover*. «Die Katastrophe ist hereingebrochen, wir leben zwischen den Ruinen», fährt Lawrence fort. «Das ist mehr oder weniger Constance Chatterleys Position. Der Krieg hat ihr das Dach über dem Kopf zerstört. Und sie hatte erkannt, dass man leben und lernen muss.»

Unsere Position gleicht mehr oder weniger derjenigen von Lady Chatterley. Wir müssen leben und lernen. Wie können wir in diesem im Grunde tragischen Zeitalter weiterleben? Was können wir lernen?

Zu allererst müssen wir lernen, wie wir in dieses tragische Zeitalter geraten sind.

In den 70 Jahren meines Lebens erlebte ich viele persönliche Tragödien, einige durch Zufall, andere durch böse Absicht. Der ultimative Grund von all dem ist die Tatsache, dass die Menschen ihre Fähigkeit verlieren, mit Gott zu kommunizieren. «Gott ist tot» lautete ein Slogan, der von einem Theaterstück auf dem Broadway propagiert wurde.

Gott ist durch den Darwinismus ersetzt worden; unser Schicksal ist durch die der natürlichen Auslese vorherbestimmt, und nur diejenigen, die zu den am meisten begünstigten Rassen gehören, werden im Überlebenskampf bestehen. Darwinismus war die Rechtfertigung für Kolonialismus, Imperialismus, Kapitalismus, Kommunismus und totalitäre Diktaturen. Die Darwinistische Ideologie wurde von den schlechten Menschen übernommen, die die beiden Weltkriege des 20. Jahrhunderts begannen.

Der Darwinismus, so ist argumentiert worden, ist ein Naturgesetz: Wettbewerb und natürliche Auslese sind unvermeidlich. Das ist die Tragödie unseres Zeitalter in einer Nussschale!

Ich wurde 1921 geboren, als China ein abhängiger, in verschiedene Einflusssphären aufgeteilter Staat, eine «Unterkolonie» war. Eine Kolonie hat vielleicht einen wohlwollenden Herren, doch eine Unterkolonie wird von rivalisierenden Kolonialherren beherrscht. Die Menschen in einer Unterkolonie müssen hart um ihre Existenz kämpfen. Wir wurden so Atheismus und Darwinismus gelehrt. Als wir in die Schule kamen, war Gott ein Aberglaube, und Religion war Opium fürs Volk, Bischof Samuel Wilberforce war eine Witzfigur und Rechtsanwalt Clarence Darriow ein Held. Unsere Lehrer, die von Ausbildungsstätten kamen, die auf den Fundamenten des Darwinismus standen, brachten uns bei, stark zu sein, eigenständig zu sein, patriotisch zu sein. Entweder wir oder sie. Wenn wir uns nicht durchsetzten, hämmerten sie uns ein, könnten wir nicht überleben; sie würden uns auslöschen. Hatte Darwin nicht das Naturgesetz der Evolution entdeckt? Haben sich nicht Arten entwickelt, weil die begünstigten Rassen stets ihre nächsten Verwandten ausgelöscht haben?

Wer waren wir? Wir sind Han-Chinesen, wurde den Schulkindern von nationalistischen Führern eingebläut. Wir sind die Proletarier der Welt, wurde den radikalen Studenten von der «liberalen» Presse vorgegaukelt. Die Geschichte des 20. Jahrhunderts ist eine Chronik *unseres* und *ihres* Kampfes ums Dasein. Ich lernte die Darwinistische Evolutionstheorie auf der Mittelschule kennen. Nach Darwins Meinung ist die natürliche Selektion ein schöpferischer Prozess: Die natürliche Selektion verbessert die Überlebenstüchtigkeit einer Gruppe von Organismen. Die Geschichte des Lebens ist eine Geschichte von allmählichen Verbesserungen, und der Wettbewerb zwischen Organismengruppen ist das Kontrollprinzip der Evolution.

Wir als Homo sapiens sind die fortschrittlichsten, perfektesten aller Lebewesen, wir sind von der Natur dank vergangener Existenzkämpfe in der Geschichte des Lebens auf der Erde auserwählt worden.

Prominente Biologen sehen keine Alternative zur natürlichen Selektion, und sie haben ihre Kollegen in der Physik und der Chemie überzeugt. John Maynard Smith, ein bekannter Populationsgenetiker, dessen Werk eine zentrale Stellung bei der Entwicklung der modernen Synthese eingenommen hat, hatte beispielsweise erwartet, «ein Hauptgrund für das Aussterben [sei] Konkurrenz von anderen Taxa» gewesen. Er zeigte sich überrascht, dass die fossilen Belege diese dogmatische Annahme falsifiziert haben sollten: Geologen, Paläontologen und Paläobiologen behaupten, dass die Dinosaurier aus Gründen ausgestorben sind, die wenig mit Konkurrenz durch die Säuger zu tun hatten!

Die Biologen folgten blindlings Charles Darwin, der nur wenig über Paläobiologie wusste. Wir Geologen wissen es besser. Nach mehr als einem Jahrhundert, das wir mit der Untersuchung der Fossildaten verbracht haben, haben wir genug Belege gesammelt, um zu beweisen, dass Darwin sich geirrt hat!

Die Evolution ist keine Geschichte der natürlichen Selektion. Das Überleben hängt nicht von Konkurrenz und Wettbewerb ab, und Aussterben folgt nur auf die Zerstörung lebenswichtiger Habitate. Diejenigen, die die fossilen Aufzeichnungen lesen, sehen biotische Wechselwirkungen zwischen Arten nicht länger als einen kritischen Faktor in der Evolution an, weder bei der Artenbildung noch beim Aussterben. Evolution war die Antwort auf eine sich verändernde Umwelt.

Wie kam Darwin zu seiner falschen Schlussfolgerung vom «Überleben begünstigter Rassen im Daseinskampf»?

II. Die naive Annahme einer Welt ohne Veränderungen

Vor zweihundert Jahren gab es noch keine Geologie. Die Legenden in China erzählten von Panku: Der Himmel war ein großes Zelt, das von riesigen Felssäulen aufgespannt wurde, und die Erde war eine viereckige flache Platte. Die europäischen Philosophen interpretierten die Erdgeschichte nach der Bibel: Gott schuf die Welt vor rund 6000 Jahren in sechs Tagen. Dann kam die Sintflut, und die Überreste, die sich aus der Flut absetzten, häuften sich am Meeresboden an und bildeten die Berge.

James Hutton (1726–97) war der Begründer der Geologie. Er stellte sich vor, die Erde sei immer da gewesen: Es hat weder einen Beginn gegeben, noch war ein Ende in Sicht. Die Erde ist ständig von denselben Kräften verändert worden, die auch heute noch wirken. Damals wie heute steht alles unter dem Einfluss der Schwerkraft. Flüsse fließen bergab und graben Täler, wie sie es auch heute tun. Vulkane speien Feuer, und glühende Lavaströme bilden in alten Gesteinsformationen Basalte, wie sie es auch heute tun. Berge wurden von unterirdischen Kräften geformt, die heute in heftigen Erdbeben Ausdruck finden. Hügel wurden zu Felsplattformen abgetragen, bevor uralte Meere das Inland überfluteten und eine weitere Sedimentschicht abluden, und dieser Prozess setzt sich heute an Felsküsten fort. Die Hutton'sche Philosophie ist die Grundlage der heutigen Geologie.

Hutton und seine Anhänger werden als Aktualisten (unifomitarians) bezeichnet. Der Begriff «uniform» wurde bald irreführend gebraucht. Hutton nahm ursprünglich an, dass die physikalischen Gesetze «uniform» (im Sinne von allgemein gültig) seien: Es könnte keine Wissenschaft der Physik geben, wenn der Apfel an einem Tag Newton auf den Kopf fiele, am nächsten Tag aber spontan in den Weltraum entschwände. Der Begriff «uniform» hat seine Bedeutung jedoch im Laufe der Entwicklung der Geowissenschaften verändert. Der Uniformismus, der von Charles Lyell Mitte des 19. Jahrhunderts gepredigt wurde, ging weit über die Annahme allgemein gültiger physikalischer Gesetze hinaus. Lyell beschrieb einen uniformen, im Sinne von gleich bleibenden, Zustand der Erdoberfläche: Es gab schon immer vier Jahreszeiten, und es herrschte stets dasselbe Klima. Der Anfang war nicht anders, als das Ende sein wird. Lyell glaubte, die Erde befinde sich in ständiger Bewegung, während die terrestrischen Lebensräume uniform bleiben.

Lyell glaubte dies, weil er es nicht besser wusste. Er machte diese vereinfachenden Annahmen, weil die Wissenschaftler seiner Zeit keine Möglichkeit besaßen, vergangene Veränderungen aufzuspüren. Sie hatten keine andere Wahl, als Annahmen zu machen. Da sie keine Belege fanden, die in eine andere Richtung wiesen, mussten sie annehmen, dass sich die innere Dynamik der Erde niemals verändert hatte, dass sich das Erdklima niemals verändert hatte, usw.

Da Lyell keine Hinweise auf Veränderung entdecken konnte, überzeugte er seine Zeitgenossen, dass sich nichts jemals geändert hätte. Er polemisierte gegen Cuviers Katastrophentheorie und wetterte gegen diejenigen, die die Ansicht vertraten, es habe «in der Vergangenheit Abkühlungen der Erde» gegeben.

Das Postulat von «Abkühlungen der Erde in der Vergangenheit» oder die Theorie des Eiszeitalters war ein Triumph des gesunden Menschenverstandes über den Akademismus des 19. Jahrhunderts.

Grobsedimentkomponenten und Felsblöcke, große und kleine, sind über die Ebenen von Nord- und Mitteleuropa verteilt. Wer hat sie dort hingeschafft?

Lyell postulierte eine ungewöhnliche Überflutung des europäischen Kontinents durch ein Übergreifen des Meeres auf Festlandflächen (Transgresssion); dieses Meer hatte dann seiner Meinung nach Eisberge ins Inland transportiert. Als die Eisberge schmolzen, lagerten sich Geröll und Felsblöcke, die im Eis eingefroren waren, auf dem Boden ab, und diese «Gesteinstrümmer» waren die Erratica. Schweizer Bauern, die am Rande der Gletscher lebten, wussten es besser. Sie hatten gesehen, wie große Findlinge von zurückweichenden Gletscher abgeladen wurden. Einst drang der Grindelwaldgletscher weit ins Tal vor und zerstörte die alpinen Wiesen ihrer Vorväter. Es gab keinen Grund, warum die Gletscher nicht noch weiter ins Tal vorgedrungen sein und Erratica bis nach Genf oder Zürich transportiert haben sollten.

In der Tat, warum nicht?

«Nein, das ist unmöglich!», predigten die Professoren in Berlin ihren Studenten. «Wenn die von weither stammenden Findlinge von Gletscher ins Tiefland transportiert worden wären, dann müsste die ganze Schweiz und die Hälfte Deutschlands von einer Eisdecke überzogen gewesen sein. Mehr noch, ganz Skandinavien und ein großer Teil von Nordeuropa müsste dann ebenfalls von Eis bedeckt worden sein.»

Warum nicht?

Die europäischen Bücherwürmer konnten sich so etwas nicht vorstellen, doch ein Bauingenieur aus Genf war zu Beginn des 19. Jahrhunderts kühn genug, die Theorie des Eiszeitalters zu entwickeln.

Diese groteske Idee wurde verständlicherweise vom wissenschaftlichen Establishment zurückgewiesen. Nur ein junger Geologieprofessor, Louis Agassiz, war weitblickend genug, die unerhörte Hypothese der kontinentalen Vergletscherung in Erwägung zu ziehen.

Agassiz' Arbeiten über fossile Fischfaunen hatten seinen internationalen Ruf begründet und zu seiner Akzeptanz unter seinesgleichen geführt. Buckland, Lyells Lehrer aus Oxford, reiste in die Schweiz, um sich Agassiz' Sammlung fossiler Fische anzuschauen, doch er wurde von seinem jungen Gastgeber in die Alpen zu den Gletschermoränen entführt.

Der «Geologiepapst» ließ sich überzeugen, und der junge Professor aus Neuchâtel wurde eingeladen, seine Entdeckung 1847 auf einem Treffen der British Association for the Advancement of Science (Britischen Gesellschaft für den wissenschaftlichen Fortschritt) einem erstaunten Publikum vorzutragen. Selbst der Uniformist Lyell ließ sich schließlich überzeugen, denn er konnte keine adäquate Erklärung für die Moränen auf seinem Landsitz in Nordengland finden.

Lyell spielte nichtsdestotrotz die Bedeutung der Entdeckung mit der lässigen Bemerkung herunter, Vergletscherungen seien lokale Phänomene. Es habe kein Eiszeitalter gegeben, belehrte Lyell sein Publikum und postulierte stattdessen Polarwanderungen: Europa habe innerhalb des Polarkreises gelegen, als die Moränen entstanden. Die große Autorität beeindruckte den Schweizer Demokraten nicht, und Agassiz gab nicht auf. Er ging von Europa in die Neue Welt und fand, dass Vereisung ein Phänomen ist, dass zu weltweiter Veränderung führt. Es gab ein Eiszeitalter, als das Klima überall auf der Welt kälter war. Tatsächlich gab es während des Eiszeitalters mehrere Glazial- und Interglazialzeiten (Eiszeiten und Zwischeneiszeiten). Lyells naive Annahme einer sich nicht verändernden Welt wurde widerlegt, noch bevor die letzte Ausgabe seiner *Principles of Geology* erschien. Dennoch wurden Lyells Behauptungen als unumstößliche Wahrheiten gelehrt, und ich lernte den Lyell'schen Uniformismus, als ich in den 40er

Jahren des 20. Jahrhunderts Geologie studierte, lange nachdem der Terminus Eiszeitalter als Fachbegriff in Lehrbüchern für das Grundstudium Eingang gefunden hatte.

III. Darwins Glück

Die «Entstehung der Arten» wurde 1859 veröffentlicht, doch Darwin hatte die Vorstellung von einer Evolution bereits erwogen, als er als junger Mann mit der Beagle unterwegs war.

Die Lebensformen auf der Erde haben sich verändert, sie haben sich entwickelt. Dass eine Evolution stattgefunden habe, war zu Darwins Zeit eine vom wissenschaftlichen Establishment allgemein geteilte Ansicht, doch es gab keine adäquate Theorie, um den Grund der Evolution zu erklären. Lyell hatte gemeint, es habe außer bei Lebewesen keine Veränderungen auf Erden gegeben. Was konnte die Triebkraft sein, die in einer derart uniformistischen Welt zu biologischen Veränderungen führte? Charles Darwin zerbrach sich darüber den Kopf.

Auguste Lamarck hatte evolutionäre Veränderungen als Folge von Anpassungen an eine sich verändernde Umwelt interpretiert. Der Engländer Darwin war nach der Niederlage Napoleons nicht geneigt, die Weisheit des Franzosen zu akzeptieren. Überdies waren die Briten sowieso konservativer als die revolutionären Franzosen. Sie mochten keine Revolutionen, sie mochten nicht einmal Veränderungen. In der Welt der Pax Britannica fiel es britischen Staatsbürgern nicht schwer, an Lyells Märchen zu glauben, es habe keine Veränderungen gegeben.

Charles Darwin nahm kein Blatt vor den Mund, um eine Strohpuppe namens Lamarckismus zu demolieren. «Evolution hat wenig mit einer sich verändernden Umwelt zu tun», betont Darwin in diesem Zusammenhang in der Entstehung der Arten. Um das Postulat der sich verändernden Lebensformen in einer unveränderlichen physikalischen Welt zu rechtfertigen, musste er eine Theorie der Evolution durch biotische Kämpfe erfinden.

Darwin hielt nicht viel von Paläontologen; er akzeptierte die Fossildaten über die Geschichte des Lebens auf Erden nicht. Er lehnte wissenschaftliche Belege für Massenaussterben und explosive Evolution ab und behauptete, dass evolutive Veränderungen stets langsam und allmählich vor sich gingen. Er interpretierte die Evolution mit einem Malthusianischen Argument: Nur die bevorzugten Rassen konnten im Kampf ums Dasein bestehen. Auch Alfred Wallace hatte Malthus gelesen und kam zu denselben Schlussfolgerungen wie Darwin: Lebensformen entwickeln sich und schreiten durch natürliche

Selektion voran. Mit der Art Homo sapiens hat der Fortschritt seinen Gipfel erreicht. Die Darwinistische Theorie ist eine Anwendung des Malthusianischen Modells, um die Geschichte des Lebens zu interpretieren. Hatte er irgendwelche wissenschaftlichen Belege für die von ihm postulierte natürliche Selektion?

Evolution, so möchte ich betonen, ist die Geschichte des Lebens auf Erden, und Geschichte umfasst genauso sehr das Aussterben alter Arten wie die Herausbildung neuer Arten. David Raup, ein renommierter Paläobiologe, hat geschätzt, dass mehr als 99 Prozent aller Arten, die jemals gelebt haben, heute ausgestorben sind. Eine Theorie der Evolution muss die Auslöschung ebenso erklären wie die Artenbildung, doch Charles Darwin machte sich nicht einmal die Mühe, sich mit dem Problem des Aussterbens zu beschäftigen. Er sah es als gegeben an, dass die weniger gut angepassten Rassen von ihren nächsten Verwandten ausgelöscht worden sein mussten. Rassismus, nicht Wissenschaft war die Grundlage seiner Theorie, und die darwinistische Ideologie hat die pseudowissenschaftliche Basis für den Nationalsozialismus geliefert. Darwin lehnte die Fossildaten, das heißt die dokumentarischen Belege für die Lebensgeschichte mit der Entschuldigung ab, dass das geologische Datenmaterial unvollständig sei. Massenaussterben waren seiner Meinung nach Artefakte, die auf unvollständigem Wissen beruhten. Seine Argumentation konnte von seinen Zeitgenossen nicht widerlegt werden, aber heute steht fest, dass er Unrecht hatte. Er liegt völlig daneben. Nur kennen Biologen, die sich auf Evolutionsbiologie spezialisiert haben, die Fakten nicht, weil sie sich nie die Mühe gemacht haben, sich mit Paläobiologie zu beschäftigen.

Charles Darwin irrte sich, weil er loyal die veraltete Theorie der Uniformität unterstützte, die von seinem Freund Charles Lyell aggressiv propagiert wurde. Da sich Lebensräume der Erde niemals verändert haben, wie sein Freund Lyell fälschlicherweise behauptete, musste Darwin eine natürliche Selektion durch Konkurrenz zwischen Gruppen postulieren, das heißt biotische Wechselwirkungen mussten zur Triebfeder der Evolution werden. Die Folgen des Darwinismus waren katastrophal. Wir hatten zwei Weltkriege. Wir hatten den Holocaust. Wir haben noch immer Kriege und ethnische Säuberungen. Leider hatte Lyell Unrecht, und Darwin hatte Unrecht, und wir Menschen des 21. Jahrhunderts haben unser tragisches Schicksal deshalb erlitten, weil unsere politischen Führer an die Darwinistische Theorie glaubten.

Darwin war im Irrtum, doch der Darwinismus verbreitete sich wie das Evangelium, denn London war die intellektuelle Hauptstadt der Welt. Das Überleben des Tauglichsten wurde sofort in den Stand eines Naturgesetzes erhoben, das den skrupellosen Konkurrenzkampf im Kapitalismus rechtfertigte. Darwins Buch war auch für Karl Marx nach eigenen Angaben «sehr wichtig»; es passte ihm gut ins Konzept, dass die Ideologie des Klassenkampfes in der menschlichen Geschichte «vom Gesichtspunkt der Naturwissenschaft» unterstützt wurde.

Der Darwinismus war in gewissen akademischen Kreisen der USA in den ersten Jahrzehnten des 20. Jahrhunderts populär, und dieselbe Ideologie sollte die intellektuelle Basis des Nationalsozialismus in Deutschland bilden.

Natürlich kann Darwin nicht für all den Missbrauch verantwortlich gemacht werden, der in seinem Namen begangen wurde. Wie George Bernhard Shaw stichelte, hatte Darwin nur das Glück, jedem zu gefallen, der mit jemand anderem ein Hühnchen zu rupfen hatte (wörtlich: der eine Axt zu wetzen verstand). Darwins Glück ist das Unglück der Gesellschaft. Wir wissen heute, dass die Triebkraft der Evolution nicht Wettbewerb war; es besteht keine Notwendigkeit, ein Glaubensbekenntnis des rücksichtslosen Wettbewerbs im Kampf ums Dasein zu propagieren.

Die Triebfeder der Evolution sind Umweltveränderungen. Organismen starben aus, wenn ihre Habitate langsam und allmählich oder rasch und katastrophal zerstört wurden. Die frei werdenden ökologischen Nischen boten Gelegenheit zur Anpassung und Entwicklung neuer Lebensformen.

Warum wurden ökologische Habitate zerstört? Was war die Triebkraft, die derartige Umweltveränderungen hervorrief?

IV. Die Erde lebt – dank Gaia[2]

Die Venus ist tot. Mit einer Oberflächentemperatur von nun mehr als 600° C ist der Planet ein feuriges Inferno. Der Mars ist tot. Bei einer Oberflächentemperatur von unter −100° C gibt es kein lebensnotwendiges flüssiges Wasser. Unser Planet lebt und wird seit mindestens 3,5 Milliarden Jahren von Lebewesen bevölkert. Seitdem lebte die Erde und ist bis heute lebendig geblieben. Da die Meere niemals kochten oder vollständig bis zum Grund zufroren, ist das Leben auf Erden niemals vollständig ausgelöscht worden.

Die Oberflächentemperatur auf Planeten hängen erstens von der Sonneneinstrahlung ab, zweitens von der Sonnenstrahlung, die durch Reflexion an der Planetenoberfläche verloren geht – dem Albedo-Effekt, und drittens von der reflektierten Sonnenstrahlung, die von Treibhausgasen (Kohlendioxid und Methan) in der Planetenatmosphäre eingefangen wird – dem Treibhauseffekt.

Die solare Einstrahlung war in den Anfangszeiten des Sonnensystems geringer, doch die Sonnenstrahlung nahm rasch zu und erreichte vor drei Milliarden Jahren ihr gegenwärtiges Niveau. Seitdem ist dieses Niveau mehr oder weniger konstant geblieben. Klimatologen glauben, dass der Treibhauseffekt in der frühen terrestrischen Atmosphäre rund 600mal größer gewesen sein muss als der gegenwärtige, um die Globaltemperaturen innerhalb der gegenwärtigen Bandbreite zu halten. Auf der anderen Seite sahen nur wenige Wissenschaftler die solaren Schwankungen als wichtigen Faktor für der Beeinflussung des Erdklimas in den letzten zwei Milliarden Jahren an.

James Lovelock hielt den Albedo-Effekt für den entscheidenden Faktor. Darauf basierend entwickelte er seine Gaia-Hypothese, wobei er die Metapher Gaia mit einer Parabel von weißen und schwarzen Gänseblümchen erklärte: Wenn die weißen Gänseblümchen die Welt übernehmen, wird der Albedo-Effekt sehr groß und die Globaltemperaturen sinken. Der ökologische Einfluss der globalen Abkühlung, spekulierte Lovelock, führt dann dazu, dass die Population der weißen Gänseblümchen zurückgeht und sich eine schwarze Gänseblümchensorte auf Erden ausbreitet. Die Dominanz der schwarzen Gänseblümchen sollte dann die Albedo reduzieren, was eine globale Erwärmung bewirkt und die Rückkehr der weißen Gänseblümchen einleitet.

Lovelock entwickelte diese Hypothese von der abwechselnden Dominanz eines Paares mythischer Pflanzen, um das Konzept eines seltsamen Attraktors zu illustrieren: Aufstieg und Niedergang zweier verschiedener Arten haben einen Rückkopplungsmechanismus geliefert, der die Erde zu einem sich selbst organisierenden System macht. Lovelocks Idee ist von zahlreichen Ökologen aufgegriffen worden. Mathematiker ergötzen sich daran, alternierende Welten mit weißen und schwarzen Gänseblümchen auszutüfteln, zu berechnen und graphisch darzustellen. Es gibt jedoch keinerlei wissenschaftliche Belege für eine alternierende Herrschaft weißer und schwarzer Gänseblümchen.

Weiße Gänseblümchen gibt es heutzutage, doch sie sind nie eine dominierende Spezies auf Erden gewesen, und schwarze Gänseblümchen haben niemals existiert. Tatsächlich ist die Geschichte der irdischen Albedo weitgehend unbekannt, und Wissenschaftler müssen erst noch systematische Klimaveränderungen finden, die sich einem variablen Albedo-Effekt zuordnen lassen.

Wenn wir seine weißen und schwarzen Gänseblümchen vergessen, ist Lovelocks Gaia-Hypothese nichtsdestotrotz attraktiv. Die Essenz der Gaia-Vorstellung ermöglicht es, die Erde als selbstorganisierendes System zu betrachten. Die paläontologischen Befunde zeigen eine wechselnde Dominanz von Kohlenstoff fixierenden und Kohlenstoff freisetzenden Organismen; sie übernehmen den Part von Lovelocks weißen und schwarzen Gänseblümchen. Wir sollten erkennen, dass Gaias seltsame Attraktoren in einer wirklichen Welt nicht Albedo, sondern Treibhauseffekt heißen. Ich präsentierte die Modifikation der Gaia-Theorie bei einem Vortrag vor der British Association of Advancement of Science (BAAS) 150 Jahre, nachdem Agassiz vom selben Podium seine Entdeckung des Eiszeitalters verkündet hatte. Dabei spekulierte ich über eine Korrelation zwischen den planetaren Temperaturen und der Evolution der Organismen, die eine bedeutende Rolle im Kohlenstoffzyklus der Erde spielen.

Auf der Venus ist Kohlendioxid aus dem Planeteninneren rascher in die Stratosphäre der Venus freigesetzt worden als es dem Griff der Schwerkraft entkam. Der Überschuss hat sich über Milliarden Jahre lang angesammelt, daher ist die Venus heute in eine dichte Atmosphäre aus Kohlendioxid einhüllt, und der Planet ist zu einem Feuerinferno geworden. Mars weist ein negatives Kohlendioxidbudget auf: Mehr ist ins All entwichen, als aus dem Inneren des Planeten freigesetzt wurde. Der ständig abnehmende Treibhauseffekt konnte keine lebensfreundliche Oberflächentemperatur aufrechterhalten, und die Situation verschlechterte sich, als das letzte verbliebene Kohlendioxid zu Trockeneis gefror.

Die Konzentration der Treibhausgase in der Erdatmosphäre hat geschwankt, doch die Schwankung wurde abgemildert, weil es Leben auf Erden gab. Ein Organismus ist dann am Leben, wenn er aus Kohlendioxid und Wasser Zucker herstellt, wobei Phosphorverbindungen als Katalysator dienen. Wenn der Organismus abstirbt, zerfällt sein Körper letztlich wieder in Kohlendioxid und Wasser und setzt Phosphor frei. Wie Jesus sagte: «So gebet also dem Kaiser, was des Kaisers und Gott, was Gottes ist.» (Matthäus, 22:21)

In einem perfekten Kohlenstoff-Recyclingprozess wird so viel Kohlendioxid frei, wie von Lebewesen aufgenommen worden ist. Gleichzeitig sollte sich die Atmosphäre des Planeten zunehmend mit Kohlendioxid anreichern, das von Vulkanen freigesetzt wird. Das Recycling durch Lebewesen war und ist jedoch nicht perfekt: Ein Teil des Lebens wird in Form von Kohlenstoffverbindung fossilisiert. In Sümpfen werden beispielsweise Pflanzenüberreste zu Kohle. Im Gezeitenbereich warmer Meere bilden Cyanobakterien Algenmatten und fällen Kohlenstoff in Form von Kalziumkarbonat aus. Der Kohlenstoff fixierende Prozess ist der häufigste Sedimentationsprozess auf Erden: Der Kohlenstoff von abgestorbenen Pflanzen wird zu Kohle, und das Mineral, das von Cyanobakterien ausgefällt wird, wird zu Kalkstein.

Geochemische Befunde sprechen dafür, dass es in der Erdatmosphäre niemals zuviel oder zuwenig Kohlendioxid gegeben hat. In meinem Vortrag vor der BAAS stieß ich auf Beifall, als ich den Kohlenstoffzyklus auf Erden mit dem Geldkreislauf in der Marktwirtschaft verglich. Wenn mehr Geld in den Kreislauf gelangt, führt das zu einer Inflation. Eine Zunahme des Zinsniveaus verteuert eine Kreditaufnahme und dient daher dazu, Geldreserven in der Zentralbank zu halten, um eine Deflation zu bewirken. Eine Deflation kann zu einer Rezession oder sogar zu einer großen Depression führen. Daher interveniert die Bank und senkt im geeigneten Moment das Zinsniveau, um die Wirtschaft wieder in Schwung zu bringen. Indem ich die ökonomischen in wissenschaftliche Begriffe übersetzte, erklärte ich meinem Publikum: Mehr Kohlendioxid in der Atmosphäre führt zu einer Erhöhung der Temperatur des Planeten. Bevor das Erdklima zu warm wurde, wurden Organismen vorherrschend, die in der Lage sind, fossilen Kohlenstoff zu fixieren. Sie wirkten wie «Klimaanlagen», weil sie atmosphärisches Kohlendioxid aus dem Kreislauf entfernen und so die Globaltemperatur senken konnten. Eine globale Abkühlung kann schließlich zu einer Eiszeit führen. Gaia hat jedoch immer eingegriffen. Im richtigen Moment wurden Organismen dominant, die eine Zunahme der Treibhausgase in der Atmosphäre verursachen können. Sie wirkten wie «Heizungen». Die biologische Evolution auf Erden ist von einem Wechsel zwischen «Klimaanlagen» und «Heizungen» gekennzeichnet, um klimatischen Veränderungen auf der Erde hervorzurufen.

Die Venus ist tot. Falls es dort jemals Leben gegeben hat, waren die Venusorganismen nicht genügend effizient, um ausreichend vulkanisches Kohlendioxid aus dem planetaren Kohlenstoffzyklus herauszunehmen. Die Venus erhitzte sich also zunehmend, und alles Leben, das es dort einmal gegeben haben könnte, war dem Untergang geweiht. Der Mars ist ebenfalls tot, doch vor Milliarden Jahren könnte es dort Leben gegeben haben. Das früheste Leben auf dem Mars waren wahrscheinliche einige Bakterienformen. Es kam jedoch zu ständigen Verlusten an marsianischem Kohlendioxid, und das marsianische Treibhaus war irgendwann nicht mehr in der Lage, das Einfrieren des Planeten zu verhindern. Schließlich, als kein Leben mehr existieren konnte, starb der Mars. Höchstwahrscheinlich starb der Mars vor rund drei Milliarden Jahren. Zu diesem Zeitpunkt betrug die Solarenergie, die von der Sonne abgestrahlt wurde, nur einen Bruchteil dessen, was sie heute beträgt. Ohne einen wirksamen Schutz durch die Treibhausgase war Mars zum Sterben verurteilt. Die Erde entging dem Schicksal der Venus oder dem des Mars. Wie hat Gaia das geschafft?

V. Gaias seltsame Attraktoren

Klima ist ein entscheidender Umweltfaktor für unser Überleben. Kein Organismus kann die Gluthitze der Venus überleben, und niemand kann in der Eiswüste des Mars überleben. Die Untersuchung von Sedimentgestein auf der Erde hat gezeigt, dass die Weltmeere niemals gekocht haben noch jemals vollständig gefroren waren; Gaia hat uns offenbar mit einem «terrestrischen Thermostat» ausgestattet.

Bei meinem Vortrag vor der BAAS stellte ich die These auf, dass Gaias Regulatoren die Organismen sind, die die Konzentration der Treibhausgase in der Erdatmosphäre regulieren können. Als die Treibhausgase erschöpft waren, wurde die Erde zu einem «Eiskeller»; eine Folge war die kontinentale Vereisung. Als sich diese Gase in der Atmosphäre stark anreicherten, wurde die Erde zu einem «Warmhaus», und die Polarregionen trugen keine Eiskappen mehr. Das Kohlenstoff-Recycling lebender Organismen hat daher die entscheidende Rolle bei der Entscheidung gespielt, ob die Erde vereiste oder eisfrei wurde.

Kontinentale Gletscher hinterließen ihre Spuren in Form von Moränen. Auf Moränen, die auf das letzte Eiszeitalter zurückgehen, trifft man in Skandinavien, in Mitteleuropa und in Nordamerika. Moränen, die auf alte Vereisungen zurückgehen, sind in älteren Gesteinsformationen zu finden. Einige waren regional, doch andere waren so weit verbreitet, dass sie als Belege für eine bedeutende weltweite Abkühlung akzeptiert werden mussten.

Das letzte Eiszeitalter ist das Pleistozän, die Epoche der jüngsten Lebensformen auf Erden. Vor der jüngsten Eiszeit gab es mindestens eine ältere Eiszeit vor 350–300 Millionen Jahren, und eine weitere vor 650–600 Millionen Jahren. Erstere wird als permokarbone Eiszeit bezeichnet, weil die Moränen, die die Vereisung anzeigen, in Felsformationen gefunden worden sind, die zum so genannten Perm/Karbon-System gehören. Die zweite fand im späten Präkambrium statt.

Eiszeiten waren keine langen, ununterbrochenen Perioden mit ständig kaltem Klima. Die Pleistozän-Periode dauerte etwa zwei Millionen Jahre, aber es war währenddessen nicht ständig frostig. Nur während der Glazialperioden bedeckten riesige Eiskappen Europa und Nordamerika. Es gab im Pleistozän Interglazialperioden, in denen das Klima so warm oder sogar wärmer war als heute.

Der Grund für den Wechsel zwischen Glazial- und Interglazialperioden wird heute auf astronomische Faktoren zurückgeführt, die den Fluss der Sonnenstrahlung auf die Erde lenken. Es muss jedoch einen ultimativen Grund für die Eiszeiten geben, denn das Erdklima muss außerordentlich stark heruntergekühlt werden, bevor astronomische Faktoren alternierende Glazial- und Interglazialperioden auslösen können. Dieser ultimative Grund für das letzte Eiszeitalter ist nach Meinung vieler Geologen eine Verringerung der Treibhausgase in der Erdatmosphäre während der letzten 100 Millionen Jahre.

Die gegenwärtige Atmosphäre enthält lediglich 0,03 Prozent Kohlendioxid. Kohlendioxid absorbiert die Sonnenstrahlung wie das Glas eines Treibhauses und führt damit zu einer Erwärmung der Atmosphäre. Theoretische Berechnungen zeigen, dass eine Verdopplung des atmosphärischen Kohlendioxidgehalts einen Anstieg der Oberflächentemperatur der Erde um einige Grad Celsius hervorrufen würde. Wenn der Kohlendioxidgehalt in der Atmosphäre gegen null geht, kühlt sich die Erdoberfläche ab. Es gibt geochemische Befunde, wonach der atmosphärische Kohlendioxidgehalt mit dem Klima verknüpft ist, aber warum sollte die Konzentration des Kohlendioxids überhaupt jemals schwanken?

Die Schwankung ist eine Frage des Gleichgewichts zwischen Angebot und Nachfrage. Die Quelle des irdischen Kohlendioxids ist letztlich die vulkanische Eruption. Wenn der vulkanische Ausstoß ganz in die Atmosphäre ginge, würde sich der atmosphärische Kohlendioxidgehalt innerhalb einiger Tausend Jahre verdoppeln. Ein Anstieg des atmosphärischen Kohlendioxidgehalts würde sich selbst dann ergeben, wenn ein Teil des vulkanischen Ausstoßes aus der planetaren Atmosphäre verloren geht. Ein derartiger ständiger Anstieg muss auf der Venus stattgefunden haben, doch es gibt keine Hinweise auf einen ständigen Anstieg in der Geschichte der Erde. Es gab Schwankungen, starke und geringe, doch der Kohlendioxidgehalt der Erdatmosphäre hat offenbar im Verlauf der letzten vier Milliarden Jahre innerhalb gewisser Grenzen variiert.

Warum?

Eine Gaia-Hypothese nimmt an, dass der Kohlendioxidfluss vom Leben auf der Erde reguliert wird. Vulkane sind Kohlendioxid-Lieferanten, wohingegen Lebewesen Verbraucher sind. Photosynthetisch aktive Pflanzen können beispielsweise atmosphärisches Kohlendioxid zu Kohlenwasserstoffverbindungen umwandeln, die sie in ihren Zellen speichern. Nach dem Absterben der Organismen verrottet das Gewebe und verwandelt sich letztlich zurück in Kohlendioxid und Wasser, um wieder in der Atmosphäre freigesetzt zu werden.

Wie jedoch bereits erwähnt, werden nicht alle toten Gewebe ständig vollständig oxidiert. Dass der atmosphärische Kohlendioxidgehalt im Verlauf der Erdgeschichte niemals sehr stark schwankte, zeigt, dass der jährliche Input von Kohlenstoff aus vulkanischem Kohlendioxid mehr oder minder durch die Ablagerung von Kohlenstoffverbindungen in Sedimenten ausbalanciert wird. Ein Gleichgewicht zwischen vulkanischer Eruption und Kohlenstoffablagerung kann nicht völlig exakt eingehalten werden, und das atmosphärische Kohlendioxid kann sich parallel zur Evolution der dominierenden Lebensformen auf Erden anreichern oder es kann abnehmen.

VI. Zeit und Zufall

Geochemische Untersuchungen zeigen, dass die Gesamtheit der Biomasse auf Erden während der letzten 3,5 Milliarden Jahren mehr oder minder dieselbe geblieben ist, doch die Zusammensetzung der Biomasse hat sich in der Geschichte der Evolution ständig verändert. Organismen, die Kohlenstoff aus CO_2 in der Luft gewonnen haben und Kohlenstoff in irgendeiner Form unter der Erde fixieren, sind Gaias «Klimaanlagen». Bakterien, die Kohlenstoffverbindungen in Kohlendioxid und/oder Methan umwandeln und damit die Atmosphäre mit CO_2 anreichern, sind Gaias Heizungen.

Auf der Venus oder dem Mars hat es weder «Klimaanlagen» noch «Heizungen» gegeben, um die Oberflächentemperatur zu regulieren. Die Venus ist nun glühend heiß und der Mars eiskalt. Die Erde ist bewohnbar, weil die Geschichte des Lebens auf der Erde als das Kommen und Gehen von «Klimaanlagen» und «Heizungen» beschrieben werden kann.

Ganz zu Anfang, vor etwa vier Milliarden Jahren, war das Leben auf der Erde spärlich oder fehlte ganz. Der Vulkanismus produzierte Kohlendioxid mit einer solchen Geschwindigkeit, dass die urzeitliche Welt auf dem besten Wege war, eine venusianische Atmosphäre zu bekommen, das heißt zu heiß zu werden, um noch bewohnbar zu sein.

Gaia intervenierte: Es musste Leben geben, um als «Klimaanlage» zu fungieren.

Die primitive Atmosphäre bestand aus Stickstoff, Kohlendioxid und Methan, aber es gab keinen freien Sauerstoff. Die einzigen Organismen, die unter derart anaeroben Bedingungen überleben konnten, waren anaerobe Bakterien. Als sie starben, wurden ihre «Kadaver» zurück in Kohlendioxid und Wasser verwandelt. Ein Teil, wie unbedeutend auch immer, wurde jedoch als organischer Kohlenstoff fossilisiert und unterirdisch abgelagert, wobei die Rate der unterirdischen Ablagerung ein wenig größer war als die Rate der vulkanischen Freisetzung. Die Konsequenz war eine systematische Erschöpfung des atmosphärischen Kohlendioxids und eine weltweite Abkühlung.

Gaia intervenierte wiederum: Es musste «Heizungen» geben.

Das waren die methanogenen Bakterien. Die Bakterien nahmen in anoxischen Umgebungen Kalziumkarbonat auf, um Methan (CH_4) zu produzieren, ein Treibhausgas, das sogar noch effektiver ist als Kohlendioxid. Wir haben geochemische Hinweise auf hart arbeitende methanogene Bakterien gefunden. Nach 500 Millionen Jahren wurde die Erde zu warm.

Gaia musste ein drittes Mal intervenieren: Die Welt würde nun an die «Klimaanlagen» übergeben werden.

Cyanobakterien wurden früher blaugrüne Algen oder kurz Blaualgen genannt. Diese

Organismen gibt es noch heute; sie bilden Algenmatten in den gezeitengeprägten Flachwasserzonen. Ihre Photosyntheseaktivität führt zum Ausfall von Kalkschlamm, der in geschichteten Ablagerungen zu Kalkstein versteinert; diese Gebilde werden als Stromatolithe bezeichnet. Die Cyanobakterien leisteten ebenfalls allzu gute Arbeit, und die Landmassen der Erde wurden wiederum von einer Eisschicht bedeckt.

Gaia musste erneut intervenieren: Jetzt waren wieder die «Heizungen» an der Reihe.

Bei der Photosynthese wird Sauerstoff frei, die irdische Atmosphäre wurde vor rund zwei Milliarden Jahre oxygeniert; damit war die Zeit reif für das Überleben von Organismen, die Sauerstoff atmen mussten. Die ersten weichkörperigen Tiere begannen sich vor etwa einer Milliarde Jahren zu entwickeln. Es waren Würmer, die im Schlamm wühlten und sich von Cyanobakterien ernährten und ihre Spuren im schlammigen Boden hinterließen. Ihre Biomasse war zunächst begrenzt, und die Abkühlung der Erde durch die Cyanobakterien nahm ihren Fortgang. Die kontinentalen Gletscher dehnten sich aus – zunächst im Verlauf mehrere Glazialperioden vor 700 Millionen Jahren, dann während zweier Glazialperioden vor 600 Millionen Jahren. Die Temperaturen sanken so stark, dass selbst tropische Tiefländer unter einer Eisdecke verschwanden.

Nun musste Gaia mehr «Heizungen» hervorbringen.

Medusenartige Tiere erschienen zum ersten Mal vor 600 Millionen Jahren. Sie wurden zunehmend beherrschender, während sich die Würmer weiter von Cyanobakterien ernährten. Nun gewann die gemeinsame Anstrengung dieser «Heizer» den Krieg: Die Erde ließ diese Eiszeit hinter sich, und die Bahn war frei für die «Kambrische Explosion». Das Ende der Vereisung fiel zeitlich mit der Dominanz der weichkörperigen Tiere zusammen. Sie werden nach ihrem ersten Fundort als die Ediacara-Fauna bezeichnet.

Irgendwann hatte die Ediacara-Fauna des Guten zuviel getan. Nun musste Gaia mehr «Klimaanlagen» produzieren, und das Ereignis erhielt den Namen «Kambrische Explosion» – eine explosive evolutionäre Entwicklung.

Gab es tatsächlich eine derartige Explosion? Und wenn ja, warum?

Viele Jahre lang wurden keine Fossilien unterhalb einer geologischen Formation gefunden, die man als Kambrium bezeichnet. Man nahm daher an, dass das Leben zu Anfang des Kambriums vor 550 Millionen Jahren entstanden sei. Sehr verwirrend für Evolutionsbiologen ist die Tatsache, dass fast alle wichtigen Gruppen des Tierreiches bereits durch kambrische Fossilien vertreten sind. Es scheint, als sei die Vielfalt des Lebens «auf einen Schlag» erschienen, und der Begriff «Kambrische Explosion» wurde geprägt, um dieses Ereignis zu beschreiben.

Religiöse Fundamentalisten haben dies aufgegriffen, um ihre Überzeugung zu untermauern, dass alles Leben von Gott zur gleichen Zeit geschaffen wurde. Selbst Neodarwinisten wie Stephen Jay Gould nahmen einen explosiven Beginn des Lebens an, und die Evolution wurde als natürlicher Selektionsprozess angesehen, durch den die Untauglichen eliminiert werden. Nur die begünstigten Rassen haben überlebt, weil sie sich an wechselnde Umwelten anpassen konnten.

Die so genannte Explosion ist jedoch mehr Schein als Sein. Das scheinbar simultane Auftreten von vielen Organismen könnte einfach ein Artefakt der Fossilkonservierung sein. Geologen haben früher geglaubt, die ersten Fossilien seien skeletttragende Formen gewesen. Die Befunde wurden daher so interpretiert, dass die Vorfahren aller heutigen Lebensformen während der 30 Millionen Jahre des Kambriums entstanden. Wir wissen inzwischen, dass die tierische Evolution weit früher begann, vor einer Milliarde Jahre, als Würmer in den schlammigen Gründen von Gezeitentümpeln wühlten und Cyanobakterien fraßen. Schwämme mit ihren Silikatnadeln entwickelten sich; man fand sie in 800 Millionen Jahre altem Gestein. Dann kam die Ediacara-Fauna, und sie spaltete sich vor rund 600 Millionen Jahren auf. Andere Fossilfaunen, deren Weichteile überdauerten, wurden kürzlich in einigen kambrischen Formationen entdeckt. Neuere Untersuchungen lassen darauf schließen, dass sich viele der plötzlich auftauchenden kambrischen Lebensformen aus präkambrischen Vorfahren ohne Kalkskelett entwickelt haben.

Paläontologen benutzen den Begriff Bauplan, um die sich entwickelnde Körperkonstruktion von Organismen zu beschreiben. Jeder Architekt benutzt natürlich einen Bauplan. Als wir in Berlin waren, besuchte uns mein Sohn Martin, der Architekt ist. Er wollte Dessau besuchen, um das erste moderne Gebäude der Bauhaus-Bewegung zu besichtigen. Auf dem Weg dorthin hielt er uns eine Vorlesung über die Evolution der Architektur. Die primitivsten Häuser besaßen keine Dachstützen. Die Eskimos bauten Iglus, und die Sarden bauten Nuraghis. Die Bauelemente (Eisblöcke oder Steine) wurden so aufgestapelt, dass sie im oberen Bereich der Konstruktion einen Bogen bildeten. Später erfanden die Menschen tragende Wände. Die meisten Schlammhütten sind niedrig, und traditionelle chinesische Häuser haben kein oberes Stockwerk. Dächer und Stockwerke müssen getragen werden, doch die Stützpfeiler der Außenwände sind nur begrenzt belastbar. Im Europa des Mittelalters wurde ein Gebäudetyp namens Riegelbau entwickelt; schräge Holzbohlen stützten die Pfeiler des Hauses ab, um die Außenwände zu verstärken. Zwei- oder dreistöckige Riegelbauten waren nichts Ungewöhnliches. Die nächste Revolution fand nach der Erfindung von Zement und Stahl gegen Ende des 19. Jahrhunderts statt. Diese beiden sehr unterschiedlichen Baumaterialien können zusammen verarbeitet werden, weil sie denselben Ausdehnungskoeffizienten haben. Die neuen Erfindungen eröffneten die faszinierende Möglichkeit, Bauten mit innerem Halt zu errichten. Die Glasbauweise von Dessau war das erste Beispiel für einen neuen Strukturtyp. Die oberen Stockwerke und das Dach werden nicht von Außenwänden gestützt, sondern von Pfeilern im Inneren der Konstruktion. Die Außenschicht des Gebäudes konnte daher aus Glasscheiben oder anderen Materialien bestehen, die keine Stützfunktion haben.

Martins Vortrag über die Geschichte der Architektur regte mich dazu an, über die Evolution der Baupläne von Lebewesen nachzudenken. Bakterien haben kein Skelett. Cyanobakterien breiteten sich aus und bildeten Algenmatten. Die Ediacara-Fauna hatte kein Skelett, doch Tiere, die im Meer schwimmen, haben nur ein geringes Körpergewicht zu kompensieren. Ihr weiches Gewebe, das sich um eine Körperhöhle spannt, lieferte genügend Halt, wie die aufgeschichteten Wände der Iglus und Nuraghis. Derart eingeschränkt hatten die quallenartigen und die anderen weichkörperigen Tiere nur wenig Gelegenheit, zu wachsen oder sich aufzuspalten. Ein weitere Gruppe von sehr primitiven Tieren sind die Schwämme. Sie entwickelten eine Technik, Silikate zu extrahieren, um ihre Skelette zu bauen. Schwämme waren die ersten Tiere mit einem Skelett, und ihre Nadeln (Spiculae) finden sich in präkambrischem Gestein, das 800 Millionen Jahre zurückdatiert. Silikat ist im Meerwasser jedoch sehr selten, und keine andere Gruppe präkambrischer Tiere lernte es, diese Verbindung zu verwenden.

Die «Kambrische Explosion» kennzeichnet eine revolutionäre Entwicklung in der Architektur der Organismen, und die Revolution wurde durch die Nutzung eines neuen Materials zum Skelettbau ausgelöst. Wie Schlamm an Land ist gelöstes Kalziumkarbonat im Meer eine «billige» Ware. Zahlreiche Tiergruppen entwickelten um die Zeit, als das Meerwasser erstmals mit Kalzium gesättigt worden war, Skelette aus Kalziumkarbonat.

Das Leben auf Erden begann vor rund vier Milliarden Jahren, lange bevor Tiere anfingen, Schalen aus Kalziumkarbonat zu bauen. Die Weichteile von Tieren werden jedoch kaum jemals fossilisiert, sodass nur wenige Lebensspuren in präkambrischem Gestein erhalten geblieben sind. Die «Kambrische Explosion» kennzeichnete den Beginn der explosiven Entwicklung von skeletttragenden Tieren. Schalen sind Außenskelette oder Häuser mit tragenden Außenwänden. Die Trilobiten wurden in ihrer Entfaltung durch diese Außenwände behindert. Sie mussten neue Anhänge konstruieren, das heißt neue Segmente, um ihren wachsenden Körper unterzubringen. Andere Tiere probierten andere Konstruktionen aus. Die Ammoniten beispielsweise fügten in ihre Spirale neue Kammern ein.

Die nächste große Erfindung in der biologischen Evolution war die Erfindung der Wirbelsäule. Nachdem die Tiere eine innere Stütze entwickelt hatten, konnten sie größer werden. Ihre Muskeln und ihre Haut haben wie die Glasscheiben der modernen Wolkenkratzer keine Stützfunktion; ihr Körpergewicht wird von den Wirbeln getragen. Es kam zu weiteren explosiven Phasen der Evolution, als sich Fische, Dinosaurier und Säuger entwickelten.

Ich habe mich mein ganzes Leben lang gefragt, was es mit der «Kambrischen Evolution» auf sich hatte, und ich gab meinem letzten Studenten, Graham Shield dieses Thema als Doktorarbeit. Das plötzliche Auftauchen von skeletttragenden Organismen war wahrscheinlich kein reiner Zufall. Sie entwickelten sich, weil Gaia Klimaanlagen benötigte.

Gegen Ende des Präkambriums wurden die allgegenwärtigen Algenmatten-Gesellschaften von der Ediacara-Fauna zerstört. Daher wurde in den Gezeitenzonen der Flachmeere nicht länger Kalziumkarbonat ausgefällt. Die Folge war, dass CO_2 in die Atmosphäre und Kalzium-Ionen in die Meere gelangten. Ein Teil davon wurde von Grünalgen aufgenommen, doch der Überschuss war groß genug, um zu einer steigenden Konzentration von Kalzium-Ionen im Meerwasser zu führen. Nach rund hundert Millionen Jahren war das offene Meer zum ersten Mal in der Erdgeschichte mit Kalziumkarbonat gesättigt. Meerstiere konnten nun kalkhaltige Hartteile bilden. Man kann die Evolution von skeletttragenden Organismen daher als Gaias Maßnahme ansehen, das Ediacara-Extrem an die Kandare zu nehmen. Sie hatte nun ihre Klimaanlagen, und der Klimatrend kehrte sich um.

Das Leben ging nach der «Kambrischen Explosion» weiter wie gewöhnlich. Die Morphologie der Hartteile verändert sich immer weiter, und wir bekamen Millionen und Abermillionen neuer Fossilien. Die Veränderungen erfolgten allmählich. Gelegentlich gab es größere Störungen der Umwelt und Massenaussterben, doch die Abkömmlinge der Überlebenden fanden ihre Nischen und bevölkerten die Welt von Neuem.

Die frühe paläozoische Ära war insgesamt warm. Gaia brauchte mehr Klimaanlagen, und sie kamen in Form von Landpflanzen. Die warmen Tiefländer waren bewaldet. Die Bäume wuchsen, nahmen Kohlendioxid aus der Luft, und Bäume starben ab und speicherten den Kohlenstoff in Form von Kohle unter der Erde.

Wieder einmal taten Gaias «Klimaanlagen» zu viel des Guten. Der atmosphärische Kohlendioxidgehalt wurde während des Wachstums tropischer Wälder im Karbon fast erschöpft. Die Folge war die Vereisung im Perm vor rund 300 Millionen Jahren.

Die tropischen Wälder überlebten die Eiseskälte nicht und wurden durch eine Tundravegetation und durch Ödlandpflanzen ersetzt. Die spärliche Vegetation gab der Atmosphäre das zurück, was Vegetation genommen hatte. Die Treibhausgase wurden vom Vulkanismus «nachgeliefert», und die Erde heizte sich wieder auf. Die polaren Eiskappen schmolzen, und Schelfmeere setzten die Kontinente unter Wasser.

Das extrem warme Klima schuf keinen gesunden Lebensraum. Die thermische Schichtung (Stratifikation) der Meere führte zu periodischen Stagnationen. Sauerstoff wird normalerweise durch die Zirkulation des Meerwassers von der Oberfläche in die Tiefe transportiert und versorgt so die Sauerstoffatmer am Meersboden. Die Stagnation vor etwa 150 bis 100 Millionen Jahren führte zu einem Sauerstoffdefizit im Meerwasser und zu einer lebensfeindlichen Umwelt für Meersorganismen. Es kam zu einem Massensterben von bodenbewohnenden Tieren. Gaia musste wieder eingreifen!

Bäume, die bewährten «Klimaanlagen», wurden zurückgerufen, wenn die Neuankömmlinge auch zu einer neuen Klasse gehörten; sie waren die Vorfahren der blütentragenden Bäume. Die pflanzliche Photosynthese entzog der Atmosphäre Kohlendioxid. Kalkkaltige Planktonorganismen, ein anderer Typ von «Klimaanlagen», entwickelten sich ebenfalls. Sie entnahmen dem Meerwasser Kalziumkarbonat, um darauf Kalkstein zu machen. Beide Effekte führten zu einer Erschöpfung des atmosphärischen Kohlendioxids, und so kam es im Verlauf der letzten 100 Millionen Jahre zu einem stetigen Absinken der Globaltemperatur. Schließlich, vor rund 40 Millionen Jahren, bildete sich die antarktische Eiskappe und dehnte sich aus. Die Albedo der antarktischen Eisdecke und der Wärmetransfer durch die antarktischen Bodenströmungen (engl. bottom water; AABW) trugen beide zu einer weiteren Abkühlung bei. Der Nährstofftransport via AABW brachte Phosphorverbindungen für die Blüte des Kalkplanktons in die Tropen, was zu einer weiteren Verringerung der terrestrischen Treibhausgase führte. Die Erde kühlte immer weiter aus, und vor zwei Millionen Jahren brach in der Nordhemisphäre schließlich eine Eiszeit an.

VII. Natürliche Selektion: Wahrheit oder Dichtung?

The Great Dying (deutsch: Die letzten Jahre der Dinosaurier, Birkhäuser 1990), in dem ich meine Sicht der biologischen Evolution darstelle, erschien 1986. Ein Kollege meinte dazu, ich würde wegen der antidarwinistischen Tendenzen in diesem Buch wohl die Ehrendoktorwürde eines südlichen Baptistencolleges verliehen bekommen. Das war nicht der Fall, doch ich erhielt eine Menge Fanpost von Kreationisten. Entgegen den Stereotypen, die von den Weisen der U.S.-amerikanischen National Academy of Sciences (Nationale Akademie der Wissenschaften) verbreitet werden, fand ich unter ihnen intelligente Leute. Ein Mathematiker entwickelte ein Computerprogramm, um zu beweisen, dass ein zufälliges Mischen der DNA auch in 100 Milliarden Jahren keine Spezies Homo sapiens hervorbringen würde. Ich bin kein Experte und kann die Validität seines Programms nicht beurteilen, doch nichtsdestotrotz überzeugte mich sein Argument, dass Milliarden Generationen von Affen nicht fähig sein werden, ein Mozartkonzert zu spielen, indem sie zufällig Tasten auf einem Klavier anschlagen. Die natürliche Selektion oder die egoistischen Gene bewirken keine Evolution. Es muss in diesem Kosmos ein Ziel geben! Es muss einen Zweck in der Existenz verschiedener Lebensformen auf Erden geben.

Dennoch kann ich kein Kreationist sein.

Das wissenschaftliche Establishment predigte Darwin. Was hat uns Charles Darwin gelehrt?

Das erste Axiom des Darwinismus ist die *gemeinsame Abstammung* (Deszendenztheorie). Tatsächlich wurde diese Vorstellung erstmals 1844 von Robert Chambers in *Vestiges of the Natural History of Creation* (etwa: Spuren der Naturgeschichte der Schöpfung) publiziert. Darwin pries Chambers für den ausgezeichneten Dienst, den er ihm damit erwiesen habe, den Boden für die Aufnahme von «Die Entstehung der Arten» vorzubereiten.

Das zweite Axiom ist *Variation*. Darwin wusste nichts über moderne Genetik, doch er zitierte überzeugende Argumente aus der Erfahrung von Tierzüchtern. Es gibt Variation, niemand behauptet etwas anderes.

Das dritte Axiom ist *Adaptation*. Wir alle haben persönliche Erfahrungen, und Botaniker können unumstößliche Belege dafür vorlegen, dass Anpassungen für das Überleben essentiell sind. Umweltbedingte Anpassung wurde jedoch von Lamarck, nicht von Darwin gelehrt. Lamarck vertrat die Ansicht, dass neue Umweltbedingungen neue Bedürfnisse hervorrufen und Tiere diese zu befriedigen suchen, indem sie sich anzupassen versuchen. So versuchen Giraffen beispielsweise, Blätter in immer höheren Baumregionen abzuweiden und strecken dabei ihren Hals möglichst weit nach oben. Mit der Zeit wurden ihre Hälse länger.

Sowjetische Biologen sahen genetische Untersuchungen als kapitalistische Dekadenz an. T. D. Lyssenkow veröffentlichte fotografische Aufnahmen, um Stalin davon zu überzeugen, dass Orangenkerne, die im Kühlschrank abgehärtet worden waren, im kalten Sibirien gedeihen können. Lysenko war ein Scharlatan, und die Fotografien waren gefälscht, ebenso wie Stalin und der Sowjetkommunismus eine Mogelpackung waren.

Charles Darwin charakterisierte die Essenz des Lamarckismus als eine Theorie, die die Vererbung erworbener Eigenschaften postuliert. In Wirklichkeit könnte man das Lamarckistische Konzept als den Samen der Doktrin einer natürlichen Selektion durch Umweltveränderungen interpretieren. Eine Selektion aufgrund von Umweltbedingungen wurde von Charles Darwin als unerheblich betrachtet. Er bevorzugte die natürliche Selektion im Kampf durch die Bewahrung bevorzugter Rassen.

Wenn die Natur nur als Vollstrecker agieren und die Tauglichsten erhalten würde, indem sie all diejenigen tötet, die von der für ihre Nische günstigsten Form abweichen, würde das Gesetz der natürlichen Auslese in eine Geschichte des Lebens münden, die sich nicht von der von den Kreationisten vorgeschlagenen unterscheiden würde: Das heißt, wäre jede Lebensform perfekt geschaffen, würde das Naturgesetz dafür sorgen, dass die Perfektion erhalten bliebe, und die Arten wären unveränderlich geworden; es hätte keine Evolution gegeben. Darwin musste daher postulieren, dass die natürliche Selektion die relative Tauglichkeit oder Fitness eines Organismus erhöht. Jede evolutive Veränderung hat das Ziel, die Ressourcen der Erde möglichst produktiv zum eigenen Vorteil auf Kosten der Konkurrenten zu nutzen. Die Geschichte des Lebens sollte eine Geschichte allmählicher Verbesserungen sein. Wettbewerb zwischen Individuen oder Gruppen von Individuen galt daher als das Kontrollprinzip der Evolution. Kann ein Räuber seine Geschwindigkeit beim Beutefang erhöhen, würde ihm dies einen Wettbewerbsvorteil verschaffen. Wenn es anderen, ähnlichen Räubern nicht geling, ihre Laufgeschwindigkeit ebenfalls zu erhöhen, sind sie dazu bestimmt auszusterben. Eine Erhöhung der sexuellen Attraktivität eines Männchens verleiht ihm einen Vorteil; es hat mehr Nachkommen, während weniger attraktive Mitbewerber leer ausgehen.

Darwin legte großen Wert auf die Betonung des Wettbewerbs. Er sprach damit unsere Intuition an, doch er legte wenig Beweise, das heißt dokumentarische Befunde aus der Geschichte des Lebens auf Erden vor. Tatsächlich lehnte er geologische Befunde mit einer arroganten Bemerkung über die Unvollständigkeit der geologischen Daten ab. Er vertrat ausschließlich die Malthusianische Ideologie, wonach das Rennen vom Schnellsten gewonnen wird oder stärker wettbewerbsorientierte Rassen das Aussterben ihre nächsten Verwandten herbeiführen würden.

Ja, die Geologie war zu Darwins Zeiten noch nicht perfekt, doch heute kommen die geologischen Aufzeichnungen der Perfektion nahe. Diese Aufzeichnungen besagen, dass Darwin Unrecht hat: Die am meisten begünstigten Rassen haben ihre engsten Verwandten nicht ausgelöscht. Wenn es zu einer Katastrophe, einer Umweltkatastrophe, einer Klimakatastrophe kommt, sterben diejenigen aus, die Pech haben; diejenigen, die das meiste Glück haben, überleben.

Darwin argumentierte gegen umweltbedingte Auslese nur zum Teil deshalb, weil er von Lyells Uniformismus in die Irre geführt worden war. Ein häufig übersehener Faktor war Darwins Eitelkeit bei der Behauptung seines Prioritätsanspruchs. Eine gemeinsame Abstammung, Variation und Adaptation waren Faktoren, die von allen gewissenhaften

Forschern in ihre Überlegungen einbezogen wurden. Die Schlüsselfrage war, «wie Veränderungen von Arten herbeigeführt worden sein konnten». Robert Wallace dachte drei Jahre lang über diese Frage nach. Inspiriert von Robert Malthus «schoss [Wallace] plötzlich die Idee vom Überleben des Tauglichsten durch den Kopf». Die Theorie wurde formuliert und das Manuskript an Charles Darwin gesandt. Darwin erkannte im Manuskript des jungen Mannes sofort seine eigene Theorie wieder. Das britische wissenschaftliche Establishment rettete das Prestige eines Vertreters ihrer Elite mit einem Arrangement, demzufolge der Linné-Gesellschaft der Aufsatz von Wallace samt einer Zusammenfassung von Darwin am 1. Juni 1858 als gemeinsame Veröffentlichung vorgetragen wurde. Was als «Wallacismus» in die Geschichte hätte eingehen können, trug nun das Etikett Darwinismus.

Wiederum war es Darwins Eitelkeit, die ihn dazu trieb, die Rolle des Wettbewerbs oder die «biotische Interaktion» bei der natürlichen Auslese zu betonen. Er minimierte die Bedeutung von Umweltveränderungen, weil er es nicht über sich brachte, Lamarcks «Theorie der organischen Evolution» den gebührenden Stellenwert einzuräumen. Aufgrund seiner polemischen Einstellung gegenüber Lamarck insistierte Darwin, dass Umweltveränderungen nicht die treibende Kraft sein könnten. Er nahm an, wobei er sich auf Lyell berief, dass es in der Erdgeschichte keinen signifikanten Veränderungen gegeben habe.

Lyell hatte Unrecht. Darwin hatte Unrecht. Ihre falschen Vorstellungen ermutigten nicht nur zu einem fairen Wettbewerb, sie werden selbst heute noch als «wissenschaftliche» Rechtfertigungen für menschliche Schlechtigkeiten präsentiert. Meine Verachtung für den Darwinismus ist inzwischen legendär, und einige Kollegen scholten mich wegen meiner heftigen Reaktion:

«Warum hören Sie nicht auf, auf ein totes Pferd einzudrechen? Darwin hat den Sozialdarwinismus nicht erfunden. Die Ideologie mag in den dreißiger Jahren des 20. Jahrhunderts populär gewesen sein, doch der Sozialdarwinismus ist tot.»

Charles Darwin hat den Sozialdarwinismus erfunden. Er schrieb an seine Freunde, dass die Türken nach ihrer Niederlage gegen die Russen erwarten könnten, «vom Erdboden zu verschwinden»; die Türken taugten nicht dazu zu überleben. Der Sozialdarwinismus ist nicht tot. Die darwinistische Doktrin der Auslöschung der Schwachen im Kampf ums Dasein ist noch immer das Evangelium des wissenschaftlichen Establishments. Nach dem Aufkommen der Genetik wird die Darwinistische Theorie der natürlichen Auslese als «neue Synthese» verkauft. Ein Journalist schrieb dazu kürzlich:[3] «Eine der größten Storys des Jahrhunderts war der Sieg der Genetik über die Genesis. Die Wissenschaft in Form der Doktrin des Neodarwinismus versucht nun, Gott den Gnadenstoss zu versetzen. Diese gefährliche Theorie hat sich beeilt, das ideelle Vakuum zu füllen, das von der Implosion des Marxismus und dem offenkundigen Niedergang der Freud'schen Psychoanalyse geschaffen worden ist. Wie diese aufgegebenen Glaubensrichtungen vor ihm bläst der Neodarwinismus zu einen Totalangriff auf die Freiheit des Willens, auf die Unsterblichkeit, auf moralische Größe, auf die menschliche Seele selbst. Wie sie hat er auf bemerkenswerte Weise den Geist junger Intellektueller und Meinungsmacher gefangen genommen.»

Elite-Neodarwinisten, wie Richard Dawkins in Oxford und E. O. Wilson in Harvard brachten das Dogma unters Volk, dass die fittesten und egoistischsten Gene selektiert werden, um zu überleben. Ihrer Ansicht nach ist Religion «nichts als Unsinn».

Von vielen Wissenschaftler ist die Tatsache ignoriert worden, dass Evolution ein historischer Prozess ist. Geschichte lässt sich nicht lernen, indem man «einfach die gegenwärtige Ordnung studiert». Geschichte ist eine auf Faktem basierende Darstellung dessen, was passiert ist, nicht dessen, was geschehen sein könnte oder geschehen sein sollte. Es gibt keine historischen Belege, dass das Auslesen von zufälligen DNA-Rekombinationen die Triebfeder der Evolution darstellt. Ich kann mir nicht helfen, ich muss auf die Frage meines kreationistischen Freundes zurückkommen: Können wir einen mozartspielenden Affen produzieren, indem wir einfach all diejenigen töten, die es nicht können?

Der Neodarwinismus ist jedoch das Evangelium des wissenschaftlichen Establishments, das in Pamphleten gepredigt wird, die von der U.S.-amerikanischen Academy of Science verteilt werden, um den Kreationismus zu bekämpfen. Der Neodarwinismus ist eine neue Form des Sozialdarwinismus, eine hetzerische, zweifelhafte und üble politische Philosophie, die im Namen der Wissenschaft propagiert wird. Zum Unglück der Menschheit werden neodarwinistische Ideen die Politik des neuen Jahrhunderts gestalten, wie es die darwinistischen Vorstellungen im letzten Jahrhundert taten. Wenn die Menschen dazu gebracht werden zu glauben, dass das Ziel des Lebens allein darin besteht, die egoistischen Gene zu verherrlichen, könnte eine skrupellose Durchsetzung eines globalen Kapitalismus zum neuen Glaubensbekenntnis hochstilisiert werden.

VIII. Das Überleben des Glücklichsten

Ich hatte keine Gelegenheit, die Ideologie des evolutiven Fortschritts durch Wettbewerb in Frage zu stellen, bis ich mich wissenschaftlich mit dem Problem des Massenaussterbens beschäftige. Hat es Massenaussterben gegeben? Wenn ja, warum? Wurden sie von ihren nächsten Verwandten ausgelöscht? Biologen glauben das offenbar. Sie haben die Prämisse des Darwinismus akzeptiert, dass der Hauptgrund für Aussterben Konkurrenzdruck von anderen Organismengruppen war.

Ich bin kein Paläontologe und war ebenfalls erstaunt, als mir Paläontologen erzählten, dass das Aussterben der Dinosaurier wenig mit Konkurrenz zu tun habe. Schließlich fand ich selbst Belege für eine Umweltkatastrophe von fast beispiellosem Ausmaß, die von einer Kometenkollision exakt zu dem Zeitpunkt ausgelöst worden war, als die Dinosaurier ausstarben. Damals nahm ich zum ersten Mal Darwins Meisterwerk zur Hand. Nur durch Lesen der Klassik erkannte ich, dass es keine wissenschaftliche Basis für Darwins Theorie der Evolution gibt. Ich begann, gegen die darwinsche Doktrin der Evolution, die auf einen höheren Grad von Perfektion zustrebt, störrische, ja rebellische Gefühle zu entwickeln. Im August 1990 entschied ich mich, mit einem paläontologischen Freund, Stephen Gould, Kontakt aufzunehmen.

Gould war Darwinist, auch wenn er, was das Tempo der Evolution angeht, nicht mit Darwin übereinstimmte.

Goulds Reaktion auf meine antidarwinistische Sichtweise war nicht überraschend. In einem langen und nachdenklichen Brief unterstrich er vehement seinen Glauben an die natürliche Selektion. Er legte dem Brief als Geschenk ein Buch mit einem Aufsatz bei, der vor *Darwin's Untimely Burial* warnte. Dabei handelte es sich um eine Kritik eines Artikels mit dem Titel *Darwin's Mistake*, den Tom Bethell 1976 für Harper's Magazine geschrieben hatte. Bethell hatte behauptet, Darwins Theorie stünde am Rande des Zusammenbruchs, weil sie nicht mehr als eine Tautologie sei. Ein Tautologie ist eine Feststellung, in der das Objekt des Satzes keine Information enthält, die nicht bereits im Subjekt enthalten ist.

In einer statischen Welt, wie sie sich Lyell vorstellte, könnte es Lebenstüchtige und Lebensuntüchtige geben, weil es in dieser uniformistischen Welt einen Tauglichkeits-Standard geben kann. In einer sich verändernden Welt gibt es kein absolutes Maß für die Tauglichkeit. Die Lebenstüchtigsten des Eiszeitalters sind diejenigen, die die Kälte überleben, und die Lebenstüchtigsten zu Zeiten einer globalen Erwärmung sind diejenigen, die die Hitze am besten verkraften können. «Der Lebenstüchtige überlebt» – wobei das Kriterium für Lebenstüchtigkeit das Überleben ist – ist eine Tautologie, weil wir die Überlebenden als diejenigen definieren, die lebenstüchtig sind.

Gould war anderer Meinung. Er argumentierte, es gebe ein unabhängiges Kriterium für Tauglichkeit und postulierte, dass gut angepasste Organismen einen überlegenen Bauplan haben, der ihnen erlaubt, mit veränderlichen Bedingungen fertig zu werden. Wollmammuts haben ihr zottiges Fell nicht erst entwickelt, nachdem es kälter wurde.

Sie waren präadaptiert, und sie hatten zufällig ein Zottelfell, als es kalt wurde. Wenn wir Goulds Standpunkt einnehmen, sollten wir nicht den Slogan vom «Überleben des Tüchtigsten» gebrauchen. Gould sprach vom «Überleben des Anpassungsfähigsten». Er übersah, dass Anpassungsfähigkeiten zufällig sind.

Gould sollte seinen Slogan bald ändern, denn der «Alvarez-Festwagen» schob alles auf seiner Bahn aus dem Weg. Nach der Snowbird-Konferenz über «Große Einschläge und die terrestrische Evolution» im Jahre 1980 können die Implikationen von Massenaussterben in der Geschichte des Lebens nicht länger ignoriert werden. Ich prägte den Ausdruck «Überleben des Glücklichsten» («survival of the luckiest»).[4] Die neue Ideologie verbreitete sich unter den Geowissenschaftlern wie ein Lauffeuer. Stephen Gould, der diese Vorstellung ins Extrem führte, interpretierte die Fossildaten mit einer Theorie, die der Überzeugung der Kreationisten gefährlich nahe kommt. Er nahm an, dass die Spannbreite der Variationen zu Beginn der Fossilaufzeichnungen riesig war. Man könnte die Geschichte des Lebens auf Erden als eine einzige kolossale Lotterie ansehen: nur ein Glückspilz überlebt.

Gould ist ein eloquenter Schriftsteller; er schlug sich auf unsere Seite, doch er traf in Simon Conway Morris auf einen Herausforderer. Ich war von seiner Kritik amüsiert:[5] «Wieder und wieder haben wir gesehen, wie sich Gould in die Schlacht warf, manchmal kaum sichtbar für die kämpfenden Massen. Seltsam immun gegen scheinbar tödliche Ausfälle taucht er letztlich immer wieder auf. Schließlich ebben Staub und Verwirrung ab. Gould verkündet den ehrfürchtig lauschenden Zuschauern, dass unser gegenwärtiges Verständnis des Evolutionsprozesses gefährlich unvollständig ist und die Theorie in den letzten Zuckungen liegt. Wir schauen hinter den Exponenten des Verhängnisses und da im Sonnenlicht steht das Gebäude der Evolutionstheorie – kaum verändert.»

Mein britischer Freund kann humorig bis an den Rande des Sarkasmus sein, aber Stephen Gould ist kein Don Quijote. Gould hat seit seinem Buch *Darwin's Untimely Burial* einen langen Weg zurückgelegt. Er stimmt nun offenbar mit Bethel überein, dass der Satz «Der Tauglichste überlebt» ein Tautologie ist und hat statt dessen den Slogan vom «Überleben des Glücklichsten» übernommen.[6] Ich persönlich zolle Goulds Mut Beifall, mit dem Kopf gegen die Mauer des Neodarwinismus anzurennen. Das Gebäude dieser Evolutionstheorie steht, kaum verändert, tatsächlich «im Sonnenlicht», weil das Gebäude vom wissenschaftlichen Establishment geschützt ist.

Simon Conway Morris hatte nicht Unrecht, als er Goulds Philosophie der Kontingenz kritisierte. Morris betont den Begriff Konvergenz. Möglicherweise gäbe es heute mehr Arten oder Gattungen, wenn das große Sterben am Ende des Perms und/oder der Kreide nicht stattgefunden hätte. Die Zahl der lebensfähigen Bauplanentwürfe ist nichtsdestoweniger begrenzt, sodass das Leben auf Erden möglicherweise noch immer aus Wirbellosen und Wirbeltieren, aus Gymnospermen und Angiospermen bestanden hätte. Vielleicht hätte es keinen Homo sapiens gegeben, aber dafür möglicherweise einen Octopus sapiens. Das Schlüsselwort, das Morris so wichtig ist, lautet Konvergenz.

Wir kamen auf die beiden Triebkräfte in der Geschichte zurück, die mir zuerst von Paul Feyerabend erklärt wurden: Die Eigenheiten des Zufalls und die Unausweichlichkeit der Historizität.

Ich habe oft über den Verlauf einer jüngeren Episode in der Erdgeschichte nachgedacht und die Evolution mit dem Klima in Zusammenhang gebracht. Das marine Kalkplankton wurde nach dem kosmischen Ereignis, das auch die Dinosaurier auslöschte, per Zufall fast völlig vernichtet. Die Planktonorganismen entzogen der Atmosphäre Kohlendioxid, um Kalkskelette zu bilden. Sie sind Gaias Klimaanlage. Nachdem sie dezimiert worden waren, wurden auch weiterhin Nährstoffe aus den Polarregionen in tropische Gewässer transportiert. Radiolarien, einzellige Meeresbewohner, die Silikat statt Kalziumkarbonat verwenden, wurden zu den dominanten Planktonorganismen, und sie entziehen der Atmosphäre keine Treibhausgase. Gaia besaß anschließend 20 Millionen Jahre lang eine defekte Klimaanlage. Die Erdtemperatur stieg bis ins späte Eozän vor rund 40 Millionen Jahren.

Warum wurde es wieder kälter, bis die Eiszeit kam?

Kam es zu einer plötzlichen evolutiven Entwicklung, als Gaias Klimaanlagen wieder dominant wurden? Vielleicht gab es einen anderen Zufall. Aber ich für meine Person glaube nicht, dass Gaia unser allmächtiger Gott ist. Da gibt es noch den extraterrestrischen Helios: unsere Sonne. Sie könnte eine Rolle gespielt haben.

Kapitel 11

Helios

Die Sonne spielt eine Hauptrolle bei natürlichen Klimaveränderungen der Erde in Zeit-
maßstäben von Jahrzehnten bis Jahrhunderten.

D. V. Hoyt und K. H. Schatten, Role of the Sun in Climatic Change

Neuere Beobachtungen sprechen dafür, dass die solare Strahlungsdichte in Abhängigkeit von der Länge der Sonnenzyklen variiert, wenig während der längeren und mehr während den kürzeren Zyklen. Die anfangs kleine Differenz wird durch einen positiven Rückkopplungsmechanismus verstärkt und führt zu zahlreichen hochfrequenten Zyklen klimatischer Veränderungen. Die Addition dieser Zyklen ergibt die 1200/1300-Jahre-Zyklizität, wie sie in der Natur abgebildet und sich in der Geschichte der Völker manifestiert hat.

I. Eine solare Verbindung

Meine Suche nach einem ultimativen Grund für Klimaveränderungen begann 1994. Nach drei Jahren und drei Gastprofessuren auf drei Kontinenten ist das Muster klar: Es hat zyklische Veränderungen auf einer Zeitskala gegeben, die in Jahrhunderten oder Jahrtausenden misst. Das Auftreten von vier Kleinen Eiszeiten in 5000 Jahren Geschichte spricht für einen Wechsel zwischen 600 schlechten Jahren weltweiter Abkühlung und 600 guten Jahren weltweiter Erwärmung.[1]

Was ist die Ursache für die klimatischen Veränderungen in historischer Zeit?

Wie bereits erwähnt, könnten drei Variablen das terrestrische Klima beeinflussen: der Treibhauseffekt, der Albedo-Effekt und der Energietransfer von der Sonne zur Erde.

Im Verlauf jeder größeren Vereisung gab es warme und kalte Abschnitte. Das Klima oszillierte während der letzten Eiszeit mit einer Zyklizität von 23000, 41000 und 100000 Jahren. Es hat sich in Antwort auf die so genannten Milankovitch-Zyklizitäten verändert; danach verändert sich die Wärmemenge, die von der Sonne auf die Erde eingestrahlt wird, während die Erde um die Sonne kreist.[2]

Eine Periodizität von 1200 oder 1300 Jahren ist viel kürzer als die Quasiperiodizität von Gaias Treibhauseffekt oder diejenige, die der Milankowitch-Effekt erzwingt. Der Intervallwechsel auf einer Jahrtausend-Skala ist auf der anderen Seite viel länger als der El Niño-Zyklus oder die Sonnenflecken- bzw. Dürrezyklen. Die Veränderungen sind nichtsdestoweniger so bemerkenswert, dass sie sich anhand von Eiskernen und des Vordringens bzw. Zurückweichens von Berggletschern in historischer Zeit dokumentieren lassen.

Computerspezialisten haben kühne Vorhersagen über eine globale Erwärmung gemacht und den Treibhauseffekt des gegenwärtig erhöhten atmosphärischen Kohlendioxidgehalts berechnet. Ihre Berechnungen lassen sich jedoch nicht verwenden, um die klimatischen Veränderungen in der historischen Zeit zu interpretieren, in der nur wenig fossile Brennstoffe verfeuert wurden. Wenn man den Treibhauseffekt eliminiert hat, sind die übrig bleibenden Möglichkeiten Schwankungen des irdischen Albedo-Effekts und/oder des Influx an Solarenergie.

Als ich diese Angelegenheit mit meinem Freund Yuk Yung am Californian Institute of Technology diskutierte, erzählte er mir von seinen Arbeiten über die Leuchtkraft (Luminosität) des Planeten Neptun; es gab im Verlauf von mehreren Jahrzehnten drei Luminositätszyklen, die mit den Sonnenfleckenzyklen korreliert waren.[3] Die Luminosität eines Planeten ist ein Maß für den planetarischen Albedo-Effekt: Die Reflexion der Sonnenenergie lässt den Planeten stärker leuchten. Yung vermutete nun, dass die historischen Veränderungen im Klima der Erde durch eine Kombination des zyklischen Sonnenenergie-Influx, wie er sich durch Sonnenfleckenzyklen manifestiert, und des Albedo-Rückkopplungsmechanismus, wie er von der planetarischen Luminosität angezeigt wird, hervorgerufen wurden.

Sind Sonnenfleckenzyklen überhaupt mit Veränderungen im Erdklima verknüpft? Wenn ja, auf welche Weise?

Das irdische Klima mit Sonnenfleckenzyklen zu korrelieren, war einst ein beliebter Zeitvertreib. Ellsworth Huntington, ein amerikanischer Geograph, schrieb ein Buch darüber.[4] Er brachte so viele fehlerhafte Daten und zog so viele absurde Schlüsse, dass anschließend nur wenige Wissenschaftler wagten, Klimatheorien auf der Basis schwankender Sonnenaktivitäten vorzuschlagen. Aber man sollte nicht das Kind mit dem Bade ausschütten. Als ich 1996 aus Berlin zurückkam und das erste Kapitel dieses Buches schrieb, war ich davon überzeugt, dass es doch eine Verbindung zwischen Klima und Sonnenaktivität, kurz eine «solare Verbindung», geben müsse.

Ich nahm Kontakt zu Jan Stenflo auf, einem Professor der Astronomie an der ETH Zürich. Stenflo riet mir sofort zur Vorsicht, weil die jährliche Schwankung der Sonnenaktivität viel zu gering ist, um irgendeinen direkten Einfluss auf die Globaltemperatur zu haben.[5] Auf der anderen Seite gab er zu, dass die solaren Effekte nichtlinear sind: Eine kleine Anomalie könnte positive Rückkopplungsmechanismen auslösen. Periodische Albedo-Veränderungen könnten beispielsweise zu einem «Schneeballeffekt» führen. Eine erhöhte Albedo in Korrelation mit Sonnenfleckenaktivitäten senkt die Oberflächentemperatur und führt zu einem frühen Schneefall. Die Albedo der schneebedeckten Oberfläche löst ihrerseits eine weitere Temperatursenkung aus. Wenn sich dieser Prozess einige Zeit fortsetzt, könnte eine anfangs unbedeutende solare Schwankung die Erdtemperatur beträchtlich senken.

Stenflo machte mich weiterhin auf eine kürzliche Entdeckung von Friis-Christensen und Lassen aufmerksam. Die beiden dänischen Wissenschaftler hatten befunden, dass die Globaltemperatur unseres Planeten in den letzten 150 Jahren eine solare Verbindung aufwiesen.[6]

Die weltweiten Mittelwerte weisen keine Korrelation mit dem Treibhauseffekt auf: Die atmosphärischen CO_2-Konzentrationen haben ständig zugenommen, doch es hat in diesen Jahren ebenso Episoden globaler Abkühlung wie globaler Erwärmung gegeben. Die letzte Episode in den späten 60er und frühen 70er Jahren des 20. Jahrhunderts hat tatsächlich zu einer Panikstimmung geführt. Mehrere Autoren sagten den Anbruch einer neuen Kleinen Eiszeit voraus.[7] Diese Bücher gerieten jedoch bald von der Massenhysterie über die «Treibhauskatastrophe» in Vergessenheit.[8]

Robert Felix schenkte mir kürzlich ein Exemplar seines Buches *Not by Fire, but by Ice*.[9] Er meinte, wir sollten jedes Mal erschauern, wenn wir eine Schneeflocke sehen, denn «die nächste Eiszeit könnte jeden Tag beginnen. Nächste Woche, nächsten Monat, nächstes Jahr – es ist keine Frage des Ob, lediglich eine Frage des Wann». Felix war stolz darauf, keiner Universität und keinem wissenschaftlichen Establishment oder Verbindung anzugehören: Sein Mangel an akademischen Referenzen erklärt, warum es seinem Buch an Wissenschaftlichkeit mangelt.

Dennoch unterstreicht seine Veröffentlichung die kontroverse Natur der Materie: Wird es eine weltweite Erwärmung geben oder stehen wir im 21. Jahrhundert vor dem Anbruch einer Kleinen Eiszeit?

II. Die Sonnenfleckenzahl[10]

Role of the Sun in Climatic Change ist der Titel einer Monographie von Douglas Hoyt und Kenneth Schatten. Ich erhielt ihr Buch von einem Freund geschenkt, und er versicherte mir, dass ich darin alles finden würde, was die Menschen jemals Wichtiges über Helios gesagt haben.

Der Grieche Meton dachte, dass es in Griechenland mehr Regentage pro Jahr gibt, wenn die Sonne dunkle Flecken aufweist.[11] Seitdem hat man alle Arten von Beziehungen, zutreffende und unzutreffende, zwischen Sonnenflecken und Klima gefunden. Heinrich Schwabe entdeckte in den ersten Jahrzehnten des 19. Jahrhunderts den 10–12-Jahre-Sonnenfleckenzyklus: Dunkle Flecken auf der Oberfläche der Sonnen kommen und gehen periodisch. Später fanden C. P. Smith und E. J. Stone eine negative Korrelation zwischen der Anzahl der Sonnenflecken und der Globaltemperatur: In Zeiten mit mehr Sonnenflecken war es kälter.

Dann wurde es zu einem beliebten Sport, Spekulation über die solare Verbindung anzustellen, und Hunderte von Artikeln wurden veröffentlicht. Herausragend war die Arbeit von Wladimir Koppen. Nachdem er die Signale vom Rauschen getrennt hatte, fand Koppen nicht nur negative, sondern auch positive Korrelationen:

1600–1700, negative Korrelation
1720–1800, positive Korrelation
1800–1840, negative Korrelation
1840–1880, positive Korrelation
1880–1920, negative Korrelation
1920–1965, positive Korrelation

Positive Korrelationen kehren nach einem Intervall von 120 oder 80 Jahren wieder, negative Korrelationen hingegen nach 200 oder 80 Jahren. Es gibt offenbar einer Art Zyklizität, doch die Signale waren zu verwirrend, als dass man sie hätte verstehen können. Nicht nur, dass die Daten verschiedener Zeitintervalle verschiedene Korrelationen lieferten, sondern es gab offenbar auch Veränderungen in Abhängigkeit von der Windrichtung. K. Labitze und H. van Loon fanden beispielsweise kürzlich positive Korrelationen zwischen Sonnenaktivität und Polartemperaturen bei Westwind und eine negative Korrelationen bei Ostwind.

Warum das so ist, weiß niemand!

Zusätzlich zu den 10–11-jährigen Sonnenfleckenzyklen gibt es Wetterzyklen, die zweimal, viermal oder achtmal so lang sind. Die bekanntesten sind die Dürrezyklen im Westen der USA, die eine Periodizität von 22 Jahren haben. Ähnliche Dürrezyklen hat man in Europa und in Afrika gefunden. Statistiken, die auf Aufzeichnungen von Nilüberschwemmungen und auf chinesischen und mittelalterlichen Beobachtungen basieren, führten zu etwas anderen Schlussfolgerungen: Es hat offenbar kurze Niederschlagszyklen von 10–12 und von 20–22 Jahren und längere Zyklen von 77 oder 80 Jahren gegeben. Diese Zyklizität lässt sich nicht erklären.

III. Sonnenfleckenminima und Dauer der Sonnenfleckenzyklen

Sonnenflecken wurden bereits von Astronomen der Han-Dynastie registriert. In Europa kamen systematische Beobachtungen jedoch nicht vor der Erfindung des Teleskops 1607 auf. Deutsche, englische und italienische Astronomen schauten in die Sonne. Nachdem Heinrich Schwabe dem Sonnenfleckenzyklus eine Periodizität aufwies, fand George Hale mit Hilfe der Spektralanalyse, dass die schwarzen Flecken mit niedrigeren

Temperaturen und einem starken Magnetfeld einhergehen. Sonnenflecken galten traditionell als schlechtes Omen. Die erste wissenschaftliche Korrelation von Sonnenfleckaktivitäten und Klima wurde von Edward Maunder postuliert. Der britische Astronom bemerkte, dass in den 60 Jahren zwischen 1645 und 1715, der kältesten der Kleinen Eiszeiten, nur wenige Sonnenflecken beobachtet wurde. John Eddy griff Maunders Entdeckung 1976 wieder auf und prägte den Begriff Maunder-Minimum, um diese Periode mit einer minimalen Sonnenfleckaktivität zu kennzeichnen. Eddy nahm an, dass die Erde während der langen ruhigen Periode abkühlte, während sie in Zeiten maximaler Sonnenfleckaktivitäten im Mittelalter (Mittelalterliches Maximum) und nochmals während des 20. Jahrhunderts wärmer wurde.

Empirische Beobachtungen wurden bereits im 19. Jahrhundert gemacht. H. W. Clough analysierte die Aufzeichnungen von 300 bis 1900. Er fand, dass die Zyklen nicht immer elf Jahre dauern, sondern die Periodizität zwischen 7–8 oder 12–13 Jahren schwankt. Überdies ist der Wechsel zwischen kürzeren und längeren Zyklen offenbar periodisch gewesen, wobei die Periodik 83 und 300 Jahre betrug. Die überzeugendsten Befunde wurden vor kurzem von Friis-Christiansen und Lassen publiziert. Sie belegen eindeutig eine Korrelation zwischen der Länge der Sonnenzyklen und den Temperaturanomalien in der Nördlichen Hemisphäre. Die beiden globalen Abkühlungen fanden zwischen 1870 und 1900 bzw. zwischen 1945 und 1973 statt.

Die beiden dänischen Wissenschaftler nahmen an, dass die Schwankung der solaren Strahlendichte die Ursache dieser Korrelation ist. Das jährliche Temperaturmittel in der Nördlichen Hemisphäre fiel geringer aus, wenn die Sonneneinstrahlung niedriger war: Zu der 0,5° C-Minimum-Anomalie von 1800 kam es, als das Sonnenenergiedefizit rund 3 Watt pro Quadratmeter oder etwa 0,2 Prozent des Mittelwertes betrug. Der Effekt dieses Energiedefizits könnte, wie bereits erwähnt, durch Rückkopplungsmechanismen verstärkt worden sein.

Es gibt, wie bereits erwähnt, sowohl positive als auch negative Korrelationen zwischen Sonnenfleckenzahl und Globaltemperatur. Maunders Beobachtung und Eddys Hypothese lassen sich anhand der Länge der Sonnenfleckenzyklen erklären. Während des Maunder-Minimums ließ sich keine Zyklizität erkennen, doch die Länge der Sonnenfleckenzyklen betrug zu Beginn und vor dem Minimum 15, 14, 12 und 15 Jahre. Das kalte Klima sollte gemäß moderner Interpretation eher mit der längeren Zyklizität der Sonnenfleckaktivitäten als mit der geringeren Anzahl der Sonnenflecken verknüpft sein.

Ein weiteres Anzeichen vergangener solarer Aktivitäten ist die Abweichung der Kohlenstoff-14-Daten von den wahren Daten. Wenn man eine konstante Produktion von C14 und eine konstante Halbwertszeit des radioaktiven Zerfalls annimmt, können die gemessenen C14-Werte signifikant von den Kalenderdaten abweichen, die aus anderen Methoden geschätzt wurden. Die Abweichung ist von Wissenschaftlern so interpretiert worden, dass während der ruhigeren Perioden der Sonnenaktivität mehr geladene kosmische Strahlungspartikel in die Erdatmosphäre eindringen und mehr C14 produzieren.[12]

Damon und Sonett benutzten diese Methode, um fünf Intervalle minimaler Sonnenaktivität zu identifizieren, und die Nadire von dreien der vier Minima weisen eine Quasiperiodizität von 200 Jahren auf: Der Wolf-Nadir um 1300, der Spörer-Nadir um 1500, der Mauder-Nadir um 1700 und der Dalton-Nadir um 1800. All diese Minima wurden während der letzten Kleinen Eiszeit zwischen 1280 und 1860 beobachtet. Im Gegensatz dazu war das vorangegangene Warmintervall von 1100 bis 1250 (Mittelalterliches Optimum) eine Periode hoher Sonnenaktivität (Mittelalterliches Maximum).

Perioden minimaler Sonnenfleckaktivitäten lassen sich auch aus der chinesischen Geschichte ableiten. Es gibt eine grobe Übereinstimmung zwischen den chinesischen und den europäischen Daten. Wenn man in der Geschichte zurückgeht, waren die chinesischen Sichtungen:

1819–1990	zunehmend mehr Sichtungen
1780–1818	ein paar Sichtungen, die mit dem Dalton-Minimum (1780–1820) korrespondieren
1720–1779	mehr Sichtungen
1667–1719	frühes Qing-Minimum, das mit dem Maunder-Minimum (1645–1715) korrespondiert
1556–1666	spätes Ming-Maximum
1388–1555	Ming-Minimum, das mit dem Spörer-Minimum (1400–1550) korrespondiert
1356–1387	frühes Ming-Maximum
1278–1355	Yuang-Minimum, das mit dem Wolf-Minimum (1250–1350) korrespondiert
1076–1278	südliches Soong-Maximum, das mit dem Mittelalterlichen Maximum (1100–1250) korrespondiert

Die Kalibrierung spricht dafür, dass die historischen chinesischen Daten Wert haben. Weniger Verlass ist auf die chinesischen Aufzeichnungen aus dem vorangegangenen Jahrtausend. Eine Quasiperiodizität, wenn es sie überhaupt gibt, ist alles andere als regelmäßig.

974–1076	nördliches Soong-Minimum
807–974	späte Tang-Sichtungen
513–806	Tang-Minimum (mit Sichtungen im Zeitraum 566–579)
478–513	nördliches Wei-Maximum
401–477	Sechs-Dynastien-Maximum
187–400	östliches Jin-Maximum
17–187	östliches Han-Minimum

Wir können sagen, dass es während den beiden Kleinen Eiszeiten (1280–1860 und 60 v. Chr.–600) weniger Sichtungen gab, während dem dazwischen liegenden Klimatischen Optimum hingegen mehr.[13]

Die Korrelation bricht jedoch zusammen, wenn man die Aufzeichnungen im Detail analysiert. So wurde beispielsweise im 3. und 4. Jahrhundert und zu Beginn des 17. Jahrhunderts, als China von einer bitteren Kälteperiode heimgesucht wurde, von zahlreichen Sonnenflecken-Sichtungen berichtet!

IV. Resonanz und Schwebung

Die Ein-Kind-Politik in den Jahren nach der Kulturrevolution verändert die chinesische Gesellschaft. Ich wurde oft gefragt: «Wie viele Kinder haben Sie?»

«Vier.»

«Mit vier Söhnen hat Dschingis-Khan die Welt erobert.»

«Ja, meine vier Kinder helfen mir ebenfalls.»

«Ja, Peter hat Ihnen beruflich geholfen. Aber was machen die anderen Kinder?»

«Elisabeth ist Anthropologin, Martin ist Architekt und Andrew ist Musiker.»

«Niemand von ihnen hat Geologie studiert?»

«Ich habe Glück. Meine Kinder haben meinen Horizont erweitert; sie haben mir geholfen, dieses Buch zu schreiben. Elisabeth lehrte mich chinesische Vorgeschichte. Martin vermittelte mir neue Einblick in die Evolution.»

«Aber was konnte Ihr Musiker-Sohn für Sie tun?»

«Mein Freund Yuk Yung lehrte mich, Klimaschwankungen in Form von Schwebung und Resonanz zu sehen, und Andrew half mir, Schwebung und Resonanz zu verstehen.»

Ich traf Yuk Yung, als ich 1991 Gastprofessor am Cal Tech war; er besuchte jede Woche meine Vorlesung.

Ein paar Jahre später, als ich begann, solare Verbindungen in klimatischen Veränderungen zu sehen, traf ich ihn wieder. Yung wurde ein großer Unterstützer meiner Theorie, weil er ebenfalls Korrelationen zu finden begann. Ich besuchte ihn am Cal Tech letztes Jahr, und er machte mich auf einen Artikel aufmerksam, der die Dicke der stratosphärischen Wolkendecke mit den Sonnenfleckenzyklen korrelierte.[14] Wie Yung mir erklärte, gibt es dafür eine physikalische Erklärung. Wie die Kondensation in einer Nebelkammer schlägt sich der Wasserdampf an geladenen Teilchen nieder. Wenn mehr geladenen Teilchen vom Magnetfeld der Erde eingefangen werden, kann es zu einer dickeren Wolkendecke kommen.

Da die Feldstärke in Abhängigkeit von der Sonnenaktivität variiert, ist es nicht überraschend, dass wir Korrelationen zwischen der planetarischen Wolkendecke und Sonnenfleckenzyklen finden.

«Der solare Einfluss auf das Klima ist demnach indirekt. Je dicker die Wolkendecke, desto größer der Albedo-Effekt und umso niedriger die mittlere Globaltemperatur. Der indirekte Effekt könnte sich dann verstärken; es gibt positive Rückkopplungsmechanismen.»

«Welche Art von Rückkopplungsmechanismen?»

«ENSO, beispielsweise.»

«Was heißt das?»

«El Niño Southern Oscillation! Wir haben Korrelationen zwischen zyklischer Wolkenbedeckung und ENSO-Zyklen gefunden.»

«ENSO hat aber eine Periodizität von 2–3 Jahren, viel kürzer als ein Sonnenfleckenzyklus.»

«Das ist der entscheidende Punkt bei der Sache. Sie kennen die Fourier-Analyse, nicht wahr?»

«Ja, aber welche Relevanz hat sie für das Klima?»

«Der große französische Mathematiker des frühen 19. Jahrhunderts, François Marie Charles Fourier, konnte mathematisch zeigen, dass sich jede periodische Schwingung als die Summe von Sinuswellen geeigneter Amplitude, Frequenz und Phase darstellen lässt. ENSO und die Sonnenfleckenzyklen sind zwei Sinuswellen mit sehr hohen Frequenzen. Es gibt noch andere Zyklizitäten im Zusammenhang mit Sonnenaktivitäten und Klima: die Dürreperioden, die sich alle 22 Jahre wiederholen, die 80–90 Geissberg-Zyklen, die 85- und 300-Jahre-Sonnenflecken-Zyklenlänge-Zyklen. Die lange Periodik ihrer historischen Klimaveränderungen muss aus einer Kombination oder Resonanz zyklischer Ereignisse verschiedener Frequenzen resultiert haben.»

Ich kam aus Pasadena nach Hause und war verwirrt. Ich konnte mir nicht vorstellen, warum die Resonanz hoher Frequenzen zu einer niedrigen Frequenz führen sollte. Ich war mir nicht einmal sicher, ob ich den Begriff «Resonanz» verstand. Ich schlug den Begriff daher in einem Wörterbuch nach.

Das half mir jedoch nicht weiter: Resonanz hat die «Eigenschaft, resonant zu sein» und resonant ist in der Akustik ein Adjektiv, das «eine Volumenzunahme aufgrund einer verstärkten Schwingung oder Reflexion» beschreibt.

Welche Schwingung? Was für eine Reflexion?

Daraufhin zog ich ein Lexikon zu Rate. Resonanz ist als ein Begriff definiert, der in der Physik gebraucht wird und «eine Verlängerung oder ein Anwachsen des Tons aufgrund von Mitschwingungen [im Eigenton] beschreibt».

Aber was sind Mitschwingungen?

Eines Tages kam mein Sohn Andrew zum Mittagessen und brachte Nina mit; Christine sollte Babysitter spielen. Ich fragte ihn: «Andrew, kannst du mir sagen, was Resonanz ist? Was sind Mitschwingungen?

«Wenn Du einen Klavierton anschlägst, hörst du nicht nur den Klang einer einzigen Frequenz, die wir die Grundfrequenz f_0 nennen wollen. Du hörst Obertöne, deren Frequenz das 2-, 3-, 4-, X-Fache der Grundtöne betragen; das sind die Mitschwingungen. Bei Resonanzen gleicht einer der höheren harmonischen Obertöne eines Tones einem anderen höheren harmonischen Oberton eines anderen Tons.»

«Du musst mir ein Beispiel geben.»

«Weißt du, was ein Akkord ist?»

«Ein harmonischer Akkord? Ich bin mir nicht sicher.»

Andrew setzte sich ans Klavier und schlug einen Dur-Dreiklang an, einen Akkord aus den Tönen C, E und G.

«Ein mittleres C hat eine Grundfrequenz fo von 261,63 Vibrationen pro Sekunde», fuhr Andrew fort und schrieb es mir auf ein Blatt Papier:

«Die harmonischen Obertöne von C haben Obertöne der Frequenzen f_0, $2f_0$, $3f_0$, $4f_0$, $5f_0$.

Die harmonischen Obertöne von E haben Obertöne der Frequenzen $(5/4)f_0$, $2(5/4)f_0$, $3(5/4)f_0$, $4(5/4)f_0$, $5(5/4)f_0$.

Die harmonischen Obertöne von G haben Obertöne der Frequenzen $(3/2)f_0$, $2(3/2)f_0$, $3(3/2)f_0$, $4(3/2)f_0$, $5(3/2)f_0$ …»

«Einen Augenblick, Andrew, ich komme nicht mehr mit. Warum sollten die harmonischen Obertöne von E $(5/4)f_0$, $2(5/4)f_0$ usw. sein?»

«C–E ist ein musikalisches Intervall, wir nennen das eine große Terz. Musikalische Intervalle, wie sie durch das Frequenzverhältnis von zwei Noten ausgedrückt werden, und dieses Verhältnis ist im Allgemeinen ein Quotient aus zwei kleinen ganzen rationalen Zahlen. Große Terzen, beispielsweise, haben ein Frequenzverhältnis von 5/4, das heißt das Verhältnis der Grundfrequenz E zu derjenigen von C ist 5 zu 4. Das musikalische Intervall C–G ist eine Quinte; es hat ein Frequenzverhältnis von 3/2. Das musikalische Intervall C–C^1 ist natürlich die Oktave mit einem Verhältnis 2/1.»

«Nun, was hat das alles mit Resonanz zu tun?»

«Etwas Geduld, ich werde gleich dazu kommen. Bist du bisher mitgekommen?»

«Ja, red weiter.»

Es gibt eine Frequenz fb, die als Generalbass des Akkords bezeichnet wird. Die harmonischen Obertöne der Töne des Akkords sind ganzzahlige Vielfache voneinander. Die Grundfrequenz von C ist vier Mal so hoch wie der Generalbass, also $f_0 = 4\,f_b$.»

«Einen Augenblick, ich bin nicht so schnell mit Zahlen.»

«Okay. Ich schreib sie dir auf. Wenn du f_0 durch f_b ersetzt, erhältst du Folgendes: Die harmonischen Obertöne von C haben die Frequenzen $4f_b$, $8f_b$, $12f_b$, $16f_b$, $20f_b$, $24f_b$.

Die harmonischen Obertöne von E haben die Frequenzen $5f_b$, $10f_b$, $15f_b$, $20f_b$, $25f_b$, $30f_b$.

Die harmonischen Obertöne von G haben die Frequenzen $6f_b$, $12f_b$, $18f_b$, $24f_b$, $30f_b$, $36f_b$.

Nun siehst du, dass alle die harmonischen Oberschwingungen von C, von E und von G ganzzahlige Vielfache oder harmonische Oberschwingungen des Generalbasses fb sind.»

«Wenn ich eine Klaviertaste zwei Oktaven unter dem mittleren C anschlage», fuhr Andrew fort, als er den Akkord anschlug, «hörst du den Generalbass und seine Obertöne?»

«Ja, und weiter?»

«Okay. Wenn du einen Akkord CEG anschlägst, hat der fünfte harmonische Oberton von C eine Frequenz, die 20 Mal so hoch ist wie die des Generalbasses, und dieselbe Frequenz wie der vierte harmonische Oberton von E. Das sind Mitschwingungen, die in Resonanz geraten.»

«Oder die sechste harmonische Oberschwingung von C schwingt mit der vierten von G mit, und die sechste harmonische Oberschwingung mit der vierten von G.»

«Jetzt hast du es verstanden. Die Resonanz verleiht dem Ton mehr Volumen. Die Resonanz der hochfrequenten Obertöne lässt sie herausragen.»

«Okay, du sagst mir, dass stärker wahrnehmbare hochfrequente Zyklizitäten aus der Resonanz von Obertönen niederfrequenter Zyklizitäten resultieren. Jetzt verstehe ich Resonanz. Die hochfrequente El-Niño-Southern-Ocean-Zyklizität (alle 2,5 Jahre) könnte die Resonanz irgendeiner niederfrequenten Zyklizität sein, wie der Sonnenflecken-Zyklizität (10 Jahre) und irgendeiner Zyklizität der Meersströmung. Aber das ist es nicht, was ich wissen will. Ich möchte Folgendes wissen: Wie können hochfrequente Zyklizitäten kombiniert werden, um eine niederfrequente Zyklizität zu schaffen?»

«Jetzt möchtest du etwas über Schwebungen wissen, nicht über Resonanz», klärte mich Andrew auf.

«Was sind denn Schwebungen?»

«Eine Schwebung ist ein niederfrequenter Ton, der von zwei hochfrequenteren Tönen erzeugt wird, und die Frequenz des Tons ist einfach die Differenz der beiden Frequenzen.»

«Wie meinst du das?»

«Sagen wir, ich schlage eine Stimmgabel an, die sechs Schwingungen pro Sekunde erzeugt. Dann schlage ich eine Saite an, um fünf Schwingungen pro Sekunde zu erzeugen. Ich höre die Addition dieser beiden Töne, ein tiefer Ton mit einer Schwingung von $6-5 = 1$ Schwingung pro Sekunde. Das ist die Schwebungsschwingung der beiden Schwingungen.»

«Wir können eine Schwebung hören, wenn wir ein Klavier stimmen», fuhr Andrew fort. «Beispielsweise hat das C, das von einer Stimmgabel produziert wird, eine Frequenz von 261,63 Schwingungen pro Sekunde. Das C bei einem verstimmten Klavier könnte zum Beispiel eine Frequenz von 259,27 Schwingungen pro Sekunde haben. Das ergibt eine Differenz von 2,36 Schwingungen pro Sekunde; das ist die Frequenz der Schwebung, und die kann ich hören. Wenn ich eine Schwebung höre, spanne ich die Klavierseite, bis das Klavier ebenfalls einen C-Ton mit 261,62 Schwingungen pro Sekunde erzeugt. Dann kommen die beiden Tonwellen in Resonanz, und ich höre keine Schwebung mehr. Das Klavier ist gestimmt.»

«Das ist tatsächlich interessant, Andrew. Du kannst also eine Welle mit einer langen Periode erzeugen, indem du zwei Wellen von sehr ähnlicher Frequenz kombinierst.»

«Jetzt verstehst du. Orgelbauer machen sich dieses Prinzip bei Bau von Orgeln zu Nutze. Eine Einzelpfeife muss, um sehr tiefe Töne zu erzeugen, einen sehr großen Durchmesser haben und wird dadurch möglicherweise zu groß, um sich problemlos anfertigen zu lassen. Die niedrige Frequenz eines Generalbass-C lässt sich jedoch als Schwebung zweier hochfrequenter Klangwellen mit handlicheren Pfeifen erzeugen.»

Andrews Unterrichtsstunde in Musikwissenschaften lehrte mich die Komplexität der Natur. Es gibt hochfrequente Zyklizitäten aller Art: die Sonnenfleckzyklen, die Dürre- oder Flutzyklen, die «Geissberg-Zyklen», die Sonnenfleck-Zyklenlänge-Zyklen, die Sonnenfleck-Minimum-Zyklen etc. Es gibt keinen einzelnen zyklischen Mechanismus, der mit klimatischen Änderungen korreliert ist; die Zyklen addieren sich. Es kommt zur Resonanz und zu Schwebungen. Eine Summation der hochfrequenten Zyklen könnte zu periodischen Veränderungen auf der Jahrtausend-Skala führen. Ich versuchte daraufhin mit Hilfe eines Freundes, herauszufinden, ob ein 1 200/1 300-Jahr-Zyklus eine Schwebung sein könnte, die von einer Kombination von Zyklen im Jahrhundert-Maßstab erzeugt wurde.

Die Ergebnisse waren nicht zufrieden stellend, und ich werde dem Leser die Details unserer fruchtlosen Versuche ersparen.

V. Helios, der Sonnengott

Ich dachte 1996 über die «solare Verbindung» nach, als ich mich aufmachte, um an der Colorado School of Mines zu lehren. Auf dem Weg dorthin besuchte ich meinen alten Freund McNellis in Kansas City. Er lebte 1957 wie ich in Zürich, damals, als ich meiner ersten Frau den Hof machte. Jahre später, als meine Frau und ich Jesse besuchten, wurde sie bei einem Autounfall getötet und ich verletzt. Die McNellis' kamen ins Krankenhaus und nahmen die Kinder zu sich, während ich mich wieder erholte. Das war vor mehr als 30 Jahren, und ich freute mich sehr darauf, sie unter glücklicheren Umständen wiederzusehen.

Beim Abendessen erzählte ich Jesse und Fran von meiner Chronik des Klimas und der Zivilisation. Jesse hörte aufmerksam zu und meinte schließlich, sein Freund Charlie Perry wäre auch an diesem Thema interessiert. Wir riefen ihn an, doch er war nicht in der Stadt. Einen oder zwei Monate nach meiner Rückkehr nach Zürich bekam ich ein Päckchen; Perry sandte mir ein Exemplar seiner Doktorarbeit *Comparison of a Solar-luminosity Model with Paleoclimatic Data* (Vergleich eines Solarluminositätsmodells mit paläoklimatischen Daten).[14]

Perry entwickelte darin eine Theorie, wonach Klimazyklen mit der Sonnenaktivität korreliert sind. Er nahm an, dass die fundamentale Zyklizität der 11-Jahre-Sonnenfleck-Zyklus ist. Eine Verdopplung der Zyklizität ergibt Perioden von 22, 44, 88, 176, 352, 704 und 1408 Jahren. Eine derartige geometrische Progression ist als fundamentale harmonische Oberschwingung bezeichnet worden. Perry stellte die These auf, globale Klimaveränderungen im Jahrtausend-Rhythmus hätten aus der Addition fundamentaler Obertöne resultiert.

Die kritische Überblicksarbeit von Hoyt und Schatten zeigte, dass es sonneninduzierte Zyklen im Klima gibt, darunter 8–12-Jahr-Zyklen, 18–23-Jahr-Zyklen, 40–50-

Jahr-Zyklen, 80–92-Jahr-Zyklen, 150–200-Jahr-Zyklen und 300–334-Jahr-Zyklen. Diese Zyklen sind Charles Perry's fundamentalen harmonischen Obertönen vergleichbar. Die Kombination dieser harmonischen Obertöne bis zur fünften Ordnung könnten eine Klimaveränderung mit einer Zyklizität von etwa 350 Jahren ergeben. Um eine Zyklizität im Jahrtausend-Rhythmus zu erhalten, muss man, wie Perry mit seinem Computerprogramm herausfand, Harmonien höherer Ordnung mit Periodizität von 704 und 1408 Jahren mit einbeziehen.

«Warum sollte eine Jahrtausend-Periodizität der Sonnenfleckzyklen generiert werden?», schrieb ich Perry und bat um eine Erklärung. Da Perry es schwierig fand, schriftlich zu kommunizieren, lud er mich zu einer Tour in die Karibik ein. Christine und ich machten uns auf den Weg, doch wir verbrachten eine so gute Zeit miteinander, dass wir nicht viel übers «Geschäft» redeten.

Perry besuchte mich im August 1999. Er kam gerade von einer internationalen Konferenz über Klimaveränderung und war enthusiastisch wie immer. Entgegen der vorherrschenden Meinung vor ein paar Jahren fanden inzwischen mehr und mehr Wissenschaftler Gefallen an der Vorstellung, dass Klimaveränderungen von Schwankungen der solaren Strahlungsdichte ausgelöst werden könnten. Die Anomalie könnte sehr klein sein, doch Yuk Yung und seine Mitarbeiter berichteten von einer Bestätigung durch Satellitenbeobachtungen: Es gab eine Korrelation zwischen dem Sonnenzyklus und der zyklischen Wolkenbedeckung.[15] Der Albedo-Effekt der globalen Bewölkung könnte das «fehlende Glied (missing link) in der Beziehung zwischen Sonne und Klima sein».[16] Überdies entdeckten auch mehrere andere Wissenschaftler die geometrische Progression der klimatischen Zyklizitäten.

Ich gab Perry einen ersten Entwurf meines Manuskripts. Aufgrund der historischen Daten schrieb er ein Software-Programm. Für seine Berechnungen nahm er als Arbeitshypothese an, dass die Globaltemperatur umgekehrt proportional zur Länge der Sonnenfleckenzyklen ist. Unter der Annahme eines Zykluslänge von 12 Jahren für das letzte Eiszeitalter und von 10 Jahren für die Postglazialära produzierte sein Computer eine theoretische Kurve der klimatischen Veränderungen während der letzten 25 000 Jahre. Er identifizierte die folgenden kleinen Klimatischen Optima und Kleinen Eiszeiten seit Beginn unserer Zeitrechnung:

Modernes Klimatische Optimum:	1830–2000
Kälteste Jahre der Kleinen Eiszeit:	1600–1830
Wärmere Jahre der Kleinen Eiszeit:	1450–1600
Kalte Jahre der Kleinen Eiszeit:	1280–1450

Letzte Wärmeperiode des mittelalterlichen Optimums: 1200–1280
Kältere Jahre des mittelalterlichen Optimums: 950–1200
Wärmere Jahre des mittelalterlichen Optimums: 550– 950
Kleine Eiszeit zu Beginn unserer Zeitrechnung: 0– 550

Die Übereinstimmung seiner berechneten Kurve und der historischen Analyse, wie in diesem Buch dargestellt, ist erstaunlich. Das Computerprogramm lässt sich vielleicht noch verfeinern und besser an die Beobachtungsdaten anpassen. Unterdessen ist das vorläufige Ergebnis – zumindest für mich persönlich – eine bemerkenswerte Bestätigung der Rolle, die Helios in der Geschichte der Menschheit gespielt hat.

Viele alte Zivilisationen haben dem Sonnengott gehuldigt. Diese Menschen, die enger mit der Natur zusammenlebten als wir in unserer modernen Gesellschaft, schätzten die Macht der Sonne sehr hoch. Der Einfluss der solaren Strahlungsdichte ist von der Wissenschaft bis vor kurzem unterschätzt worden. Wenn wir der Sonne den Platz einräumen, der ihr gebührt, so heißt das nicht, dass mir uns unserer Verantwortung gegenüber Gaia entziehen. Das Wissen sollte uns bescheiden machen. Wir sind nicht einmal in der Lage, das Wetter zu bestimmen; unsere Regentänze tragen wenig dazu bei, eine Dürreperiode zu beenden. Der Gedanke, dass wir das terrestrische Klima mit unserer Verfeuerung von fossilen Brennstoffen verändern, ist eine Manifestation menschlicher Arroganz. Wir wissen wenig über die Launen von Helios. Die globale Erwärmung der letzten anderthalb Jahrhunderte ist ein Anzeichen, dass wir eine Kleine Eiszeit hinter uns lassen. Die Arbeiten von Perry sagen eine Umkehr des Trends im Verlauf des 21. Jahrhunderts voraus. Wir werden vielleicht im Verlauf des 24. Jahrhunderts in die nächste Kleine Eiszeit eintreten; dann könnte die Wachstumssaison für die Bauern in Nordeuropa zu kurz werden und die Zentralebene in China wieder zu einer «Dust bowl» werden.

Kapitel 12

Ideologie, Religion und Politik der Klimatologie

Gott kann ohne den Menschen auskommen, wenn es diesem nicht gelingen sollte, sich schöpferisch zu verändern und zu entwickeln. Das ewige schöpferische Geheimnis könnte sich des Menschen entledigen und ihn durch ein höher entwickeltes Geschöpf ersetzen.

D. H. Lawrence, Women in Love

Ideologie ist ein System aus Glaube und Verehrung, und Ideologie wird zu einer Religion, wenn man eine übernatürliche Kontrollmacht anerkennt. Klimatologie ist die Wissenschaft, die sich mit dem Klima beschäftigt. Sie ist jedoch von der Politik vergiftet und von Aktivisten vereinnahmt worden, die ihren Ideologien Vorschub zu leisten.

Ich habe 11 Kapitel über Klimatologie geschrieben, und ich nehme mir das Recht, mein Buch mit einem Essay über Ideologie, Religion und Politik zu beenden.

I. Der Treibhauseffekt: Globale Erwärmung oder globale Abkühlung?

Die Bedingungen auf Erden sind niemals konstant gewesen: Das Klima beispielsweise hat fluktuiert. Der langfristige Trend während der letzten 100 Millionen Jahre lief in Richtung einer allgemeinen Verschlechterung: vom warmen Klima eisfreier Polarregionen zu der jüngsten Vereisung der Kontinente. Die Hominiden entwickelten sich, als die Erde ins Eiszeitalter eintrat, und unsere Vorfahren, die alten Homo sapiens-Formen, waren während der letzten Glazialepoche Zeitgenossen der letzten Neandertaler. Die Gletscher, die einst große Teile von Nordamerika und Nordeuropa bedeckten, begannen vor 15 000 Jahren zu schmelzen. Das Eiszeitalter endete nach einem letzten Gletschervorstoß während der so genannten Jüngeren Dryaszeit vor rund 10 000 Jahren. Der moderne Homo sapiens lebte im Holozän, einer ganz neuen Epoche der Klimaverbesserung. Es könnte sich dabei nur um eine weitere Zwischeneiszeit handeln, und eine weitere Eiszeitepoche könnte am Horizont lauern.

Meine Angst vor einer globalen Abkühlung wurde 1981 gedämpft, als ich Peter Barrett in Neuseeland besuchte. Zusammen mit seinen amerikanischen Kollegen hat er drei Löcher durch den Eisschelf des Rossmeeres gebohrt, ist mehr als 500 m tief in das Sediment unter dem Meeresboden eingedrungen und hat einen Blick auf das Klima tun können, das in grauer Vorzeit auf diesem Südkontinent geherrscht hat.

Vor zwei Millionen Jahren war die Arktis mit Eis bedeckt, doch die Antarktis vereiste bereits vor 40 Millionen Jahren. Die antarktische Eiskappe hat sich seitdem viele Male ausgedehnt und wieder zusammengezogen. Im letzten Eiszeitalter fror der Ross-Eisschelf bis zum Boden durch. Seitdem ist es wärmer geworden, und der Eisschelf ist heute nur teilweise am Boden verankert.

«Wenn der Trend der globalen Erwärmung anhält», alarmierte mich Barrett, «wird der Ross-Eisschelf freigesetzt werden. Dann wird es zu einer Katastrophe kommen.»

«Was für eine Katastrophe?»

«Wenn man einen Eiswürfel in ein Glas Wasser wirft, das bis zum Rand gefüllt ist, wird das Wasser überlaufen. Wenn der Ross-Eisschelf freigesetzt wird und ein riesiger Eisbrocken in das Südpolarmeer treibt, wird der Meeresspiegel mit Sicherheit steigen. Viele Küstenstädte werden dann überflutet werden, ganz plötzlich!»

«Warum sollte die globale Erwärmung weitergehen? Ich dachte, wir müssten uns bald auf die nächste Eiszeit einrichten.»

«Ja, das könnte durchaus sein, wenn die Natur eine Chance hat, ihren Weg zu verfolgen, aber wir haben eingegriffen: Die industrielle Produktion von Kohlendioxid ist dabei, den Trend umzukehren.»

«Warum? Ich dachte, eine Zunahme des atmosphärischen Kohlendioxidgehalts würde zu mehr Wolken und damit zu einer Abkühlung der Erde führen. Als ich Student war, gab T. C. Chamberlain dem Kohlendioxid vulkanischen Ursprungs die Schuld am Eiszeitalter ...»[1]

«Nein, Ken», unterbrach Barrett mich ungeduldig, «Sie sind nicht auf dem neuesten Stand. Computermodell-Studien haben das Gegenteil gezeigt: Die Wärme in Form von Infrarotstrahlung, die von der Erdoberfläche reflektiert wird, wird von den Treibhausgasen in der Atmosphäre, wie Kohlendioxid und Methan, absorbiert. Der ‹Treibhauseffekt› führt zu einer globalen Erwärmung, nicht zu einer Abkühlung.»[2]

Ich versuchte also, mein Wissen über Klimatologie auf den neuesten Stand zu bringen und informierte mich. Barrett hatte Recht: Die ganz überwiegende Mehrheit der Computeruntersuchungen sagte voraus, dass der Treibhauseffekt zu einer globalen Erwärmung führen wird. Nur einige wenige Forscher waren weiterhin anderer Meinung.

Ich hatte meine eigenen Gründe, mich genauer mit der Theorie des Treibhauseffektes und der globalen Erwärmung zu beschäftigen: Ich suchte nach einer Ursache für das plötzliche Aussterben der Dinosaurier Ende des Mesozoikums vor 65 Millionen Jahren. Als ich erstmals 1980 einen Kometeneinschlag als ultimative Ursache für das Massenaussterben vorschlug, fand ich Belege für einen globalen Temperaturanstieg. Ich nahm ziemlich naiv an, dass dieser Anstieg von einer Umwandlung der Aufschlagenergie in thermische Energie hervorgerufen worden war und spekulierte halb im Scherz, dass die Dinosaurier, als sich die Atmosphäre durch den fallenden Kometen aufheizte, am Herzschlag starben. Eine gründlichere Untersuchung zeigte jedoch, dass es zur Zeit des Dinosaurier-Sterbens nicht nur zu einer globalen Erwärmung, sondern auch zu einer globalen Abkühlung kam. Die Befunde sprachen nicht für einen plötzlichen Einbruch von Heißluft, sondern für eine Fluktuation zwischen höheren und niedrigeren Temperaturen über mehrere Jahrtausende hinweg.

Im Jahre 1984 veröffentlichte ich einen Artikel mit dem Titel *Strangelove Ocean at the End of the Cretaceous* (Der Strangelove-Ocean am Ende der Kreidezeit).[3] Ich fand Hinweise darauf, dass die Umweltveränderungen nach einem Kometenaufprall die Vermehrung vieler Planktonarten einschränkten. Der Ozean beherbergte kaum noch Leben, und ich nannte ihn spielerisch nach Dr. Strangelove, der Filmfigur, die alles Leben auf Erden vernichten wollte, einen Strangelove-Ozean. Die Photosyntheseaktivitäten der Meersorganismen in einem Strangelove-Ozean waren stark reduziert, und die Folge war ein Ansteigen des atmosphärischen Kohlendioxidgehalts. Dieser Anstieg sollte zu einer globalen Erwärmung geführt haben. Es gab jedoch einen negativen Rückkopplungsmechanismus. Die Nährstoffe im Meerwasser, die in einem Strangelove-Ozean nicht genutzt werden, um Plankton zu produzieren, reicherten sich an. Schließlich kam es zu Blüten der stressresistenteren Planktonorganismen, und ihre Photosynthese erschöpfte den atmosphärischen Kohlendioxidvorrat. Diese Erschöpfung führte ihrerseits zu einer globalen Abkühlung. Nach Untersuchung vieler Proben des Sediments, das sich nach dem Kometenaufprall abgelagert hatte, kamen wir zu dem Schluss, dass die Klimaveränderungen im Verlauf einer globalen Krise, die durch den Einschlag ausgelöst worden war, durch die positiven und negativen Treibhauseffekte in der Erdatmosphäre reguliert wurden.

Peter Barrett hatte Recht; es schien mir, als führe die industrielle Produktion von Kohlendioxid tatsächlich zu einer globalen Erwärmung.

II. Kernkraftwerke und Klimaveränderung

Als ich ein junger Mann und ein Fremder in den USA war, gab es noch keinen *Equal Opportunity Act*. Ich war ein Jahr lang arbeitslos, bevor ich von einer Ölgesellschaft angeheuert wurde. Die Industrie macht Profit, wenn fossile Brennstoffe verbrannt werden, um Energie zu erzeugen, aber das ist eine verschwenderische Angelegenheit! King Hubbert, ein hochrangiger Wissenschaftler der Gesellschaft, machte sich Sorgen darüber, dass wir in ein paar Jahrhunderten all das Erdöl verbrennen, das sich im Verlauf von mehreren Millionen Jahren angesammelt hatte. Er hielt im ganzen Land Vorträge, um die Unmoral anzuprangern, die darin liegt, fossile Brennstoffe zu verpulvern. Dazu kommen die Verschmutzung und der Treibhauseffekt. Hubbert verlangte einen sauberen Brennstoff – die Kernenergie. Ich sympathisierte mit seinem Standpunkt.

Ich bin politisch nicht aktiv und hatte immer den Eindruck, die Opposition gegen die Kernindustrie werde von linken «Friedensfreaks» organisiert, die gegen Atomkriege opponierten. Als meine Frau Christine begann, einen Button mit der Aufschrift «Atomenergie, nein danke!» zu tragen, tat ich ihre Überzeugung als «weibliche Beeindruckbarkeit» ab. Ich sollte meine Meinung aufgrund meines persönlichen Kontakts mit Vertretern der Kernindustrie bald ändern.

Der erste Vorfall ereignete sich, als ich einem Expertenforum der Vereinten Nationen zu Radioaktivität und Entsorgung von radioaktivem Abfall angehörte. Irgendwann Mitte der 80er Jahre erhielt ich einen Brief von Jim Baker, dem Generalsekretär des *International Council of Scientific Unions* (ICSU), in dem er mir mitteilte, dass eine UNO-Organisation eine Resolution verabschiedet hatte, das Versenken von radioaktivem Abfall im Meer auszusetzen. Wenn jedoch ein Expertengremium von Wissenschaftlern einmütig die Aufhebung des Moratoriums befürworten würde, könnte sich die Mehrheit der UNO-Organisation dafür entscheiden, die Abfallversenkung wiederaufzunehmen. Die Londoner Konvention zur Abfallversenkung (London Dumping Convention) der International Maritime Agency der UNO sollte daher einen solchen Ausschuss organisieren. Die Internationale Atomenergiebehörde (International Atomic Energy Agency, IAEA) wurde von den Vereinten Nationen aufgefordert, 16 Fachleute zu nominieren, die ICSU acht. Baker bat mich als den Vorsitzenden der *International Marine Geology Commission*, an dem Ausschuss teilzunehmen, und ich konnte ihm weitere Namen nennen, insbesondere Wissenschaftler aus Entwicklungsländern.

Der 24-köpfige Ausschuss wurde konstituiert und wir trafen uns erstmals 1986 in Wien. Der erste Punkt auf unserer Tagesordnung war es, die Gesundheitsrisiken von radioaktiver Strahlung zu beurteilen. Es gab drei Denkschulen:

1. Radioaktive Strahlung ist harmlos, wenn die Strahlungsdosis unterhalb eines Schwellenwertes liegt.
2. Zwischen Gesundheitsschäden und Strahlungsdosis besteht ein linearer Zusammenhang.
3. Zwischen Gesundheitsschäden und Strahlungsdosis besteht ein exponentieller Zusammenhang.

Die bisherigen Befunde ließen nach Aussage der Experten auf eine lineare Korrelation schließen. Wir erfuhren, dass radioaktive Strahlung schädlich ist, gleichgültig, wie gering die Dosis ist. Jede noch so kleine Zunahme der Strahlungsdosis aufgrund der Entsorgung von radioaktivem Müll im Meer wird dazu führen, dass irgendwo irgendwer an Krebs stirbt. Die Zahl der Todesfälle ist klein oder sogar sehr klein im Vergleich zu den Krebstoten, die auf natürliche Radioaktivität zurückgehen, aber das Risiko ist da und unausweichlich: Irgendjemand irgendwo wird sterben, weil radioaktiver Abfall in Meer abgeladen wird.

Anschließend diskutierten wir die Frage, ob die Radioaktivität, die in auf dem Tiefseeboden abgeladen worden ist, in die Biosphäre zurückkehren könne. Zu meiner Überraschung herrschte darüber unter den Experten Uneinigkeit. Die Mathematiker lehnten die Möglichkeit ab, dass versenkter Abfall wieder an die Oberfläche kommen könne – abgesehen vielleicht durch die Aktivität tieftauchender Wale. Den Ozeanographen sind jedoch tiefmeerische Zirkulationsströmungen wohl bekannt. Es gibt auch «Tiefseestürme», wenn ungewöhnliche Wetterbedingungen den gewöhnlich ruhigen Boden aufwühlen und tiefes Wasser zurück in Flachwasserzonen bringen.

Nach zwei Tagen Informationsaustausch unter Experten kamen wir zur entscheidenden Frage, die von der London Dumping Convention gestellt wurde: «Angesichts dessen, was Sie gehört haben, ist es moralisch zu verantworten, weiterhin radioaktiven Abfall in den Meeren zu versenken?»

Es ist unmoralisch!

Man hatte uns gesagt, es gebe keine Schwellenstrahlung. Jedes Versenken von Abfall erhöht die Strahlungsdosis; diese Dosis wird wieder in die Biosphäre gelangen und dazu führen, dass irgendjemand irgendwo an Krebs stirbt. Wenn man Abfall ins Meer schüttet und den Tod anderer Menschen in Kauf nimmt, dann ist das Tötung, ein Akt des Todschlags, wenn nicht gar ein Mord zweiten Grades. Töten ist unmoralisch.

Meine Meinung ging bald unter, und die Dominanz der IAEA-Experten wurde offenkundig. Die ICSU-Wissenschaftler waren Akademiker. Sie waren Spezialisten in ihrer eigenen Disziplin, aber sie betrachteten sich nicht als Experten. Die IAEA-Experten waren hingegen «Insider». Sie besaßen Expertisen, weil sie für die Kernindustrie oder für Regierungsbehörden arbeiteten, die die Kernindustrie überwachten. Sie alle kannten einander gut, und sie konnten nun eine gemeinsame Front präsentieren. Einer nach dem anderen der 16 IAEA-Leute verneinte die moralische Unverantwortlichkeit des «Dumpings». Sie argumentierten: «Die Anzahl der Krebstoten aufgrund des ‹Dumping› von radioaktivem Müll ist viel geringer als diejenige, die von der natürlichen Strahlung verursacht wird.» Energie ist in der modernen Gesellschaft unverzichtbar, und sie behaupteten, es gebe keine Alternative zur Kernenergie. Derjenige, der aufgrund des «Dumping» an Krebs sterbe, sterbe nicht umsonst; er habe ein Opfer für das Gemeinwohl gebracht.

«Das Risiko, eine radioaktive Dosis abzubekommen, die auf das ‹Dumping› zurückgeht, ist viel geringer als das Risiko des Luftverkehrs. Dieses minimale Risiko ist gerechtfertigt.»

«Es gibt diesen Abfall nun einmal, und wir müssen etwas tun. Es ist vielleicht nicht unmoralischer, den Abfall im tiefen Meer zu entsorgen als ihn an Land zu lagern?»

Ich kannte diese Argumente sehr gut. Ich hatte Zeitungen gelesen und ferngesehen

Die IAEA-Experten polemisierten ununterbrochen weiter. Die ICSU-Wissenschaftler, insbesondere diejenigen aus Entwicklungsländern, zogen die Köpfe ein und beugten sich denen, die es vermeintlich besser wussten. Nach drei Stunden verkündete der Vorsitzende, dass der Ausschuss einen Konsens erreicht habe, demzufolge es nicht unmoralisch ist, radioaktiven Abfall im Meer zu versenken.

An dieser kritischen Stelle sprang ich auf: «Konsens heißt, dass alle Beteiligten einer Meinung sind. Es gibt keinen Konsens, weil ich nicht zustimme. Töten ist unmoralisch, ganz zu schweigen von der Tatsache, dass derjenige, der getötet wird, keineswegs die Absicht hat, das Opferlamm für die Profiteure zu spielen, die ihn töten.»

Nun war der Vorsitzende wie vor den Kopf geschlagen, er brauchte ein einstimmiges Ergebnis. Die IAEA-Experten waren wütend wegen «der einzigen Gegenstimme in der Jury». Sie begannen laut zu schreien: «Jedermann muss ein Risiko in Kauf nehmen, besonders dann, wenn das Risiko unendlich klein ist. Fliegen Sie denn nicht mit dem Flugzeug?»

«Sie bekommen mehr Strahlung ab, wenn Sie auf Ihrem Hintern in diesem Stuhl da sitzen, als Sie jemals durch das ‹Dumping› abbekommen werden.»

«Ihr Schweizer seid die Schlimmsten. Eure Kernkraftwerke produzieren Elektrizität für die Österreicher, und ihr schüttet euren Abfall in den Atlantik.»

Ich antwortete, dass es nicht um die Frage des Risikos gehe, auch nicht um die Frage von mehr oder weniger Strahlung: Das Thema, was zu Debatte stand, war die Frage nach der Moral. Ich gab zu, dass «wir Schweizer die Schlimmsten sind», aber ich repräsentierte die Gemeinschaft der marinen Geologen, nicht die Schweizer Regierung.

Die Debatte ging weiter, aber ich wich vor dem Angriff von allen Seiten nicht zurück. Der Vorsitzende musste schließlich die Tatsache akzeptieren, dass es keinen Konsens geben würde. Der Bericht musste feststellen, dass diese Frage nicht beantwortet werden kann: «Wir sind Wissenschaftler und daher nicht qualifiziert, ein moralisches Urteil abzugeben.»

Ich war anderer Meinung. Wir alle können ein moralisches Urteil abgeben. Ich stellte mich aber nicht weiter quer und akzeptierte widerwillig den Kompromiss.

Die Angelegenheit war damit aber noch nicht zu Ende. Ein Jahr später trafen wir uns in London wieder, um den Bericht zu einem Abschluss zu bringen. Es war eine tagelange harte Arbeit, aber im Wesentlichen Routineangelegenheit, die Punkte auf die I's zu setzen. Am letzten Tag gesellten sich Regierungsvertreter, die als Beobachter teilnahmen, zu den Experten. Um 3 Uhr 30 an diesem Freitagnachmittag waren wir gerade dabei, vor der Vertagung eine letzte Teepause zu machen, als der Vorsitzende verkündete, die Repräsentanten von drei Regierungen hätten geringfügige Änderungen an unseren Bericht vorgeschlagen. Diese «geringfügigen Änderungen» nahmen einzeilig getippt fünf Seiten ein, und man erwartete von uns, sie während unserer Teepause zu studieren.

Die Regierungsvertreter waren Beobachter. Sie hatten kein Recht, unseren Bericht zu verändern, und sicherlich nicht zu einer so späten Stunde. Die meisten der vorgeschlagenen Veränderungen erschienen in der Tat geringfügig, doch auf Seite drei bemerkte ich einen Vorschlag, den Text unseres Berichts von

Die Mitglieder des Ausschusses sind Wissenschaftler und fühlen sich nicht qualifiziert, ein moralisches Urteil auf die Frage abzugeben, ob es moralisch unverantwortlich ist, mit dem «Dumping» fortzufahren.

in

Das «Dumping» von radioaktiven Abfällen ins Meer ist moralisch nicht unverantwortlicher als das Lagern solcher Abfälle an Land.

zu ändern. Das war keine Umformulierung der einstimmigen Meinung des Ausschusses, das war ein «schmutziger Trick».

Als wir wieder zusammentraten, forderte der Vorsitzende uns auf, die Änderungen per Zuruf anzunehmen. Ich protestierte: «Ich kann der Änderung nicht zustimmen. Wir haben lange über die Frage diskutiert, ob das ‹Dumping› moralisch verantwortlich ist. Wir konnten nur zu dem Kompromiss kommen, dass wir nicht qualifiziert sind, ein moralisches Urteil abzugeben. Wir haben niemals über die Frage diskutiert, ob die Entsorgung radioaktiven Mülls auf dem Meeresboden moralisch mehr oder weniger unverantwortlich ist, als solchen Müll an Land zu lagern.»

Man kann sich vorstellen, was während der nächsten zwei Stunden gesagt wurde. Alte Argumente, die bereits in Wien diskutiert worden waren, wurden wiederholt, doch Ken Hsü wankte nicht. Um 5 Uhr flehte der Vorsitzende, wir sollten doch vor 5 Uhr 30 zu einer Einigung kommen, weil bei einer UNO-Konferenz keine rechtsgültigen Entscheidungen getroffen werden können, nachdem die offiziellen Dolmetscher gegangen sind. Wieder wurden polemische Bemerkungen ausgetauscht, und noch immer wankte Ken Hsü nicht.

Es gab keine einstimmige Erklärung vom Expertengremium. Keiner der Regierungsvertreter konnte auf der London Dumping Convention argumentieren, indem er den Bericht des Expertengremiums zitierte, dass «Dumping» moralisch nicht unverantwortlich oder «moralisch nicht unverantwortlicher als die Lagerung an Land» sei.

290

Die London Dumping Convention votierte schließlich mit 26 zu 6 gegen die Aufhebung des Moratoriums.

Das «Dumping» ist noch immer ausgesetzt. Ich habe dabei nur eine kleine Rolle gespielt, weil ich meinen Standpunkt verteidigt habe, aber ich war stolz, Briefe von drei Regierungsvertretern, einschließlich eines vom Chefdelegierten der Vereinigten Staaten, zu erhalten. Sie lobten meinen Mut, sich allein den Attacken der IEAE-Phalanx entgegenzustellen. Ich machte bei dieser Angelegenheit eine Erfahrung: Die Kernindustrie kennt keine Skrupel, wenn ihr Profit auf dem Spiel steht.

Etwa zur selben Zeit, als ich durch die Welt jettete, entdeckte ich die fraktale Geometrie der Zeit.

Als ich den Zusammenstoß eines Halley-großen Kometen mit der Erde als Auslöser für ein Massenaussterben vorschlug, behaupteten viele, ich postuliere das Unmögliche. Stimmt das?

Seltene Ereignisse zeichnen sich nicht durch ihre Art, sondern durch ihre Größe aus. Stürme, Überflutungen und Erdbeben sind nicht selten, doch der Sturm des Jahrzehnts, die Jahrhundertflut oder das Jahrtausend-Erdbeben sind in der Tat seltene Ereignisse. Wenn man sich die Statistiken ansieht, erkennt man überall dasselbe Muster. Kleine Meteoriten sind sehr häufig: Wir sehen im Sommer jede Nacht Meteoriten am Himmel. Große Meteoriten sind selten: Ein Bolid von der Größe, der den Meteoritenkrater in Arizona hervorrief, fällt nur alle ein- bis zweitausend Jahre. Sehr große Boliden, wie derjenige, der zum Aussterben der Dinosaurier führte, stürzen nur etwa alle 500 Millionen Jahre auf die Erde. Es besteht eine inverse Korrelation zwischen der Häufigkeit und der Mächtigkeit des Ereignisses. Als ich 1982 eine Ansprache anlässlich meines Abschieds als Präsident der International Association of Sedimentologists hielt, zitierte ich wissenschaftliche Fakten, um die konventionelle Weisheit zu untermauern: Alles, was passieren kann, wird auch irgendwann im Laufe der Zeit passieren.

Ich war eitel genug anzunehmen, ich hätte «Hsüs Gesetz» entdeckt, doch mein Kollege wies mich darauf hin, dass diese Beziehung von Benoit Mandelbrot mit seiner Definition der fraktalen Geometrie vorhergesagt worden war.[4] Einem großen Unfall sollten viele sehr kleine und kleine Unfälle vorausgehen. Ich rief einen Verwandten bei einer großen Versicherungsgesellschaft an und fragte nach. Meine Schlussfolgerungen waren richtig.

Der letzte Vorfall, der mich gegen die Kernenergie einnahm, ereignete sich 1986 in Tschernobyl. Meine Besorgnis war nicht grundlos. «Hsüs Gesetze» oder vielmehr «Murphys Gesetz» war bestätigt worden: Alles, was passieren kann, wird passieren.

Mein Buch über das Aussterben der Dinosaurier wurde zu einem viel gelesenen populären Sachbuch. Ich hatte augenzwinkernd spekuliert, ob die Dinosaurier nach einer Treibhauskatastrophe mit globaler Erwärmung nicht an Herzversagen gestorben wären. Von einigen wurde mein Scherz ernst genommen. Zu meiner Überraschung lud mich eine renommierte Organisation zu einem Vortrag ein. Ich wurde gebeten, vor einer Gruppe von High-Society-Leuten – Parlamentarier, Banker und Industriemagnaten – zu sprechen. Diese enthusiastischen Befürworter der Kernenergie sind bisher noch nie durch ihre besondere Sorge um unsere Umwelt aufgefallen, doch nun machten sie sich nachdrücklich gegen das Verfeuern von fossilen Brennstoffen stark.

Ich hatte an das Szenario einer Treibhauskatastrophe geglaubt, wie sie mein Freund Peter Barrett darstellte. Als ich ein Delegierter war, um die International Union of Geological Sciences auf der Plenarsitzung des Global Change Program des International Council of Scientific Unions zu repräsentieren, unterstützte ich den Vorschlag einer Reihe von Sozialwissenschaftler, die forderten, eine 25 Prozentige Energiesteuer auf die Nutzung CO_2-produzierender Brennstoffe zu erheben. Ich begann erst stutzig zu werden, als ich bemerkte, dass die Kernindustrie in dieselbe Kerbe hieb und für ein derartiges Gesetz Lobbyarbeit betrieb. Steckte hinter diesem taktischen Zug ein Hintergedanke?

So war es tatsächlich. Die ökonomische Profitabilität von Kernkraftwerken ist heute gering bis sehr gering. Die Vereinigten Staaten bauen seit Jahrzehnten keine neuen Anlagen mehr, und einige weniger wirtschaftliche Werke sind bereits geschlossen worden. Ein führender Vertreter der deutschen Kernindustrie hat ebenfalls verlangt, wegen fraglicher Profitabilität keine neuen Kernkraftwerke mehr zu bauen. Wenn die Kosten für fossilen Brennstoff wegen einer 25-prozentigen Steuerbelastung stiegen, würde das nicht die wirtschaftliche Situation der Energieindustrie verändern? Ich begann, mir Fragen zu stellen.

Als ich bemerkte, dass ich dabei war, Öffentlichkeitsarbeit für die Kernindustrie zu betreiben, entschied ich mich, nicht zu kooperieren. Statt Vorträge über die Treibhauskatastrophe und das Aussterben der Dinosaurier wählte ich das Thema «Die Unausweichlichkeit des Unwahrscheinlichen»: Die Auslöschung der Dinosaurier korrespondierte mit dem Aufprall eines sehr großen Boliden, selbst wenn die Wahrscheinlichkeit für eine derartige Kollision sehr, sehr klein ist. Doch der Bolid kam, und die Dinosaurier verschwanden von der Erde. Die Lehre, die ich daraus zog, war nicht in erster Linie die Erkenntnis, dass eine Treibhauskatastrophe die Dinosaurier auslöschte, vielmehr betraf sie die fraktale Geometrie der Zeit. Die Wahrscheinlichkeit für eine Kernkraftwerk-Katastrophe ist in der Tat sehr, sehr klein. Aber wir müssen uns daran erinnern: Alles, was passieren kann, wird irgendwann im Laufe der Zeit passieren. Tschernobyl war nur eine Warnung. Falls und wenn der Superphönix westlich von Genf hochgehen sollte, wäre dies das Ende der Schweiz als Ort, an dem Menschen leben können. Wir sitzen auf einem Fass Dynamit.

Der Vortrag gewann mir keine Freunde bei der Nuklearindustrie, und ich wurde nicht nochmals eingeladen, um mit der «Crème de la Crème» zu plaudern.

III. Horrorszenarios

Fast täglich lesen wir in der Zeitung über Aktivitäten von Greenpeace. Sie demonstrierten gegen Kernenergie. Sie setzten sich auf Eisenbahnschienen, um den Transport von radioaktivem Müll aus den Kernkraftanlagen zu verhindern. Sie segelten in das Zielgebiet der französischen Nukleartests im Südpazifik. Sie sind jedoch die besten Alliierten der Kernindustrie, wenn es darum geht, das Horrorszenario der so genannten Treibhauskatastrophe zu propagieren. Edwin Goldsmith, der Herausgeber von *The Ecologist* hat prophezeit, das Verfeuern von fossilen Brennstoffen werde jeden und alles auf diesem Planeten töten. Eines Tages erhielt ich von Daniel Gish die Mitschrift eines Vortrags von Goldsmith aus dem Jahre 1990, der den Titel «Die Zukunft des Menschen auf dem Planeten Erde» trug: darin entwickelte Goldsmith ein Horrorszenario:[5] «Die Meere absorbieren vielleicht weiterhin Kohlendioxid, vielleicht auch nicht. Sie könnten plötzlich gesättigt sein und beginnen, es freizusetzen. In diesem Fall käme es zu einem massiven Klimaumschwung (…). Wenn man alles Plankton im Meer abtötet (…) oder wenn es auch nur zu heiß für das Plankton wird – Planktonorganismen mögen es gern kühl –, dann wird das Meer nicht mehr in der Lage sein, weiteres Kohlendioxid zu absorbieren. Und was geschieht dann? Puff! Es wird noch wärmer werden. Mehr Plankton stirbt ab. Noch wärmer. Noch mehr Plankton stirbt ab. Noch wärmer. Und wir haben eine Kettenreaktion (…). Wir können das Klima viel schneller ändern, als wir glauben. So machen wir den Planeten unbewohnbar. Jetzt sprechen wir über Jahrzehnte. So sehen wir uns tatsächlich der möglichen – und ich würde sogar sagen wahrscheinlichen – Auslöschung unserer Art innerhalb der nächsten paar Jahrzehnte gegenüber, wenn nicht etwas sehr Drastisches geschieht.

Wir sehen unserer Auslöschung ins Gesicht – das ist die größte Herausforderung, vor der wir jemals gestanden haben (…). Solange wir das nicht realisieren, gibt es für uns nicht viel Hoffnung.»

Da ich die geologischen Daten des Strangelove-Ozeans studiert habe, hätte ich Goldsmith sagen können, dass er Unsinn redet. Wenn man alle Planktonorganismen im Meer abtötet, wird sich der Ozean zwar um maximal 5° C erwärmen, doch es würden sogleich negative Rückkopplungsmechanismen einsetzen und beginnen, den Trend umzukehren. Es gibt keine Kettenreaktion, und die Ozeane werden nicht anfangen zu kochen. Die Natur hat dieses Experiment bereits vor 65 Millionen Jahren durchgeführt.

Was haben Wissenschaftler über die Treibhauskatastrophe gesagt?

IV. Eine Treibhauskatastrophe?

Eugene Seibold und ich lernten einander bei einem Programm zur Entnahme von Tiefseebohrkernen kennen. Er wurde später, als er zum Präsidenten der International Union of Geological Science (IUGS), der Deutschen Forschungsgemeinschaft (DFG) und der European Science Foundation (ESF) gewählt wurde, ein führender Wissenschaftspolitiker. Ich war zu dieser Zeit sein loyaler «Handlanger» und agierte als Vorsitzender der CMG in seiner IUGS. Ich war sein persönlicher Abgesandter, um in Peking und Taipeh über die Wiederaufnahmen Taiwans in die IUSG zu verhandeln. Ich war der Mann seiner Wahl, als es darum ging, einer Arbeitsgruppe vorzusitzen, um die IUGS beim Global Change Programm des International Council of Scientific Unions (ICSU) zu repräsentieren. Ich sollte auch mehrere Dahlem-Konferenzen organisieren, die von der DFG finanziell gefördert wurden. Ich war daher nicht überrascht, als ich von Seibold, kurz nachdem er zur ESF gewechselt war, einen Anruf erhielt.

«Ken, wir wollen eine neue Reihe wissenschaftlicher Konferenzen starten. Wir wollen einige aktuelle Themen auswählen, die gesellschaftlich relevant sind. Das Teilnehmerspektrum wird international und multi-disziplinär sein. Wir wollen ein neues Format entwickeln und dabei unsere Erfahrungen aus den Gordon- und den Dahlem-Konferenzen nutzen. Ich habe Physiker und Chemiker für die ESF-Konferenzen gefunden, nun würde ich dich gerne bitten, die Konferenz zum Thema Geowissenschaften zu organisieren.»

«Kein Problem, Gene. Wann soll das sein?»

«In etwa einem Jahr.»

«Wie viel Geld haben wir?»

«Mach einen Budgetplan. Wir werden eingeladenen Sprechern ein Honorar zahlen.»

«Worüber sollen sie sprechen?»

«Natürlich über globale Veränderung. Du hast uns gerade in Stockholm vertreten. Du kennst das Untergangsszenario einer Treibhauskatastrophe. Du weißt, dass unsere Kollegen aus den Sozialwissenschaften eine 25-prozentige Steuer auf fossile Brennstoffe fordern. Wir brauchen Fakten!»

«In Ordnung. Ich kann da etwas arrangieren.»

«Du hast den Ball. Nimm ihn und lauf!»

Also war ich wieder einmal Seibolds «Handlanger». Der große Tag kam im Dezember 1992, und mit ihm kamen Radio- und Fernsehreporter zur Eröffnung der Konferenz im Schweizer Davos. Ich hatte von der Arbeit des *International Panel on Climatic Change* (IPCC; Internationales Forum über Klimaveränderung) gehört und einen führenden Wissenschaftler der Organisation als programmatischen Redner eingeladen. Er kam und sagte recht wenig Programmatisches. Er erklärte uns, ihre Arbeit bestünde eher aus der Quantifizierung als aus der Verifizierung von Annahmen. Ihre Schlussfolgerungen waren durch ihre Software vorprogrammiert. Wenn sie annehmen, dass eine globale Erwärmung vom Treibhauseffekt induziert wird, können ihre Resultate diese Annahme nicht falsifizieren. Ihre Computerausdrucke sagen ihnen lediglich, wie hoch die Erwärmung ist, die von einem bestimmten Anstieg der Treibhausgase in der Atmosphäre produziert werden könnte.

Unser programmatischer Redner beklagte die Tatsache, dass einige Mathematikerkollegen von der Automobilindustrie bezahlt würden. Sie arbeiteten mit Software-Programmen, die annehmen, dass der Treibhauseffekt zu einer globalen Abkühlung führt, und ihre Computer liefern ihnen die gewünschten Ergebnisse.

Nach einer vollen Stunde warf der IPCC-Wissenschaftler die offiziellen Ergebnisse auf zwei Schirme. Auf dem rechten Schirm war eine Kurve abgebildet, der den vorhergesagten Trend der globalen Erwärmung als Funktion des atmosphärischen CO_2-Gehalts zeigte, die Basis für das Szenario der«Treibhauskatastrophe». Die Korrelation war vorhersagbar, weil Erwärmung die Grundannahme gewesen war. Auf dem linken Schirm war ein Graph zu sehen, der die aktuellen Temperaturveränderungen im Verlauf der Jahre bei einem steigenden CO_2-Gehalt in der Atmosphäre zeigte. Der Mangel an Korrelation zwischen der Vorhersage und den Beobachtungsdaten war überraschend: Deutlich waren zwei bis drei Perioden globaler Abkühlung auszumachen, während die CO_2-Konzentration in der Atmosphäre ständig anstieg.

«Warum? Warum gibt es einen derartigen Mangel an Korrelation?», wollte einer der Zuhörer wissen.

«Wir wissen es nicht. Vielleicht ein Verzögerungseffekt. Die Globaltemperaturen stiegen und fielen Jahrhunderte lang, bis irgendwann Mitte der 70er Jahre des 20. Jahrhunderts eine kritische Konzentration an atmosphärischem Kohlendioxid erreicht wird. Seitdem gibt es eine Korrelation.»

«Klingt das nicht zu sehr nach einer ad-hoc-Erklärung?»

«Vielleicht, aber wir haben keine Alternativen.»

Unser Hauptredner hatte wohl keine Zeit gehabt, die umfangreiche Literatur zu lesen, die die Sonnenaktivität mit dem Klima verknüpft; er kannte offenbar den kürzlich veröffentlichten Artikel von Friis-Christiansen und Larsen nicht.

Der Vortrag des IPCC-Wissenschaftlers war dennoch erhellend. Es gab einige Verwirrung. Zeitungen, Magazine und Fernseh- bzw. Radioberichte sprachen weiterhin von der «wissenschaftliche Tatsache», dass die gegenwärtige Erwärmung auf das Verfeuern fossiler Brennstoffe zurückgeht. Politiker in vielen Ländern haben diese «Tatsache» akzeptiert und entsprechend Energiesteuern beschlossen. Die wissenschaftliche Gemeinschaft ist jedoch vorsichtiger. Die Nationale Akademie der Wissenschaften der USA berief ein Symposium zum Thema Kohlendioxid und Klimaveränderung ein.[6] Dort herrschte keine Einigkeit.

Wigley vom Nationalen Zentrum für Atmosphärenforschung stellte folgende Frage und beantwortete sie auch gleich: «Warum hat sich die Erde erwärmt? Weil wir überzeugt sind, dass menschliche Aktivitäten die atmosphärische Zusammensetzung durch Treibhausgase und Aerosole wesentlich verändert haben, sind wir auch davon überzeugt, dass zumindest ein Teil der beobachteten Erwärmung Menschenwerk ist.»

Die erste Aussage ist richtig, doch aus ihr folgt nicht die zweite Aussage. Wigley war davon überzeugt, aber das war seine Ideologie. Er beging einen schweren Logikfehler, als er es unterließ, zwischen persönlicher Meinung und wissenschaftlicher Wahrheit zu unterscheiden. Menschliche Aktivitäten haben tatsächlich die atmosphärische Zusammensetzung der Treibhausgase in der Atmosphäre wesentlich verändert, aber die Aussage, die die globaler Erwärmung auf die menschliche Aktivität zurückführt, ist ein Glaubenssatz.

Charles Keeling war einer der Autoren des Symposiumbandes. Er ist berühmt geworden, weil seine wunderbaren Messungen auf der Insel Mauna Loa bewiesen hatten, dass menschliche Aktivitäten die atmosphärische Zusammensetzung hinsichtlich der Treibhausgase in der Atmosphäre wesentlich verändert haben. Er war jedoch keineswegs überzeugt, dass die beobachteten Erwärmung Menschenwerk ist. Zusammen mit Timothy Whorf schrieb Keeling, dass die globale Temperaturveränderung seiner Meinung nach ein natürliches Phänomen ist, nicht eine Katastrophe, die durch das Verbrennen von fossilen Brennstoffen induziert wird.

Die Teilnehmer des NAS-Symposiums baten einen Experten, Richard Lindzen vom

MIT, sich zum Problem, ob ein Anstieg des Kohlendioxids zu Klimaveränderungen führen kann, zu äußern.

Seine Schlussfolgerung lautete: «Die gegenwärtigen allgemeinen Klimamodelle sind unzureichend, um überzeugend zu entscheiden, ob die kleinen Veränderungen im oberen Bereich des atmosphärischen Flusses, die mit einer CO_2-Zunahme verbunden sind, eine signifikante Klimaveränderung hervorrufen können.»

Jeder Wissenschaftler, der sich nicht von den Halbwahrheiten in der Presse blenden lässt, wird Lindzen zustimmen. Die «Treibhauskatastrophe» ist ein Medientrick, der von gewissen Interessengruppen propagiert wird.

Die «Treibhauskatastrophe» ist die Annahme von Mathematikern, die Ideologie von Aktivisten und die politische Waffe der Kernindustrie gegen die Industrie, die fossile Brennstoffe verarbeitet.

V. Klima, Ökonomie und Politik

Die Temperaturen auf der Erde sind im Verlauf der letzten Jahrtausende gestiegen und gefallen, während der atmosphärische Treibhauseffekt konstant blieb. Dabei haben, wie im letzten Kapitel ausgeführt, solare Aktivitäten eine entscheidende Rolle gespielt. Das Leben, insbesondere das Leben der Bauern, war in kälteren Zeiten, wenn weniger Sonnenstrahlen die Erde erreichten, schwieriger. Kleine Eiszeiten verwandelten gerade noch produktive Randzonen in Ödland. Der Massenexodus der Nordeuropäer mit einer Zyklizität von 1 200/1 300 Jahren ist zu regelmäßig, um als Eigenheiten der Barbaren abgetan zu werden. Noch schlimmer als die Kälte war die Dürre. Als es kälter wurde, verwandelte sich die chinesische Zentralebene in eine riesige «Dust bowl».

Eine globale Erwärmung zu Zeiten, als mehr Sonnenenergie die Erde erreichte, hätte ein Segen sein sollen. Tatsächlich wurde die Welt dann von Eroberungskriegen verheert. Die beiden Weltkriege fanden statt, als die Welt aus einer Kleinen Eiszeit heraustrat. Und die Menschheit frönte nun, während die Erde im Sonnenlicht badete, dem Gleichgewicht des Schreckens. Die Wurzel allen Übels ist nicht Mangel, sondern Habgier.

In derselben 1990er Rede, in der er ein Weltuntergangsszenario ausmalte, rief Edwin Goldsmith, der Herausgeber des *Ecologist*, zur Gemeinschaft im Gegensatz zu Gesellschaft auf: «Es gab Gemeinschaften, die auf das Erreichen von vielerlei ganz unterschiedlichen Zielen – nicht nur ökonomischen Zielen – ausgerichtet waren: von religiösen, spirituellen Zielen, von sozialen, kommunalen Zielen; sie waren an Ästhetik interessiert. Die Ökonomie war unter Kontrolle. In der traditionellen Welt waren wirtschaftliche Aktivitäten in ein soziales Beziehungsgeflecht eingebettet – die Leute verkauften keine Dinge – sie verteilten keine Nahrung oder Gebrauchsgegenstände, um die Rückgabe an irgendwelchen Produktionsfaktoren zu maximieren, sie verteilten Nahrung und Gebrauchsgegenstände, um verwandtschaftliche Verpflichtungen zu befriedigen (...). Daher waren die wirtschaftlichen Aktivitäten unter Kontrolle, sie waren anderen, viel wichtigeren Zielen untergeordnet.

Das ist heute nicht mehr der Fall!

Was ist geschehen?

Die Gemeinschaft existiert nicht mehr. Die Familie existiert nicht mehr. Die Kultur existiert nicht mehr. Wir haben eine völlig atomisierte Gesellschaft geschaffen, eine auseinander gefallene Gesellschaft. Der einzige Zweck dieser Organisation besteht darin, Geld zu machen und in Bewegung zu bleiben: Es spielt keine Rolle, wenn das ganze Land vergiftet wird. Es spielt keine Rolle, wenn alles zerstört wird, wenn sich das Klima verändert. Das ist nicht ihre Angelegenheit! Man verlangt nicht von den Menschen, sich über Moral oder Klima oder Ökologie den Kopf zu zerbrechen. Sie müssen wettbewerbsorientiert denken. Das ist die Gesellschaft, in der wir leben. Nicht, dass wir besonders schlecht wären – es ist, was uns zu tun aufgetragen wird, und das ist die Art und Weise, wie wir es zu tun haben. Und wenn du es nicht tust, dann wirst du aus dem Geschäft gedrängt. Und besonders heutzutage, wo die Lage schwierig ist. So sind wir. Das heißt, wir haben eine Situation geschaffen, in der all unsere Imperative kurzfristigen ökonomischen Zielen untergeordnet worden sind. Und man erzählt uns, das sei normal. Jedermann erzählt uns, das sei wünschenswert.

Was wir brauchen, wenn wir überleben wollen, ist jedoch das genaue Gegenteil. Wir müssen unsere ökonomischen Aktivitäten wieder gnadenlos und skrupellos sozialen, ökologischen, klimatischen und, möchte ich hinzufügen, moralischen Imperativen unterordnen. Dazu gibt es keine Alternative.

Wir müssen erkennen, dass wir nicht ohne stabiles Klima, ohne eine Ozonschicht, die uns gegen schädliche ultraviolette Strahlung schützt, ohne Wälder, Flüsse, Bäche, Grundwasser und fruchtbaren Boden leben können. Das sind die wahren Ressourcen. Wir müssen sie erhalten. Wir müssen unsere ökonomischen Aktivitäten auf ein viel geringeres Maß zurückschrauben. Und unsere Gesellschaft muss einen viel kleineren Markt befriedigen.»

Ich habe Goldsmith wörtlich zitiert, weil ich ihm aus ganzem Herzen zustimme. Das könnte ich gesagt haben, nur bin ich nicht so eloquent. Statt einer Profitmaximierung durch Globalisierung erkannte Goldsmith nur allzu klar, dass wir unsere ökonomischen

Interessen sozialen, ökologischen, klimatischen und moralischen Imperativen unterordnen müssen. Die Habgier unserer Industriegesellschaft ist dabei, den Planeten unbewohnbar zu machen.

Etwa um dieselbe Zeit nahm ich an einer Dahlem-Konferenz über Biologie und Gesellschaft teil. Die eine Hälfte der Delegierten bestand aus Naturwissenschaftlern, die andere aus Soziologen, Ökonomen und Politikern. Die Sozialwissenschaftler setzten wie der Papst der Katholischen Kirche unrealistisches Vertrauen in die Fähigkeiten der Biotechnologie. Oder sie sahen das Problem als Verteilungsproblem. Ihr Rezept bestand darin, die armen Länder ökonomisch so weit zu entwickeln, dass sie in die Lage versetzt werden, Nahrung von den reichen Ländern zu kaufen, deren Wissenschaftler Wunder wirken und einen grenzenlosen Nahrungsnachschub sicherstellen können. Die Naturwissenschaftler waren die Pessimisten auf der Konferenz; sie plädierten für eine Bevölkerungskontrolle, um den Nahrungsbedarf zu senken.

George Gedda von der *Associated Press* berichtete kürzlich, dass «beinahe eine Milliarde Menschen infolge des Bevölkerungswachstums und abnehmender Nahrungsreserven jeden Abend hungrig oder stark unterernährt zu Bett gehen», wobei er Timothy Wirth, den Unterstaatssekretär des *U.S-State Department's Global Affairs Office* zitierte: «Es ist absolut notwendig, dass die Nationen dabei kooperieren, einen weiteren landwirtschaftlichen Durchbruch vergleichbar demjenigen der 30er Jahre zu erzielen, der zu einem drastischen Anstieg der Reisernten führte und dabei half, Asiens wachsende Bevölkerung zu ernähren.»

Wirth hatte Recht, als er darauf hinwies, dass Hunger das Problem Nummer 1 der Welt von heute und von morgen ist. Ökologen werden ihm jedoch widersprechen, wenn er behauptet, dass wir eine weitere «grüne Revolution» benötigen. Die Zeitschrift *Ecologist* zitierte einen Report der UN Food and Agriculture Organization, um auf die schlimmen Effekte der Grünen Revolution hinzuweisen. Das Entfernen der schützenden Gründecke, der Einsatz schwerer Maschinen, ständige Monokulturen, Missachtung des Bodenerhalts und andere Sünden haben weltweit ein Viertel der landwirtschaftlich nutzbaren Fläche degradiert, und rund zehn Prozent der künstlich bewässerten Fläche des Planeten sind durch Versalzung, Alkalinisierung etc. verloren gegangen oder schwer geschädigt worden. Eine weitere Voraussetzung für die von der Grünen Revolution versprochenen Ernten sind großen Mengen umweltbelastender synthetischer Düngemittel und Agrochemikalien. Die Entwicklungsländer verbrauchten in den 60er und 70er Jahren des 20. Jahrhunderts riesige Ressourcen für Import, Produktion, Subventionierung und Verteilung derartiger Düngemittel. Landwirte, die sich von diesen «Wundermitteln» abhängig gemacht hatten, fanden sich in den 80er und 90er Jahren plötzlich mit erodierten, verarmten und vergifteten Böden wieder – und ohne genügend Mittel, weitere chemische Dünger zu kaufen.

Die Biologen auf der Dahlem-Konferenz kannten auch die Grenzen wissenschaftlicher Bemühungen; sie waren realistisch genug, um die ultimative Grenze des Nahrungsmittelnachschubs zu sehen. Pflanzen wachsen nicht ohne Wasser, doch die Welt erlebt gegenwärtig kurz- oder langfristige Dürren. Roar Bjonnes, ein Agronom, wies darauf hin, dass die Grüne Revolution ein Hauptgrund für Dürren gewesen ist; er zitierte auch einen UN-Report und prophezeite, dass «Wasser, nicht Öl, der nächste Kriegsgrund sein wird».

Ich nahm an der Konferenz als Paläobiologe teil und ich teilte die Ansichten meiner Kollegen aus der Biologie. Wo Dürre herrscht, da kommt es zu einer Hungersnot. Keine der hochgezüchteten Getreidesorten kann ohne Wasser gedeihen. Der Jüngste Tag wird keine Folge von Temperaturveränderungen aufgrund einer globalen Erwärmung sein. Der Jüngste Tag wird hereinbrechen, wenn die Nationen einen Nuklearkrieg um Wasserressourcen entfesseln. In Zeiten globaler Erwärmung gab es wenig Wasserknappheit, doch während der «Kleinen Eiszeiten» kam es in mittleren bis niedrigen Höhenlagen zu schweren Dürreperioden. Das größte Problem in der heutigen Welt ist das Missmanagement der Wasserreserven.

Tun wir irgendetwas, um uns vor dem Aussterben zu schützen?

Christine und ich wanderten in den Alpen das Camuera-Tal hinunter. Auf der linken Seite des Baches lag ein steiler, bewaldeter, fast unberührter Hang. Die Straße verläuft auf der rechten Seite, wo der Hang eine alpine Wiese ist, die von zahlreichen Rinnen und Schründen durchzogen ist, alle gefüllt mit Überresten, die von plötzlichen Überschwemmungen hinterlassen worden waren. Mich erstaunte, dass die sanftere Seite des Tals stärker unter Zerstörungen litt, und ich erkundigte mich bei Christine. Daraufhin erzählte sie mir ein Stück Schweizer Geschichte.

In der zweiten Hälfte des 19. Jahrhunderts, als die Industrielle Revolution in der Schweiz Einzug hielt, wurden die Wälder von Holzexporteuren abgeholzt. Das entwaldete Land wurde zu Wiese, auf dem Vieh weiden konnte. Der doppelte Profit war eindrucksvoll, doch die Folgen waren verheerend: Die Wiesen wurden bald von Schneelawinen und Erdrutschen zerstört. Die sehr steilen Hänge der linken Seite des Camuera-Tals blieben verschont, weil dort keine Kühe grasen konnten. Die Existenz von alten naturbelassenen Wäldern hat Lawinenabgänge verhindert, und die Landschaft ist intakt geblieben.

Die zerstörten Wiesen können nicht länger als Viehweiden genutzt werden. Vielmehr werden jedes Jahr Millionen von Schweizer Franken dafür aufgewandt, die Straße auf der rechten Seite des Tals zu reparieren – nur damit sie im nächsten Jahr wieder von neuen Wildbächen unterspült wird. Diese Kosten, die die Habgier des letzten Jahrhunderts mit sich gebracht hat, übersteigen den einmaligen Profit der Entwaldung bei weitem. Nun gibt es nichts, was man tun könnte. Jahr um Jahr hat man versucht, das Gebiet wieder aufzuforsten, doch die Baumsetzlinge wurden von der nächsten Rutschung immer wieder entwurzelt. Der Schaden ist permanent.

Das Camuera-Tal ist in den Schweizer Alpen eher eine Ausnahme als die Regel. Als die weisen Schweizer Politiker des 19. Jahrhunderts die Schwere der Situation erkannten, reagierten sie rasch. Es kam zu einer Änderung der Verfassung: Entwaldung ist verboten!

Es kann natürlich Ausnahmen geben, beispielsweise dort, wo Skipisten angelegt werden. Die Gesetze verlangen jedoch, dass für jeden Morgen gefällter Bäume ein Morgen Land wieder aufgeforstet werden muss. Dank des Weisheit der Gesetzgeber sind die Schweizer Alpen davor bewahrt worden, in ein Ödland voller Erdrutsche verwandelt zu werden!

Was tun die Menschen des neuen Jahrhunderts heute? Wir fördern Wasser! Wir pumpen die nicht-erneuerbare Ressource, die dort seit dem letzten Eiszeitalter gespeichert ist, aus dem Boden. Die Situation ist allgemein bekannt, doch ich würde gern ein paar Anekdoten erzählen, um zu zeigen, wie dramatisch die Situation ist:

1. Ein Privatunternehmen in den Vereinigten Arabischen Emiraten füllt Wasser in Flaschen, um es in Bangladesh und in Thailand zu verkaufen. Bangladesh hat eine jährliche Niederschlagsmenge von mehr als 10000 mm, mehr als irgendein anderes Land der Welt. In der VAE fallen durchschnittlich nur 200 mm Regen pro Jahr. So fördert man Grundwasser in der Wüste, um es als Trinkwasser in einen Land zu verkaufen, das im Monsunregen «ertrinkt». Ist das nicht verrückt?

Nein, aus dem Blickwinkel einer profitorientierten globalisierten Wirtschaft ist es keineswegs verrückt.

Das Privatunternehmen fördert Wasser aus zerbrochenen, Serpentin führenden Schichten in etwa 250 m Tiefe. Das «Mineralwasser» wird in Flaschen abgefüllt, per Schiff nach Bangladesh verfrachtet und mit Gewinn verkauft, weil es kein Gesetz gibt, das die «Wasserförderung» regelt. Ja, nach rund einem Jahrzehnt ist der Wasservorrat an einem Ort erschöpft. Der Besitzer, eine einflussreiche Persönlichkeit im Emirat, hat gerade eine deutsche Firma angeheuert, um im nächsten Tal mehr Wasser in anderen frakturierten Gesteinen zu finden. Sie machen ihren Profit mit System.

Solche Absahner sind nicht allein. Die Menschen von Abu Dhabi trinken entsalztes Wasser, während das Grundwasser mit Nitratdüngern verseucht und zwecks künstlicher Bewässerung hochgepumpt wird. Der Grundwasserspiegel fällt in alluvialen Tälern um einige Meter pro Jahr, und in einigen Regionen ist der Grundwasserspiegel bereits auf einige hundert Meter unter die Erdoberfläche abgesunken. Die Wiederauffüllung durch Regenwasser beträgt jetzt weniger als zehn Prozent der Ausbeutung. Der Tag wird kommen, an dem das gesamte Grundwasser der VAE, das dort seit dem Eiszeitalter gespeichert ist, vollständig erschöpft ist.

2. Die WHO und die UNICEF der Vereinten Nationen haben gerade – nach vielen Jahren und vielen Millionen investierter Dollars – ein Programm fertig gestellt, das den Dorfbewohnern in Bangladesh ermöglicht, Grundwasser anstelle von verseuchtem Oberflächenwasser zu trinken. Das Problem ist, dass das Grundwasser dort die Leute umbringt.

Das Gestein im Vorgebirge des Himalaja enthält ein Mineral namens Arsenopyrit, und dieses Mineral kann zu löslichen Arsenverbindungen verwittern. Regenwasser, das durch diese Gesteinsschicht in die vadose Zone (wasserführendes unterirdisches Hohlraumsystem) eindringt, löst das Arsen, und das Grundwasser der unterliegenden phreatischen Zone wird dementsprechend kontaminiert. Das giftige Grundwasser mit einem Arsengehalt bis zum 1000-Fachen des Schwellenwertes verteilt sich in einem Gebiet von 900 km Länge und 500 km Breite. Rund 200 000 Menschen sind bereits an Arsenvergiftung gestorben, und jedes Jahr sterben noch immer etwa 15 000 weitere Menschen. Die WHO und die UNICEF versuchen, das Problem durch Grundwasserförderung zu lösen. Da sie nicht genügend gesundheitszuträgliches Grundwasser finden, sterben die armen Bangladeshi weiterhin an Arsenvergiftung, während die Reichen Masafi-Wasser aus Abu Dhabi trinken. Niemand hat ein Programm zum Sammeln von Regenwasser vorgeschlagen.

3. Die israelische Regierung unterstützt Selbstversorgung in der landwirtschaftlichen Produktion, und so wird Grundwasser nach oben gepumpt, um die Felder zu bewässern. Wie ich während meines Besuches letztes Jahr erfuhr, ist der Grundwasserspiegel an vielen Stellen auf 40–50 m unter die Erdoberfläche abgesunken und sinkt noch weiter. Die Qualität des Grundwassers verschlechtert sich zunehmend und ist an vielen Orten für die Landwirtschaft bereits nicht mehr geeignet; die chemische Entsalzung der Böden wird zu einer Notwendigkeit.

Und was tut die Regierung?

Sie plant nun, die künstliche Bewässerung mit entsalztem Meerwasser zu ergänzen, doch sie toleriert weiterhin die Praxis der Grundwasserförderung und der Wasserverschwendung durch Bewässerung. In einigen Jahrzehnten wird es kein Grundwasser mehr geben, das man fördern kann.

4. Machen wir Amerikaner es besser?
Nein, keineswegs.
Als ich mich in Lawrence, Kansas, mit Charlie Perry vom US Geological Survey unterhielt, erzählte er mir, dass es staatliche Bestimmungen für das Wassermanagement gibt. In Kansas beispielsweise muss man eine Erlaubnis einholen, um Grundwasser zu fördern. Nachdem in den 60er Jahren des 20. Jahrhunderts das «Ein Brunnen pro Abschnitt»-Gesetz verabschiedet wurde, schritt die Erschöpfung des Grundwassers sogar noch schneller voran. In den 70er Jahren wurde die Situation alarmierend; damals wurde geschätzt, dass das trinkbare Grundwasser des Staates vor dem Jahr 2000 erschöpft sein würde. Daher wurden neue Maßnahmen verabschiedet, und die Beschränkungen verschieben den Tag der Katastrophe nun auf das Jahr 2020!
Eine tolle Übereinkunft!

5. Wie die Sozialwissenschaftler, die die Nahrungsversorgung als ein Problem ungleicher Verteilung ansehen, versuchten die Planer des Wassermanagement, Wasser von einem Ort zum anderen zu bewegen. Die Spanier wollten die Rhone anzapfen, und die Chinesen werden zehn Milliarden Dollar aufbringen, um Peking mit Wasser aus dem Jangtse zu versorgen. Diese Wasserpiraterie wird auf lange Sicht fruchtlos sein. Bei der habgierigen Ausbeutung der Rhone zur künstlichen Bewässerung des semi-ariden Südfrankreichs könnte es sein, dass der Fluss versiegt, bevor die Spanier ihren Kanal fertig gebaut haben. Und wenn eine weitere Kleine Eiszeit anbricht, kann man möglicherweise selbst durch den mächtige Yangtse waten.
Als Kind habe ich Äsops Fabel von den beiden Eichhörnchen gelesen. Der Geschäftige Joe sammelte tagein, tagaus Nüsse und trug sie heim. Der Lässige Bill hatte andere Interessen. Schließlich kam der Winter. Der Geschäftige Joe hatte genug Vorräte gespeichert, um seine Familie zu ernähren, doch der Lässige Bill und seine Lieben starben Hungers. Wir Menschen sind nicht klüger als der Lässige Bill. Wir speichern kein Wasser für die globale Kälte, die unausweichlich kommen wird. Ganz im Gegenteil, wir erschöpfen den natürlichen Vorräte: Wir fördern Wasser!
Es sollte Gesetze geben, die Wasserförderung als Verbrechen brandmarken. Der Grundwasserspiegel muss überwacht werden, sodass die jährliche Ausbeutung die Wiederauffüllrate durch den Regen nicht übersteigt. Das Überleben des Homo sapiens als

Art hängt angesichts des exponenziellen Bevölkerungswachstums vom Regenwasser-sammeln ab, denn Wasser muss wieder zu einer erneuerbaren Ressource werden.[7]

VI. Gott, *Tian* und Gaia

Leben existiert seit 3,5 Milliarden Jahren auf Erden, wenn nicht schon länger. Dass das Leben von Gott geschaffen wurde, ist ein Glaubensgrundsatz der christlichen Funda-mentalisten. Dass das Leben durch zufällige Umstände geschaffen wurde, ist ein Glau-bensgrundsatz der Naturwissenschaftler. Dass das Leben ein Bestandteil des Kosmos ist, ist ein Glaubensgrundsatz der chinesischen Bevölkerung.

Das Christentum ist den Chinesen fremd. Die Übersetzer der Bibel mussten ein chi-nesisches Wort für Gott finden. Sie wählten Zhu, Meister oder Shan-di, Höchster Herr-scher. Diese Wahl entspricht den traditionellen abendländischen Bild von einem betag-ten Mann, der, wie von den mittelalterlichen Malern dargestellt, dort oben auf einem Thron sitzt. Auch der Islam ist den Chinesen fremd, auch wenn diese Religion von Min-derheiten übernommen worden ist. Allah ist das arabische Wort für Gott. Auch der Buddhismus ist nach China importiert worden. In buddhistischen Tempeln verehren Menschen den Buddha der Vergangenheit, der Gegenwart und der Zukunft. Der Buddha der Gegenwart war ein Prinz. Wie ein Mensch zu einem Gott wird, ist ein Geheimnis der Religion und für mich zu tief, um es zu verstehen.

Der indigene chinesische Begriff, der Gott entspricht, ist Himmel – Tian. Der taois-tische Gott wird als Tian-Huang-Da-Ti bezeichnet, der Große Herrscher des Himmels, und chinesische Kaiser ließen sich als Tian-Zhi, Sohn des Himmels bezeichnen. Tian er-fordert ein menschliches Ebenbild, wenn der umgangssprachliche Begriff Lao Tian be-nutzt wird. Lao Tian (lieber alter Himmel) ist eine familiäre Form; man redet einen Freund mit Lao Wang oder Lao Li an. Für die Bauern, die die Felder bearbeiten, ist Lao Tian jedoch kein Gott mit einem menschlichen Gesicht. Lao Tian ist die Natur. Lao Tian gibt ihnen Sonnenschein und Regen. Der Erfolg ihrer Arbeit hängt von Tian, Qi (Wet-ter), der Stimmung von Lao-Tian ab, so unpersönlich er auch sein mag. Tian ist die Na-tur, kein persönlicher Gott. Tian ist Teil des Kosmos, und der Kosmos besteht aus Him-mel, Erde und uns Menschen. Tian ist der der Gott des Volkes. Konfuzianische Gelehrte lehrten jedoch eine andere Kosmologie: Die Welt besteht aus *Qi*. Was ist *Qi*?

Viele Ausländer waren von der Falungong-Bewegung in China überrascht und reagier-ten verwirrt. Handelt es sich um eine religiöse Sekte oder um eine politische Verschwörung? Die Organisation behauptete, fünf Jahre nach ihrer Gründung über hundert Millionen Mitglieder zu haben, mehr als die chinesische kommunistische Partei nach fünfzig Jahren.

Ich lernte einen Falungong-Enthusiasten aus Amerika kennen, der einen Doktortitel der Ingenieurswissenschaften von einer guten Universität besaß, und fragte ihn:

«Warum haben Sie sich Falungong angeschlossen?»

«Ich glaube an *Qigong*.»

«Was ist *Qigong*?»

«*Qigong* ist eine Form von Atemübung.»

«Was meinen Sie damit, wenn Sie sagen, Sie glauben an Qigong?»

«*Qigong* hält mich bei guter Gesundheit. Ich bin nie erkältet. Ich leide nicht unter Schlaflosigkeit. Ich habe ein nur geringes Risiko, einen Herzanfall zu erleiden. Tatsächlich heilt *Qigong* Rheumatismus, Krebs und vieles mehr.»

«Sie glauben an *Qigong*. Falungong ist dann also eine Art Religion.»

«So kann man sagen. *Qi* ist der fundamentale Glaube aller Chinesen. Der Gebrauch unserer Sprache impliziert das. Man kann *Qi* nur in einem bestimmten Kontext verstehen lernen. *Yuenqi* ist Glück, und *Meiqi* ist Pech. Man wandelt auf *Yuenqi* und man trifft auf *Meiqi*. Als ich das Stipendium des Staates Florida erhielt, hatte ich gutes *Yuenqi*. Nicht, dass ich das Stipendium nicht verdient hätte, andere waren ebenso gut wie ich, aber ich hatte einfach Glück gehabt, *Yuenqi* getroffen. Als mein Auto von einem fahrerflüchtigen Rowdy gerammt wurde, war das *Meiqi*. Ich hatte nichts damit zu tun, mein Auto wurde demoliert, während es in einer Seitenstraße parkte. Der Vorgang des Beschädigens war ein Fluss von *Meiqi*.»

«*Qi* ist demnach ein Fluss des Unfassbaren. Ist *Qi* nicht substanziell?»

«Keineswegs, *Qi* kann durchaus substanziell sein. Die Chinesen benutzen dasselbe Wort *Qi* für einige Gasarten, wie *Kongqi* für Luft, *Zhiranqui* für natürliches Gas, etc. Das Einzige, was allen verschiedenen Formen von *Qi* gemeinsam ist, ist ihre Unsichtbarkeit. Beispielsweise reden wir von *Qiliang*: ein großzügiger Mensch hat *Daqiliang* oder eine große *Qi*-Kapazität, und eine geizige Person ist *Xiaoqi*, sie hat eine kleine *Qi*-Kapazität. Wir reden davon, ärgerlich zu werden, und nennen das *Shenqi* oder Wachstum von *Qi*, eingebildet sein, heißt *Shengqi*. Wir verwenden das Wort *Qi* in Verbindung mit körperlicher Gesundheit, *Qishi* oder die Farbe des *Qi*, oder dem persönlichen Charakter, *Peeqi* oder dem *Qi* der Milz …»

«Halt, halt, Ich bin inzwischen verwirrter als zuvor.»

«Sie müssen etwas über chinesisches Brauchtum wissen. Wir sehen die Welt als das Fließen dynamischer Teilchen an. In der Physik verwendet man den Begriff Quantenwirkung oder Quanten, um die unsichtbaren, subatomaren Wirkungen im Universum zu beschreiben. Vielleicht ist *Qi* der Fluss der Wirkungen, die eine Summe der Quantenwirkungen ausmachen. In der traditionellen Kosmologie sprechen wir von einem kosmischen und einem persönlichen Fluss des *Qi*. Das Schicksal einer Person wird von den Wechselwirkungen zwischen kosmischem und persönlichem *Qi* bestimmt. Zeitweise ist das Ergebnis angenehm und die Person wandelt auf *Yuenqi*, zeitweise aber auch eine Katastrophe, und die Person trifft auf *Meiqi*. Luft, natürliches Gas etc. sind substanzielle Formen der kosmischen Strömungen. Großzügigkeit, Ärger etc. sind fassbare Manifestationen dieser Wechselwirkungen.»

«Was ist eine fassbare, aber nicht substanzielle Form der kosmischen Strömumg?»

«Das Wetter, beispielsweise, ist *Tianqui* oder die Stimmung des Himmels. Das Klima ist *Qihou*, der Verlauf des Wetters über einen längeren Zeitraum.»

«Nun erklären Sie mir etwas: Ich habe einmal ein Buch über Zhu Xi gelesen. Darin hieß es, dass die Wechselwirkungen des *Qi* nach dem Prinzip von *Yan* und *Yin* das *Li* aller Dinge seien, kosmischer, sozialer und individueller. Was für eine zweideutige Redeweise ist das?»

«*Yan* und *Yin* sind seltsame Attraktoren. *Yan* ist die Wirkung, die Kraft, und *Yin* ist die Reaktion, der Rückkopplungsmechanismus. *Yuenqi* und *Meiqi* sind *Yan* und *Yin* des persönlichen Schicksals. Einige Leute haben mehr Glück als andere, doch man kann nicht immer Glück bzw. Pech haben.»

«Was ist dann *Li*?»

«*Li* ist die Chaostheorie, die fraktale Geometrie, die Goldene Regel der Mäßigung.»

Nach der Unterhaltung fühlte ich mich wie benommen. Dennoch war es ein erster Schritt, um Falungong zu verstehen. Es gibt den traditionellen Glauben an *Yuenqi* (zufälliges Glück) und an *Li* (Gesetzlichkeit). Und es gibt den traditionellen Glauben an *Tian*, den unpersönlichen Gott mit all seinen Eigenarten und Zwangsläufigkeiten.

Tian oder der Himmel ist eine physikalische Realität der Natur. Mit der Wahl des Begriffs *Tian* haben die Chinesen den Konflikt zwischen Kreationisten und Evolutionisten vermieden. Das Leben wurde weder von Shan-Di, dem Höchsten Herrscher des Himmel, geschaffen, noch begann es als zufällige Kombination aus anorganischen Molekülen. Wenn wir sagen, dass das Leben von Lao Tian geschaffen wurde, implizieren wir damit nicht, dass irgendein Supermann namens Jehova mit seinen eigenen Händen Leben erzeugt hat. Die Chinesen liegen nicht im Streit mit der modernen Wissenschaft, die behauptet, dass das erste Leben entsprechend der Naturgesetze zufällig geschaffen wurde, sie haben auch keine Probleme mit der Behauptung, dass sich das Leben weiterentwickelt hat. Die radikalsten christlichen Fundamentalisten sind die so genannten

Young-Earth Creationists. Die Erde ist ihrer Meinung nach rund 6000 Jahre alt und sie halten an der Überzeugung fest, die Linné vertrat, als er Tiere und Pflanzen klassifizierte und ihnen Namen gab.

1. Gott hat 10000 Arten geschaffen.
2. Die Arten haben sich seit ihrer Erschaffung weder weiterentwickelt noch verändert.
3. Die Arten sind niemals ausgestorben, weil Gott nicht fortnehmen würde, was er geschaffen hat.

All diese Postulate sind wissenschaftlich widerlegt worden. Ich habe jedoch auch einige sehr vernünftige Leute getroffen, die sich *Old-Earth-Creationists* nennen. Sie widersprechen den wissenschaftlichen Schlussfolgerungen nicht, dass

1. es heute Millionen von Tierarten gibt,
2. es im Verlauf der Erdgeschichte neue Tierarten gegeben hat,
3. und alte Arten im Verlauf der Erdgeschichte ausgestorben sind.

Sie unterscheiden sich allerdings insofern von den Naturwissenschaftlern, als sie glauben, die neuen Arten seien von Gott geschaffen worden und die alten Arten ausgestorben, weil es Gottes Wille war.

Ein sehr guter Freund, ein renommierter Paläobiologe und ein Mitglied der U.S. Academy of Science (der Amerikanischen Akademie der Wissenschaften), hat mich einmal um Rat gefragt, ob er eine Einladung von Old-Earth-Kreationisten annehmen solle, als Koautor an einem Buch über Evolution mitzuwirken. Ich erzählte ihm, dass ich dasselbe Angebot erhalten hatte, doch ich war zu feige, die Herausforderung anzunehmen; ich fürchtete, zu einem Outcast des wissenschaftlichen Establishments zu werden.

Wenn man den Begriff Gott durch Tian, einen Terminus für Wirkungsflüsse des Universums, ersetzt, sind wir bei dem chinesischen Glauben angelangt, der besagt, dass neue Arten von Tian geschaffen wurden und alte ausstarben, weil Tian es so wollte. Wenn wir einen Schritt weiter gehen und feststellen, dass neue Arten vom Zufall (beispielsweise von Zufallsmutationen) oder von den Eigenheiten des Tian geschaffen wurden, und alte Arten ausstarben, weil die Umstände (beispielsweise Habitatzerstörung) oder weil Tian es so wollte, können wir vielleicht sogar Streitigkeiten mit den allerliberalsten Old-Earth-Kreationisten vermeiden. Sie könnten eine Theorie der Veränderungen in der Geschichte des Lebens aufgrund von Zufall und Lebensumständen akzeptieren, solange die Zufälle und die Umstände auf einen übermenschlichen Entwurf zurückgehen. Weder sie noch ich können die Darwinistische oder Neodarwinistische Evolutionstheorie akzeptieren, die Artbildung mit dem Erhalt begünstigter Rassen oder «egoistischer Gene» im Daseinskampf gleichsetzt. Die atheistische Theorie verrät Hochmut und Unwissenheit.

Bei meiner Darstellung der Erdgeschichte habe ich den Namen *Gaia* eingeführt. Meine Gaia ist nicht der Gott der Bibel. Meine Gaia ist keine Göttin, wie in der griechischen Mythologie. Meine Gaia ist wie Lovelocks Gaia eine Metapher oder ein Kürzel für das Konzept eines sich selbst organisierenden Systems. Meine Gaia ist das chinesische Tian.

Am Anfang gab es kein Leben. Die Freisetzung vulkanischer Treibhausgase heizte die Atmosphäre auf und war dabei, sie in einen unbewohnbaren Ofen zu verwandeln. Gaia (Tian) intervenierte. Sie schuf anaerobe Bakterien, weil es keinen Sauerstoff gab, und diese gediehen. Diese Klimaanlagen waren übereifrig. Die Erschöpfung der Treibhausgase war dabei, die Erde in einen unbewohnbaren Eiskeller zu verwandeln. Gaia (Tian) intervenierte. Sie schuf methanogene Bakterien, und diese gediehen.

Die Heizungen waren übereifrig. Die erhöhte Konzentration an Treibhausgasen war dabei, die Erde in einen unbewohnbaren Ofen zu verwandeln. Gaia (Tian) intervenierte. Sie schuf Cyanobakterien, und diese gediehen.

Diese Klimaanlagen waren übereifrig. Die Erschöpfung der Treibhausgase war dabei, die Erde in einen unbewohnbaren Eiskeller zu verwandeln. Gaia (Tian) intervenierte. Sie schuf die Ediacara-Fauna, um die Cyanobakterien aufzufressen, und die Ediacara-Fauna gedieh.

Die Heizungen waren übereifrig. Die erhöhte Konzentration an Treibhausgasen war dabei, die Erde in einen unbewohnbaren Ofen zu verwandeln. Gaia (Tian) intervenierte. Sie startete die Kambrische Explosion und schuf Landpflanzen, und diese gediehen.

Diese Klimaanlagen waren übereifrig. Die Erschöpfung der Treibhausgase war dabei, die Erde in einen unbewohnbaren Eiskeller zu verwandeln. Gaia (Tian) intervenierte. Sie führte die Auslöschung der tropischen Floren herbei.

Ohne effektive Klimaanlagen heizte die Freisetzung vulkanischer Treibhausgase die Atmosphäre auf und war dabei, die Erde in einen unbewohnbaren Ofen zu verwandeln. Gaia (Tian) intervenierte. Sie schuf blütentragende Bäume an Land und kalkskelett-tragende Planktonorganismen im Meer.

Diese Klimaanlagen waren wieder übereifrig. Die Erschöpfung der Treibhausgase war dabei, die Erde in einen unbewohnbaren Eiskeller zu verwandeln. Gaia (Tian) intervenierte. Sie schuf den Homo sapiens, und wir gediehen. Wir verfeuern fossile Brennstoffe und verursachen eine globale Erwärmung!

Tun wir des Guten zu viel? Werden wir das Schicksal von Gaias anderen Heizungen und Klimaanlagen erleiden?

VII. Die Sterblichkeit des Planeten

Ich wurde vom II. Vatikanischen Konzil aufgefordert, einen Artikel zu schreiben, um die Möglichkeit der Sterblichkeit eines Planeten – unseres Planeten – zu diskutieren. Ich musste den Aufsatz dann doch nicht schreiben, mein Lieblingsautor David Herbert Lawrence hat eine eloquente Abhandlung verfasst: «Was auch immer das Mysterium ist, das den Menschen und das Universum geschaffen hat, es ist ein nicht-menschliches Mysterium, es hat seine eigenen großen Ziele, und der Mensch ist nicht das Kriterium. Am besten überlässt man alles dem weiten, schöpferischen, nicht-menschlichen Mysterium. Am besten ringen wir nur mit uns selbst, nicht mit dem Universum. ‹Gott kann nicht ohne die Menschen sein›, meinte ein großer französischer Religionslehrer einst. Aber das ist sicherlich falsch. Gott kann ohne die Menschen auskommen. Gott konnte ohne die Ichthyosaurier und das Mastodon auskommen. Diesen Ungeheuern gelang es nicht, sich schöpferisch weiterzuentwickeln, daher verzichtete Gott, das schöpferische Mysterium, auf sie, wie er auch auf den Menschen verzichten kann, wenn es diesem ebenfalls nicht gelingen sollte, sich schöpferisch zu verändern und zu entwickeln.»[8]

Wird Gott auf den Menschen verzichten?

Mehr als 99,9 Prozent aller Tierarten, die jemals auf Erden existiert haben, sind heute ausgestorben; auf sie ist verzichtet worden. Es gibt keinen Grund, warum der Homo sapiens eine Ausnahme bilden sollte. Auf der anderen Seite teile ich den Sensationalismus einiger Ökologen nicht, die behauptet haben, dass die Produktion von industriellem Kohlendioxid die Ozeane zum Kochen bringen wird. Das ist Unsinn.

Eine globale Abkühlung ist für Gesellschaften, die auf Landwirtschaft basieren, fast immer eine Katastrophe gewesen. Das kühle und feuchte Klima in Nordeuropa trieb die Bauern nach Süden, und sie wurden zu barbarischen Eindringlingen. Zur selben Zeit führte das kalte und aride Klima in der Mittelmeerregion und in China zu Hungersnöten und Chaos. Aber Homo sapiens ist erfinderisch. Wir haben mehrere Zyklen Kleiner Eiszeiten überstanden. Wir haben nicht nur überlebt, wir haben uns sogar vermehrt. Dank des menschlichen Einfallsreichtums werden wir genügend Feldfrüchte anbauen, um die Weltbevölkerung zu ernähren, solange es ein politisches Bewusstsein für die Notwendigkeit gibt, das Bevölkerungswachstum zu begrenzen. Das Problem ist meiner Meinung nach nicht das Klima, sondern die menschliche Habgier.

Wir könnten mit unserer Marktwirtschaft und unserem Ziel der Profitmaximierung weitermachen, doch wir können nicht bis in alle Ewigkeit damit fortfahren, unsere natürlichen Ressourcen zu verbrauchen. Wasser ist unser kostbarstes Gut. Früher oder später wird es zu einer neuen Kleinen Eiszeit kommen, und die globale Abkühlung könnte, wenn Charles Perrys Vorhersagen korrekt sind, vor Ende des 21. Jahrhunderts anfangen. In Europa und Nordamerika wird es aufgrund der Kälte zu Missernten und einer Dezimierung des Viehbestands kommen. In der Sahelzone, im Mittleren Osten, im Industal und in China werden aufgrund von Dürren Hungersnöte ausbrechen. Das Getreide, das vom Rest der Welt produziert wird, könnte ausreichen, die Weltbevölkerung zu ernähren. Werden wir mit anderen teilen oder werden wir von anderen nehmen? Ein Blick in die Geschichte, die von Habgier erzählt, stimmt nicht gerade zuversichtlich.

Das schlimmste Problem wird Wasserknappheit sein. Während der Kleinen Eiszeit in den ersten Jahrhunderten wanderten die Chinesen nach Süden. Sie unterjochten die einheimische Bevölkerung und entwaldeten bislang ungerührte Landstriche, um Reisfelder anzulegen. Während der letzten Kleinen Eiszeit gab es keine unberührten Landstriche im Süden mehr, die man hätte entwalden können. Hungernde Bauern marodierten durchs Land, raubten andere aus und brachten die kaiserliche Dynastie zu Fall. Wenn es zu einer anderen Kleinen Eiszeit kommen sollte, wohin werden die hungernden Bauern gehen? Eine Milliarde Chinesen lebt auf ihrem Land. Wenn der Boden keine Ernten mehr hervorbringt, werden sie beginnen, marodierend durchs Land zu ziehen, wie es ihre Vorfahren im Verlauf der historischen Vergangenheit wiederholt getan haben. Oder es könnte eine halbe Milliarde Boat-People geben. Oder die Bauern könnten sich der Volksbefreiungsarmee anschließen und nach Südostasien einmarschieren, wo es viel Wasser, aber wenig überschüssiges Land gibt.

Eine Invasion ist ein Kriegsgrund. Wie wollen wir die Kriegsparteien davon abhalten, in ihrer Verzweiflung Kernwaffen einzusetzen? Könnte Homo sapiens einen nuklearen Holocaust überleben? Kann eine radioaktiv verseuchte Welt noch irgendeinem Organismus Lebensraum bieten?

Die Auslöschung von Homo sapiens wird dank Gaia, dank Tian oder dank der Gnade Gottes keine natürlichen Ursachen haben. Unsere Auslöschung könnte nur von der Habgier unserer Spezies herbeigeführt werden, wenn «Gott uns durch ein verfeinertes, höher entwickeltes Wesen ersetzt, genauso, wie das Pferd den Platz des Mastodon eingenommen hat».[9]

Postscriptum

Wissenschaftler, die wissenschaftliche Abhandlungen schreiben, sprechen eine eigene Sprache, die für Menschen, die nur ihre Alltagssprache sprechen, unverständlich ist. Wenn wir keine Fachsprache sprechen und keine Mathematik verwenden, kann Wissenschaft gesunder Menschenverstand sein. Ich versuchte also, das Fachvokabular der Lesbarkeit zu opfern, fand es jedoch schwierig, gute Wissenschaft und leichte Lesbarkeit richtig auszubalancieren. Schließlich dämmerte es mir, dass Schreiben nur ein Weg ist, eine Botschaft zu vermitteln. Andere Menschen malen, bildhauern, tanzen, komponieren Musik oder singen. Vielleicht, dachte ich mir, könnte man versuchen, so zu schreiben, wie ein Maler malt.

Wenn man ein Bild malen will, gilt eine erste Überlegung der Größe der Leinwand. Die Größe wird vom Künstler intuitiv oder zufällig gewählt. Ich habe gute Erfahrungen damit gemacht, Bücher mit einem Dutzend Kapiteln zu schreiben. Mein Verleger war einverstanden, und wir unterzeichneten einen Vertrag, der vorsah, meine Gedanken in 12 Kapiteln darzulegen, jedes Kapitel als Essay von rund 20 Seiten. Ich gab mir also 12 Leinwände.

Innerhalb der Grenzen, die die Form setzt, muss der Künstler eine harmonische Komposition schaffen. Aufgrund ihrer Größe müssen die Portraits oder Botschaften unterschiedliche Formen hinsichtlich Klarheit und Kürze annehmen. Ökonomie und Relevanz sind gefordert. Wichtig sind auch gute Lesbarkeit und ein Tempowechsel.

Um dem Leser eine Erholungspause zu gönnen, ist das Einschieben von Anekdoten oder scheinbar irrelevanten Details ebenso notwendig wie der dunkle Hintergrund von Rembrandts «Nachtwache», um die Botschaft des Lichts zu akzentuieren.

Botschaften kommen leichter herüber, wenn sie üppig illustriert sind. Dieses Buch hat keine Illustrationen. Ich lernte dies von einem Lektor. Ein Bild ist besser als 10 000 Worte, sagt man in China, aber Hinweise auf Abbildungen lenken den Leser vom Gedankenfluss ab. Illustrationen sollten nicht als Ersatz für schlechtes Schreiben dienen. Charles Darwin wusste das. Abgesehen von einem Diagramm weist sein «Ursprung der Arten» keine einzige Abbildung auf.

Ich habe versucht, ein Buch für jedermann zu schreiben, aber jedermanns Bedürfnisse sind anders. Für diejenigen, die zum Vergnügen lesen, könnte der Versuch zu überzeugen, ablenkend sein. Sara Stein, eine befreundete Lektorin, riet mir einst: «Ken, erzähl uns nur, was du denkst, versuche nicht, uns zu überzeugen: Wir glauben dir.»

Ja, sie glaubte mir, aber nicht alle tun das. Ich werde meine Leser in Alltagssprache zu überzeugen versuchen und so wenig Namen, Fachbegriffe und mathematische Symbole benutzen, wie möglich. Botschaften können jedoch ohne einen soliden wissenschaftlichen Hintergrund nicht überzeugen, und ein solider wissenschaftlicher Hintergrund erfordert ausführliche Quellenverweise. Ich schulde meinen fachlich nicht weiter vorgebildetem Leser eine atmosphärisch dichte Schilderung und einen «Tempowechsel». Es muss Spannung geben und Entspannung. Meinen wissenschaftlichen Kollegen schulde ich die Fußnoten, die für diejenigen gedacht sind, die sich näher mit dem entsprechenden Thema beschäftigen wollen.

Ein Buch muss auch humorvoll sein, am besten selbstironisch, aber die Tragödien, aus denen unsere Geschichte besteht, lassen wenig Raum für Frivolitäten. Ich habe keine Theorie der Geschichte geschrieben, wie sie von Geschichtswissenschaftlern geschrieben würde. Statt dessen möchte ich versuchen, Geschichte als Zweig der Wissenschaft zu kategorisieren beschreiben, Geschichte als Verhaltensbiologie der Spezies Homo sapiens in seiner natürlichen Umgebung zu interpretieren. Ich stelle Geschichte als eine Kette von Zufällen und Unausweichlichkeiten dar, die von zyklischen Veränderungen der Sonnenaktivität ausgelöst wird, verstärkt und begrenzt durch ein sich selbst organisierendes terrestrisches System. Wir Menschen sind die Kinder von Gaia und Helios.

Dadurch, dass ich Geschichte als Thema wähle, liefere ich mich den Wölfen aus. Jeder weiß etwas über Geschichte, und manche wissen über kleine Teilgebiete sehr viel. Aus Gründen der Lesbarkeit fröne ich der schöpferischen Darstellung, wenn die banale Wahrheit irrelevant ist. So etwas ist für Pedanten irritierend, und ich muss Fußnoten einfügen, um mich zu entschuldigen.

Ich fühle mich unbehaglich, wenn ich mich bei wissenschaftlichen Kontroversen auf eine Seite schlagen muss, wenn ich jemanden auf die Füße treten muss – unter Umständen auf viele Füße. Aber wie einer meiner Freunde einmal meinte: «Ken, wir können dir nicht wirklich böse sein, weil du allen Leuten gleichermaßen auf die Füße trittst.»

In meinem Bemühen, eine falsche Theorie zu widerlegen, habe ich mir sicherlich den Zorn der Anhänger dieser Theorie zugezogen. Ich musste jedoch meine Wahl treffen, und ich habe mich dafür entschieden, nach besten Kräften der Wahrheit zu dienen, selbst wenn meine Schlussfolgerungen bei denjenigen Lesern, die sich mit politischer Korrektheit wohler dabei fühlen, weniger Anklang finden werden.

Da ich meine Wahl getroffen hatte, musste ich einen Weg finden, mein Ziel zu erreichen. Der Stoff umfasst «alles» vom allgemein Bekannten bis zum «Nichtwissbaren». Ich fand es unmöglich, für die verschiedenen Kapitel dieses Buches denselben Ansatz zu verwenden. Nach Jahren von Versuch und Irrtum begann ich von den Meistern der bildenden Künste zu lernen, und ich versuchte, für die verschiedenen Kapitel unterschiedliche Stile zu finden.

Die ersten drei Kapitel sind impressionistisch. Die historischen Fakten sind mehr oder minder Allgemeinwissen, und es besteht kein Grund, sich mit dem Offensichtlichen abzumühen. Einige Pinselstriche im monochromem Sung-Stil genügen, um den Eindruck, die Impression, zu übermitteln. Man nennt den Sung-Stil auch den «Stil ohne Knochen», was bedeutet, dass die Gemälde nicht durch präzise Linienführung definiert sind. Da die Fakten dem Leser wohlbekannt sein dürften, ist es nicht nötig, präzise Erzählungen zu komponieren. Statt dessen ziehe ich Skizzen von Menschen und subjektive Interpretationen von Ereignissen vor.

Historiker könnten sich beispielsweise über mein Portrait von Wallenstein entrüsten. Friedrich Schiller oder Golo Mann haben sicherlich bessere Charakterstudien zu Papier gebracht. Meine Absicht ist es jedoch nicht, die Geschichte eines Individuums zu erzählen, sondern das Elend in Mitteleuropa während einer Kleinen Eiszeit zu schildern. Desgleichen könnten sich meine chinesischen Freunde darüber aufregen, dass ich das Epos der Drei Reiche zur Illustration von Cao-Caos Agrarpolitik verwandt habe; damit habe ich den Reduktionismus scheinbar in ein absurdes Extrem getrieben. Ich dachte jedoch an Monets Gemäldeserie der Kathedrale von Rouen. Monet malte, um eine Impression zu schaffen, und seine Wahrnehmung wurde durch seine Erziehung, seine Persönlichkeit, seinen Platz in der Gesellschaft und zahlreiche andere Faktoren bestimmt. Niemand anders (mit Ausnahme von Kopisten) würde genau dasselbe Bild malen wie er, weil Impressionen niemals genau dieselben sein können; genauso wenig wird jemand die Geschichte des 30-jährigen Krieges oder der Drei Reiche schildern, wie ich es mit breiten Pinselstrichen versucht habe.

Ich habe die ersten beiden Kapitel geschrieben, um einen Punkt deutlich zu machen. Menschen werden gewalttätig, wenn sie in höchster Not sind. Sie rebellierten, sie raubten und plünderten, und sie führten Kriege um Besitz. Die Verzweiflung kam während der beiden jüngsten kleinen Eiszeiten über sie. Die Fakten sprechen eine klare Sprache, und es besteht keine Notwendigkeit, die ins Auge springende Wahrheit zu verbiegen. Natürlich geschah in diesen Jahren auch vieles andere, aber dieses Buch beschäftigt sich lediglich mit dem Einfluss des Klimas auf die Wanderbewegungen von Völkern.

Das Schreiben des dritten Kapitels ist ähnlich wie Monets letzte Seerosenbilder konzipiert: Es scheint diesen Bildern voller Dunst und Konfusion an Schärfe zu fehlen. Meine Frau Christiane war zunächst irritiert, dass ich so viele Menschen und Plätze aufzählte:

Die Megalithenbauer von Abu Dhabi, die Beduinen der Arabischen Halbinsel, die

Xia in Ningxia, die Qiang in Tibet, die türkischen Seldschuken und Ottomanen aus Mittelasien, die Yins, die Liaos und die Mongolen aus Sibirien und der Mongolei, die Slawen aus Russland, die Alemannen, die Franken und die Sachsen aus Deutschland, die Wikinger aus Schweden, Norwegen und Dänemark, und so weiter, und so weiter. Ich habe über ihre Eroberungszüge geschrieben und dabei ein halbes Dutzend Jahrhunderte Geschichte von Dutzenden von Völkern aus Dutzenden von Ländern gestreift.

«Ist das nicht allzu verwirrend? Prunkst du da nicht mit deinem enzyklopädischen Wissen?»

«Ja, es ist verwirrend, aber ich prunke nicht. Als ich meine Idee, dass das mittelalterliche Klimatische Optimum gleichzeitig das Zeitalter der Wikinger war, zum ersten Mal vorstellte, hat man mir vorgeworfen, ich betriebe anekdotische Wissenschaft. Ja, es gab eine Bevölkerungsexplosion in Skandinavien, und die Wikinger gingen auf Raubzug. Aber wir sollten nicht verallgemeinern, sagen sie. Wir können nicht nur die Wikinger herausgreifen, um etwas zu belegen.»

Daher habe ich dieses verwirrende Kapitel geschrieben: Ich wollte ein Gefühl dafür vermitteln, dass die Wikinger nur ein Phänomen ihrer Zeit waren; sie waren keine Ausnahme. Das Kapitel mag verwirrend erscheinen, weil das Zeitalter der Eroberungen ein Zeitalter der Verwirrung war. Jedermann war getrieben von Besitzgier, jedermann wollte teilhaben, seien es die Megalithenbauer von Abu Dhabi, die Beduinen der Arabischen Halbinsel, die Xia oder die Qiang in Tibet, die türkischen Seldschuken, die Yins, die Liaos, die Mongolen, die Manschu, die türkischen Ottomanen, die Slawen, die Alemannen, die Franken, die Sachsen, die Wikinger aus Schweden, Norwegen und Dänemark, und so weiter. Ich mache Ihnen keinen Vorwurf, wenn Sie sich nicht all die Namen, all die Plätze und all die Ereignisse merken können. Ich erwarte es nicht einmal von Ihnen. Aber ich habe mein Ziel erreicht und meine Botschaft übermittelt, wenn Sie einen Eindruck von 600 Jahren Konfusion, Kriegen, Besitzgier und Eroberungen bekommen haben.

Im Gegensatz zum impressionistischen Beginn sind die Kapitel 4 bis 6 im Renaissancestil gehalten. Ein Renaissancegemälde ist das, was vor Erfindung der Photographie einem wirklichkeitsgetreuen Abbild am nächsten kommt. Der berühmte Bildhauer Michelangelo arbeitete die menschliche Anatomie perfekt heraus, und Raphael war ein Meister der perspektivischen Darstellung. Die Renaissancekünstler beherrschten die Technik der dreidimensionalen Darstellung auf Papier. Sie konnten sogar noch mehr. Leonardo da Vinci schenkte uns die Mona Lisa.

Was einen Fra Angelico von einem Rembrandt unterscheidet, ist jedoch nicht der

Realismus, sondern die Objektivität der Darstellung. In Rembrandts Anbetung der Heiligen drei Könige steht das Jesuskind im Mittelpunkt des Interesses. Das optische Zentrum, getaucht in strahlendes Licht, konzentriert sich auf das Kind. Maria und die anbetenden drei Könige leuchten im Widerschein. Die anderen, weniger wichtigen Personen, die mehr oder minder unscharf dargestellt sind, verschwinden irgendwo im dunklen Hintergrund. Fra Angelico lässt hingegen jedermann und allem im Bild dieselbe Liebe zum Detail, dieselbe Sorgfalt bei der malerischen Ausgestaltung zukommen: dem Jesuskind, Maria, Josef, den Königen, den Schafhirten, Kuh und Esel, Schaf, Stall und Heu.

Um die wissenschaftlich komplexe und politisch sensible Kontroverse über den Ursprung der Indogermanen zu entscheiden, würden Impressionen allein nicht genügen. Behauptungen allein würden als eine Übung in polemischer Subjektivität abgetan werden. Die Leser wollen mehr als Impressionen: Sie wollen wissen, was dort im dunklen Hintergrund vor sich geht. Sie wollen wissen, ob man sie in seiner Leidenschaft überzeugt oder etwas verborgen hat. Eine präzise Analyse der Anatomie ist unverzichtbar, und man muss die Dinge in die richtige Perspektive setzen, um das ganze Bild zu sehen. Objektivität ist notwendig, die Figuren von Helden müssen mit derselben liebevollen Sorgfalt gemalt werden wie die von Schurken. Das ist mein Ansatz, wenn ich vom Arier-Mythos, vom Anti-Mythos und dem neuen Mythos erzähle und analysiere.

Archäologen, Linguisten, Anthropologen oder Biologen könnten sich darüber aufregen, dass ich am Ende nicht beide Möglichkeiten offen lasse: Ich habe ein unzweideutiges Urteil zugunsten eines nordeuropäischen Ursprungs der Indogermanen abgegeben. Von Wissenschaftlern erwartet man, dass sie sich weniger stark festlegen und sich alle Wege offen halten. Das kann ich nicht, weil ich eine Theorie der Geschichte der Völker formuliere. Es kann alle möglichen ad hoc-Erklärungen geben, jedoch nur eine einzige «Theorie von allem».

Das Paradigma ist die Theorie des Massenexodus zu Zeiten globaler Abkühlung aus Gebieten mit marginaler landwirtschaftlicher Produktion. Nordeuropa war ein solches Gebiet. Es kam zu Missernten, und die Leute verließen in sämtlichen kleinen Eiszeiten ihre Heimat. Wir haben ihren Exodus während der letzten beiden kleinen Eiszeiten verfolgt – die koloniale Immigration und Wanderungen der germanischen Völker. Die Theorie einer nordeuropäischen Heimat für die Arier ist die einzige Theorie, die mit diesem Paradigma vereinbar ist. Als sich das Klima gegen Ende des dritten Jahrtausends v. Chr. verschlechterte und die Temperaturen fielen, verließen die Nordländer ihr Zuhause; sie zogen nach Süden (und Osten), um nach einem Platz an der Sonne zu suchen.

Eine noch andere Technik habe ich angewandt, um die Kapitel 5, 7 und 8 zu schreiben. Es sind keine kreativen Kunstwerke, sondern die Vermutungen eines Restaurateurs, der versucht, ein byzantinisches Mosaik wiederherzustellen, von dem allzu wenige Mosaiksteinchen erhalten geblieben sind. Ich musste vernünftige Vermutungen anstellen, denn wir wissen nur wenig über die Neandertaler, die Urnenfeld-Menschen oder über die Anazasi, Mayas und Inkas. Ein Velikovsky oder ein Erich von Däniken würde zu wilden Spekulationen Zuflucht nehmen. Wissenschaftlern sind jedoch Grenzen gesetzt, die ihnen von Disziplinen wie Linguistik, Archäologie, Anthropologie, Genetik und Paläoklimatologie auferlegt werden. Es gibt für den Restaurator jedoch eines, was ihn rettet: All die Mosaiksteinchen, unvollständig, wie sie sind, müssen zusammenpassen, um dieses eine Bild, dieses Paradigma zu schaffen. Es ist nicht Aufgabe des Restaurators, das Bild vollständig wiederherzustellen, wenn viele Teilchen verloren sind. Sein Job ist es, ein «breites Bild», eine Arbeitshypothese aufzustellen. Andere Leute, die den Stil des Bildes (d.h. die verschiedenen Stränge der Beweisführung) kennen, können die fehlenden Teile ergänzen.

Schließlich und endlich haben ich mich subjektiven Interpretationen hingegeben. Als ich die letzten vier Kapitel des Buches schrieb, nahm ich mir die Freiheit, Maler des Expressionismus zu imitieren. Ich dachte an einen byzantinischen Christus oder an eine gotische Madonna. Ich war inspiriert von einer tief religiösen Sensibilität, inspiriert von einem Meisterwerk, das man nicht in Worte fassen kann – da ist dieses naive Streben, dieses mystische Einfühlungsvermögen. Wenn man eine byzantinische Maria oder eine gotische Madonna betrachtet, sieht man kein düsteres Portrait, dessen einzelne Teile alle außer Proportion sind. Man sieht nur die Frömmigkeit, die Reinheit, die Liebe, die sich nicht in Worten ausdrücken lässt. Ich will nicht behaupten, ich hätte diesen Gipfel der Subjektivität mit meinem Schreiben erreicht. Ich habe nur versucht, eine Botschaft zu übermitteln: Da ist diese subjektive Überzeugung, dass das Klima der Antriebsmechanismus war. Da ist diese subjektive Überzeugung, dass Besitzgier dominiert hat, wenn die globale Erwärmung ein Segen für die Menschheit hätte sein können. Da ist diese subjektive Überzeugung, dass «Gaia, die Mutter Erde, es schon richten wird». Da ist diese subjektive Überzeugung, dass Helios, der Vater Sonne, letztlich über das Schicksal der Menschheit entscheidet. Da ist auch diese Subjektivität, diese Ergebenheit in die Idiosynkrasien des Schicksals, in die Unausweichlichkeit der fraktalen Geometrie. Diese emotionalen Betrachtungen sind weder reine Wissenschaft noch reine Geschichte, sondern eine subjektive Analyse eines Menschen mit dem religiösen Glauben, dass Gaia, Helios oder Gott überdauern werden.

Ich habe mich nicht dieser Orgie von Vergleichen mit den bildenden Künsten hingegeben, um die Oberflächlichkeit meines Wissens offen zu legen. Ich schrieb, um der Irritation der Leser und dem Zorn der Kritiker zuvorzukommen. Ich kann nur hoffen, dass sie freundlich mit mir umgehen werden. Vielleicht können sie sich dem Werk mit Aufgeschlossenheit und Toleranz nähern. Ich kann nur hoffen, sie erwarten kein detailliertes Portrait, wenn menschliche Figuren als Symbole skizziert werden, um eine Form von Religiosität auszudrücken. Ich kann nur hoffen, sie erwarten sie keine renaissancene Perfektion, wenn nicht mehr als gotischer Formalismus erreichbar ist. Ich kann nur hoffen, ihnen sträuben sich nicht vor Ärger die Haare, wenn die Subjektivität des Expressionismus für sie zu stark wird. Ich kann nur hoffen, sie verstehen, dass die offenbarten Emotionen nicht das Wüten eines jungen Emporkömmlings widerspiegeln, sondern eines der letzten Gemurmel eines gebrechlichen alten Mannes.

Beim Schreiben dieses Buches haben mich viele Menschen unterstützt. Besonders möchte ich meiner Frau Christine und meinem jüngsten Sohn Peter danken. Sie litten während vieler Abendessen, wenn ich sie immer wieder mit meinen polemischen Ansichten langweilte. Ich möchte auch meinem Freund Kerry Kelts danken, einem früheren Studenten, der mich mehr lehrte als ich ihn. Überdies gilt mein Dank Daniel Gish, Aldo Matteucci, Al Traverse, William Wang und mehreren anderen Freunden, die Teile oder das ganze Manuskript gelesen haben; ihre Kritik hat zur Verbesserung des Textes beigetragen. Ich widme dieses Buch meiner Schwägerin Anna. Sie starb im Alter von 68 Jahren an Krebs, ohne dass sie je gewusst hätte, was Besitzgier ist.

Anmerkungen

Kapitel 1

[1] Das Epos ist in den Fakten recht genau, aber die Interpretation weicht von der offiziellen Geschichtsschreibung ziemlich ab; *The Books of Wei, Su and Wu,* geschrieben von Chen Su im dritten Jahrhundert (5 Bände, Nachdruck 1959 durch Hsin-Hua, Peking).

[2] Chen Sou a.a.O. S.3–4.

[3] Chen Wen-Teh, *History of Cao-Cao,* National Central Library Publications (2 Bände), Taipeh, Taiwan,1991, S. 19.

[4] Professor Arthur Chen von der Sun-Yat Sen-Universität, Kaoshiung, irrte sich, aber er korrigierte sich auch schnell und erkannte die äolische Herkunft der beiden weißen Bänder: *The Secret of Dagui Lake,* in Sience Monthly (Chinesisch), Taipeh, Taiwan, Heft 29, 224–230, 306–311, 412–418.

[5] Mein Freund Aldo Matteucci beschwerte sich nach dem ersten Durchlesen über die vielen chinesischen Namen. Ich habe seine Kritik berücksichtigt und nur zwei in diesem Kapitel belassen. Individuen sind in der Regel in einer Geschichte der Zivilisationen nicht bedeutsam. Auch andere Generale mit dem Namen Cao hätten agieren können, und auch andere frustrierte Intellektuelle hätten Li heißen können. Cao-Cao und Li Zicheng stehen nur für politische und militärische Führer wie Wallenstein oder Götz von Berlichingen.

[6] Es gibt eine Reihe von historischen Hinweisen zum Klima in China. Die chinesische Regierung plant eine grundsätzliche Studie dazu. Die schon bekannten Unterlagen habe ich verwendet; sie sind zusammengefasst in: Liu Shaoming, *Climatic changes in Chinese History,* Commercial Press, Taipeh, 1980.

[7] *Glacier Fluctuations during the Holocene* ist eine Sonderausgabe, die vom «Project 16 on European Paleoclimate and Man» der European Science Foundation herausgegeben wurde (Verlag G. Fischer, Stuttgart, 1997). Sie enthält einige ausgezeichnete Zusammenstellungen zur Klimageschichte der der letzten 10 000 Jahre.

[8] U. Schotterer, *Climate – Our Future,* Kümmerli & Frey, Bern, 1990. Der Band enthält eine kurze Einführung zum Thema Kleine Eiszeit sowie andere wichtige Aspekte zu klimatischen Auswirkungen auf unsere Gesellschaft.

[9] Ponte, Lowell, *The Cooling,* Prentice Hall, Englewood Cliffs, NJ, 1976, S. 78.

[10] D.B. Grigg, *Population Growth and Agrarian Change – A historical Perspective,* Cambridge University Press, Cambridge, 1980. Der Band liefert viele wichtige statistische Daten zum Verhältnis Klima und landwirtschaftlicher Produktion – und indirekt auch zum Verhältnis Klima und Gesellschaft.

[11] Ponte, Lowell, a.a.O.

[12] G.L. Beer, *The Origins of the British Colonial System,* Peter Smith, Glouchester, Mass., 1959.

[13] G.L. Beer, a.a.O., Seite 41 (Petitionen an das Britische Parlament).

[14] Griggs, op. cit.

[15] Liu Shaoming, *Climatic Changes in Chinese Historical Records,* Taiwan Commercial Press, 1970

[16] «Dust bowl» ist ein amerikanischer Ausdruck für die winddurchzogenen Regionen des amerikanischen Mittelwestens. Das Getreide kann auf den vertrockneten Böden nicht wachsen, weil es zu wenig Niederschläge gibt. Der Boden ist mit Staubpartikeln bedeckt, die kräftige Winde herbeigetragen haben. Der Begriff wird hier auch für die chinesische Zentralebene während der Kleinen Eiszeiten verwendet, weil hier ähnliche Bedingungen herrschten.

2. Kapitel

[1] Hsü ist ein phonetischer Ausdruck, der zu einigen chinesischen Familiennamen gehört.

[2] Sze-Ma Qien, *Geschichte Chinas* (aus dem elften Jahrhundert), übertragen ins moderne Chinesisch von Bei Yang, Band 25, S. 103, Yuan-Liu Publishers, Taipei, o. J.,

[3] ebenda, S. 106.

[4] Liu Shaoming, *Climatic Changes in Chinese History*, Commercial Press, Taipei, 1980

[5] Namen sind schwer zu merken, und in der Regel sind sie für eine Menschheitsgeschichte auch nicht wichtig. Deshalb folgte ich dem Rat meiner Frau und ließ nur wenige Namen im Text. Wo präzise Angaben ratsam erscheinen, werden sie in den Anmerkungen genannt werden. Aetius, der Name des römischen Generals, ist ein Name, den man sich durchaus merken darf.

[6] Ich berufe mich bei diesen Zeilen besonders auf Herwig Wolfram, *History of the Goths* (UC Press, Berkeley, 1988). Wolfram hat viele antike Quellen ausgewertet, unter anderen Cassiodors *Origo Gothica*.

[7] Tacitus, *De origin et situ Germanorum*, übersetzt *Germania* (durch C. Woyte), Reclams Universalbücherei Nr. 276.

[8] Gaius Iulius Caesar, *Der Gallische Krieg. De bello gallico*, Artemis/Patmos, Düsseldorf, 2000.

[9] Robert Bridges zog einmal den Vergleich zwischen dem Zweiten Kreuzzug und den Lemmingen. Treffender wäre der Vergleich zwischen den Wanderbewegungen der Goten und der Lemminge. Viele Kreuzzugteilnehmer kehrten heim, die Goten nicht. Abgesehen von einigen hier nicht zu behandelnden Phänomenen im Zusammenhang mit den Lemmingen lässt sich aber eins generell beobachten: Praktisch keiner der Emigranten kehrt in die Berge oder in die höheren Lagen zurück. Und nach einem oder zwei Jahren sind so gut wie alle tot. Ein kleinerer Teil der verbliebenen Population bleibt in den höheren Regionen, der Kern weiterer «Wellen» von Lemmingen stirbt ebenfalls in den niedrigeren Zonen. Siehe auch Charles Elton, *Voles Mices and Lemmings*, S. 214, Wheldon and Wesley, New York, 1965.

[10] Zu römischer Zeit waren die Germanen wahrscheinlich nicht in der Lage zu heuen. Im Winter blieben die Viehherden frei. Während einer Kleinen Eiszeit war es für das Vieh schwierig, auf dem vereisten, schneebedeckten Boden Nahrung zu finden – Viehwirtschaft wurde deshalb in Nordeuropa zu einem Ding der Unmöglichkeit.

[11] Ich beziehe mich hier auf folgende Quellen: Dieter Geunisch, *Geschichte der Alemannen*, Kohlhammer, Stuttgart, 1997; Siegfried Junghans, *Sweben, Alamannen und Rom,* Theiss, Stuttgart, 1986; Karlheinz Fuchs et. al., *Die Alamannen*, Landesmuseum Baden-Württemberg, Stuttgart, 1997.

[12] Huntington war einer der Ersten, die über die klimatische Auswirkungen auf die Zivilisationsgeschichte nachdachten (*Civilization and Climate*, Yale University Press, New Haven, 1915). Er bemerkte, Zivilisationen neigten in einem 600-jährigen Zyklus zu Aufstieg und Zusammenbruch (in seinem Werk schrieb er von einem 1200-jährigen Zyklus). Schlechte klimatische Verhältnisse führten zu geradezu nomadischen Ausbrüchen, wie an den Wanderungsbewegungen der Hunnen erkennbar sei.

Kapitel 3

[1] Stephen Burns, Albert Matter und andere haben kürzlich einen Artikel in Geology (26, 1998, 499–502) veröffentlicht, der geholfen hat, die klimatischen Veränderungen auf der arabischen Halbinsel besser zu verstehen.

[2] Ich erhielt diese Information von Charles Perry, nachdem der erste Entwurf des Manuskripts fertig gestellt war. Seine Kollegen vom U. S. Geological Survey, die das Klima der Vergangenheit erforschen, haben festgestellt, dass es nach 2000 v. Chr. im Gebiet von Al Ain in den Vereinigten Arabischen Emiraten zunehmend trockener wurde. Später besuchte ich die exzellenten archäologischen Museen in den Vereinigten Arabischen Emiraten. Wie Archäologen vor Kurzem festgestellt haben, war die Wüste während vier warmer und feuchter Epochen bewohnt: während des Neolithikums (Jung-

steinzeit) vor dem 4000-v.u.Z.-Ereignis, während der Bronzezeit vor dem «Zeitalter der Dunkelheit» des Mittleren Ostens, während der Eisenzeit vor Christi Geburt, und während des Islamischen Zeitalters vor der Kleinen Eiszeit. Die klimatische Geschichte der Vereinigten Arabischen Emirate ist daher mit den globalen Veränderungen anderswo in der Welt korreliert.

[3] Der zweite Kalif war Omar I. (634–644 n. Chr.), und sein Nachfolger war Othman (644–656 n. Chr.). Diese und andere Namen sind im Text weggelassen, um die Lesbarkeit zu erhöhen.

[4] siehe Uvarov, Boris, *Grasshoppers and Locusts,* Cambridge Univ. Press, Cambridge, 1966, S. 481 ff.

[5] Die Xi Xia-Nekropole westlich von Yinchuan ist kürzlich ausgegraben worden, siehe An Jin-gui (Hrsg.), *The Chinese Archaeology,* Xinhua Publishers, Shanghai, 1992, S. 768 ff.

[6] Beim Schreiben dieses Abschnitts der Geschichte von Sinkiang habe ich mich stark auf die beiden von Victor Mair herausgegebenen Bände *The Bronze Age* und *Early Iron Age Peoples of East Central Asia* (Institute for the Study of Man, Washington DC, 1998, S. 899 ff.) gestützt, ebenso auf eine chinesische Monographie über die Geschichte und Archäologie von Lop Nor (Scientific Publishers, Peking, 1987, S. 325 ff.)

[7] Der Untergang von Loulan war ein Rätsel. Paläobotanische Studien sprechen dafür, dass das Klima von Takla Makan schon vor Ankunft der Loulan-Menschen ziemlich arid war. Im Pfauen-Fluss gab es Wasser, das von den Tianshan-Bergen kam, und es gab Wasser in Lop Nor. Der Wasserspiegel des Sees schwankte jedoch stark. Lop Nor war um die Zeit von Christi Geburt ein Süßwasser-See. Als im 1. Jahrhundert n. Chr. die Kleine Eiszeit begann, trocknete der See aus. Rund 2000 Jahre später, zu Beginn des 20. Jahrhunderts, als der amerikanische Geograph Ellsworth Huntington und der schwedische Forschungsreisende Sven Hedin diese Gegend erkundeten, war Lop Nor wieder ein Brackwassersee. Heute erstreckt sich dort eine ausgetrocknete Salzwüste, eine für Menschen äußerst lebensfeindliche, unbewohnbare Umgebung.

Da wir wissen, dass die Loulan-Menschen seit 2000 v. Chr. in dieser Region ansässig waren und eine oder zwei Kleine Eiszeiten überstanden hatten, ist es rätselhaft, warum die eine Trockenperiode um 330 v. Chr. sie vertrieben haben sollte. Meine chinesischen Freunde sehen ein anthropogenes Element in der Zerstörung von Loulan. Das Klima besserte bzw. verschlechterte sich in den drei Jahrtausenden seit der ersten Ankunft der Indo-Germanen von Zeit zu Zeit, doch die Siedler konnten sich nach besten Fähigkeiten anpassen. Die Harmonie mit der Natur wurde jedoch zur Zeit der Han-Dynastie durch die Ankunft der Chinesen gestört. Die Chinesen lehrten die Anwohner die Kunst der künstlichen Bewässerung. Dank der Bewässerungsregulierung des Pfauen-Flusses verwandelte sich Wildnis in fruchtbares Ackerland, und die Zahl der Einwohner am Fuß des Tianshan-Gebirges nahm zu. Im Zeitalter des Klimatischen Optimums, als die Loulan-Menschen im Delta-Gebiet immer noch zurechtkamen, gab es reichlich Schmelzwasser. Doch gegen Ende des 2. Jahrhunderts n. Chr. setzte eine globale Abkühlung ein. Die Tianshan-Gletscher wuchsen wieder, und die Schmelzwasserrinnsale wurden von den Bauern stromaufwärts zur Bewässerung gebraucht. Der Pfauen-Fluss wurde trocken, und der Lop Nor-See trocknete aus.

Die Geschichte hat sich offensichtlich wiederholt, auch wenn wir gerade aus einer Kleinen Eiszeit kommen und uns auf ein Klimatisches Optimum zu bewegen. Wieder ist die Verwendung von Wasser zur künstlichen Bewässerung der Schlüsselfaktor, der den Wasserstand des Lop Nor-Sees beeinflusst. In den ersten Jahrzehnten des 20. Jahrhunderts herrschte in Sinkiang politisches Chaos, und es wurde wenig Landwirtschaft und noch weniger künstliche Bewässerung betrieben. Das Wasser des Pfauen-Flusses gelangte wieder in den Lop Nor-See, und Sven Hedin konnte Loulan in einem Ruderboot erkunden. Nach der Revolution von 1949 trocknete der See jedoch wieder aus; als das Wasser des Pfauen-Flusses erneut für die Landwirtschaft benutzt wurde, verwandelte sich Lop Nor wieder in eine Salzwüste.

[8] D. B. Griggs Werk über *Population growth and Agrarian change – A historical perspective* (Cambridge University Press, Cambridge, 1980, S. 340 ff.) hat einen großen Teil der statistischen Daten geliefert, auf die sich die Diskussion über Populationswachstum in diesem Abschnitt stützt.

[9] Sagang Secens *Geschichte der Mongolen und ihres Fürstenhauses* wurde 1817 von I. J. Schmidt ins Deutsche übersetzt (Manesse-Verlag, Zürich, o.J., 701 ff.).

[10] Die Daten stammen aus Reiseführern, wie *Sachsen-Anhalt* (von N. Eisold und E. Lautsch, Dumont, Köln, 1991, 496 ff.) etc. und sind in einigen Fällen durch lokale Information bestätigt worden.

[11] Temperley, H.W.V., *History of Serbia,* Howard Fertig, New York, 1969, S. 359 ff.

[12] Fischer, P.R., Schläpfer, W. und Stark, F., *Appenzeller Geschichte,* Band 1, Schoop, Urnäsch, 1964, S. 620 ff.

[13] Cohat, Y., *The Vikings,* Thames and Hudson, London, 1987, 175 ff.

[14] Churchill, Winston, *The History of the English-Speaking People,* Bd. 1, Bantam Books, New York, 1956, S. 388 ff.

[15] siehe Jones, G., *A History of the Vikings,* Oxford Univ. Press, Oxford, 1968, 504 ff.

Kapitel 4

[1] von Humboldt, Wilhelm, *Über die Verschiedenheit des menschlichen Sprachbaues und ihren Einfluss auf die geistige Entwicklung des Menschengeschlechts,* 1836, Schöningh, Paderborn, 1998

[2] Es gibt unterschiedliche Kriterien, um die Qualität einer Sprache zu beurteilen. Moderne Linguisten ziehen es vor, kein Werturteil zu fällen (siehe John Lyons, *Chomsky,* FortanaPress, London, 1991, S. 247 ff.) Über die Ähnlichkeit der chinesischen Grammatik mit gebeugten Sprachen siehe meine Diskussion in Kapitel 5.

[3] Pictet, A., *Les origines indo-européens,* Sandoz et Fischbacker, Paris, 1877.

[4] Schrader, Otto, *Prehistoric Antiquities of the Aryan Peoples,* Scribner & Welford, New York, 1890.

[5] Herman Hirts Habilitationsschrift aus dem Jahre 1892 *Ueber die Urheimat der Indogermanen* war die Basis seines Artikels *Die Heimat der Indogermanischen Völker und ihre Wanderungen,* in *Indogermanica,* Forschungen über Sprache und Geschichte Alteuropas, Niemeyer Verlag, Halle, 1940, 56–76.

[6] Der Ursprung des Wortes *sea* (deutsch die See, das Meer) ist umstritten; das Wort könnte von *saiwos* abgeleitet sein, ein Begriff, der etwas Aufregendes oder Beunruhigendes beschreibt. Gleichzeitig gab es ein indogermanisches Wort für Brackwasser, um die ruhigen, brackischen Wasserkörper in der Nähe der Siedlungen zu beschreiben.

[7] Kossinna, G., *Die indogermanische Frage archäologisch beantwortet,* Zeitschrift f. Ethnologie 34, 1902, S. 161–222, Reprint in Anton Scherer, *Die Urheimat der Indo-Germanen,* Wiss. Buchgesellschaft, Darmstadt, 1968, S. 5–109.

[8] Childe, Gordon, *The Aryans,* A. Knopf, New York, 1926.

[9] Childe, wie oben zitiert.

[10] Trubetskoy, N. S., 1939, *Gedanken ueber das Indogermanenproblem.* Reprint in Anton Scherer, *Die Urheimat der Indo-Germanen,* Wiss. Buchgesellschaft, Darmstadt, 1968, S. 305–311.

[11] Renfrew, Colin: *Archaeology & Language: The puzzle of Indo-European Origins.* Cambridge, Cambridge University Press, 1987, 346 ff.

[12] Childe, wie oben zitiert.

[13] Childe, wie oben zitiert.

[14] Kilian, Lothar, *Zum Ursprung der Indogermanen,* Habelt, Bonn, 1988, S. 184 ff., und Häusler, A., *Ockergrabkultur und Schnurkeramik,* Jahresschr. f. Mitteldeutsche Vorgeschichte, Bd. 47, 1963, S. 157 ff.

[15] M. Gimbutas wichtige Artikel wurden in einem Sammelband veröffentlicht: *The Indo-Europeanization of Northern Europe.* J. Indo-Eur. Studies, Monograph 18, 1997, S. 404 ff.

[16] Maria Gimbutas in M. R. Dexter, K. Jones-Bley und M. E. Huld (Hrsg.), *The Indo-Europeanization of Northern Europe.* J. Indo-Eur. Studies, Monograph 18, 1963, S. 183.

[17] Maria Gimbutas, wie oben zitiert, S. 25.

[18] Jones-Bley, K. und M. E. Huld (Hrsg.), *The Indo-Europeanization of Northern Europe,* J. Indo-Eur. Studies, Monograph 17, 1996, 362 ff.

[19] Whittle, A., *Europe in the Neolithic,* Cambridge University Press, Cambridge, 1996, S. 138.

[20] Mallory, J. P., *In Search of the Indo-Europeans,* Thames and Hudson, London, 1989, S. 185.

[21] Herm, G., *Die Kelten,* Cosy Verlag, Salzburg, 1996, S. 438 ff.

[22] Hayden, Brian: *Archaeolog,* Freeman, New York, 1993, S. 343.

[23] Mann, Stuart, *The Cradle of the Indo-Europeans: Linguistic Evidence,* in *Man,* 43, 1943, S. 74–85, Reprint in Anton Scherer, *Die Urheimat der Indo-Germanen,* Wiss. Buchgesellschaft, Darmstadt, 1968, S. 224–255.

[24] Renfrew, wie oben zitiert.

[25] Childe, wie oben zitiert.

[26] Theime, P., *The Indo-European language,* Scientific American, 215 (9), 1958, S.63–74.

[27] Diebold, A.R., *The evolution of Indo-European nomenclature for Salmonid fish,* J. Indo-Eur. Studies, Monograph 5, 1985, 66 ff.

[28] Mann, Stuart, wie oben zitiert.

[29] Whittle, A., wie oben zitiert, S. 285.

[30] Swadesh, Morris, *The Origin and Diversification of Language,* Routledge and Kegan Paul, London, 1960, S. 350 ff.

[31] Wang, W.S.Y., in Victor Mair (Hrsg.), *The Bronze Age and Early Iron Age Peoples of East Central Asia,* Institute for the Study of Man, Washington DC, 1998, S. 526.

[32] van der Sanden, W.A.B, *Bog bodies on the Continent,* in: R.C.Turner & R.G. Scaife (Hrsg.), *Bog Bodies,* British Muesum Press, London, 1995, S. 146–165.

[33] Brondsted, J., *Nordische Vorzeit,* Wachholtz-Verlag, Münster, 1960, S. 339–351.

[34] Kossinna, wie oben zitiert.

[35] Kilian, wie oben zitiert, S. 97.

[36] K. Jones-Bley in: K. Jones-Bley und M. E. Huld (Hrsg.), *The Indo-Europeanization of Northern Europe,* J. Indo-Eur. Studies, Monograph 17, 1996, S. 89–107.

[37] Wilhelm, Gernot, *The Hurrians,* Aris & Philips, Warminster, 1994, S. 4.

[38] Meyer, Ernst, 1946, *Die Indogermanenfrage,* Reprint in Anton Scherer, *Die Urheimat der Indo-Germanen.* Wiss. Buchgesellschaft, Darmstadt, 1968, S. 256–287. Der Grund, dass sich Kordelware nicht bis auf den Balkan, nach Anatolien oder Nordwest-China ausbreitete, könnte mit einem Unterschied in der Vegetation zusammenhängen. Schnüre, die in der überfluteten Siedlung bei Horgen, Schweiz, gefunden wurden, sind vermutlich aus Eichenrinden- oder Lindenrindenfasern hergestellt worden. Es ist fraglich, ob solche Bäume unter den klimatischen Bedingungen, die um 2000 v. Chr. herrschten, auf dem Balkan, in Anatolien oder im Nordwesten von China gediehen.

Kapitel 5

[1] Sidrys, R.V., in: K. Jones-Bley und M. E. Huld (Hrsg.), *The Indo-Europeanization of Northern Europe,* J. Indo-Eur. Studies, Monograph 17, 1996, S. 330–349.

[2] Siehe Diskussion bei R. V. Sidrys, wie oben zitiert, S. 333.

[3] Stringer, C. und Gamble, C., *In Search of the Neanderthals,* Thames and Hudson, London, 1993, S. 247 ff.

[4] Guilaine, J. (Hrsg.), *The World of Early Man,* Facts on File, New York, 1986, S. 192 ff.

[5] Guilaine, J., wie oben zitiert.

[6] Stringer, C. und Gamble, C., wie oben zitiert.

[7] Stringer, C. und Gamble, C., wie oben zitiert.

[8] Stringer, C. und Gamble, C., wie oben zitiert.

[9] Jia Lanpo und Huang Weiwen, *The Story of Peking Man,* Oxford Univ. Press, Oxford, 1990, S. 270 ff.

[10] Guilaine, J., wie oben zitiert., S. 48.

[11] Weidereich, Franz, *A Study of Pre-Historic China,* The Commerical Press, Shanghai, 1948.

[12] Jia Lanpo und Huang Weiwen, *The Story of Peking Man,* Oxford Univ. Press, Oxford, 1990, S. 99–100.

[13] Ich habe zahlreiche Artikel und ein Buch (*The Great Dying,* Harcourt Brace and Jovanovich, 1986, S. 281 ff., deutsch, *Die letzten Jahre der Dinosaurier,* Basel, Birkhäuser, 1990) geschrieben, um meine Argumente darzulegen, dass Charles Darwin keine wissenschaftliche Theorie vorlegen konnte, um das Aussterben von Arten zu erklären. Evolution ist die Geschichte des Lebens auf Erden. Diese Geschichte wird auf der Grundlage dokumentarischer Beweise rekonstruiert. Die Geschichte des Lebens auf Erden muss durch Fossilien dokumentiert werden. Es gibt keine wie auch immer gearteten fossilen Belege für die Ausrottung einer biologischen Art durch eine andere Art, bis Homo sapiens des Weges kam. Die Darwinistische Theorie vom Aussterben via Auslöschung durch neu evoluierte Verwandte ist eine Behauptung – eine Paraphrase der Malthusianischen Philosophie. Darwin hat weder wissenschaftliche Argumente noch wissenschaftliche Belege für diese Behauptung beigebracht.

[14] siehe Stringer, C. und Gamble, C., wie oben zitiert, S. 196.

[15] Jacobs, K., Wyman, J. M. und Meiklejohn, C. in: K. Jones-Bley und M. E. Huld (Hrsg.), *The Indo-Europeanization of Northern Europe,* J. Indo-Eur. Studies, Monograph 17, 1996, S. 285–305.

[16] Burenhult, G., *Image making in Europe during the Ice Age,* in: G. Burenhult (Hrsg.), *The First Humans,* San Francisco, Harper, 1993, S. 100.

[17] Im Vergleich dazu bewegten sich die amerikanischen Indianer sehr viel rascher vom arktischen Nordamerika zur Spitze von Südamerika; sie breiteten sich in nur 1000 bis 2000 Jahren aus.

[18] Guilaine, J., wie oben zitiert, S. 102–103.

[19] Ich schrieb das Manuskript im Jahre 1996. Ich sagte voraus, dass ein halbblütiger Neandertaler einen Sapiens-Kopf und einen Neandertaler-Körper haben sollte. Ich hatte nicht erwartet, dass sich meine Prophezeiung in weniger als drei Jahren bestätigen sollte. John N. Wilford, New York Times Service, publizierte den Artikel *In All of Us, just a Little Neanderthal?* (Steckt in allen von uns ein kleines bisschen Neandertaler?) in der Ausgabe der International Herald Tribune vom 26. April 1999. Joao Zilhao vom Archäologischen Institut in Lissabon fand im Lapedo-Tal in Portugal einen Neandertaler/Cro-Magnon-Hybriden. Das Skelett eines vierjährigen Jungen war zusammen mit Muschelschalenschnüren begraben worden und mit rotem Ocker bemalt. Sein ausgeprägtes Kinn und seine anderen Gesichtsmerkmale sind typisch für einen modernen Menschen. Doch sein gedrungener Körper und seine kurzen Beine sind die eines Neandertalers. Erik Trinkaus, ein Neandertalerexperte, hält den Fund für «den ersten definitiven Beweis einer Mischung zwischen Neandertalern und europäischen frühen modernen Menschen. Das Skelett zeigt, dass sie sich vermischten, untereinander kreuzten und Nachkommen produzierten.» Die letzten Neandertaler lebten vor 28 000 Jahren auf der Iberischen Halbinsel. Der Junge aus dem Lapedo-Tal lebte vor 24 500 Jahren oder rund 100 Generationen, nachdem die letzten reinblütigen Neandertaler ausstarben. Der Junge war nicht das Ergebnis einer seltenen Paarung, sondern ein Abkömmling von Generationen von Neandertaler/Cro-Magnon-Hybriden. Kinder mit einem Sapiens-Schädel wurden geboren, als Kinder mit einem Neandertalerschädel die Geburt nicht überlebten.

[20] siehe Stringer, C. und Gamble, C., wie oben zitiert, S. 89.

[21] Swadesh, Morris, *The Origin and Diversification of Language,* Routledge and Kegan Paul, London, 1960, S. 350 ff.

[22] Greenberg, Joseph, *The Language in the Americas,* Stanford University Press, Stanford, 1987.

[23] Cavalli-Sforza, Luca, Menozzi, P. und Piazza, *The History and Geography of Human Genes,* Princeton University Press, Princeton, 1988.

[24] Der Ursprung der indigenen Amerikaner wurde kürzlich im *New Scientist*, Oktober, 1998, S. 24–28 besprochen.

[25] Wright, J. W., *A History of the Native People of Canada,* Candian Museum of Civilization, Hull, Quebec, 1995, S. 564 ff.

[26] Cassells, E. S., *The Archaeology of Colorado,* Johnson Books, Boulder CO, 1994, S. 325 ff.

[27] Wright, wie oben zitiert, S. 53–68 ff.

[28] Wright, wie oben zitiert, S. 407–448 ff.

[29] Zitiert von W.S.Y.Wang in: Victor Mair (Hrsg.), *The Bronze Age and Early Iron Age Peoples of East Central Asia,* Institute for the Study of Man, Washington DC, 1998, S. 526.

[30] Rhulen, M., *Linguistic Evidence for Human Prehistory,* Cambridge Archaeological Journal, Bd. 5, 1995, S. 265–268. Zwei andere Linguisten, T. Bynon und A. Dolgopolsky, sowie zwei Archäologen, Colin Renfrew und P. Bellwood, lieferten Beiträge zum selben Band, und sie teilen Rhulens Sicht, dass Sprachen einen monogenetischen Ursprung haben.

[31] Diskutiert bei Rhulen, wie oben zitiert, und bei Wang, wie oben zitiert.

[32] Weidereich, Franz, wie oben zitiert.

[33] Clover, I.C., und Higham, C.F.W., *New evidence in early rice cultivation in South, Southeast and East Asia,* in: D. Harris (Hrsg.), *The Origins and Spread of Agriculture and Pastoralism in Eurasia,* Univ. College London Press, London, 1996, S. 41–441.

[34] Soong Yaoliang, *Investigations of Chinese Petroglyphs* (in Chinesisch), Lianjin Publishers, Taipeh, 1998, S. 389 ff.

[35] Soong Yaoliang und Richard Bodman verglichen chinesische Felsenzeichnungen mit denjenigen im pazifischen Nordwesten, siehe Soong wie oben zitiert, S. 85.

[36] Wang, William S-Y., *A linguistic approach to Inner Asian Ethnonyms,* in V. Mair (Hrsg.), *The Bronze Age and Early Iron Age Peoples of East Central Asia.* Institute for the Study of Man, Washington DC, 1998, S. 508–534.

[37] Die archäologischen Untersuchungen über Völker an der Peripherie von China sind in einer ausgezeichneten Monographie zusammengefasst, Wang Min-Ke, *Periphery of Huanxia* (in Chinesisch), Yuncheng Cultures Ltd., Taipeh, S. 459 ff.

[38] Pedersen, Holger, *Linguistic Science in the Nineteenth Century,*. Cambridge, Mass., 1931, siehe auch Veröffentlichungen von Björn Collinder.

[39] Kerns, J.C., *Indo-European Prehistory,* Centeringstage One, Huber Heights, Ohio, 1984, S. 180 ff.

[40] von Humboldt, Wilhelm, *Über die Verschiedenheit des menschlichen Sprachbaues und ihren Einfluss auf die geistige Entwicklung des Menschengeschlechts,* 1836, Schöningh, Paderborn, 1998.

[41] Schleicher, August, 1863, *Die darwinische Theorie und die Sprachwissenschaft,* Weimar, o.J.

[42] Chomsky, A.N., *Syntactic Structures,* Mouton, The Hague, 1958.

[43] Die japanischen Kango-Wörter, die sich die Japaner in historischer Zeit von den Chinese geliehen haben, weisen eine starke Ähnlichkeit mit den ursprünglichen chinesischen Wörtern auf. Streng genommen sind diese Wörter keine echten verwandten Wörter, sondern pseudoverwandte Wörter, denn die Kango-Wörter sind alle in historischer Zeit entlehnt worden. Siehe Wang, William S-Y., *Language and the evolution of Modern Humans,* in: K. Omoto und P.V. Tobias (Hrsg.), *The Origins and Past of Modern Humans – Toward Reconciliation,* 1996, S. 247–262.

[44] siehe R. A. D. Forest, *The Chinese Language,* London, Faber and Faber, o.J., S. 109 ff.
[45] Forest, wie oben zitiert, S. 28.

[46] Swadesh, wie oben zitiert., ff. S. 271–284.

[47] Ruhlen, M., *On the Origin of Languages. Stanford,* Stanford Univ. Press, 1994, S. 342 ff.

[48] Swadesh, wie oben zitiert, S. 271–284 ff.

[49] Hsu, K. J., *Could global warming be a blessing for mankind?,* Terrestrial, Atmospheric, and Ocean Sciences (Taiwan), 7, 1996, S. 375–392.

[50] Rhulen, wie oben zitiert.

[51] Kuehn, H., 1932, *Herkunft und Heimat der Indogermanen,* Reprint in: Anton Scherer, *Die Urheimat der Indo-Germanen,* Wiss. Buchgesellschaft, Darmstadt, 1968, S. 110–116 ff.

[52] Pokorny, J., *Die indogermanische Spracheinheit,* Reprint in: Anton Scherer, *Die Urheimat der Indo-Germanen,* Wiss. Buchgesellschaft, Darmstadt, 1968, S. 375–384.

[53] siehe H. Krahe, *Sprache und Vorzeit,* Quelle & Meyer, Heidelberg, 1954, und A. Toche, *Krahes alteuropäische Hydronymie und die west-indogermanischen Sprache,* Winter, Heidelberg, 1977.

Das offensichtliche Fehlen von nicht-indogermanischen Flussnamen in deutschsprachigen Regionen schließt die Möglichkeit nicht aus, dass Nicht-Indogermanen die Region bewohnten. Es gab in Mitteleuropa eine neolithische Population. Die anthropologischen Befunde, die sich von den körperlichen Merkmalen der so genannten alpinen Rasse herleiten, sprechen für eine Vermischung verschiedener SIPs, darunter frühe indogermanische wie nicht-indogermanische Ankömmlinge.

Illyrische Flussnamen sind in der Schweiz nichts Ungewöhnliches, und ein nicht-indogermanisches linguistisches Substrat ist unter Umständen im illyrischen Substrat einer germanischen Sprache nicht erkennbar.

[54] Killian, Lothar, *Zum Ursprung der Indogermanen,* Habelt, 1988, Bonn, S. 121–153 ff.

[55] Brunner ist von Beruf Mittelschullehrer, doch seine Leidenschaft für Sprache qualifiziert ihn als «Rand-Linguisten». Er hat seine unkonventionellen Ideen in den *Occasional publications of Epigraphic Society,* St. Gallen, Schweiz, im Privatdruck veröffentlicht.

Kapitel 6

[1] Die genauen Angaben über das neuerliche Vorrücken der Gletscher ist umstritten. Der Einfachheit halber habe ich die Dauer von 11 000 bis 10 000 Jahren für die Jüngere Dryas gewählt. Tatsächlich ist diese Zeit charakterisiert durch deutliche klimatische Schwankungen, das Bölling-Zwischenstadium (vor 12 400 bis 12 000 Jahren), die Mittlere Dryaszeit (vor 12 000 bis 11 800 Jahren), das Alleröd-Zwischenstadium (vor 11 800 bis 11 000 Jahren) und die Obere Dryaszeit (vor 11 000 bis 10 300 Jahren). Vgl. W. H. Berger, in: D. W. Müller et al. (Hg.), *Controversies in Modern Geology,* Academic Press, London, 1991, S. 115–132.

[2] Die Seen haben alle eine gewisse Tiefe, sodass eine genügende Lehmaufschwemmung besteht, nachdem der See zugefroren ist. Ebenso bestehen nur geringe Unterschiede der jährlichen Schichten, was eine Warve charakterisiert.

[3] Siehe N. Petit-Maire und J. Riser (Hg.), *Sahara ou Sahel?,* Librairie R. Thomas, Paris, 1983.

[4] Kühn, Herbert, *Der Aufstieg der Menschheit,* Fischer, Frankfurt, 1955, S. 54.

[5] *Word Climate News,* No. 13, Juni 1998, WMO, Genf, 1998.

[6] Ich wurde kürzlich zurechtgewiesen, die Hadley-Zellen transportierten die Luftfeuchtigkeit in die Tropen und Ferrel-Zellen in die nördlichen Breiten. Ich bitte die Leser um Nachsicht, dass ich den Begriff Hadley-Zellen in diesem weiteren Sinn verwende.

[7] Lamb, Hubert H., *The Changing Climate,* Methuen, London, 1966.

[8] Ich stütze mich im Folgenden auf Diamonds Darstellung der Geschichte der afrikanischen Bevölkerung, Jared Diamonds, *Arm und Reich,* Fischer, Frankfurt, 1998. Diamond seinerseits bezieht sich auf Joseph Greenbergs linguistische Arbeit über die frühen Bantu, in: Journ. *African History,* v. 13, S. 189–216

[9] El-Moslimany, A. P., *Evidence of Early Holocene summer precipitation in den continental Middle East,* in: Bar-Yosef, O. und Kr. R. (Hg.), *Late Quaternary Chronology and Paleoclimates of the Eastern Mediterranean,* ASPR Tuscon, Cambridge, 1994, S. 121–130.

[10] COHMAP, *Climatic changes of the last 18000 years, Observations and model simulations,* Science 241, 1988, S. 104–1052.

[11] Stephen Burns, Albert Matter und andere veröffentlichten kürzlich einen Artikel in *Geology* (26, 499–501, 1998), der unser Verständnis über den klimatischen Wandel der Arabischen Halbinsel zu klären vermag.

[12] Vgl. Samuel Kramer, *The Sumerians,* Univ. Chicago Press, Chicago, 1963, S. 163–164.

[13] Ruth Amiran et. al., *Tel Arad – The Canaanite City,* The Israel Museum, Jerusalem, 1994.

[14] Weiss, H., Coury, M. A., Wetterstrom, W., Guichard, F., Senior, F., Meadow R. und Curnow, A., *The genesis and collapse of third millennium north Mesopotamian civilization,* Science 261, 1993, S. 995–1004.

[15] N. H. Dalfes, G. Kukla und H. Weiss, *Third Millennium BC Climate Change and Old World Collapse,* Springer, Heidelberg, 1998.

[16] Stein, B. *A History of India,* Blackwell Oxford, 1998, , S. 50–51.

[17] Jacomet, S., Magny, M. und Burga, C. A., *Die Schweiz vom Paläolithikum bis zum frühen Mittelalter,* Schweiz. Gesellschaft für Ur- und Frühgeschichte, Basel, 1993, S. 53–58.

[18] Konrad Spindler, *The Man in the Ice,* Harmony Books, New York, 1994.

[19] Mair, Victor, *Progress for Project entitled A Study of the Genetic Composition of Ancient Desiccated Corpses form Sinkiang China,* Early China News, 1993, v. 6, S. 4–9. Siehe auch die Aufsätze in: Victor Mair (Hg.), *The Bronze Age and Early Iron Age Peoples of East Central Asia,* 2 Bände, Institute for the Study of Man, Washington, DC, 1998.

[20] Siehe den Aufsatz von Paolo Francalacci über die DNA-Analyse der alten Mumien aus Sinkiang, in: Victor Mair (Hg.), *The Bronze Age and Early Iron Age Peoples of East Central Asia,* Institute for the Study of Man, Bd. 2, S. 537–547, Washington, DC, 1998.

[21] Siehe die Aufsätze von E. J. W. Barber und von Irene Good über das Gewebe zur Bronzezeit und die Bekleidung im Tarim-Becken, in: Victor Mair (Hg.), *The Bronze Age and Early Iron Age Peoples of East Central Asia,* Institute for the Study of Man, Bd. 2, S. 647–670, Washington, DC, 1998.

[22] Siehe den Aufsatz von D. Ringe, T. Warnov, A. Taylor, A. Michailov, *Computational classistics and the position of Tocharian,* in: Victor Mair (Hg.), *The Bronze Age and Early Iron Age Peoples of East Central Asia,* Institute for the Study of Man, Bd. 2, S. 391–414, Washington, DC, 1998.

[23] Siehe E. E. Kuzminas Aufsatz *Cultural connections of the Taim Basin people and pastoralists of the Asian Steppes in the Bronze Age,* in: Victor Mair (Hg.), *The Bronze Age and Early Iron Age Peoples of East Central Asia,* Institute for the Study of Man, Bd. 2, S. 83–93, Washington, DC, 1998.

[24] Alasdair Whittles *Europe in the Neolithic* (Cambridge Univ. Press, 1996) ist eine Fundgrube für Informationen. Eine Menge von Hinweisen zwangen ihn zum Schluss, dass die europäischen neolitischen Kulturen, von der Linearbandkeramik bis zur Schnurkeramik, sich weitgehend vor Ort entwickelten, da unzweifelhaft kontinuierliche kulturelle Übergänge festzustellen sind.

[25] Brian Hayden war früher ein treuer Anhänger von Maria Gimbutus in der indogermanischen Frage. In seinem Buch (op. cit.) schrieb er ein brillantes Kapitel über die megalithische Kultur.

[26] Kossinna, op. cit.

[27] Der Ursprung der Schnurkeramiker wird kontrovers diskutiert. Maria Gimbutus und ihre Anhänger nehmen an, die Kultur der Schnurkeramiker habe ihren Ursprung in der Kultur Kurgans im südlichen Russland. Ihre Annahme wurde klar widerlegt durch L. Kilian und A. Häusler (*Zum Ursprung der Indogermanen,* Haelt, Bonn, S. 92–97). Sie ihrerseits bringen die Schnurkeramikkultur mit den nordischen Völkern des nördlichen Europa während der zweiten Hälfte des dritten Jahrtausends v. Chr in Verbindung. Die Schnurkeramik wurde jedoch, von den Indoeuropäern ins Gebiet von Kurgan eingeführt. Kossinnas detaillierte Untersuchung (1902) weist darauf hin, dass die Schnurkeramik zuerst in Thüringen auftrat und eine Erfindung Rundamphoren-Hersteller in Zentraleuropa war, bevor sie in die nordischen Ländern eingeführt wurde. Schnurkeramikwaren aus Horgen in der Schweiz, um 2700 v. Chr. entstanden, sind sogar noch älter (siehe Whittle, A., *Europe in the Neolithic,* Cambridge Univ. Press, Cambridge, 1966, S. 219).

[28] Berger, W. H., in, D. W. Müller et al. (Hg.), *Controversies in Modern Geology,* Academic Press, London, 1991, S. 115–132.

[29] Whittle, A., op. cit., S. 287.

[30] Einar Ostmo, in, K. Jones-Bley und M. E. Huld (Hg.), *The Indo-Europeanization of Northern Europe,* J. Indo-Eur. Studies, Monograph 17, 1996, S. 23–41.

[31] A. Girininkas, 1996. in, K. Jones-Bley und M. E. Huld (Hg.), *The Indo-Europeanization of Northern Europe,* J. Indo-Eur. Studies, Monograph 17, 1996, S. 42–47.

[32] Kilian, op. cit., S. 33.

Kapitel 7

[1] Reid Bryson und Thomas Murray, *Climat of Hunger,* S. 4, U. Wisc. Press, Madison, 1977.

[2] Vgl. Rhys Carpenter, *Discontinuity in Greek Civilization,* W. W. Norton, New York, 1968.

[3] James, P., *Centuries of Darkness,* S. 313, Jonathan Cape, London, 1991.

[4] Bryson, R., Lamb, H. H. und Donley, D. L., *Drought and the decline of Mycenae, Antiquity* 48, 1974., S. 46–50.

[5] Hermann Hirts Spekulationen über den Zusammenhang zwischen einer Veränderung der Vokale und des Klimas sind in seiner Habilitationsschrift von 1892 enthalten, *Über die Urheimat der Indogermanen* (op. cit.). Hirts Postulat wurde von H. Lüssy (*Umlautprobleme im Schweizerdeutschen,* Huber, Frauenfeld, 1974, S. 80) als ungerechtfertigt verworfen. Antonio Tovar (Die späte Bildung des Germanischen, in: H. Rix, *Flexion und Wortbildung,* Reichert, Wiesbaden, 1975, S. 348–357) betonte die Unsicherheit des Zeitbezugs; Hirt besaß keine gültigen Beweise, linguistische Phänomene auf das Klima zu beziehen.

[6] Ich danke Bas van Geel, mich auf ihren Aufsatz aufmerksam gemacht zu haben, B. v. Geel, O. M. Raspopov, J. van der Plicht und H. Renssen, *Solar forcing of abrupt climate change around 850 calender years BE,* In: B. J. Beiser, T. Palmer und M. Bayley (Hg.), *Natural Catastrophes during Bronze Age civilizations.* BAR International Series, 1998, S. 162–168.

[7] Shi, Y., *The climates and environments of Holocene Megathermal in China.* China Ocean Press, Beijing, 1992.

[8] Siu Shaoming, *Climatic changes in Chinese history,* Commercial Press, Taipeh 1980, S. 45.

[9] Fairbridge, R. W. und Hillaire-Marcel, C., *An 8000-year palaeoclimatic record. Nature,* 268, 1977, S. 413–416. Das einzige Ereignis, welches die Autoren nicht erwähnen, ist jenes vor 4000 Jahren, das von vielen anderen Forschern des Paläoklimas berücksichtigt wird.

[10] S. R. O'Brien, P. A. Mayewski, L. D. Meeker, D. A. Meese, M. S. Twickler und S. I. Whitlow, *Complexity of Holocene climate as reconstructed vom a Greenland ice core, Science* 270, 1995, S. 1962–1964. Ich erhielt die Aufzeichnungen der Analysen von Richard Alley von der Universität von Pennsylvania. Zusätzlich zu den zwei stärksten Staubkonzentrationen in den

Grönlandeiskernen lassen sich weitere Ausschläge in den Jahren 400 n. Chr., 800 v. Chr. und 2000 v. Chr. feststellen. Diese Höhepunkte der globalen Abkühlung entsprechen mehr oder weniger den Ergebnissen, welche ich auf der Basis historischer Beweise gewonnen habe.

[11] Grove, J. M., *The spatial and temporal variations of glaciers during the Holocene in the Alps, Pyrenees, Tatra and Caucasus.* Paläoklimaforschung 24, 1997, S. 95–103.

[12] Jacomet, S., Magny, M. und Burga, C. A., *Klima- und Seespiegelschwankungen im Verlauf des Neolithikums und ihre Auswirkungen auf die Besiedlung der Seeufer,* in: *Die Schweiz vom Paläolithikum bis zum frühen Mittelalter,* Schweiz. Gesellschaft für Ur- und Frühgeschichte, Basel, 1995, S. 53–58.

[13] Die Untersuchungen im Toten Meer haben erst begonnen. Ein vorgängiger Bericht wurde 1997 von Jörg Negendank und seinen Kollegen veröffentlicht (*Naturwissenschaften* 84, S. 298–401). Er beschreibt die zwei Salzschichten, welche von einer Schlammschicht getrennt sind. Radiocarbonuntersuchungen von Proben erbrachten vier Zeitangaben aus der hellenistischen Epoche, sie reichten von 270 v. Chr. bis 135 n. Chr. Von Prof. Negendanks Team dürfen noch genauere und detailliertere Klimaangaben über den Mittleren Osten erwartet werden.

[14] Robert Drews überprüfte historische Fakten zum Ende der Bronzezeit im Mittleren Osten (Princeton Univ. Press, 1993). Er zitiert Merneptahs griechische Karnak-Inschrift, die Hethiter-Tafel RS 18.38, und Herodot. Er betrachtet hingegen die historischen Hinweise als ungenügend, um Carpenters Dürretheorie zu unterstützen. Dagegen postuliert Drews, die Zivilisation der Bronzezeit sei durch eindringende Krieger mit Eisenwaffen zerstört worden. Ich fand jedoch nichts in Drews Tatsachen, die der Dürretheorie Carpenters widersprechen würde.

[15] Carpenter, R., *Discontinuity in Greek Civilization,* Norton (Taschenbuchausgabe), 1968, S. 69.

[16] Peter James machte mich auf den Brauch der Kremation bei den Hethitern aufmerksam, indem er ein Buch von Oliver Gurney zitierte. Diese Information steht meiner Behauptung nicht entgegen, dass Kremation eine allgemeine Praxis in Nordeuropa wurde, kurz vor dem Auszug der Urnenfeld-Völker aus Zentraleuropa. Frühe Indoeuropäer nahmen Praktiken der Kremation mit sich, aber die Sitte der ausschließlichen Bestattung durch Einäscherung war das unterscheidende Merkmal nur der Urnenfeldkultur.

[17] Siehe P. V. Glob, *Danish Prehistoric Monuments,* Faber and Faber, London, S. 137–216 und Johannes Brondstad, *Nordische Vorzeit,* Wachholtz Verlag, Neumünster, S. 317.

[18] F. Morton, *Hallstatt und die Hallstattzeit,* Verlag des Musealvereines in Hallstatt, 1995.

[19] Maspero, Gaston, *Histoire ancienne des peuples de l'Orient classique,* Paris, 1895, 2 Bände.

[20] Werner Kellers Buch *Die Bibel hat doch recht* gibt einen leicht verständlichen Bericht über die Seefahrer. Er mag in seinen Spekulationen über die Herkunft der kriegerischen Eindringlinge etwas zu weit gegangen sein. Andererseits beschäftigen sich wenige Gelehrte mit der Tatsache, dass diese Eindringlinge in den Mittelmeerraum während den Jahrhunderten des «dunklen Zeitalters» aus dem Norden stammten.

[21] Tubb, J. A., *The Canannites,* British Museum Press London, 1998.

[22] V. R. d'A. Desborough, *The Greek Dark Ages,* Ernst Benn ltd., London, 1972.

[23] James, P., *Centuries of Darkness,* Jonathan Cape, London, 1991, S. XXI. – Peter James wendet ein, dass die allgemein anerkannte Chronologie der Späten Bronzezeit diese mehr als 250 Jahre zu früh enden lasse. Der Zusammenbruch des Hethiterreichs und der mykenischen Zivilisation wird gewöhnlich um 1200 v. Chr. angesetzt. James und seine Kollegen liefern Hinweise, dass das Ende der Bronzezeit-Zivilisation eher bei 1000 v. Chr. als bei 1200 v. Chr. liegt. Ich war von ihrer mutigen Hypothese angezogen, als ich, gemäß eines theoretischen Zyklus der Klimaveränderungen von 1200 Jahren, nach Klimakatastrophen in den Jahrhunderten vor und nach 800 v. Chr. suchte.

Das Ende der Bronzezeit in Nordwesteuropa um 900–800 v. Chr. anzusetzen, stützt den späteren Zeitpunkt von James und anderen (vgl. Birks, *Quaternary Paleooecology,* London, Edward Arnold, S. 51–64; Bas van Geel et al., in: B. J. Peiser et al., [Hg.], *Natural catastrophes during Bronze Age civilisations,* S. 162–168). Ein anderes Argument für den späteren Zeitpunkt ist der Zusammenbruch der westlichen Zhou-Dynastie in China kurz nach 800 v. Chr. Der Zusammenbruch dieses Reiches könnte auf fremde Invasionen oder einheimische Aufstände zur Zeit einer Klimakatastrophe zurückgeführt werden. Andererseits ließe sich der Beginn einer Kältephase an das Ende des Shang-Reiches setzen, als die Dynastie durch militärische Aufstände gestürzt wurde. Dieses Ereignis ist unterschiedlich datiert worden, von 1130 bis 1050 v. Chr. Dieser Hinweis legt nahe, die Kälteperiode gegen Ende des zweiten Jahrtausends als einen jahrhundertelangen Prozess zu verstehen.

Das stärkste Argument findet James darin, dass die Überlieferungslücke sehr viel kleiner ist, als die traditionelle Chronologie des «Mittelalters» fordert. Sein Argument ist allerdings nicht überzeugend, wenn wir die These von Weiss und anderen anerkennen, dass das Ende der Frühen Bronzezeit im Mittleren Osten auch begleitet ist von einem «Mittelalter» einer 350-jährigen Überlieferungslücke. Zeiten zwischen Zivilisationen sind realer als die Unzuverlässigkeit historischer Überlieferungen.

Die Chronologie einer Quasiperiodizität ist nicht genügend präzis, um die eine oder andere Theorie des Endes der Bronzezeit zu bevorzugen. Die Hypothese von Peter James wurde von Fachleuten scharf kritisiert (vgl. Review Feature, *Centuries of Darkness,* Cambridge Archaeological Journal, 1991, S. 227–253). Andrew und Susan Sherratt zum Beispiel (vgl. *Cambridge Archaeological Journal,* 1991, S. 247–251) diskutierten die Wechselbeziehung zwischen der ägäischen Zivilisation und der Urnenfeldkultur und führten Belege von Radiocarbon- und dendrochronologischen Untersuchungen an, die das Erscheinen der Urnenfeld-Völker in Zentraleuropa um 1250 v. Chr. nahe legen, kurz bevor die traditionelle Chronologie die Eroberung des Hethiterreiches durch die Seefahrer ansetzt. Wenn diese beiden bedeutenden Bevölkerungsbewegungen tatsächlich mit derselben Ursache einer Klimakatastrophe zusammenhängen, wird man der klassischen Chronologie den Vorzug geben. Dass eine Kleine Eiszeit um 1200 v. Chr. begann, ist durch naturwissenschaftliche Hinweise belegt, wie der verlangsamte Anstieg des Meeresspiegels und die Staubschichten in grönländischen Eiskernen.

Für eine Quasiperiodizität der historischen Klimaänderungen ist das Ende der Bronzezeit sehr wichtig, aber die Chronologie muss durch Beweise, nicht durch theoretische Spekulationen erhärtet sein. Die gegenwärtig verfügbaren Angaben lassen vermuten, dass eine globale Abkühlung um etwa 1250 v. Chr. begann und während mehrerer Jahrhunderte, bis 750 v. Chr., andauerte.

[24] Drews, op. cit.

[25] Die griechischen und lateinischen Literaturangaben entstammen: G. Herm, *Die Kelten,* Bechtermünz Verlag, Augsburg, 1996, S. 15.

[26] Fritz Moosleiter, *Kelten in Flachgau,* in: E. M., Feldinger Archäologie beiderseits der Salzach, Landesarchäologie, Salzburg, 1996, S. 60–74.

[27] Mair, V. H., *Die Sprachamöbe,* in: V. Mair (Hg.), *The Bronze Age and Early Iron Age Peoples of East Central Asia,* 1998, S. 835–856.

[28] Es gibt verschiedene Vorstellungen über die Herkunft des Wortes *Germane.* Die Version von G. Herm (op. cit., S. 107) wird allgemein nicht akzeptiert, aber seine Behauptung über die enge Verwandtschaft zwischen den Germanen und den Kelten ist trotzdem eine interessante Bemerkung.

[29] Für diesen Abschnitt über Klima und Geschichte Chinas beziehe ich mich hauptsächlich auf Liu Shaoming, *Climatic changes in Chinese historical records,* Commercial Press, Taiwan, 1970.

Kapitel 8

[1] Wissenschaftliche Theorien machen Voraussagen. Die Astronomie sagt das Auftreten von Sonnen- und Mondfinsternissen voraus, die noch nicht eingetreten sind. Wissenschaft zieht auch Rückschlüsse auf Vergangenes. Dieselbe astronomische Theorie, die künftige Verfinsterungen voraussagt, kann auch alle Verfinsterungen der Vergangenheit rekapitulieren. Historische Theorien machen niemals Voraussagen. Historische Ereignisse sind geschehen; mittels einer Theorie der Geschichte Rückschlüsse auf vergangene Ereignisse zu ziehen, wird von Wissenschaftsphilosophen als «Retrodiktion» bezeichnet.

[2] Der Ursprung der amerikanischen Indianer wird kontrovers diskutiert. Ein Übersichtsartikel im *New Scientist* (17. Ok-

tober 1998, S. 24–28) datiert die Ankunft einer so genannten amerindianischen Gruppe auf die Zeit um vor 25 000 Jahren, und ihre X-Stammlinie (maternale Herkunft), die sich anhand einer mtDNA-Analyse zurückverfolgen lässt, spricht für eine Verwandtschaft mit europäischen Völkern. Es erhob sich die Frage, ob Europäer vor 25 000 Jahren nach Amerika gelangten. Wahrscheinlicher ist es, dass die X-Stammlinie bei Europäern und Amerindianern ihre gemeinsame Herkunft als *Homo sapiens sapiens* widerspiegelt. Die Anasazi waren eine Gruppe amerikanischer Indianer. Als ich über die Anasazi schrieb, stützte ich mich stark auf L.S. Cordells *Prehistory of the Southwest* (Academic Press, Orlando, 1984) und seine anderen Bücher.

[3] G.J. Gumerman und J.S.Dean, *Prehistoric cooperation and competition in the western Anazasi area,* in L.S.Cordell (Herausgeber) *Dynamics of Southwest Prehistory,* 1989, S. 99–148.

[4] D.G. Noble, *Ancient Ruins of the Southwest,* Northland, Flagstaff, Arizona, 1981, S. 36–43.

[5] W. J. Judge, Chaco Canyon – San Juan Basin, in: L.S. Cordell (Hg.), *Dynamics of Southwest Prehistory,* 1989, S. 209–261.

[6] Noble, a.a.O., S. 175–184.

[7] Cordell , a.a.O., S. 313

[8] siehe Artikel von Rohn, A.H., in: L.S. Cordell und G.J.Guderman (Hg.), *Dynamics of Southwestwest Prehistory,* Smithsonian Press, Washington DC, 1989, S. 167.

[9] Die Bedeutung der Pollendaten ist ungewiss. Ein höherer Prozentsatz von Baumpollen spricht gemeinhin für ein kühleres und feuchteres Klima. Auf der anderen Seite wies R. H. Hevly auf den Einfluss des Menschen auf die prähistorische Vegetation hin. In: G.J. Guderman, (a.a.O.), S. 92–118.

[10] Rohn, a.a.O., S. 167.

[11] siehe Artikel von Cordell, L.S. in, L.S Cordell und G.J. Guderman a.a.O., S. 293–335.

[12] siehe E. S. Cassells, *The Archaeology of Colorado,* Johnson Books, Boulder, 1983, S. 325 ff; L.S. Cordell, *Prehistory of the Southwest,* Academic Press, San Diego, S. 409 ff.; G. J. Guderman (Herausgeber), 1988, *The Anasazi in a Changing Environment,* Cambridge U. Press, Cambridge, S. 317 ff, und zahlreiche weitere Bücher über die Vorgeschichte der Anasazi.

[13] Cordell, op. cit.

[14] Baudez, C. und Picasso, S., *Lost Cities of the Maya,* Thames and Hudson, London, 1984.

[15] Coe, M. E. Mexico, *From the Olmecs to the Aztectcs,* Thames and Hudson, London.

[16] Coe, op. cit.

[17] von Hagen, V.W., *Sonnen König Reiche,* Th. Knaur, München, 1962,

[18] Andrew Haines und A.J. McMichael, *Global climatic change, the potential effects on health,* BMJ 315, 870-874, 1997, und andere Artikel von Haines und McMichael in: BMJ (315, 870-874), *Ecosystem Health* (1, 15-25) und anderen.

[19] Moseley, M.E., *The Incas and their Ancestors,* Thames and Hudson, London, 1992.

[20] Abbot, M. B. et al., *Holocene paleohydrology of the tropical Andes from lake records,* Quzaternary Research, Seiten 47, 70–80, 1996.

[21] Valero-Garces, B.L. et al., *Limnogeology of Laguna Miscanti, evidence for mid- to late-Holocene moisture changes in the Atacama Altiplano (northern Chile),* J. Paleolimnology, 1996, Seiten 16, 1–21.

[22] siehe R.T. Keating, *Peruvian prehistory,* Cambridge University Press, Cambridge, 1988.

[23] Ich habe auf Keatings Zusammenfassung der Monographie von M.E. Moseley über die peruanische Vorgeschichte zurückgegriffen.

[24] Die Migrationsgeschichte wurde von Joseph Greenberg und Jared Diamond, basierend auf linguistischen Rekonstruktionen, dargestellt, siehe auch: Diamond J., *Guns, Germs and Steel. The Fate of Human Societies,* Norton, New York.

[25] Diamond, op. cit.

[26] Moseley, op. cit.

[27] World Meteorological Organization, *WMO Statement on the Status of the Global Climate in 1998*, WMO-No. 896, 1999.

Kapitel 9

[1] Die Antworten auf diese Rätsel sind in meinem Buch *The Mediterranean was a Desert*, Princeton University Press, 1983 zu finden.

[2] Casson, L., Clairborne, R., Fagan, B., and Karp W., *Mysteries of the Past*, Mitchell Beazley Ltd, London, 1977.

[3] Diese etwas ausführliche Fussnote ist für jene Leser, dies es lieber mathematisch genau haben. Die Formel für das Malthussche «Bevölkerungsgesetz» lautet:

$$M = (s \cdot N / y \cdot A) \qquad (1)$$

y entspricht dabei dem durchschnittlichen Ernteertrag (beispielsweise ausgedrückt in Kilogramm Getreide je Anbauflächeneinheit), A ist die ursprüngliche Anbaufläche (Total der Anbauflächeneinheiten), auf der Lebensmittel geerntet oder angebaut werden können, s ist der minimale Existenzbedarf eines Menschen (ausgedrückt in Kilogramm Getreide pro Person) und N ist die Anzahl Menschen, die ernährt werden müssen. M ist also eine abstrakte Zahl, die den Grad der Unterversorgung ausdrückt.

Anfänglich ist der Wert von M

$$Mo = (s \cdot No / y \cdot Ao) \qquad (1a)$$

Der Wert steigt allmählich an weil die verfügbare Anbaufläche nur arithmetisch wachsen kann, während das Bevölkerungswachstum immer geometrisch zunimmt:

$$N = No2 \cdot Dt,$$
$$A = Ao \cdot Dt \qquad (2)$$

Formt man Gleichung (1) mit (2) um, erhält man

$$Mt = (s \cdot No2 / y \cdot Ao) \qquad (3)$$

Wobei No für die anfängliche Bevölkerungszahl und Ao für die ursprüngliche Anbaufläche stehen. Weil das Ergebnis von No2 / Ao immer grösser ist als No / Ao , ist Mt immer grösser als Mo. Anders gesagt, der Wert von M (die Malthussche Zahl) steigt im Zeitablauf dauernd weiter an.

Wird die Nachfrage anfänglich gedeckt, ist der Wert von Mo < 1. Zum Zeitpunkt t = t1 ist der Wert von M = 1

$$Mt1 = Mcrit. = (s \cdot N1 / y \cdot A1) = 1 \qquad (4)$$

Nach dem Zeitpunkt t1 ist M > 1, d.h. die Nachfrage übersteigt das Angebot. Es kommt zu einer Unterversorgung. Um ein neues Gleichgewicht zu erreichen, muss der Wert von M sinken. Malthus war davon überzeugt, dass dies nur durch eine Reduktion von N möglich ist, d.h. durch eine Abnahme der Bevölkerungszahl. Dies geschieht abrupt durch Hungersnöte, Krankheit oder Krieg, so dass N2 zum Zeitpunkt t2 gleich N < No2 · Dt. Durch diese Abnahme der Bevölkerung wird M wieder < 1, d.h. das Angebot und die Nachfrage gleichen sich erneut aus.

331

[4] Charles Elton, *Voles Mices and Lemmings,* Wheldon and Wesley, New York, 1965.

[5] Les Groube, *The impact of diseases upon the emergence of Agriculture,* in: D.R. Harris (Hrsg.), *The origins and spread of agriculture and pastoralism in Eurasia,* UCL Press, London, 1996, Seiten 101–129 .

[6] siehe auch den Artikel von R.R. Britt: *Early humans had a brush with extinction,* Explorezone.com vom 26 April 1999. Der Jojo-Effekt ist typisch für die Populationsveränderungen bei fremden Attraktoren im Jäger–Beute-Verhältnis, wie in meinem Artikel *In search of a common language,* Wissenschaftskolleg Berlin, Jahrbuch 1995/96, Seiten 87–95, angesprochen.

[7] Wann Menschen erstmals über die Beringstraße die Kontinente gewechselt haben, wird kontrovers diskutiert, ausführlich besprochen von J. V. Wright, *A History of the Native People of Canada,* Dand 1, Archaeological Survey of Canada, Paper 152 (Seiten 1–62). Eine entwickelte ur-amerikanische Kultur wird in Nordamerika nach vorsichtigen Schätzungen für die Zeit 11 500–10 500 v. u. Z. angenommen. Dieser Zeitintervall wäre eine Epoche glazialen Wiederauftretens und niedrigen Wasserstands in den Seen, zu einem Zeitpunkt stärkerer Einwanderungsbewegungen. Eine frühe Ankunft scheint durch archäologische Funde gesichert, z. B. durch die Meadowcroft Rockshelter site in Pennsylvania (Wright, S. 15).

[8] Ich greife hier auf Artikel mehrerer Autoren zurück, in: D.R. Harris (Hrsg.), *The origins and spread of agriculture and pastoralism in Eurasia,* UCL Press, London, 1996.

[9] D. R. Harris, op. cit., S. 558.

[10] Whittle, A., op. cit., S. 131.

[11] Hier greife ich auf die Arbeiten von Peter Bellwood (in Harris, op. cit), William Wang, und T. T. Chang zurück. Bezüglich des Wachstumsgebietes von Wildreis wäre festzustellen, dass seine nördlichen Wachstumsgrenzen sich im letzten Jahrtausend nach Süden verschoben haben. Wildreis wächst heute in Richtung Norden nur noch bis Fujian, während er in der Jangtse-Region noch vor dem 11. Jahrhundert anzutreffen war.

[12] William Ryan und Walter Pitman, *Noah's Flood,* Simon and Schuster, New York, 1998, Seiten 233–234.

[13] D. R. Harris, op. cit., S. 560.

[14] Die nordische Affinität der finnischen Bevölkerung wird auf dem ersten Blick offenbar, und sie wird durch genetische Studien bestätigt (siehe auch: Luca Cavalli-Sforza, *The History and Geography of Human Genes,* Princeton U. Press, Princeton, NJ, 1994).

[15] Whittle, A., op. cit, S. 36.

[16] siehe auch Brian Hayden, *Archaeology,* Freeman, New York, 1993, S. 313–338.

[17] Der Hansdampf im Schläggeloch hät alles, und was er will, das hätt er nüd, und was er hät, das will er nüd.

[18] Brian Hayden, op. cit.

[19] Tiefbohrungen offenbarten, dass das Schwarze Meer früher ein See mit frischem Wasser gewesen sein muss, vom Mittelmeer durch einen Isthmus beim Bosporus getrennt (siehe auch K. J. Hsu, *When the Black Sea was drained, Scientific American,* Heft 238, Nr. 5, 1978, Seiten 52–63). Die brackigen Wasserverhältnisse traten erst ein, nachdem ein globaler Pegelanstieg zu einem «Überlaufen» des Mittelmeeres geführt hatte. Ryan und Pitman nehmen an, dass der Anstieg ca. 5600 v. u. Z. stattgefunden haben muss, und das war ihrer Meinung nach jene Flut, die Noah seine Arche bauen ließ.

Kapitel 10

[1] Meine Stellungnahmen sind in einer Anzahl wissenschaftlicher Zeitschriften niedergelegt, u.a. *Environmental Changes in Times of Biotic Crisis* (In; Raup, D.M., Jablonski, D. [Hrsg.], *Patterns and changes in the History of Life*, Springer Verlag, Heidelberg, 1986, S. 297–312); *Darwin's three mistakes* (Geology,14, Seiten 532–534, 1986); *Evolution, Ideology, Darwinism and Science* (Klinische Wochenschrift, 67, Seiten 923–928, 1989); *What Has Survived of Darwin's Theory?* (Evol. Trends in Plants, 4, 1990, S.1–3); *Uniformitarianism vs catastrophism in the extinction debate* (in W. Glen[Hrsg.], *Mass-Extinction Debate,* Stanford Univ. Press, Stanford, 1994, Seiten 217–229). Zusammengefasst sind sie in meinem Buch *The Great Dying,* Harcourt Brace and Jovanovich, New York.

[2] Meine Theorie, die Erde sei ein sich durch die biologische Evolution selbst regulierender Organismus, wurde 1987 erstmals bei Gesprächen mit der British Association of Advancement of Science formuliert und dann im Artikel *Is Gaia Endothermic?* (Geol. Mag. 129, 1992, Seiten 129–141) und im Buch *Gaia and Cambrian Explosion* (Nat. History Museum, Taichung, Taiwan, 1996) niedergelegt.

[3] Garth Wood, *The final blow to God,* The Spectator, 20. Februar 1999.

[4] Ich vermute, dass ich den Slogan vom «Überleben des Glücklichsten» (survival of the luckiest) entwickelt habe, als ich 1986 mein Buch *The Great Dying* schrieb. Mein Freund David Raup, ein Paläobiologe, schrieb mir, dass er vor ein paar Jahren bei einer Rede inSpanien auf den gleichen Gedanken kam; er behandelte das Thema noch einmal in seinem Buch *Extinction,Bad Genes or Bad Luck?,* W.W. Norton, New York, 1991.

[5] Simon Conway Morris, *The Crucible of Creation,* Oxford Univ. Press, Oxford,1999, S. 4.

[6] Bei einem Vortrag an der Oregon State University stellte Gould vor einigen Jahren seine Ansicht über die Evolution dar. Ellen Drake, die mit mir ein Buch über den Darwinismus geschrieben hatte, bemerkte danach, dass er jetzt ähnliche Ansichten wie Ken Hsü vertrete. Gould gab eine witzige Replik: «Ich bin erfreut, dass Ken Hsu letztlich meine Ansichten teilt.»

Kapitel 11

[1] Die Bündelung von guten oder schlechten Jahren in der Geschichte wird nach Benoit Mandelbrot «Joseph-Effekt» genannt, ein Begriff, den er in seinem Buch über Fraktale Geometrie in der Natur verwendete, und der sich auf die biblischen sieben mageren und sieben fetten Jahre in Ägypten zu Zeiten Josephs bezog. 14-jährige Sonnenfleckenzyklen sind typisch in Zeiten globaler Abkühlung. Wenn meine Theorie stimmt, lebte Joseph während einer Kleinen Eiszeit, die bis zum Ende der Bronzezeit andauerte. Die Bündelung von 600 schlechten und danach 600 «guten» Jahren ist eine weitere Manifestation des «Joseph-Effektes».

[2] J.D. Hays, J. Imbrie, und N.J. Shackleton, Variation in the Earth's Orbit, *Pacemaker of the Ice Ages, Science,* 194, 1976, Seiten 1121–1132. Siehe auch: John und Kathryn Palmer Imbrie, *Ice Ages,Solving the Mysteries,* 1979.

[3] J.I. Moses, M. Allen, und Y.L.Yung, *Neptune's visual albedo variations over a solar cycle,* Geophys. Res. Lett., 16, 1989, Seiten 1489–92.

[4] Hungtinton, E., *Earth and Sun, An Hypothesis of Weather and Sunspots,* Yale Univ. Press, New Haven, 1923.

[5] Allgemeine Grundlagen und Bedeutung sind detailliert in folgendem Buch besprochen: D.V. Hoyt and K.J. Schatten, *The Role of the Sun in Climatic Change,* Oxford, Oxford Univ. Press, 1997.

[6.] Gribbin, J., *Climatic change – the solar connection,* New Scientist, 23 November, 1991, S. 22.

[7] Lowell Ponte, *The Cooling,* Prentice Hall, London, 1976; R.A. Bryson und T.J. Murray, *Climate of Hunger,* Univ. Wisconsin Press, Madison, 1977.

[8] S.H. Schneider, *Global Warming,* Vintage Books, New York, 1990; R. Gelbspan, *The Heat is on,* Addison-Wesley, New York, 1997.

[9] R.W. Felix, *Not by Fire, but by Ice,* Sugarhouse Publishing, Bellevue,WA, 1997.

[10] Die Bedeutung der Sonne im klimatischen Wechsel ist eine Zusammenfassung gemäß dem Buch von D.V. Hoyt und K.J. Schatten, op. cit.

[11] Die Originalreferenzen zu diesem Thema sind im ausgezeichneten Buch von Hoyt und Schatten enthalten.

[12] P.D. Damon und C.P. Sonett, *Solar and terrestrial components of the atmospheric C-14 variation spectrum,* in: C.P. Sonett et al. (Hrsg.), *The Sun in Time,* Univ. Arizona Press, Tuscon, 1991, Seiten 360–388.

[13] K. J. Hsu, *Sun, climate, hunger, and mass migration,* Science in China, 41, 1998, Seiten 449–472).

[14] C.A. Perry, *Comparison of a Solar-luminosity Model with Paleocliamtic Data,* Ph. D. Diss., Kansas Univ., 1994.

[15] H. Swensmark und E. Friis-Christensen, *Journal of Atmospheric and Terrestrial Physics,* 59, 1997, Seiten 1225-1332.

[16] Kuang Zhiming, Jiang Yibo und Yung Yukling, *Cloud optical thickness variations during 1983–1991, solar cycle or ENSO?* J. Geoph. Research galley proof copy from Yung, 1998.

Chapter 12

[1] Chamberlin, T.C., *An attempt to frame a working hypothesis of the cause of lacial periods on an atmospheric basis,* J. Geol. 7, 1899, Seiten 545–584; 667–687; 751–787.

[2] Ich greife hier auf den ausgezeichneten Artikel von Chen-tung Chen und Ellen Drake zurück über *Carbon dioxide increase in the atmosphere and ocean and possible effects on climate,* Ann. Rev. Earth Planet. Sci., 14, Seiten 201–235. Eine exzellente Bibliographie ist angefügt.

[3] Hsu, K.J., und J.A. McKenzie, *A «Strangelove» Ocean in the Earliest Tertiary,* in: Sundquist, E.T. und Broecker,W.S. (Hrsg.) *The Carbon Cycle and Atmospheric CO_2, Natural VariationsArchaen to Present,* Am. Geoph. Union, Geoph. Mono. 32, 1984, Seiten 487–492.

[4] Mandelbrot, B., *Fractal Geometry of Nature,* Freeman, San Francisco, 1977.

[5] Ich zitiere einen Redebeitrag Goldsmiths, der von Daniel Gish transkribiert wurde.

[6] Kolloquium über CO_2 und Klimawandel, Proceedings National Academy of Sciences, v. 94, 1997, Seiten 8273–8377.

[7] Ich war während der Jahre des Schreibens nicht untätig; ich wurde COB und CEO der Fengshui Water Technology, Ltd.(FWT). Die Wissenschaftler der FWT hatten das Ziel, Wasser zu einer erneuerbaren Ressource werden zu lassen, und sie entwickelten den integrierten hydrologischen Kreislauf.

[8] D.H.Lawrence, *Woman in Love,* Penguin book edition, p. 470).

[9] Wäre Lawrence Paläontologe, hätte er geschrieben: «Gott wird uns durch ein grazileres Wesen ersetzen, so wie das Pferd das Hipparion ersetzt hat.»

Der Internationale Business-Knigge

Richard R. Gesteland

Global Business Behaviour

Erfolgreiches Verhalten und Verhandeln im internationalen Geschäft

Der Autor vermittelt gründliche Kenntnisse der internationalen Geschäfts-
gepflogenheiten und -praktiken.
Von der Wahl der Verhandlungssprache über den Erstkontakt und das richtige
Zeitverständnis, der Kleidung, des Verhandlungsstils bis zur Wahl der richtigen
Geschenke und der Einladungen werden in umfassenden Länderporträts die
«Dos and Don'ts» bei Handelspartnern in Europa, Asien, Afrika, Nord- und
Südamerika vorgestellt.
Darüber hinaus analysiert der Autor die spezifischen Verhaltensmuster einzel-
ner Kulturen, die er mit vergnüglich zu lesenden Beispielen aus seiner
langjährigen Praxis untermalt. Das Buch vermittelt Verständnis über die reinen
Verhaltensregeln hinaus für Lebensart und Wertvorstellungen in den por-
trätierten Ländern, u.a. Saudi-Arabien, Singapur, Südkorea, China, USA, Mexiko, Brasilien, Ägypten, Belgien, Dänemark, Finnland, Frankreich, Griechenland, Holland, Italien, Indien, Indonesien oder Japan.

272 Seiten, gebunden, ISBN 3-280-02639-3

orell füssli

Werte und Anstand im nächsten Jahrtausend

Monique R. Siegel

Über den Umgang mit Menschen

Moral und Stil im 3. Jahrtausend

Hat Ethik im modernen Wirtschaftsleben überhaupt noch eine Bedeutung?
Permanente Diskussionen über Fusionen, Shareholder-value, Neoliberalismus
und weltweite Vernetzung lassen vergessen, daß unser Wirtschaftsleben
auch eine moralische Dimension hat.
Monique Siegel fängt an, diese auszuloten – mit einem «Briefroman»
per E-Mail: Wie altgriechische Philosophen, die sich beim Essen oder beim Fla-
nieren ihrem Thema in der Diskussion nähern, führen zwei imaginäre
Briefschreiber miteinander die Debatte.
Auf der einen Seite finden wir Richard Herzog, den ehemaligen Vorsitzenden
der Geschäftsleitung der KUWAG AG, einen klugen, fähigen, kultivierten Ge-
schäftsmann, soeben durch die «Altersguillotine» mit 62 kaltgestellt.
Am anderen Ende der Leitung sitzt Giorgio Gross an der Tastatur, 29 Jahre alt,
ein junger Schnösel und Produkt unserer Corporate world, nicht böse, noch
nicht einmal arrogant, lediglich unerträglich salopp, egozentrisch und
vielleicht seiner selbst ein wenig zu sicher.
Ein spannender Kontrast – eine spannende Debatte ...

173 Seiten, gebunden, ISBN 3-280-02637-7

orell füssli